Jochen Mecke (Hg.)
Medien der Literatur

■ machina | Band 2

Editorial

Das lateinische Wort *»machina«* bedeutet – wie seine romanischen Entsprechungen – nicht nur Maschine, sondern auch List, bezeichnet zugleich den menschlichen Kunstgriff und das technische Artefakt. Die mit diesem Wort überschriebene Reihe versammelt Studien zur romanischen Literatur- und Medienwissenschaft in technik- und kulturanthropologischer Perspektive.

Die darin erscheinenden Monographien, Sammelbände und Editionen lassen sich von der Annahme leiten, dass literarische, theatralische, filmische oder andere mediale Produktionen nur mit gleichzeitiger Rücksicht auf ihre materielle Gestalt und ihren kulturellen Gebrauch angemessen zu beschreiben sind.

JOCHEN MECKE (HG.)

Medien der Literatur

Vom Almanach zur Hyperfiction.

Stationen einer Mediengeschichte der Literatur

vom 18. Jahrhundert bis zur Gegenwart

[transcript]

Bibliografische Information der Deutschen Nationalbibliothek
Die Deutsche Nationalbibliothek verzeichnet diese Publikation in der Deutschen Nationalbibliografie; detaillierte bibliografische Daten sind im Internet über http://dnb.d-nb.de abrufbar.

Umschlaggestaltung: Kordula Röckenhaus, Bielefeld, nach einem Konzept von Klaus Bahringer, Regensburg
Lektorat: Jochen Mecke
Satz: Sabine Buresch
Druck: Majuskel Medienproduktion GmbH, Wetzlar
ISBN 978-3-8376-1675-0

Gedruckt auf alterungsbeständigem Papier mit chlorfrei gebleichtem Zellstoff.
Besuchen Sie uns im Internet: *http://www.transcript-verlag.de*
Bitte fordern Sie unser Gesamtverzeichnis und andere Broschüren an unter: *info@transcript-verlag.de*

Inhalt

0. Einleitung

Medien der Literatur

Jochen Mecke

Medien und Literatur standen von Beginn an in einer manchmal fruchtbaren, manchmal sterilen, manchmal symbiotischen, manchmal agonalen, in jedem Falle aber immer spannungsreichen Beziehung. Der literarischen Avantgarde etwa galten neue Medien wie Photographie, Grammophon und Film als utopisches Versprechen kühner poetologischer Entwürfe, das einen Ausweg aus den Sackgassen von Individuum, Autorschaft, Sinn und Bedeutung verhieß. Vielleicht hat keine Strömung diese in Medien gesetzten Hoffnungen mehr verkörpert als der Surrealismus. Die *écriture automatique*, die surrealistischen Spiele, die Ästhetik des poetischen Bildes, ja die gesamte lebenspraktische Haltung der Surrealisten waren getragen von dem Versuch, den *circulus vitiosus* des Symbolischen zu durchbrechen, um – so wie es der von ihnen verehrte Arthur Rimbaud in einem berühmten Brief verheißen hatte – nicht mehr im Bekannten eines selbst in den Text gelegten Sinns anzukommen, sondern im Unbekannten des gänzlich Neuen.[1] Die Maschine sollte das Genie, die Technik den Geist, das Medium den Menschen ersetzen. Techniken wurden zum neuen Paradigma literarischer Produktivität erkoren. Dies wird auch noch dort sichtbar, wo scheinbar keinerlei technische Dispositive hinzugezogen werden, etwa bei der Beschreibung des surrealistischen Schreibprozesses:

1 „Il s'agit d'arriver à l'inconnu par le dérèglement de tous les sens.“ Arthur Rimbaud. Lettre à Georges Izambard, 13 mai 1871. In: Arthur Rimbaud: *Œuvres complètes*. Paris: Gallimard 2009, S. 339-341, hier S. 340.

> Faites vous apporter de quoi écrire, après vous être établi en un lieu aussi favorable que possible à la concentration de votre esprit sur lui-même. Placez-vous dans l'état le plus passif, ou réceptif, que vous pourrez. Faites abstraction de votre génie, de vos talents et de ceux de tous les autres. Dites-vous bien que la littérature est un des plus tristes chemins qui mènent à tout. Écrivez vite sans sujet préconçu, assez vite pour ne pas retenir et ne pas être tenté de vous relire.[2]

Sah die Avantgarde in den Medien einen potentiellen Messias der Literatur, so galten sie später gemäß einer weit verbreiteten, populären Auffassung als hauptverantwortlich für deren Niedergang. Presse, Radio, Film, Fernsehen und Computer hätten dafür Sorge getragen, dass Literatur endgültig alles Zeitliche gesegnet habe. Stellvertretend für viele Theorien seien hier nur die Thesen Neil Postmans vom Absterben des Geistes einer Kultur und Hans-Magnus Enzensbergers vom sekundären Analphabetentum genannt, einer durch Medien wie zum Beispiel das Fernsehen erzeugten Unfähigkeit des Denkens und des qualifizierten Lesens.[3] Und tatsächlich belegt auch die Statistik: Erwachsene, Jugendliche und Kinder lesen immer weniger und schauen dafür immer häufiger fern, gehen ins Kino oder vertreiben sich die Zeit mit Video- und Computerspielen.[4] Kein Wunder, dass die menetekelhaften Verkündigungen des Endes der Literatur eine ganze Reihe von Rettungsversuchen auf den Plan riefen. Die Palette der Maßnahmen reicht von emphatischen Verteidigungsschriften über die Vorzüge der Lektüre,[5] Einrichtungen zur Förderung des Lesens[6] bis hin zu literaturtheoretischen Versuchen, das Interesse an Literatur dadurch zu vergrößern,

---

2 André Breton: *Manifeste du surréalisme.* Paris: Gallimard, collection folio 1988, S. 331f.

3 Hans Magnus Enzensberger: „Lob des Analphabetentums". In: ders.: *Mittelmaß und Wahn*. Frankfurt a. M.: Suhrkamp 1988. S. 72, 67. Neil Postman: *Wir amüsieren uns zu Tode*. Frankfurt a. M.: Fischer 1985.

4 Die von der Stiftung Lesen durchgeführte Studie *Lesen in Deutschland 2008* (vgl. Stiftung Lesen (Hrsg.): *Lesen in Deutschland 2008.* Kaiserslautern: Stiftung Lesen 2009), belegt, dass 25% der Deutschen nie ein Buch in die Hand nehmen (S. 20), dass nur 17% täglich oder mehrmals wöchentlich Fachbücher oder Literatur lesen (S. 16), während 98% täglich oder mehrmals wöchentlich fernsehen und 83% im gleichen Rhythmus Radio hören (S. 16), 49% der 14- bis 19-Jährigen erklären, dass sie als Kind nur selten ein Buch geschenkt bekamen (S. 8, 25).

5 Christiaan L. Hart Nibbrig: *Warum lesen? Ein Spielzeug zum Lesen.* Frankfurt a.M.: Suhrkamp 1984.

6 Z.B. die Stiftung Lesen, die sich auf ihrer Homepage mit dem Zitat einer Journalistin als „Intensivstation für das Lesen" präsentiert (http://www.stiftunglesen.de/default.aspx) [konsultiert am 13.04.2010].

dass man sie (auch) als Transportmedium für Wissensformen mit hohem Stellenwert darstellt.[7] Auch wenn man sich des Eindrucks nicht erwehren kann, dass man der Literatur scheinbar nicht mehr zutraut, auf eigenen Füßen zu stehen und zu gehen, sondern ihr zeitgemäße Krücken verpassen will, so korrigieren die genannten Werke eine hyperbolische Auffassung von Literatur, welche diese im Vakuum eines *livre sur rien* oder einer *littérature pure*, einer Literatur an und für sich – und fast möchte man hinzufügen für niemanden sonst –, schweben lassen wollte.

Allerdings lässt sich die Klage über den durch Medien bedingten Bedeutungsverlust nur dann bestätigen, wenn man die mediale Bedingtheit von Literatur selbst ausblendet. Und dies war über eine lange Zeit sehr gut möglich. Denn dass „[...] unser Schreibzeug [...] an unseren Gedanken" mitarbeitet (Nietzsche),[8] war seinerseits ein Gedanke, der sich in der Geschichte der Medien erst dann einstellen konnte, als andere mediale Werkzeuge als bloße Schreibutensilien zur Aufzeichnung des Symbolischen, Imaginären und Realen zur Verfügung standen.[9] Gerade weil Printmedien wie z.B. Buch, Flugblatt oder Zeitschrift lange Zeit eine Monopolstellung innehatten, konnte in diesem Kontext kaum je ein ausgeprägtes reflexives Bewusstsein ihrer Bedeutung etwa für die „kulturraisonnierende Öffentlichkeit" entstehen.[10] Spielten Medienreflexionen des ungeachtet dennoch eine Rolle, dann vor allem im Rahmen einer hierarchisch strukturierten diskursiven Konstellation: Diese sieht für Medien allenfalls die parasitäre Rolle des „Supplements" einer Stimme vor, welche die Präsenz und Reinheit eines ungetrübten vernunftgemäßen Denkens garantieren soll. Logozentrismus erweist sich in den Analysen der Derrida'schen Grammatologie letztendlich immer als Phonozentrismus.[11]

---

7 Vgl. unter anderem Otmar Ette: *Über Lebens Wissen. Die Aufgabe der Philologie*. Berlin: Kadmos 2004 und Jochen Hörisch: *Das Wissen der Literatur*. München: Fink 2007.

8 Friedrich Nietzsche: *Sämtliche Briefe. Kritische Studienausgabe*, Bd. 6, hrsg. von Giorgio Colli und Mazzino Montinari. München und Berlin: DTV/De Gruyter 1986, S. 172.

9 Vgl. dazu Friedrich Kittler: *Aufschreibesysteme 1800/1900*. München: Fink 2003.

10 Jürgen Habermas: *Strukturwandel der Öffentlichkeit. Untersuchungen zu einer Kategorie der bürgerlichen Gesellschaft*. Frankfurt: Suhrkamp 1990.

11 „La notion de signe implique toujours en elle-même la distinction du signifié et du signifiant, fût-ce à la limite, selon Saussure, comme les deux faces d'une seule et même feuille. Elle reste donc dans la descendance de ce logocentrisme qui est aussi un phonocentrisme: proximité absolue de la voix et de

Trotz der oben genannten Gründe muss es allerdings verwundern, dass Medien so lange Zeit ein blinder Fleck von Philologie und Literaturwissenschaft bleiben konnten. Denn bereits der erste große Roman der abendländischen Literatur überlässt an prominentester Stelle ausgerechnet jenem traditionellen Schreibwerkzeug das Wort, das laut Nietzsche an der Abfassung unserer Gedanken beteiligt ist. Cervantes geht allerdings noch weiter. Denn bei ihm ist die Schreibfeder nicht nur an der Abfassung der Gedanken beteiligt, sondern einzig und allein für diese verantwortlich:

> Para mí sola nació don Quijote, y yo para él: él supo obrar y yo escribir, solos los dos somos para en uno, a despecho y pesar del escritor fingido y tordesillesco que se atrevió o se ha de atrever a escribir con pluma de avestruz grosera y mal deliñada las hazañas de mi valeroso caballero, porque no es carga de sus hombros, ni asunto de su resfriado ingenio [...].[12]

Nicht von ungefähr beansprucht die Schreibfeder für sich, die wahre und authentische Geschichte des Don Quijote geschrieben zu haben, ganz im Gegensatz zum falschen Autor aus Tordesillas (Avellaneda). Auch wenn hinter der Feder natürlich der „wahre" Verfasser Hamete Benengeli steht, bleibt festzuhalten, dass Schreibwerkzeuge schon damals ihre Ansprüche gegenüber falschen Autoren anmeldeten. Die Tatsache, dass eine Schreibfeder das letzte Wort im *Don Quijote* behält, ist bei Cervantes allerdings kein Einzelfall, sondern hat System. Enthält doch der gesamte Roman eine Reflexion über Medien. So besucht Don Quijote in Barcelona eine Druckerei und befindet sich damit an genau jenem Ort, der seinen Wahn überhaupt erst ermöglicht hat: Denn es war Gutenbergs Buchdruck mit beweglichen Lettern, der es dem *Hidalgo* gestattete, Bücher in großen Mengen zu kaufen und zu verschlingen. Und es war wahrscheinlich auch eine durch Gutenbergs Medienrevolution ermöglichte neue Form der stillen Lektüre, die den Helden des ersten neuzeitlichen Romans in den Wahn trieb.[13] Medien

---

l'être, de la voix et de l'idéalité du sens" (Jacques Derrida: *De la grammatologie*. Paris: Minuit 1967, S. 23 ; deutsche Übersetzung. *Grammatologie*. Frankfurt 1983, S. 25).

12 Miguel de Cervantes: *El ingenioso hidalgo Don Quijote de la Mancha*. Tomo II, edición a cargo de John Jay Allen. Madrid: Cátedra 1977, S. 578.

13 Vgl. Roger Chartier: „Populärer Lesestoff und volkstümliche Leser in Renaissance und Barock". In: Roger Chartier & Guglielmo Cavallo (Hrsg.): *Die Welt des Lesens: Von der Schriftrolle zum Bildschirm*. Frankfurt: Campus 1999, S. 397-418.

spielen aber nicht nur auf der Ebene der erzählten Geschichte, sondern auch für deren Erzählung eine entscheidende Rolle. Dies beginnt mit einem Illusionsbruch in dem wahrscheinlich berühmtesten Kapitel des *Quijote* (I,8), in dem der Held erst mit Windmühlen und dann mit einem Basken kämpft und der Erzähler mitten im Kampf die Erzählung mit dem Geständnis unterbricht, dass sein Manuskript an dieser Stelle ende und er keine weiteren Quellen mehr zur Verfügung habe. Es beginnt eine intensive Suche nach der Fortsetzung der heldenhaften Geschichte, die auf dem Markt in Toledo ihr glückliches Ende findet. Der Erzähler stößt zufällig auf ein arabisches Manuskript, das er übersetzen lässt. Von da ab ist der Leser mit einer komplexen multimedialen Situation konfrontiert: Er liest ein vom ersten Autor herausgegebenes und im Gutenbergverfahren gedrucktes Buch, das die von einem Spanier angefertigte Übersetzung des vom arabischen Autor Cide Hamete Benengeli handschriftlich verfassten Manuskripts enthält, in dem wiederum eine Reihe von mündlichen Erzählungen der Figuren wie zum Beispiel die Geschichte der Dorotea vorkommen. Von Anfang an spielen die medialen Bezüge zwischen Manuskriptkultur, lautem Vorlesen und Zuhören einerseits und der neuen Buchdruckkultur mit – für damalige Zeiten – auch für einen verarmten Hidalgo erschwinglichen Buchpreisen und leiser, im stillen Kämmerlein vollzogener Lektüre andererseits mithin eine große Rolle. Während sich der durch Lektüre von Ritterbüchern verrückt gewordene Alonso Quijano im ersten Teil aufmacht, um als Ritter ebenso anachronistische wie fiktive Abenteuer zu bestehen, begegnet er im zwar erst 10 Jahre später veröffentlichten, aber in der Diegesis kurze Zeit später spielenden zweiten Teil bereits den Lesern des Buches, dessen Held er ist. Es handelt sich vornehmlich um Rezipienten, die wie zum Beispiel die Herzöge darauf erpicht sind, wie Don Quijote, Leben und Lesen ineinander zu überführen und – wenn auch in ironischer Distanz – genau jene Geschichten zu erleben, von denen sie im ersten Teil nur gelesen haben. Das Medium hat nicht nur die Formen der Rezeption, sondern auch die Realität verändert.

Der Blick in den *Don Quijote* zeigt, dass eine verschärfte Wahrnehmung der medialen Bedingungen literarischer Produktion, Distribution und Rezeption bereits in der Neuzeit im Kontext eines Medienwechsels auftreten. Umso erstaunlicher ist es daher, dass Philologie und Literaturwissenschaft die Materialität und Medialität literarischer Kommunikation lange Zeit ausblenden konnten. Dieser Umstand hängt mit einer Besonderheit von Medien zusammen, die mit Niklas Luhmanns basaler Mediendefinition erhellt werden kann.

Die Einsicht in die mediale Bedingtheit von Literatur wird grundsätzlich dadurch erschwert, dass Kommunikationsmedien als „lockere Koppelung von Elementen" nie an und für sich oder direkt beobachtet werden können, sondern bei Wahrnehmungsprozessen immer in den, von Luhmann als „feste Koppelung" von Elementen definierten „Formen" in den Hintergrund der Aufmerksamkeit treten.[14] Wenn etwa in die miteinander relativ fest nach phonetischen und grammatischen Gesetzmäßigkeiten verknüpften Elemente einer Rede wahrgenommen werden, treten die locker verknüpften Elemente der Geräusche in den Hintergrund. Formen können selbst als Medien für neue Formen dienen. Dies gilt insbesondere für Kommunikationsmedien im engeren Sinne. So dient Mündlichkeit als Medium für die Form der Sprache, von der sich wiederum durch weitere Regeln die Form der mündlichen Erzählung herausbildet. Diese kann dann wiederum als Form für eine spezifische Erzählung dienen, die sich selbst durch besondere Binnenregeln der Verkoppelung von den allgemeinen Regeln der Erzählung absetzt.[15] Dass Formen wiederum als Medien neuer Formen dienen können, erklärt neben der Unsichtbarkeit der Medien auch die Vagheit des Medienbegriffs, da sich dieser sowohl auf Medien als auch auf solche Formen beziehen kann, die selbst wiederum als Medien für andere Formen wirken können. Diese eigentümliche Doppeldeutigkeit des Begriffs schlägt sich auch in der Ambiguität einiger spezieller Medienbegriffe wie zum Beispiel „Film" oder „Photographie" nieder, die sowohl den materiellen Träger als auch die mediale Form bezeichnen, die von diesem Träger transportiert wird. Dies gilt auch für den Begriff der „Literatur": Abgeleitet aus dem Lateinischen *litterae* (‚Buchstaben', ‚alles Geschriebene', ‚Brief') bedeutet er zunächst das Alphabet als

---

14 Niklas Luhmann: *Die Kunst der Gesellschaft.* Frankfurt: Suhrkamp 1995, S. 168-172.

15 Es ist durchaus möglich, die Luhmann'sche Begrifflichkeit auf die von Roman Jakobson vorgeschlagene Dialektik von Primär-, Sekundär- und Tertiärnorm anzuwenden, vor deren Hintergrund jedes literarische Werk wahrgenommen wird. Die Primärnorm der gegenwärtigen „Alltagssprache" wäre in dieser Perspektive das Medium für die Form der gegenwärtigen poetischen Tradition, die wiederum das Medium der poetischen Tendenz (=Form) darstellt, die einem poetischen Werk vorgezeichnet ist (vgl. Roman Jakobson: „Fragments de ‚La nouvelle poésie russe'. Esquisse première: Vélimir Khlebnikov". In: ders.: *Huit questions de poétique*, Paris: Seuil 1977, S. 11-29, hier S. 11).

Medium, dann im weiteren Sinne den materiellen Träger der Schrift und schließlich die Literatur im engeren Sinne.[16]

Diese Ambiguität des Medienbegriffs findet sich auch im Titel des vorliegenden Bandes wieder, denn „Medien der Literatur“ bezieht sich auf zwei Formen des Zusammenhangs zwischen den beiden Begriffen. Zum einen kann der Titelbezug als *genitivus subiectivus* verstanden werden. In diesem Fall meint er all‘ jene Medien, die Literatur transportieren und generieren. Dieser Aspekt schließt die Materialität literarischer Kommunikation als historisch wandelbares Apriori ein und damit auch die Frage, ob und inwiefern Medien Literatur modifizieren bzw. welchen Einfluss sie auf ihre Darstellungsformen nehmen. Im *genitivus obiectivus* hingegen meint der Titel Medien als Objekt der Literatur, also all‘ diejenigen Medien, auf die sich literarische Texte beziehen. Dieser Bezug kann unterschiedliche Formen und Grade annehmen. Ein literarisches Werk kann sich in einer Einzelreferenz auf ein bestimmtes Werk, etwa auf einen Film beziehen oder aber in einer Systemreferenz auf ein bestimmtes Medium wie etwa die Photographie oder den Film. Darüber hinaus kann der Bezug verschiedene Grade der Durchdringung oder Intensität annehmen. Literarische Texte können sich auf die Makrostruktur anderer Medien beziehen und deren typische Figurenkonstellationen, Handlungsstrukturen oder Themen aufgreifen, ein Verfahren, das zum Beispiel bei der Behandlung von Literaturverfilmungen eine Rolle spielt. Sie können aber auch die spezifischen Verfahren, Techniken, Wahrnehmungsdispositive anderer Medien mittels ihrer Diskursstruktur zu simulieren suchen, wie dies zum Beispiel bei so genannten *Camera-Eye*-Techniken der Fall ist. Oder aber sie können darauf abzielen, bestimmten Elementen des Films oder der Photographie durch mikrostrukturelle Verfahren zu entsprechen und so etwa eine bestimmte Form der Kadrierung oder der Großaufnahme durch Synekdochen wiedergeben. Diese Simulation eines Mediums in einem anderen ist natürlich im Prinzip ein paradoxes Unterfangen, denn aufgrund ihrer materiellen Differenzen ist es nicht möglich, die Techniken eines Mediums in ein anderes zu übertragen. Es handelt sich streng genommen also um die Nachahmung des Unnachahmlichen. Dennoch haben Leser bei der Lektüre bestimmter Texte den Eindruck, dass sie irgendwie „photographisch“ oder „fil-

16 Stowasser: *Lateinisch – deutsches Schulwörterbuch.* München: Freytag 1971, S. 298.

misch" arbeiten, ein Eindruck der sich phänomenologisch beschreiben und auf bestimmte literarische Techniken zurückführen lässt, mittels derer Literatur andere Medien simuliert.

Solche Übetragungen von einem Medium in ein anderes haben allerdings den Nebeneffekt, dass Medien selber wahrnehmbar werden, denn sie verändern sowohl das Ausgangs- als auch das Empfängermedium. Eine grundlegende und triviale Art solcher Transformationen ist sicherlich darin zu sehen, dass der Medienwechsel Medien als Formen sichtbar macht und damit auch den medialen Charakter des Empfängermediums in den Vordergrund der Aufmerksamkeit rückt. Beide im Titel des Bandes angesprochenen Untersuchungslinien analysieren Medien mithin als Formen. Medienwechsel verändern jedoch nicht nur das Ausgangsmedium, sondern auch das Empfängermedium, das andere Medien in sich aufnimmt. Dieser Komplex wird im vorliegenden Band anhand einzelner historischer Einschnitte untersucht wie zum Beispiel in den Studien zum Einfluss der im 18. Jahrhundert neu auftretender Periodika auf die Formen traditioneller Almanache (Susanne Greilich) oder des Feuilletons auf den Roman des 19. Jahrhunderts (Klaus Peter Walter), zu Transformationen des Romans durch Kinotechniken (Dagmar Schmelzer) oder zu Veränderungen, die Literatur durch die Präsentation als Hörspiel erfährt (Jochen Mecke).

Von diesen Transformationen sind allerdings nicht nur literarische Praktiken, sondern auch die Kategorien und Theorien ihrer Deskription und Analyse in entscheidendem Maß betroffen. So ist etwa der Wandel in der Auffassung von Erzählperspektiven durch die Verwendung von Kinotechniken belegt. Mit welchen Kategorien ist jedoch eine Literatur zu erfassen, die sich offenkundig anschickt, Ereignisse in Realzeit und ohne den Filter des Sinns aufzuzeichnen oder die, wie z.B. die *écriture automatique*, den Anspruch erhebt, das Unbewusste ungefiltert durch die Kontrollmechanismen des Bewusstseins wiederzugeben? Die Frage des Verhältnisses von theoretischer Beschreibung und ästhetischer Praxis stellt sich in noch schärferer Form bei den neuesten medialen Umbrüchen literarischen Selbstverständnisses, die gleichfalls im vorliegenden Band erörtert werden: Sind narrativ angelegte Computerspiele (Franziska Sick), Hypertexte und Hyperfictions (Elisabeth Bauer) noch als Fortsetzung der literarischen Ästhetik der Moderne zu beschreiben? Oder sind sie nicht vielmehr die materielle und technische Verwirklichung dessen, was in der Literaturtheorie bisher lediglich luftige Theoriemetapher war und in der ästhetischen

Praxis z.B. des *nouveau roman* nur im eng gefassten Rahmen des Buches betrieben werden konnte?[17] Wenn Gadamer von der Unendlichkeit des Textes spricht, Sartre von der Ko-Autorschaft des Lesers, Roland Barthes vom Tod des Autors, Julia Kristeva im Anschluss an Michail Bachtin von einer unkontrollierbaren Intertextualität, können diese Theoreme dann einfach als angemessene Beschreibung der materiellen Realität und ästhetischen Form des neuen Mediums Computer und seiner neuen, literarischen Gattungen verwendet werden? Diese Fragen, die sich für die Hyperfiction in besonders pointierter Form stellen, ergeben sich auch für andere Medien der Literatur. Wenn Alain Robbe-Grillet kinematographische Techniken verwendet, wenn Claude Simon seine Romane hypertextartig verschaltet, wenn Michel Butor oder Julio Cortázar die lineare Abfolge der Kapitel auflösen und komplexe mehrdimensionale Strukturen schaffen, nehmen sie dadurch vorweg, was spätere Medien dank ihrer Technik problemlos verwirklichen können? Oder greifen die Kategorien ästhetischer Praxis und ihrer theoretischen Beschreibung im einen wie im anderen Fall nicht zu kurz und müssen – gerade weil sie nunmehr nicht mehr als (bloße) Form, sondern als technisches Medium fungieren – jeweils einer grundlegenden Revision unterzogen werden?

Es dürfte in diesem Zusammenhang nicht uninteressant sein, dass die technischen Neuerungen, die als vehemente Herausforderung an die Theorie gelten dürfen, ausgerechnet in eine Zeit weit verbreiteter Theoriemüdigkeit fallen, in der gleichzeitig eine partielle Rückkehr einstmals kritisierter Kategorien und Elemente des Romans zu verzeichnen ist. Wenn literarische Diskurse ihre eigene Medialität ausblenden, so bringen Medienwechsel und Medienwandel gerade das Ausgeblendete durch Kontrastmittel wieder zum Vorschein. Diese Transformationsprozesse betreffen nicht nur die literarische Praxis, sondern auch die literaturwissenschaftlichen Kategorien und Theorien ihrer Beschreibung und Analyse. Erörtert werden diese Fragen in den Beiträgen des vorliegenden Bandes anhand von Untersuchungen zu verschiedenen Epochen, Kulturen und Medien.

Die erste Gruppe von Beiträgen setzt sich mit Printmedien auseinander. Susanne Greilich untersucht in ihrem Beitrag *Medienwandel*

---

17 George P. Landow: *Hypertext 2.0. The Convergence of Contemporary Critical Theory and Technology*. Baltimore: Johns Hopkins University Press 1997, S. 65.

und Literarisierung die Funktionszusammenhänge zwischen Presse und Kalenderliteratur in der Frühmoderne in einer Phase der Mediengeschichte, in der die traditionellen Volksalmanache, denen bis dato die Funktion der – wenn auch zeitlich verzögerten – Informationsvermittlung zukam, durch den Aufschwung der Tagespresse im 18. Jahrhundert zu einer Neubestimmung der eigenen Position als Unterhaltungsmedium gezwungen wurden und darauf mit einer Strategie der „Literarisierung“ reagierten. Die Fallstudien zum Transfer von Texten aus moralischen Wochenzeitschriften und literarischen Kulturzeitschriften zeigen allerdings auch, dass diese Literarisierung nicht konsequent betrieben wurde, sondern das Medium immer noch zwischen dem früheren Informations- und dem neuen Unterhaltungsparadigma schwankte und daher nicht die Wahrscheinlichkeit der berichteten Geschichten, sondern deren Wahrheitsgehalt betonte.

Der Beitrag von Klaus Peter Walter liefert unter dem sprechenden Titel *„La suite au prochain numéro“ oder „Hier tobt das Leben“* eine Jahrhunderte und Medien übergreifende Studie zu Fortsetzungstechniken im Feuilleton des 19. und in Fernsehserien des 20. Jahrhunderts. Er weist die zunehmende Abhängigkeit der Textgestaltung von den fortschreitenden Mediatisierungszwängen literarischer Produkte in der Frühzeit der sich um die Mitte des 19. Jahrhunderts herausbildenden massenmedialen Kommunikation nach. Die Untersuchungen demonstrieren, dass im „klassischen“ Feuilletonroman der vierziger Jahre des 19. Jahrhunderts, wie zum Beispiel *Les mystères de Paris*, *Le comte de Monte-Cristo* oder *Les trois mousquetaires* die Erzeugung von gezielt die Zeitungsausgaben übergreifenden Spannungsbögen nur bedingt zum Tragen kommt und *suspense*-Effekte förmlich „verschenkt“ werden. Dies geschieht, weil die medialen Rahmenbedingungen der Abonnentenpresse ihren Einsatz nicht von Tag zu Tag, sondern nur zum Zeitpunkt der halbjährlich vorzunehmenden Abonnementsverlängerung erforderlich machten und der Feuilletonroman im Großen und Ganzen dadurch noch unter der Ägide des Buchmediums stehen konnte. Der Beitrag macht auch deutlich, dass erst die Entstehung der Massenpresse in der Mitte der sechziger Jahre für aggressivere Vermarktungszwänge und somit für die Herausbildung ausdifferenzierter Fortsetzungsstrategien sorgten, die die Handlungsverkettung und damit die Textgestalt der betreffenden Romane nachhaltig prägten. Der Beitrag schlägt abschließend einen Bogen zu den *daily soaps* des Fernsehens und geht der Frage nach, ob die Anwendung narrativ bzw. kommerziell bedingter Fortsetzungs- und Unterbrechungstechniken im Zuge des Medienwechsels auch im Fernsehen noch auf denselben Grundmustern basieren oder ob qualitative Veränderungen festzustellen sind.

Die nächste Gruppe von Aufsätzen beschäftigt sich mit dominant visuellen Medien. Dass Film- oder Literaturgeschichte nicht als rein monomediale und auch nicht als rein technische Geschichte geschrieben werden können, macht Volker Roloff in einem programmatischen Beitrag mit dem Titel *Medienumbrüche und Intermedialität* deutlich, in dem er sich mit der Theatralität der Filme von Jean Renoir beschäftigt. Die paradigmatische Untersuchung des Wechsels vom Stumm- zum Tonfilm in den dreißiger Jahren zeigt, dass Veränderungen in einem Medium sich im engen Zusammenwirken mit anderen Medien vollziehen und dass Medientechniken, hier verstanden als Materialität der verschiedenen Kommunikationsformen, eng mit wahrnehmungsästhetischen Veränderungen verbunden sind und auch Modifikationen der Formen nach sich ziehen, mit denen Medien selbst wahrgenommen werden. Dabei kann ein solcher Wechsel zusätzliche ästhetische Wirkungen hervorrufen, etwa wenn Renoir die medientechnische Differenz zwischen Film und Theater dazu nutzt, die grundlegende Theatralität der Gesellschaft der 30er Jahre in Frankreich sichtbar zu machen.

Marina Hertrampf untersucht in ihrem *Pour une écriture photographique* betitelten Beitrag photographische Techniken literarischer Texte. Im theoretischen Teil ihrer Studie hält sie fest, dass Bilder zwar in vielerlei Form und in zahlreichen Medien vorkommen, dass sich deren unterschiedliche Ausprägungen in Malerei, Photographie, Film und Literatur jedoch in medientechnischer und semiotischer Hinsicht grundsätzlich voneinander unterscheiden. Sie legt dar, dass aufgrund der materiellen Differenzen zwischen Medien mit „photographischer Schreibweise“ nur ein *effet photographique* gemeint sein kann. Es handelt sich somit um eine Simulation des photographischen Mediums im literarischen, die sich aus dem Zusammenwirken rezeptorischer, semiotischer und fiktionaler Elemente des Textes ergibt. Im Unterschied zu anderen Ansätzen unterstreicht der Beitrag, dass diese Verfahren gerade nicht den erreichten Transponierungsgrad des Photographischen im Literarischen hervorheben, sondern deren mediale Nicht-Übereinstimmung. Aus dieser Differenz resultiert auch die Notwendigkeit, textanalytische Verfahren zu entwickeln, die eine intersubjektive Nachprüfbarkeit der häufig intuitiv geäußerten These zum photographischen Schreiben ermöglichen. Im zweiten Teil ihrer Überlegungen untersucht die Verfasserin dann die spezifischen photographischen Techniken im *nouveau roman* eines Alain Robbe-Grillet und im *roman nouveau* von Patrick Deville. Ihre Analysen belegen, dass beide Autoren trotz zahlreicher Gemeinsamkeiten eine grundsätzliche Differenz voneinander trennt: Während die Photographie bei Robbe-Grillet als Zeichen der Authentizität einer Ästhetik fungiert, die jeweils Reales und Imaginäres auf den kleinsten gemeinsamen Nenner des photographischen Bildes zurückführt, stellt Deville gerade diese Authentizität des Photographischen als undurchschaute Täuschung und Illusion des *nouveau roman* dar und nutzt die photographische Schreibweise zur (selbst-) ironischen Ausstellung der Inauthentizität des vermeintlich Realen und der eigenen Ästhetik.

Der Beitrag von Claudia Gronemann zu *Mediensimulation und -reflexion: Oralität, Schrift und Film in transmedialen Strategien der Maghrebliteratur* stellt die Untersuchung literarischer Medien in einen postkolonialen Kontext. Die Verfasserin zeigt, dass der für die maghrebinische Literatur zu erwartende Gegensatz zwischen traditioneller Oralität des Arabischen und jener der Kolonialmacht zuzurechnenden Literalität des Französischen in den von ihr untersuchten Texten aufgehoben und zusammen mit filmischen Techniken in das Medium der Schrift integriert werden. Die Besonderheit der von ihr analysierten Romane liegt dabei darin, dass die drei Medien nicht in Konkurrenz zueinander treten, sondern vielmehr zur Konstruktion eines transmedial verfassten, kultur- und textübergreifenden kulturellen Gedächtnisses beitragen. Besonders sinnfällig wird dieses Zusammenspiel der Medientechniken in der zweiten Schaffensperiode von Assia Djebar, denn hier wird ein über den Film wieder erschlossener Zugang zur Oralität zur neuen Möglichkeitsbedingung für neue Schreibkonzepte.

Des klassischen Themas des filmischen Schreibens nimmt sich Mario Burg in seinem Beitrag *„Il cinema è amico della letteratura“* an. Seine Studie zu den Romanen des italienischen Autors Sandro Veronesi geht mit Pfister von unterschiedlichen Extensionen des Referenzbezugs zwischen Einzel- und Systemreferenz und von verschiedenen Graden der Durchdringung des literarischen Textes durch filmische Verfahren aus, je nachdem, ob diese in der Makrostruktur vorkommen als Bezug auf Themen, Figuren oder Handlungen des Films oder aber die Diskursstruktur des Romans durch bestimmte vom Film übernommene Gestaltungstechniken prägen wie dies etwa bei *Camera-Eye*-Techniken, Parallelmontagen oder Simulationen subjektiver Kameraeinstellungen der Fall ist. Der Beitrag zeigt auch, dass der Versuch, den plurimedialen Film in monomedialer Literatur zu simulieren, bisweilen ironische Wirkungen hervorrufen kann und verweist damit auf ein Thema, das in dem Beitrag von Christian von Tschilschke entfaltet wird.

Unter dem Titel *Mediale Ironie als Symptom des Medienwandels* rekapituliert Christian von Tschilschke zunächst die verschiedenen Formen der Bezugnahme von Literatur auf den Film wie zum Beispiel explizite Nennungen filmischer Themen oder Übernahmen filmischer Techniken wie Schnitt und Montage. Diese Verfahren haben für Autoren, die nach den radikalen Kritiken des *nouveau roman* zu schreiben begonnen haben, eine zentrale Funktion. Sie erlauben nämlich auf dem Umweg über das filmische Medium eine Rückkehr traditioneller Formkategorien im Zeichen einer intermedial konfigurierten Inauthentizität. Neben dieser Ästhetik der Uneigentlichkeit übernehmen sie jedoch paradoxerweise auch die dazu diametral entgegengesetzte Funktion, eine Wirklichkeit darzustellen, die sich selbst in ein Simulakrum verwandelt hat. Davon unterscheidet Tschilschke als dritte Funktion die (inter-) mediale Ironie, bei der Referenzen auf andere Medien in Selbstreferenz umschlagen, so dass dadurch – analog zur Fiktionsironie – die eigene Medialität des literarischen Werkes thematisiert wird. Der Beitrag diskutiert im Anschluss die literatur- und kulturhistorischen Dimensionen dieser Technik.

Was Medien sind, kann nicht ein- für allemal festgelegt werden, sondern ist einer Entwicklung unterworfen. Der Grund dafür ist, dass sich sowohl die materiellen Techniken des Films oder des Hörspiels, als auch die Wahrnehmung der für ein Medium charakteristischen Elemente verändern. Da sich somit das Referenzobjekt literarischer Bezüge auf den Film verändert, schickt Dagmar Schmelzer in ihrem Beitrag zum *Film als Paradigma des Neuen*, einer Untersuchung der filmischen Techniken der spanischen Avantgardeprosa der 20er Jahre, eine Rekonstruktion des zeitgenössischen Diskurses über den Film voraus. Die Diskursanalyse der einschlägigen Zeitschriften der 20er und 30er Jahre zeigt, dass sich die damalige Vorstellung vom Film von der heutigen Auffassung unterscheidet. Dies ist sowohl durch den technischen Stand des Schwarz-Weiß- und Stummfilms bedingt als auch durch eine bestimmte zeitgenössische Form der Wahrnehmung. So wurden in den 30er Jahren, wie Schmelzers Diskursanalyse zeigt, als typisch filmische Elemente Körperlichkeit, Dynamik, Erotik, das Schattenspiel von Schwarz und Weiß, Kamerabewegung, Montage und eingeschränkte Kadrierungen des Bildausschnitts, aber auch die Erschließung des Irrealen wahrgenommen. In der darauf folgenden Analyse der filmischen Elemente der Erzählung *Cazador en el alba* bezieht sich Francisco Ayala auf diese Elemente, um den Film zu evozieren. Die im Text verwendeten Montagetechniken, Hell-Dunkel-Kontraste und Kadrierung der Figurenperspektive ergeben einen subjektiven Realismus, der die Begrenzung der Wahrnehmung ebenso einschließt wie die in den Fiebertraumsequenzen der Erzählung deutlich werdende Überschreitung der Wirklichkeit.

Im Vergleich zu den zahlreichen Untersuchungen zu literarischen Filmtechniken stellt eine Hörspielgeschichte der Literatur nach wie vor ein Desiderat der Forschung dar. Während der Film in zunehmendem Maß auch in Einführungen in die Literaturwissenschaft Berücksichtigung findet, bleibt das Hörspiel zumeist ausgeschlossen. Dies liegt einerseits daran, dass Hörspiele im Unterschied zu anderen Medientechniken traditionell zu den Stiefkindern der Forschung gehören und eine gesicherte, umfassende methodische Grundlage der Hörspielanalyse noch aussteht. Hinzu kommt, dass es für einige romanische Länder nach wie vor keine verbindliche Darstellung der Hörspielgeschichte gibt, obwohl das Hörspiel gerade in der Zeit der literarischen Avantgarden eine große Faszination ausübte und noch in den sechziger Jahren etwa von den Autoren des *nouveau roman* als Experimentierfeld und medientechnische Innovationsquelle genutzt wurde. Hängt also diese notorische Abwesenheit akustischer Medien einerseits mit ihrer untergeordneten Rolle in einer von Visualität geprägten Gegenwartskultur zusammen, so ist sie jedoch andererseits auch durch die geringere mediale Differenz des akustischen zum gedruckten Medium der Sprache bedingt. Noch mehr gilt dies für die noch relativ junge Gattung der Hörbücher, die in der Regel als bloße Sekundärverwendung von Literatur betrachtet werden.

Anhand einer Fallstudie zum Hörbuch *El dueño del secreto* (1977) von Antonio Muñoz Molina untersucht Jörg Türschmann das Verhältnis eines solchen Sekundärmediums zum Primärmedium des in Buchform veröffentlichten Romans. Dabei rekonstruiert er in sorgfältigen phänomenologischen Beschreibungen die materiellen und mentalen Aspekte der Produktion und Rezeption des Hörbuches, wobei ein weiterer, diesmal allerdings spezifischer Grund für die Ausblendung des Hörbuches deutlich wird. Denn im Unterschied zu anderen Medien, die selbstbewusst ihre mediale Differenz zum Buch unterstreichen, tut das Hörbuch alles, um seine besonderen materiellen und medialen Bedingungen auszublenden. *Per se* liefert das Hörbuch damit einen besonderen Fall von konzeptioneller Schriftlichkeit, der allerdings gerade nicht – im Unterschied zu Célines im Medium der Schrift umgesetzter konzeptioneller Mündlichkeit – ästhetische Effekte aus der Mediendifferenz erzielt, sondern diese Differenz auf ein Minimum zu reduzieren sucht. Die medialen Strategien, so zeigt der Beitrag, laufen darauf hinaus, die Legitimität des Hörbuchs zu sichern, indem es als möglichst getreue Vorlagenreproduktion ohne eigene Besonderheiten präsentiert wird. Eine ästhetische Wirkung entsteht dabei dennoch durch das „akustische", das heißt auf dem Entzug der visuellen Dimension beruhende, monomediale Hören, denn es erzeugt den Eindruck der Omnipräsenz der Stimmen und Geräusche im Raum.

Einen besonderen Fall von Intermedialität, bei dem gleich drei Medien eine wichtige Rolle spielen, untersucht Jochen Mecke anhand einer Fallstudie des Hörspiels *Reportage d'un match international de football* von Jean Thibaudeau und Alain Trutat. Das Hörspiel markiert einen Wendepunkt in der französischen Hörspielgeschichte, denn es revolutioniert die radiophone Sprache und bereitet die Innovationen des deutschen *Neuen Hörspiels* vor. Die detaillierte Analyse zeigt, dass Autor und Regisseur das Hörspiel von der Vorherrschaft des Theaterdiskurses (1. Medium) mittels radiophoner Medientechniken (2. Medium) befreiten, dass diese Befreiung allerdings nicht allein direkt durch das Ausspielen der technischen Möglichkeiten des Mediums zur Aufzeichnung des Realen geschieht, sondern unter Rückgriff auf diejenigen Verfahren erfolgt, mit denen der *nouveau roman* (3. Medium) das narrative Darstellungssystem revolutionierte. Wenn Thibaudeau und Trutat mithin hinter der Übertragung der Realität die mediale Realität der Übertragung zum Vorschein bringen, so geschieht dies dank einer dreistelligen Intermedialität zwischen Theater, Roman und Hörspiel.

Eine ästhetische Innovation bieten auch die von Ludger Scherer untersuchten Hörspiele *Réseau aérien* (1962) und *6.810.000 litres d'eau par seconde* (1965) von Michel Butor. Die genaue Untersuchung der Darstellungstechniken der beiden Hörspiele kommt dabei zu einem überraschenden Schluss: Gerade die neuen Medientechniken wie zum Beispiel Montage, Stereophonie und akustische Simultanität aktivieren den Rezipienten zwar, überfordern ihn jedoch gleichzeitig, so dass der eigentliche Sinn des Werkes nicht allein aus dem Hören des Hörspiels, sondern erst aus dessen Kombination mit der Lektüre der Buchfassung erschlossen werden kann. Auf diese Weise entsteht ein medialer Hybrid bzw. ein multimediales Gesamtkunstwerk, das in entscheidender Weise zur Herausbildung der Poetik des neuen Hörspiels beigetragen hat.

Der paradoxe Titel „*L'oreille qui lit*" des Aufsatzes von Jürgen E. Müller enthält bereits *in nuce* die wichtigste These seines Aufsatzes, dass nämlich das Hörspiel trotz seiner Konzentration auf den akustischen Kanal in Wirklichkeit *per se* intermedial verfasst ist. Dies belegt seine Fallstudie zur von Pierre Dupriez und Serge Martel adaptierten Hörspielfassung (1983) des Romans *Fantômas* (1911) von Pierre Souvestre und Marcel Allain (1911). Anhand einer im Theater spielenden Sequenz werden die verschiedenen narrativen und medialen Brechungen des Stoffes untersucht, wobei die Analyse deutlich macht, dass gerade die Simulation des Theaters im Hörspiel eine mediale Binnendifferenz erzeugt, die letztlich auf das mediale Dispositiv des Radios zurückverweist.

Die letzte Abteilung des Bandes setzt sich mit den neueren Gattungen und Formen auseinander, die durch den Computer ermöglicht wurden. Elisabeth Bauer wagt in ihrem Beitrag zur *Frankophonen Hyperfiction* eine Analyse der Poetik der noch jungen Mediengattung. Dabei geht sie von dem formalistischen Grundgedanken aus, dass poetische Verfahren auf der Deautomatisation vorgängiger Normen basieren. So wie die poetischen Verfahren in der Literatur im gezielten Bruch mit den Regeln der sprachlichen Grammatik bestehen können, so können auch poetische Techniken der Hyperfiction in der Verletzung derjenigen Regeln bestehen, die für sie spezifisch sind. Neben zahlreichen Einzelbeispielen wird diese These auch durch eine detaillierte informations- und literaturwissenschaftliche Untersuchung einer der ersten französischen Hyperfictions, Fred Romanos *Edward_Amiga*, belegt. Die Analyse zeigt, dass das Werk im strengen Sinne eigentlich nicht durch den Autor allein verfasst, sondern erst in der Interaktion zwischen Autor und Leser hergestellt wird.

Um die Frage der Linearität in einem weiteren Sinne geht es auch in dem Beitrag von Franziska Sick *Zur Narrativität der Computerspiele*. Anhand von Fallstudien zeigt sie, dass Computerspiele vom Medium der Schrift einen gewissen Grad an Linearität geerbt haben, da sie virtuell eine Geschichte enthalten und auch der Spielverlauf selbst, etwa durch das Erschließen des Spiels auf verschiedenen Ebenen, sequenziell aufgebaut ist. Ausgehend von einer Unterscheidung zwischen Spielen mit offener Handlung aber geschlossenen Regelsystemen und Geschichten mit geschlossenen Handlungen aber offenen Interpretationsregeln gelangt der Beitrag dann zu einer typologischen Differenzierung von Strategie- und Abenteuerspielen, um schließlich die Merkmale der Mediengattung pragmatisch auf ihre Anwendungstechniken zurückzuführen. Ähnlich verfährt die Verfasserin bei der Behandlung der oft diskutierten Thesen der Offenheit, Geschlossenheit oder Simultanität von Computerspielen.

„The Medium is the message“ lautet die berühmte Devise Marshall McLuhans, die als Gründungs- und wohl auch Ermächtigungsurkunde der neueren Medienwissenschaft gelten kann. Auch in der Literaturwissenschaft hat sie ein äußerst fruchtbares Forschungsparadigma eröffnet.[18] Inzwischen sind die Euphorie der Avantgarde und auch die Höhenflüge des medialen Materialismus einer nüchterneren und differenzierteren Betrachtungsweise gewichen. Die Beiträge des vorliegenden Bandes stehen im Zeichen nicht eines erneuten Paradigmenwechsels, sondern eher eines Wandels der Einstellung zu ihrem Untersuchungsgegenstand.

18 Marshall McLuhan: *Understanding Media: The Extensions of Man*. London: Routledge 1994, S. 7.

1. Printmedien:

Almanach, Presse

Medienwandel und Literarisierung

Funktionszusammenhänge zwischen Presse und Kalenderliteratur der Frühmoderne

SUSANNE GREILICH

1. Einleitung

Der vorliegende Artikel nähert sich den Phänomenen des Medienwandels und des Medienwechsels mit einem historischen Thema. Er beleuchtet die Veränderungen, die ein „althergebrachtes“ Medium durch das Auftreten und den Aufschwung eines „neuen“ Mediums erfährt, am Beispiel des Umbruchs der französischen und deutschen Presselandschaft des 18. Jahrhunderts. Hierbei liegt das Hauptaugenmerk auf den Zusammenhängen und Wechselwirkungen zwischen dem im 18. Jahrhundert bereits seit rund zweihundert Jahren etablierten, den Zeitgenossen vielfach als „altmodisch“ und „überholt“ geltenden populären Almanach[1] und den neuen Medien der Tages-, Wochen- und Monatspresse, die im Zeitalter der Aufklärung in Deutschland, Frankreich und anderen Ländern Europas einen immer größeren Aufschwung erlebten.

1 Unter dem Begriff des „populären Almanachs“ bzw. des „Volksalmanachs“ fassen wir, grob gesagt, alle jährlich herausgegebenen Publikationen, die neben einem Kalendarium und einem astrologisch-prophetischen Teil weitere Texte – darunter Nachrichten, Berichte, Erzählungen und „einfache“ literarische Formen – enthielten und sich an breite Teile der Bevölkerung richteten. Für eine differenziertere Begriffsbestimmung vgl. Susanne Greilich: *Französischsprachige Volksalmanache des 18. und 19. Jahrhunderts. Strukturen, Wandlungen, intertextuelle Bezüge*. Heidelberg: Universitätsverlag Winter 2004, S. 30-46.

Wo die Wahl des Untersuchungszeitraumes interessante Vergleichsmöglichkeiten zu zeitgenössischen Phänomenen des Medienwandels und -wechsels bereits von Anfang an erahnen lässt, da erscheinen in Hinblick auf die Wahl des Analysekorpus im Vorfeld einige Erläuterungen angebracht.

Wie das 20. Jahrhundert durch die audio-visuellen und Neuen Medien, so erlebte das 18. Jahrhundert einen tiefgreifenden medialen Wandel durch den Aufschwung der periodischen Presse, dem die fundamentale Einsicht in die Wirkungsmächtigkeit der Medien zugrunde lag. „Das 18. Jahrhundert behauptet in einer Vorgeschichte der Informationsgesellschaft deshalb einen besonderen Platz, weil im Zeichen der Aufklärung erstmals ein allgemeines Bewußtsein von der Macht und der gesellschaftsverändernden Wirkung von Medien entstanden ist. Dieser Bewußtseinssprung markiert kommunikationshistorisch den Initialpunkt jener permanenten ‚Medienrevolution', deren vorerst letzte Phase wir mit der Digitalisierung und globalen Vernetzung der Informationsströme aktuell erleben."[2]

Dem Aufstieg des Bürgertums und der langsam steigenden Alphabetisierung war es zu verdanken, dass im Verlauf des 18. Jahrhunderts immer größere Teile der französischen und deutschen Bevölkerung Presseerzeugnisse rezipieren konnten und nachfragten.[3] Einen wesentlichen Impuls erhielt die Presselandschaft in Frankreich durch die Französische Revolution und die im Zuge dessen zeitweilig eingeführte Pressefreiheit:[4] Sie führte zu einer Multiplikation der periodischen Drucker-

2 Ernst Fischer/Wilhelm Haefs/York-Gothart Mix (Hrsg.): *Von Almanach bis Zeitung. Ein Handbuch der Medien in Deutschland 1700-1800.* München: C. H. Beck 1999, S. 9.

3 Zur Alphabetisierung in Westeuropa vgl. die Untersuchungen von: François Furet/Jacques Ozouf: *Lire et écrire. L'alphabétisation des français de Calvin à Jules Ferry*. 2 Bde. Paris: Edition de Minuit 1977; Ernst Hinrichs: „Alphabetisierung in Nordwestdeutschland." In: Anne Conrad/Arno Herzig/ Franklin Kopitzsch (Hrsg.): *Das Volk im Visier der Aufklärung. Studien zur Popularisierung der Aufklärung im späten 18. Jahrhundert*. Hamburg: Lit 1998, S. 35-56; Alfred Messerli: *Lesen und Schreiben 1700 bis 1900. Untersuchung zur Durchsetzung der Literalität in der Schweiz.* Tübingen: Niemeyer 2002; sowie Alfred Messerli/ Roger Chartier (Hrsg.): *Lesen und Schreiben in Europa. 1500-1900. Vergleichende Perspektiven*. Basel: Schwabe & Co. 2000.

4 Artikel XI der *Déclaration des droits de l'homme et du citoyen*, die 1789 verabschiedet wurde, präzisierte: „la libre communication des pensées et des opinions est un des droits les plus précieux de l'homme, Tout citoyen peut donc parler, écrire, imprimer librement, sauf à répondre de l'abus de cette liberté dans les cas prévus par la loi." (zitiert nach: Jean-Paul Bertaud: *La*

zeugnisse am Ende des 18. Jahrhunderts und war der Auslöser für die Entstehung des politischen Journalismus in Frankreich.[5] Der beschriebene Aufschwung der periodischen Presse ging einher mit einer zunehmenden Dichte und Geschwindigkeit der übermittelten Nachrichten. In immer kürzeren Zeitabständen konnten immer mehr Informationen durch Zeitungen und Zeitschriften an die Leser gebracht werden.

Die Bandbreite der am Ende des 18. Jahrhunderts am deutschen und französischen Markt befindlichen Publikationen war groß und reichte in Hinblick auf den Erscheinungsrhythmus von mehrfach wöchentlich, zum Teil auch täglich erscheinenden Veröffentlichungen über monatliche bis hin zu jährlich herausgegebenen Publikationen. Auch in inhaltlicher Hinsicht gestaltete sich die Presselandschaft zunehmend differenzierter: Die Gazetten fokussierten auf die wichtigsten (außen)politischen Geschehnisse,[6] während Zeitschriften und Journale sowohl Literatur und Kultur als auch neue wissenschaftliche Erkenntnisse in den Mittelpunkt stellten.[7]

Die Verflechtungen zwischen der periodischen Presse auf der einen Seite und der schöngeistigen Literatur – ihren Produkten ebenso wie ihren Autoren – auf der anderen Seite waren vielfältig. Schriftsteller wie Marivaux oder Prévost betätigten sich in Frankreich mit *Le Spectateur français* bzw. *Le Pour et Contre* als Herausgeber moralischer

---

presse et le pouvoir de Louis XVIII à Napoléon Ier. Paris: Perrin 2000, S. 51.) Schon vier Jahre später wurde die Pressefreiheit indes neu eingeschränkt. Am 4. Dezember 1792 wurden die royalistischen Zeitungen verboten und am 29. März 1793 ein neues Pressegesetz verabschiedet, das nicht nur die Bestrafung der Verfasser und Drucker royalistischer Schriften, sondern auch die der Verkäufer und Kolporteure solcher Druckerzeugnisse vorsah.

5 Vgl.: Pierre Rétat (Hrsg.): *La Révolution du Journal 1788-1794*. Paris: Editions du CNRS 1989, sowie: Robert Darnton/Daniel Roche (Hrsg.): *Revolution in Print. The Press in France 1775-1800*. Berkeley: University of California Press 1989.

6 Vgl. zu diesem Thema etwa: Henri Duranton/Pierre Rétat (Hrsg.): *Gazettes et information politique sous l'Ancien Régime*. Saint-Étienne: Publications de l'université de Saint-Étienne 1999.

7 Eine hervorragende Übersicht über die Vielfalt der deutschen Presselandschaft des 18. Jahrhunderts gibt: Ernst Fischer/Wilhelm Haefs/York-Gothart Mix (Hrsg.): *Von Almanach bis Zeitung*. Zum Aufschwung der periodischen Presse in Deutschland und anderen Ländern Europas im Verlauf des 18. und 19. Jahrhunderts vgl.: Jürgen Wilke: *Grundzüge der Medien- und Kommunikationsgeschichte. Von den Anfängen bis ins 20. Jahrhundert*. Köln: Böhlau 2000, insbesondere Kapitel 6: „Expansion und Diversifikation der Massenkommunikation im 18. Jahrhundert" (S. 78-154) und Kapitel 7: „Retardierung und Entfesselung der Massenkommunikation im 19. Jahrhundert" (S. 155-302).

Wochenschriften nach englischem Vorbild, in Deutschland versuchte sich „eine ganze Schriftstellergeneration in dieser Gattung“,[8] die zu einem wichtigen Medium der Aufklärung avancierte: Als Herausgeber, Redakteur oder Beiträger fungierten „z.B. Bodmer, Breitinger, J. C. Gottsched und L. A. V. Gottsched, Gleim, J. E. Schlegel, Lessing, Rabener, Giseke, Zachariae, Lange, Pyra, Uz, Cronegk, F. G. und M. Klopstock [...], Gerstenberg, Hamann, Sonnenfels“.[9] Literaturkritische Zeitschriften stellten der Leserschaft in Rezensionen wesentliche Buchneuheiten vor und formulierten selbst neue literaturtheoretische Konzepte.[10] Die literarisch-kulturellen Zeitschriften, die literarischen Taschenbücher und Musenalmanache wiederum publizierten auch literarische Originalbeiträge und dienten als Publikationsforum für aufstrebende junge Schriftsteller.[11]

---

8 Helga Brandes: „Moralische Wochenschriften.“ In: Ernst Fischer/Wilhelm Haefs/York-Gothart Mix (Hrsg.): *Von Almanach bis Zeitung*, S. 226.

9 Helga Brandes: „Moralische Wochenschriften.“, S. 226.

10 „Die kritische Analyse bereits bestehender, traditionell anerkannter literarischer Konzepte bzw. poetischer Regeln und deren Revision sowie meist auch eine dezidierte Sprachkritik leiten die Funktion wie auch die Wirkungsabsicht dieses spezifischen Zeitschriftentyps. Nicht allein das wertende Urteil über eine einzelne Neuerscheinung in der Form der Rezension charakterisiert hier den Inhalt der Zeitschrift, sondern darüber hinaus werden verstärkt auch neue literaturtheoretische Konzepte formuliert, die wiederum neue Auseinandersetzungen einleiten sollen.“ Ute Schneider: „Literaturkritische Zeitschriften.“ In: Ernst Fischer/Wilhelm Haefs/York-Gothart Mix (Hrsg.): *Von Almanach bis Zeitung*, S. 199.

11 „Durch geschickte Redaktion konnte ein Herausgeber bestimmte Schriftsteller an das von ihm betreute Organ binden und so nach und nach einen festen Beiträgerstamm aufbauen. Konsequent nutzte dies etwa H. C. Boie, der den Göttinger *Musenalmanach* schon nach kurzer Zeit bereitwillig den Autoren der jungen Generation öffnete; im Jahrgang 1772 erschienen dort erstmals Gedichte von G. A. Bürger, J. H. Voß, M. Claudius und J. G. Herder. Ihre Texte verdrängten nach und nach die bisher vorherrschende Rokokopoesie und etablierten ein neues lyrisches Paradigma, das sich an den Leitvorstellungen der Genieästhetik orientierte. Auf diese Weise wurde Boies Almanach dann auch rasch zum Sammelpunkt eines regionalen Dichterkreises, des sogenannten Göttinger Hainbunds, dessen Autoren – L. H. Hölty, J. M. Miller, C. und F. L. von Stolberg, J. H. Voß sowie deren zentrale Bezugsperson F. G. Klopstock – ab dem Jahrgang 1774 das Unternehmen dominierten.“ Wolfgang Bunzel: „Almanache und Taschenbücher.“ In: Ernst Fischer/Wilhelm Haefs/York-Gothart Mix (Hrsg.): *Von Almanach bis Zeitung*, S. 25.

Vgl. zur Bedeutung des literarischen Taschenbuchs außerdem: Paul Gerhard Klussmann: „Das literarische Taschenbuch der Biedermeierzeit als Vorschule der Literatur und der bürgerlichen Allgemeinbildung.“ In: York-Gothart Mix (Hrsg.): *Almanach- und Taschenbuchkultur des 18. und 19. Jahrhunderts.*

Im Unterschied zu den im 18. Jahrhundert beim gebildeten Bürgertum beliebten Musenalmanachen war der literarische Gehalt traditioneller Volkskalender, wie dem in Deutschland, Frankreich und der Schweiz massenhaft verbreiteten Almanach des Typs *Hinkender Bote/ Messager boiteux*,[12] zu Beginn und in der Mitte des 18. Jahrhunderts noch vergleichsweise gering. Erst gegen Ende des 18. Jahrhunderts und dann vom Beginn des 19. Jahrhunderts in immer stärkerem Ausmaß finden sich auch in diesen Almanachen zumeist einfache literarische Formen,[13] kleinere Erzählungen und Auszüge aus Reiseberichten. Die zeitliche Koinzidenz zwischen dem Aufstieg der periodischen Presse in Deutschland und Frankreich und den Veränderungen in der Struktur populärer Almanache ist hierbei keineswegs zufällig, sondern verweist vielmehr auf einen allgemeinen Funktionszusammenhang zwischen dem Aufschwung der „neuen" Printmedien auf der einen Seite und dem Wandel des althergebrachten Mediums des Volksalmanachs auf der anderen. Diesem grundlegenden Zusammenhang wird sich der erste Teil der vorliegenden Untersuchung widmen.

Der zweite Teil des Beitrages rückt dann Formen und Folgen des Medienwechsels ins Zentrum der Betrachtung. Volksalmanache wie der *Messager boiteux* waren mit der Literatur- und Presselandschaft ihrer Zeit eng verflochten. Als Hauptlektüre von Bevölkerungsschichten, die insgesamt gesehen wenig lasen und meist nur geringe finanzielle Mittel für den Kauf gedruckten Schrifttums aufbrachten, mussten populäre Kalender in den Produktionskosten gering gehalten und dennoch stets auf den aktuellen Stand gebracht werden. Nicht nur in Hinblick auf Papier und Druckkosten, sondern auch hinsichtlich der Beschaffung des Textmaterials unterlagen die Verleger finanziellen Restriktionen. Die Be-

---

Wiesbaden: Harrassowitz 1996, S. 89-111. Zum Musenalmanach vgl.: Hans-Jürgen Lüsebrink: „Der Almanach des Muses und die französische Almanachkultur des 18. Jahrhunderts." In: Paul Gerhard Klussmann/York-Gothart Mix (Hrsg.): *Literarische Leitmedien. Almanach und Taschenbuch im kulturwissenschaftlichen Kontext*. Wiesbaden: Harrasowitz 1998, S. 3-15 sowie: York-Gothart Mix (Hrsg.): *Die Deutschen Musenalmanache des 18. Jahrhunderts*. München: C. H. Beck 1987.

12 Zur Entstehungsgeschichte und Struktur dieses Volkskalenders vgl. Susanne Greilich: *Französischsprachige Volksalmanache*, S. 47-114.

13 Zur Terminologie der „einfachen Form" vgl. André Jolles: *Einfache Formen. Legende, Sage, Mythe, Rätsel, Spruch, Kasus, Memorabile, Märchen, Witz*. Tübingen: Niemeyer [6]1982. Neben (Merk-)Sprüchen, Witzen und Märchen finden sich in den Volksalmanachen des späten 18. und des 19. Jahrhunderts insbesondere Anekdoten und moralische Beispielgeschichten (Exempla).

schäftigung eigener Autoren für das Verfassen von Artikeln konnten sie sich nicht leisten, die Almanache mussten vielmehr aus im Wesentlichen bereits vorhandenem Material zusammengesetzt werden. Die Erstellung eines Volkskalenders bedeutete demnach Textcollage, für die die Verleger neben ihrem eigenen Kalenderfundus sowohl auf andere Almanache, Zeitungen, wissenschaftliche und literarische Zeitschriften wie auch auf Anekdoten- und Märchensammlungen zurückgriffen, deren Texte sie kopierten, umschrieben, kürzten und ergänzten. Dieses „Textrecyling" führte zu niedrigen Produktionskosten, trug zu hohen Absatzzahlen bei und sicherte den wirtschaftlichen Erfolg der Kalenderpublikation. Zugleich resultierte aus ihm eine Vielzahl intertextueller Verflechtungen zwischen den Volkskalendern und der Zeitungs- und Zeitschriftenpresse des 18. und 19. Jahrhunderts, die sich meist – wenn auch nicht ausschließlich[14] – als Transfer von (literarischen) Texten hin zu den auch heute noch vielfach als „Gebrauchsliteratur" verkannten Volkskalendern manifestierten.

---

14 Ein Beispiel für einen „umgekehrten" Transfer, d.h. der Übernahme eines Modells der traditionellen populären Kalender durch ein „neues" Medienprodukt des 19. Jahrhunderts stellt die Vorbildfunktion des *Hinkenden Boten/Messager boiteux* für den literarisch anspruchsvollen *Rheinländischen Hausfreund* Johann Peter Hebels dar. Vom *Hinkenden Boten*, der zu Beginn des 19. Jahrhunderts auf eine mehr als 130jährige Geschichte zurückblicken konnte, hat Hebel unter anderem das Konzept der integrierenden Erzählerfigur übernommen, die den einzelnen Texten des Almanachs eine Verbindung gab und den Lesern zugleich als Identifikationsfigur diente. Zur Erzählerfigur vgl.: Hans-Jürgen Lüsebrink: „Du ‚Messager Boiteux' au ‚Père Gérard': les figures de narrateurs populaires dans les almanachs, XVIIIe- XIXe siècles (texte et iconographie)." In: Jacques Migozzi (Hrsg.): *De l'écrit à l'écran. Littératures populaires: mutations génériques, mutations médiatiques*. Limoges: Pulim 2000, S. 53-71.
Dass sich manche der Hebelschen „Kalendergeschichten", wie die berühmte Geschichte vom *Unverhoften Wiedersehen* aus dem *Rheinländischen Hausfreund auf das Jahr 1811*, später in den Almanachen des Typs *Messager boiteux/Hinkender Bote* wiederfanden, so etwa im *Postillon de la Paix et de la Guerre* des Jahres 1847 (vgl.: Susanne Greilich: *Französischsprachige Volksalmanache*, S. 256 ff.) zeugt einmal mehr von der engen Verzahnung dieser Volkskalender mit der Presse und Literatur ihrer Zeit.
Zum *Rheinländischen Hausfreund* vgl.: Jan Knopf: *Geschichten zur Geschichte. Kritische Tradition des „Volkstümlichen" in den Kalendergeschichten Hebels und Brechts*. Stuttgart: Metzler 1973, sowie: York-Gothart Mix: „La mesure des choses et l'ordre cosmique. Histoire des événements, sémantique du temps et de l'espace dans le „Rheinländischer Hausfreund" de Johann Peter Hebel." In: Hans-Jürgen Lüsebrink/Jean-Yves Mollier (Hrsg.) en collaboration avec Susanne Greilich: *Presse et événement: journaux, gazettes, almanachs (XVIIIe-XIXe siècles)*. Bern: Peter Lang 2000 [Convergences, Vol. 16], S. 193-206.

Der Wechsel eines Textes vom Medium der Zeitung bzw. der Zeitschrift in das Medium des populären Almanachs nahm aber nicht nur auf Gehalt und Gestaltung des Volkskalenders Einfluss, sondern wirkte auch auf das Ursprungsmedium zurück. Interessante Aufschlüsse verspricht hierbei die Analyse des Verhältnisses von Faktizität und Fiktionalität in den Almanachen und den Journalen.

2. Allgemeiner Funktionszusammenhang: Presseaufschwung und Literarisierung des populären Almanachs

Der in der ersten Hälfte des 17. Jahrhunderts noch weitgehend auf den Kalender und das Prognosticon beschränkte populäre Almanach erfuhr in der zweiten Hälfte des 17. Jahrhunderts eine entscheidende inhaltliche Veränderung: Er wurde um einen zumeist „Relation curieuse" genannten Textteil erweitert, in dem politisch-historische Ereignisberichterstattung mit vermischten Nachrichten und Kuriosa aus aller Welt in loser Folge verknüpft wurde. Der für das 16. und 17. Jahrhundert gattungscharakteristische *Grand calendrier compost des bergers*[15] aus Troyes wurde durch den Gattungstypus des *Hinkenden Boten/ Messager boiteux* abgelöst, der seit den 70er Jahren des 17. Jahrhunderts in deutscher, mit Beginn des 18. Jahrhunderts auch in französischer Sprache herausgegeben wurde und bei einer Auflagenzahl von teilweise mehreren zehntausend Exemplaren pro Serie in mehr als 60 verschiedenen Ausgaben und etwa 30 Städten in der Schweiz, Frankreich und Deutschland Verbreitung fand.[16] Der für den *Messager boiteux* typische dreiteilige Aufbau aus 24seitigem Kalender, einem „Ephémérides" genannten meteorologisch-prophetischen Teil und einem bis zu 40 Seiten umfassenden Textteil mit dem Titel „Relation curieuse des choses les plus remarquables" findet sich im Übrigen auch bei einem weiteren bedeutenden Kalendertitel der Zeit: dem ab 1641 in Lüttich publizierten *Mathieu Laensbergh* (*Almanach de Liège*), der seinen Lesern erstmalig 1655 einen 64 Seiten langen Bericht der wesentlichen Ereignisse des vergangenen Jahres präsentierte.[17]

---

15 Vgl.: Geneviève Bollème: *Les almanachs populaires aux XVIIe et XVIIIe siècles. Essai d'histoire social*. Paris/La Haye: Mouton 1969.

16 Vgl. hierzu detailliert: Susanne Greilich/York-Gothart Mix (Hrsg.): *Populäre Kalender im vorindustriellen Europa: Der „Hinkende Bote"/„Messager boiteux". Kulturwissenschaftliche Analysen und bibliographisches Repertorium*. Berlin: Walter de Gruyter 2006.

17 Vgl.: *Continuation des choses les plus remarquables advenues par toute l'europe, & d'autres parties du monde, depuis le mois de l'an 1654*. A Liège,

Bis in die siebziger Jahre des 18. Jahrhunderts lieferten die *Messagers boiteux*, die sich explizit an ein breites, wenig alphabetisiertes Publikum, an die „classe des gens qui lisent peu",[18] richteten, ihrer Leserschaft in der „Relation curieuse" beinahe ausschließlich Berichte der wichtigsten innen- und außenpolitischen Geschehnisse in Europa, Asien und dem Osmanischen Reich, versorgten sie also mit Nachrichten über Kriegsgeschehnisse, Friedensschlüsse, diplomatische Empfänge, Krönungen und illustre Geburts- und Sterbefälle – aufgrund des nur jährlichen Erscheinens indes oft mit mehrmonatiger Verspätung. Die Berichterstattung der populären Kalender lehnte sich hierbei in Stil und Form stark an die der französischen Gazetten an.

Kam den populären Almanachen in den ersten beiden Dritteln des 18. Jahrhunderts also eine bedeutende Rolle als Informationsmedium für breite Schichten der Bevölkerung zu, so verloren die Volkskalender diese Rolle, wie angedeutet, im letzten Drittel des 18. Jahrhunderts infolge des Aufschwungs der Tagespresse mehr und mehr. Insbesondere in den Revolutionsjahren konnte die, in ihrem Umfang stark beschränkte und der Aktualität stets um ein bis zwei Jahre hinterher hinkende Berichterstattung der Volkskalender den sich überstürzenden Ereignissen nicht gerecht werden. In den Jahren 1793 und 1794 verzichtete daher beispielsweise der *Messager boiteux de Basle* nahezu vollständig auf die Berichterstattung über politische Ereignisse. Der Verleger selbst bemerkte mit Hinblick auf die sich ständig ändernde Situation:

> Pour faire l'ouverture de l'almanac de cette année, nous nous étions d'abord proposés de mettre sous les yeux de nos lecteurs une courte mais fidèle description de l'état politique des différens pays de l'Europe; mais une expérience de plusieurs années, & surtout celles du tems actuel, nous ayant montré, combien dans l'espace d'un mois & même d'une semaine, les choses peuvent se changer, nous avons préféré de réserver la partie politique pour la clôture de ces feuilles, persuadés que de cette manière nous pourrons en faire le tableau en même tems plus exact, plus intéressant, & plus satisfaisant pour nos lecteurs. [...][19]

Chez la Vefue Leonard Streel. Avec permißion des Superieurs. In: *Almanach pour l'An de Nostre Seigneur M.DC. LV. Avec les Guetides de Bruxelles, & d'Anvers pour aller & venir. Supputé par Maistre Mathieu Laensbergh. Mathematicien.* A Liège. Chez la Vefue Léonard Streel. Avec Grace & Privilège de Son Altesse, o.S.

18 *Messager boiteux de Berne*, Vevey 1796, o.S.

19 „Avis aux lecteurs." In: *Messager boiteux de Basle*, Basle: Decker 1794, o.S.

In Konkurrenz mit den neuen Medien der Tagespresse, deren Titel sich in den Revolutionsjahren geradezu explosionsartig vervielfältigten, drohte der populäre Kalender ins Hintertreffen zu geraten. Um weiterhin Leser für sich gewinnen zu können, mussten die Verleger die inhaltliche Gestaltung der Almanache verändern. War bis zum letzten Drittel des 18. Jahrhunderts der Information der Leser Vorrang eingeräumt worden, so wurden ab den 70er Jahren verstärkt Texte publiziert, die zwei andere Funktionen erfüllten: die Unterhaltung und die moralische Erziehung der Leserschaft. Bis zu den 30er Jahren des 19. Jahrhunderts verschwanden die politischen Nachrichten vollständig aus der „Relation curieuse" der Almanache, neben *faits divers* und wissenschaftlichen Texten, die der Leserschaft im Alltag zu Nutzen gereichen sollten, dominierten fortan Merksprüche und Witze, Anekdoten, moralische Beispielgeschichten, Erzählungen und Reiseberichte. Bei dieser durch den Aufschwung der Tagespresse bedingten Neuorientierung der populären Kalender machte sich zugleich der Einfluss der deutschen Volksaufklärung mit ihren Forderungen nach einer Nutzbarmachung des Kalenders für die Instruktion der breiten Bevölkerung über neue wissenschaftliche Kenntnisse und aufgeklärte Moralvorstellungen bemerkbar.[20]

Zwischen der Zeitungs- und Zeitschriftenpresse des 18. und beginnenden 19. Jahrhunderts und dem populären Kalender jener Zeit lässt sich also zunächst einmal ein grundsätzlicher Funktionszusammenhang konstatieren: Die Literarisierung der Almanache wurde wesentlich motiviert durch ihren Bedeutungsverlust als Informationsmedium über die politisch-historische Ereignisgeschichte. Der Aufschwung der neuen Medien der Tagespresse bedingte also nicht etwa einen Wandel der literarischen Elemente der Almanache, er löste vielmehr eine Literarisierung dieses traditionellen Mediums erst aus.

3. Faktizität und Fiktionalität in Presse und Almanach

Wie bei anderen Texten auch, griffen die Volksalmanache bei der Veröffentlichung literarischer Texte vielfach auf bereits an anderer Stelle abgedrucktes Material zurück. Aus Zeitungen und Zeitschriften, Anekdoten- und Märchensammlungen wurden Texte kopiert und durch

20 Vgl.: Holger Böning/Reinhart Siegert: *Volksaufklärung. Biobibliographisches Handbuch zur Popularisierung aufklärerischen Denkens im deutschen Sprachraum von den Anfängen bis 1850.* Bd. I: *Die Genese der Volksaufklärung und ihre Entwicklung bis 1780.* Stuttgart/Bad Canstatt: Frommann Holzboog 1990, S. XL.

Modifikationen dem Erwartungs- und Bildungshorizont des Kalenderpublikums angepasst. Aus diesem Verfahren resultierte, wie bereits angedeutet, ein Transfer von Texten und literarischen Moden von den für ein gebildeteres Publikum konzipierten Zeitschriften, Gazetten und Anthologien hin zu den für ein breites Publikum verfassten populären Almanachen. Exemplarisch lässt sich ein solcher Transfer literarischer Moden für das Erscheinen des orientalisierten Märchens nachweisen.

Die Welle des orientalischen bzw. orientalisierten Märchens, das die französische Literatur im Gefolge der Publikation der *Mille et une nuits* durch Antoine Galland im ersten Drittel des 18. Jahrhunderts erfasste, erreichte die populären Kalender in den späten dreißiger Jahren des 18. Jahrhunderts und hielt sich bis zu Beginn des 19. Jahrhunderts in den Almanachen des Typs *Messager boiteux*. So lieferten die Volkskalender ihren Lesern zum einen diverse Erzählungen unbekannter Herkunft mit orientalischem Dekor, wie beispielsweise die 1739 im *Messager boiteux de Basle* von Mechel publizierte *Histoire chinoise. En pratiquant la vertu, on illustre sa famille* oder die 1793 im *Messager boiteux de Basle* von Decker veröffentlichte Erzählung *Les Pantouffles*, zum anderen lassen sich in den Volkskalendern verschiedene Variationen der Erzählung *Ali Cogia, marchand de Bagdad* aus den *Mille et une nuits* nachweisen: so unter dem Titel *Le juge prudent* im *Messager boiteux de Berne* von 1788, *Le vase d'olives* im *Messager boiteux de Basle* von Decker des Jahres 1815, *Ali Cogia oder der Oliven-Topf* im Basler *Hinckenden Bott* (Decker, 1815), als *Anecdote turque* im *Messager boiteux de Berne et Vevey* von 1836 und als Erzählung *L'enfant enlevé* im *Messager boiteux de Colmar* von 1860.

Lässt sich die Märchensammlung der *Mille et une nuits* in diesem Fall eindeutig als Quelle der im Almanach publizierten orientalischen Erzählungen nachweisen, so gestaltet sich der konkrete Nachweis des Transfers einzelner literarischer Texte in der Vielzahl der Fälle weitaus komplizierter. Erschwert wird dieser Umstand durch die Tatsache, dass sich nur wenige der in den Volkskalendern publizierten Anekdoten, Erzählungen und moralischen Beispielgeschichten überhaupt als fiktionale Texte zu erkennen gaben, sondern vielmehr als Nachricht oder Tatsachenbericht gekennzeichnet wurden und somit eine Suche in der Berichterstattung der Gazetten als Ursprungsquelle nahe legen.

Wie die politischen, so wurden auch die vermischten „Nachrichten" in den Almanachen des letzten Drittels des 18. Jahrhunderts mit Orts- und Zeitangaben, gelegentlich auch mit einem Quellenverweis versehen. Bei näherem Hinsehen stellen sich Orts-, Zeit- und Quellenangaben mancher dieser Texte indes als ziemlich zweifelhaft heraus. Der „Bericht“ über das arme, kinderreiche Ehepaar etwa, das sich trotz seiner finanziellen Notlage eines ausgesetzten Kindes annimmt und für diese Wohltat mit Geld entlohnt wird, das es in den Windeln des Findlings findet, den der Basler *Messager boiteux* des Verlegers Decker 1793 unter dem Titel *Le couple contenté* veröffentlichte, findet sich im anderen Wortlaut, aber mit den gleichen Handlungselementen auch 1788 im *Messager boiteux* des Verlegers Mechel[21] und im *Véritable Messager boiteux de Berne* des Jahres 1798 wieder.[22] Orts-, Zeit-, Personen- und Quellenangaben der drei Texte variieren. So heißt es im *Messager boiteux de Basle* des Jahres 1788: „Au mois d'avril 1787 on a écrit de Rome l'anecdote suivante. Une femme du peuple accouche de deux enfans“,[23] der „Bericht“ des Deckerschen *Messager boiteux* beginnt mit den Worten „Une lettre de Turin datée du 29. Février 1792. rapporte le fait singulier, dont nous allons faire part à nos lecteurs. La femme d'un pauvre maçon de cette ville dans la paroisse de Sainte-Marie Magdeleine, accoucha de deux enfans.“[24] Im *Messager boiteux de Berne* ist die Handlung nach Frankreich verlagert worden, die Zahl der Kinder hat sich vermehrt: „Il y a quelques années, que dans une petite ville de France, un Savetier & sa femme, plongés dans la plus grande indigence, en sortirent par un de ces événemens qu'on a de la peine à croire. Ils avoient six enfans [...].“[25] Ganz offensichtlich handelt es sich bei diesen Texten also nicht um Nachrichten über reale Begebenheiten, sondern vielmehr um Exempla, die sich den Anschein von *faits divers* geben, um glaubwürdiger zu erscheinen und somit den moralischen Effekt auf die Leserschaft zu erhöhen.

Die Volksliteraturforschung der vergangenen Jahrzehnte hat es indes nicht vermocht, die ab dem letzten Drittel des 18. Jahrhunderts zunehmende Fiktionalisierung und Literarisierung des populären Alma-

---

21 Vgl.: „Anecdote singuliére.“ In: *Messager boiteux de Basle*, Basle: Mechel 1788, o.S.

22 Vgl.: „Fortune bien placée.“ In: *Messager boiteux de Berne*, Vevey: Chenebié 1798, o.S.

23 Vgl.: „Anecdote singuliére.“ In: *Messager boiteux de Basle*, Basle: Mechel 1788, o.S.

24 Vgl.: „Le couple contenté.“ In: *Messager boiteux de Basle*, Basle: Decker 1793, o.S.

25 Vgl.: „Fortune bien placée.“ In: *Messager boiteux de Berne*, Vevey: Chenebié 1798, o.S.

nachs zu erkennen. Stattdessen hat sie sich vor allem in Frankreich beinahe ausschließlich der politisch-historischen Berichterstattung in den Volkskalendern zugewandt und Texte mit fiktionalem bzw. semi-fiktionalem Charakter ausgeklammert, ja ihre Fiktionalität verkannt.[26] Auch für andere Pressepublikationen der Zeit, wie beispielsweise die moralischen Wochenschriften ist dies lange Zeit der Fall gewesen. So attestiert Shelly Charles in ihrer 1992 veröffentlichten Studie zu Prévosts moralischer Wochenschrift *Le Pour et contre*[27] ihren Kollegen, sie haben fälschlicherweise die Gesamtheit des Prévostschen Textes als „Zeugnis über die Realität der Zeit" („témoignage sur la réalité de l'époque") betrachtet[28] und stellt fest:

> [C]ette conception aboutit à une ‚historicisation' absolue de l'information: [le périodique] étant considéré d'emblée comme témoignage, l'invention ou la fiction en sont nécessairement exclues.[29]

Erst in jüngerer Zeit hat sich die Forschung den Zusammenhängen zwischen Fiktion und Presse im 18. Jahrhundert zugewandt[30] und auch den fiktionalen Charakter von Nachrichten beleuchtet. Hierbei hat sie das Augenmerk zum einen auf die generelle Unsicherheit in der Presseberichterstattung des 18. Jahrhunderts und die Konstruktion von Ereignissen gerichtet[31] und sich zum anderen der Präsenz fiktionaler

26 Geneviève Bollème widmet den dritten Teil ihrer Untersuchung über die Volksalmanache des 17. und 18. Jahrhunderts allein den historischen Berichten (vgl.: Geneviève Bollème: *Les almanachs populaires aux XVIIe et XVIIIe siècles. Essai d'histoire social.* Paris: Mouton 1969, S. 89-124), auch Paul Toinet beschränkt sich in seiner Darstellung der *Messagers boiteux* darauf (vgl.: Paul Toinet: *Les Messagers Boiteux.* Genève: Slatkine 1982). Selbst Bernard Maradan, der sich in einem Aufsatz an einer Klassifizierung der Texte des *Messager boiteux de Colmar* versucht, vermag es nicht, historische Berichte und *faits divers* von Texten mit stärker fiktivem und erzählerischem Charakter abzugrenzen (vgl.: Bernard Maradan: „L'Almanach et la presse. L'exemple du *Messager Boiteux de Colmar.*" In: *Le Journalisme d'Ancien Régime. Questions et propositions.* Table ronde CNRS, 12-13 juin 1981, Lyon: Presses universitaires de Lyon 1982, S. 133-140).

27 Shelly Charles: *Récit et réflexion: poétique de l'hétérogène dans Le Pour et contre de Prévost.* Oxford: Voltaire Foundation 1992.

28 Zur Kritik etwa an Marie-Rose de Labriolle vgl.: Shelly Charles: *Récit et réflexion*, S. 4.

29 Vgl.: Shelly Charles: *Récit et réflexion.*

30 Vgl. etwa: Malcolm Cook/Annie Jourdan (Hrsg.): *Journalisme et fiction au 18e siècle.* Bern: Peter Lang 1999.

31 Vgl. etwa die Beiträge von Claude Labrosse: „L'incertain et le virtuel. L'événement en perspectives dans les gazettes du 18e siècle" und Dominique

Textsorten in der Tagespresse dieser Zeit gewidmet. So verweist Dominique Kalifa in einem Artikel auf das Aufkommen der sogenannten *anecdote émouvante* in der französischen Zeitungspresse der 70er Jahre des 18. Jahrhunderts und macht deutlich, dass sich die anrührenden Anekdoten aus dem Leben berühmter Herrscherpersönlichkeiten viel weniger als tatsächliche Nachrichten lesen lassen, denn als Beispielgeschichten, die die aktuellen Nöte breiter Bevölkerungsschichten thematisieren und die Leserschaft der Gazetten mittels des Exemplums aufrichtiger Herrscher zum Durchhalten auffordern.[32]

Auch in den Volksalmanachen finden sich im letzten Drittel des 18. Jahrhunderts solcherlei anrührende Anekdoten mit moralischer Intention, sehr viel häufiger jedoch präsentieren sich die Exempla ähnlich wie im oben genannten Textbeispiel vom kinderreichen Ehepaar als vermeintlich auf Tatsachen beruhende Nachrichten (mit detaillierter Orts-, Zeit- und Quellenangabe[33]), deren außergewöhnlicher, weil besonders anrührender oder erschreckender Inhalt zur moralischen Belehrung herangezogen werden kann.

Das vermehrte Auftreten von Exempla in den populären Kalendern des 18. Jahrhunderts ist zweifellos durch die Forderungen der schweizerisch-deutschen Volksaufklärung nach Nutzbarmachung der Kalender für die Belehrung breiter Bevölkerungsschichten beeinflusst worden. Die Almanachverleger selbst verweisen an verschiedener Stelle explizit auf die moralische Intention der publizierten Texte. Insbesondere der *Véritable Messager boiteux de Berne* hat in mehreren Ansprachen an seine Leser in relativ ausführlicher Weise die Aufgaben und Ziel-

---

Kalifa: „L'Écriture du fait divers au 19e siècle. De la négation à la production de l'événement." In: Hans-Jürgen Lüsebrink/York-Gothart Mix/Susanne Greilich: *Presse et événement*, S. 7-25 und S. 297-311.

32 Vgl.: Jean Sgard: „L'anecdote émouvante en 1775." In: Henri Duranton/Pierre Rétat (Hrsg.): *Gazettes et information politique*, S. 419-429.

33 Der Berner *Hinkende Bott* beispielsweise berichtet in seiner Ausgabe auf das Jahr 1769 von einem Ereignis, das sich am „15ten Heumonat 1767" im „spanischen Spittal zu Thunis" zugetragen hat und als „Muster der guten Justiz bey den Barbaren" dienen kann und übermittelt seinen Lesern 1774 eine Nachricht „aus Maltha unterm 27. Hornung 1773", die ein „Exempel der türkischen Toleranz" gebe. Der *Messager boiteux de Berne* beruft sich auf die „Annales Japonaises" als Quelle des von ihm 1798 veröffentlichten „Trait de tendresse filiale" und der dem *Messager boiteux* verwandte *Postillon de la Paix et de la Guerre* zieht in der Ausgabe auf das Jahr 1811 das „journal de la Haute-Garonne" zu Rate, um seinen Lesern ein Beispiel für „seltene und anrührende Wohltätigkeit" („Bienfaisance rare & touchante") zu liefern.

setzungen populärer Kalender und die Rolle, die ihnen bei der moralischen Erziehung und Perfektionierung der Leserschaft zukommen sollte, behandelt. In der Ausgabe auf das Jahr 1788 schreibt er beispielsweise:

Quelques uns de nos Lecteurs ne voudroient voir dans ce Recueil que des choses de la premiere utilité, c'est-à-dire, qui eussent rapport à l'agriculture ou à l'économie domestique, ils peuvent avoir raison jusques à un certain point; mais l'homme est aussi curieux, il aime à savoir ce qui se passe, même dans les parties du monde les plus éloignées. Un peuple compare son état avec celui d'autres peuples, & se trouve plus heureux: on est ému, attendri au récit d'une belle action ou d'un trait de courage; les préjugés s'affoiblissent, le désir de s'instruire peut naître en voyant tant d'hommes qui ne pensent pas comme nous, dans bien des choses & qui ont cependant les mêmes besoins, les mêmes passions, qui s'accordent avec nous sur l'importance de la morale & la beauté de la vertu: ainsi que ces choses peuvent aussi avoir leur utilité.[34]

Moral und Tugend am Beispiel von Nachrichten aus dem alltäglichen Leben fremder Menschen zu illustrieren und so in den Herzen der Leser zu verankern – dies ist ab dem letzten Drittel des 18. Jahrhunderts neben der praktischen Lebenshilfe das erklärte Ziel des Almanachs. In einer späteren Ausgabe wird der *Messager boiteux* noch deutlicher:

Pendant que les Journalistes & les Gazetiers rempliront leurs Feuilles des tristes détails de la Guerre, qui embrase la plus grande partie de l'Europe; pendant qu'ils se plairont de raconter les horreurs de ce fléau de l'humanité, & le nombre de ceux qui ont été tués dans les différentes batailles: moi, habitant d'un Pays paisible, tranquille & heureux, je tâcherai d'entretenir & d'instruire en même tems mes Lecteurs par des anecdotes intéressantes, qu'on peut lire sans frémir; par des tableaux touchants, qui peuvent réveiller la compassion & l'amour fraternel, par des bons mots & des tours d'esprit, qui doivent amuser; & par des relations curieuses, qui tendent à éclairer le Campagnard. Puisse-t-on être content de mon but comme de mon choix! Puisse-t-on mettre à profit les exemples de vertus & de folies qu'on aura sous les yeux![35]

Die Veröffentlichung zugleich unterhaltsamer wie lehrreicher Begebenheiten mit dem Ziel der moralischen Erziehung ländlicher Bevölkerungsschichten wird den Lesern hier also explizit erklärt. Auch vierzehn Jahre später, in der Ausgabe des *Véritable Messager boiteux de Berne* auf das Jahr 1807 hebt der Verleger den edukativen Charakter der von ihm publizierten Texte hervor:

Je présente quelquefois à mes lecteurs des traits de perfidie, de méchanceté atroce, afin de leur montrer, où peut conduire la force des passions, quelque

34 *Messager boiteux de Berne*, Vevey: Chenebié 1788, o.S.
35 *Messager boiteux de Berne*, Vevey: Chenebié 1793, o.S.

mauvais penchant, le défaut d'éducation, le manque des principes religieux, dont l'influence active est si essentielle à la véritable vertu. Mais je me plais de haute préférence à citer des actions qui peuvent faire honneur aux hommes, & je suis heureux lorsque j'en trouve de telles dans les moeurs de mon pays.[36]

Interessanterweise entsprechen die in den Almanachen präsentierten Exempla ihrer Form nach also nicht dem traditionellen aus der Bibel oder der Mythologie entnommenen Beispiel, sondern vielmehr jener neuen Konzeption, die Prévost bereits in den 30er Jahren des 18. Jahrhunderts in seiner moralischen Wochenschrift *Le Pour et contre* für das Exemplum formuliert hat. In einer theoretischen Betrachtung zum Exempel beklagt Prévost sowohl die Abgedroschenheit wie auch die Unzweckmäßigkeit des traditionellen Exemplums, da Laster und Tugenden dort dermaßen überzeichnet seien, dass kein Mensch sie auf das eigene Verhalten beziehe. Prévosts Konzeption ist hingegen eine andere: „Mon avis serait de prendre le sujet de ces sortes de tableaux dans la vie commune; et de composer un cours de morale historique d'après les effets ordinaires des passions et des vices."[37] Beispiele für tugend- oder lasterhaftes Verhalten findet Prévost also im täglichen Leben aller Menschen; dementsprechend sind es in erster Linie vermischte Nachrichten, zumeist aus England, die Prévost mit einem Kommentar versieht und so als Exempel instrumentalisiert. Die Exempla in *Le Pour et contre* sind als „exemples-modèles"[38] auf Belehrung ausgerichtet und haben performativen Charakter, sollen also unmittelbar zu einem besseren Verhalten anleiten. Als „mise en action de la morale"[39] präsentieren die Exempla den Lesern abschreckende oder nachahmenswerte Verhaltensmodelle. Hierbei kann sich das *exemple-modèle* oft auf eine rein virtuelle Existenz des moralischen Diskurses beschränken, frei nach dem Motto: „Une aventure si terrible porte avec soi sa morale".[40]

Die Parallelen zwischen der Konzeption Prévosts und den in den Almanachen publizierten beispielhaften Texten sind deutlich. Der Unterschied zwischen den in *Le Pour et Contre* publizierten Exempla und denen der Volkskalender des Typs *Messager boiteux* hingegen liegt in ihrer Präsentation des Wahrheitsgehaltes der vermeintlichen Fakten. In ihrer Untersuchung der moralischen Wochenschrift Prévosts hat Shelly

36 *Messager boiteux de Berne*, Vevey: Lörtscher 1807, o.S.

37 *Le Pour et contre*, tome XIV, 217-18.

38 Shelly Charles: *Récit et réflexion*, S. 78f.

39 Shelly Charles: *Récit et réflexion*, S. 78f.

40 Shelly Charles: *Récit et réflexion*, S. 79.

Charles zutreffend festgestellt, dass für die Absicht des französischen Autors seinen Lesern wirkungsvolle Exempla vorzustellen, nicht der tatsächliche Wahrheitsgehalt der präsentierten Ereignisse, die *vérité*, wesentlich gewesen sei, sondern vielmehr ihre Wahrhaftigkeit (*vraisemblance*). Nur ein wahrhaftig erscheinendes Ereignis konnte glaubwürdig sein, zur Identifikation des Lesers mit den Protagonisten führen und somit seine Wirkung auf ihn voll entfalten:

> [...] l'exemple-modèle peut fondamentalement fonctionner sans référence à la vérité. [...] La vraisemblance, par contre, lui est d'une beaucoup plus grande utilité: c'est la reconnaissance qui fonde son efficacité.[41]

Die Abkehr von der Beteuerung des Bezugs der präsentierten Ereignisse zu einer objektiven externen „verité" und die Hinwendung zur Betonung der „vraisemblance interne" eines Textes, seiner narrativen Logik, wie wir sie in den Beispielgeschichten Prévosts finden, entspricht dem Wandel, den der französische Roman im Verlaufe des 18. Jahrhunderts vollzogen hat:[42]

> [...] la fiction de la non fiction, qui se traduisait par l'affirmation du caractère documentaire du texte et plaçait ce dernier dans une relation mimétique à une réalité factuelle externe, cède la place à un régime fondé sur un pacte d'illusion que l'auteur signe avec son lecteur.[43]

Der populäre Almanach hingegen, der sich über Jahrzehnte als exaktes und unparteiisches Medium der Information über die „merkwürdigsten" – im Sinne von denkwürdigsten und berichtenswertesten – Ereignisse der vergangenen Monate verstanden hatte,[44] beharrte weiterhin auf der Faktizität der präsentierten Geschehnisse, so wie er es vom Beginn seines Erscheinens an immer wieder getan hatte. Aufgrund des zumeist

---

41 Shelly Charles: *Récit et réflexion*, S. 78.

42 Vgl. zu dieser Thematik etwa: Jan Herman: *Le mensonge romanesque. Paramètres pour l'étude du roman épistolaire en France*. Amsterdam: Rodopi 1989.

43 Vgl.: Yannick Seité: „Le ‚Roman Hebdomadaire', fiction et information dans la gazette au XVIIIe siècle." In: Malcolm Cook/Annie Jourdan (Hrsg.): *Journalisme et fiction*, S. 70.

44 Vgl. beispielsweise das Vorwort, das der *Messager boiteux de Basle* 1754 an seine Leser richtete: „Pendant plus de cinquante années que nous livrons au Public les Relations curieuses du Messager Boiteux, nous avons toujours eu le bonheur d'être favorisé de l'aprobation & de la bienveillance de nos chers & honorés Lecteurs, aussi nous sommes nous toujours efforcés de rapporter les faits avec toute l'exactitude & impartialité possibles." *Messager boiteux de Basle*, Basle: Mechel 1754, o.S.

außergewöhnlichen Charakters der abgedruckten Nachrichten hatten sich die Volksalmanache – mehr noch als die im 18. Jahrhundert als „roman hebdomadaire" verschrieenen Gazetten[45] – von ihren Kritikern von jeher dem Vorwurf des Unwahrhaften, Lügnerischen ausgesetzt gesehen und mussten ihre Leser im Gegenzug, um sie nicht zu verlieren, immer wieder des Wahrheitsgehaltes ebendieser „merkwürdigen" Neuigkeiten versichern. Die Wahl des Hinkenden Boten als Titel- und Identifikationsfigur des Volkskalenders steht im Übrigen in engem Zusammenhang mit diesem Verweis auf den Wahrheitsgehalt der gegebenen Informationen, nahm sie doch bereits seit dem 16. Jahrhundert in verschiedenen Flugschriften als zwar langsamer, aber ehrlicher Kolporteur den Gegenpart zu den Unwahrheiten anderer Berichterstatter ein.[46]

Der Gefahr der Unglaubwürdigkeit auch der von ihnen berichteten Ereignisse waren sich die Almanache indes stets bewusst und versuchten ihr regelmäßig durch kurze Kommentare zu Beginn ihrer „Berichterstattung" entgegen zu wirken. Als „un de ces événemens qu'on a de la peine à croire" bezeichnete beispielsweise der *Messager boiteux de Basle* von 1793 die Erlebnisse des „Couple contentée" und meinte damit implizit: „un de ces événemens qu'on a de la peine à croire, mais qui est néanmoins arrivé". Der Almanach schloss mit seinen Lesern also keinen Pakt der Illusion des Faktischen, er präsentierte alle von ihm gegebenen Informationen weiterhin als reine Tatsachen.

Dies wird deutlich, wenn wir das Beispiel der *Générosité d'une jeune Angloise* heranziehen, jenes Exemplums aus *Le Pour et Contre* vom 11. Oktober 1734 also, in dem Prévost selbst über die Funktionsweise eines gelungenen Exemplums reflektiert und das im *Messager boiteux de Basle* zwei Jahre nach seinem Erscheinen in der Wochenschrift Prévosts in modifizierter Form abgedruckt worden ist.[47]

Der von Prévost verfasste Text *Générosité d'une jeune Angloise*, der die Nummer 60 der Wochenschrift *Le Pour et contre* eröffnete,

---

45 Vgl.: Yannick Seité: „Le ‚Roman Hebdomadaire'". Seité spricht in seinem Artikel von einer „appréhension générale de la gazette en termes de fausseté, de mensonge et de romanesque" (S. 67).

46 Vgl. das Flugblatt von Georg Rollenhagen mit dem aussagekräftigen Titel *Der hinckende Both: schlahe ihn die Gicht, ist komen, bringt viel andern Bericht, dann wir zuvorn auff diese Reim, mit Warheit nicht berichtet sein. Tausent fünffhundert achtzig acht, Das ist das Jahr so ich betracht, geht in dem die Welt nicht unter, geschehen doch gros mercklich Wunder....* [o.O.], 1589; 12 S.

47 Vgl.: „Générosité singuliére & galante d'une belle Angloise." In: *Messager boiteux de Basle*, Basle: Mechel 1736, o.S.

setzt sich aus zwei Hauptteilen zusammen: dem Bericht über die Umstände, die zur Heirat einer jungen Engländerin namens Miss Intledon mit einem ihr unbekannten und mittellosen, doch untadeligen jungen Mann guter Herkunft führen und der Kritik Prévosts an diesem Bericht, den er von einem „Nouvelliste" zu haben angibt. Nachdem Prévost zunächst das Verhalten Miss Intledons, sich „in die Arme eines Unbekannten zu werfen" als „verwegen", „gefährlich" und sogar „ein wenig schamlos" kritisiert, wechselt er von einer Kritik des (vermeintlich realen) Geschehens über zu einer Kritik an der Konstruktion der Geschichte, die ihm unwahrhaftig erscheine: „Je suis bien éloigné de cette noire disposition d'ame qui fait trouver du plaisir à décrier les plus belles actions; mais je n'aime pas à m'aveugler non plus sur un récit qui me paroît sans vraisemblance".

In einem letzten Schritt ergänzt Prévost dann die Geschichte über Miss Intledon um verschiedene Geschehensmomente, die die *vraisemblance* des Exempels erhöhen sollen:

> La pitié l'intéressa d'abord à la mauvaise fortune du jeune homme. La générosité parla ensuite, & se fit écouter. Là nâquit la curiosité; car il est incroyable qu'une jeune fille puisse sentir ces deux premiers mouvemens en faveur d'un jeune homme, sans souhaiter de le voir. La vûë fit naître de l'amour; & l'amour trouva dans la générosité & la pitié un prétexte admirable pour se satisfaire. Cela n'est-il pas plus naturel que le Roman du Nouvelliste?

Ein Vergleich des Textes von Prévost mit der Version des *Messager boiteux* zeigt auf, dass all jene Passagen, in denen Prévost das Beispiel von eigener Hand ergänzt hat, um es „wahrscheinlicher" und damit effektiver zu machen, vom Almanach unter Streichung der Erläuterungen Prévosts übernommen worden sind, hier also nicht Kreation des Autors kenntlich gemacht, denn vielmehr als Fakten präsentiert werden. Auch in einer einleitenden Bemerkung streicht der Almanach den Wahrheitsgehalt der von ihm berichteten Ereignisse heraus. Die „générosité" der „belle Angloise" sei – so der *Messager boiteux de Basle* – „d'une espéce singuliére, que l'on pourroit presque révoquer en doute, si les nouvelles d'Angleterre ne nous le débitoient d'une manière positive, & avec des circonstances qui en font connoitre la réalité".

Das beschriebene Verfahren der Faktualisierung des Fiktiven lässt sich auch am Beispiel des Transfers eines weiteren literarischen Textes von einer Zeitschrift in den populären Almanach des Typs *Messager boiteux* nachweisen, wenngleich die Präsentation des fiktiven Textes als Tatsachenbericht in diesem Fall wohl eher auf ein Missverständnis bzw. die

Unkenntnis des Almanachverlegers, denn auf eine bewusste Entscheidung wie im weiter oben beschriebenen Beispiel zurückzuführen ist.

Im Jahre 1832 veröffentlichte der Straßburger Verleger Le Roux in der deutschen und französischen Ausgabe seines Almanachs unter dem Titel *Nächtliches Gesicht Karls XI., Königs von Schweden* bzw. *Vision de Charles XI., roi de Suède* einen vermeintlich historischen Tatsachenbericht über eine Geistererscheinung, die sich am schwedischen Hofe zugetragen haben sollte. Auch wenn der Almanach keinerlei Verweis auf die Quelle dieses „Berichtes" liefert, so handelt es sich ganz zweifellos um einen Text, der bereits im Jahre 1829 anonym in der *Revue de Paris* erschienen war. Die Erzählung über die Vision des schwedischen Königs stammte aus der Feder des französischen Autors Prosper Mérimée und gab sich so sehr „den Charakter eines authentischen historischen Erzählberichts", dass sie „als solcher ernst genommen wurde"[48] und auch bei schwedischen Beobachtern Anstoß erregte. Auch der Almanachverleger Le Roux scheint sich aufgrund der vermeintlichen Authentizität des Textes für seinen Abdruck im Volkskalender entschieden zu haben, versprach doch der Bericht über eine vermeintlich reale übernatürliche Begebenheit – vielmehr als eine fiktive phantastische Erzählung – das Interesse breiter Leserschaften zu wecken und zum Kauf des Almanachs anzuregen. Erst 1833 enthüllte die Pariser Monatszeitschrift die Autorenschaft Mérimées und machte die *Vision de Charles XI* als fiktive Erzählung kenntlich.

Ein Vergleich der Texte lässt erkennen, dass der elsässische Verleger Le Roux die Erzählung Mérimées in seinen *Messager boiteux de Colmar* nahezu wortwörtlich übernommen und für die deutsche Fassung seines Almanachs textgetreu übersetzt hat. Lediglich an sechs Stellen weicht der *Messager boiteux* geringfügig vom Originaltext Mérimées ab, wobei die Ergänzungen zu Beginn der Erzählung von Interesse sind. Der Einleitung der Geschichte – „on se moque des visions et des apparitions surnaturelles" – beeilt sich der *Messager boiteux* nämlich hinzuzufügen, dass auch er selbst den Berichten über Geistererscheinungen in der Regel keinen Glauben schenke und diese Skepsis bereits mehrfach zum Ausdruck gebracht habe. Mit dieser Erläuterung schien der Almanach etwaigen Kritikern entgegentreten zu

48 Gero von Wilpert: „Die Vision Karls XI. bei Arndt, Alexis, Mérimée und Fontane. Ein Plädoyer für etwas mehr Komparatistik." In: *Arcadia*, 27 (1992), S. 186.

wollen, die sich in ihrer Befürchtung, der Volkskalender trage zur Erhaltung des Aberglaubens unter der Bevölkerung bei, hätten bestätigt sehen können. Auch übernimmt der *Messager boiteux* durch den Hinweis auf sein vernunftbetontes Wesen die Rolle eines zusätzlichen Garanten für den Wahrheitsgehalt des Textes und reiht sich in die Gruppe der Zweifler und Vernunftmenschen, wie sie in der Erzählung Karl XI. und der Arzt Baumgarten verkörpern, ein.

4. Fazit

Die Untersuchung der Beziehungen zwischen den populären Almanachen auf der einen und der Zeitungs- und Zeitschriftenliteratur des 18. Jahrhunderts auf der anderen Seite hat aufgezeigt, wie ein traditionelles Medium durch den Aufschwung eines „neuen" in seiner Struktur tiefgreifend und nachhaltig verändert werden kann: Der Bedeutungsverlust als Medium der Information über das Zeitgeschehen infolge des Aufschwungs der Tagespresse führte zu einer schrittweisen Literarisierung des populären Kalenders.

Darüber hinaus hat die Analyse des Transfers von Texten aus moralischen Wochenschriften oder literarisch-kulturellen Zeitschriften in den Almanach ein Charakteristikum hervorzuheben vermocht, das sowohl für die Tagespresse wie auch die Erzählliteratur des 18. Jahrhunderts von Bedeutung ist: das komplizierte und im Wandel befindliche Verhältnis von Faktizität und Fiktionalität. Sowohl die Erzählliteratur des 18. Jahrhundert – der „roman" –, wie auch die Gazetten und Almanache – die „romans hebdomadaires" bzw. „romans annuels" – suchen dem ihnen gemachten Vorwurf des Lügnerischen entgegenzuwirken. Sie tun dies jedoch auf völlig unterschiedliche Weise. Während die Erzählliteratur der *vraisemblance* als innerer Logik der Geschichte zunehmende Bedeutung beimisst, verharren die Almanache in der Betonung des Wahrheitsbezuges der von ihnen berichteten Ereignisse. Die Umschreibungen, die das der Wochenschrift entnommene Exempel Prévosts im Almanach widerfahren hat, haben diese divergierende Entwicklung exemplarisch deutlich gemacht.

„La suite au prochain numéro" oder „Hier tobt das Leben"

Fortsetzungstechniken in der Frühzeit der Massenmedien und im TV-*Serial*

KLAUS PETER WALTER

Der nachstehende Beitrag versucht am Beispiel des Feuilletonromans zu zeigen, wie in der Frühzeit des Zeitalters der Massenmedien – und mit dieser Datierung ist die immer noch in ihrer Bedeutung verkannte Revolutionierung des Pressewesens in den sechziger Jahren des 19. Jahrhunderts in Frankreich gemeint – die narrative Ausgestaltung literarischer Wirklichkeitsbildung beeinflusst wird von den ökonomischen Zwängen, denen das Medium selbst unterworfen ist, ja wie sich die Fiktionsbildung in ihrem linearen Ablauf für die Vermarktungsabsichten des Trägers instrumentalisieren lässt. Aufgrund der Dynamik des sich rasch entwickelnden medialen Marktes geht die Autonomie der literarischen Hervorbringung gegenüber dem, was bislang als „Medium" im eigentlichen Wortsinn, also als „Mittel" zur Publikation eines Textes, verstanden wurde, unwiederbringlich verloren. Überspitzt formuliert, fungiert Mimesis nicht mehr als narrativ aufbereitete Darstellung und Auseinandersetzung mit einem bestimmten Wirklichkeitsausschnitt, sondern als Reflex bzw. Widerspiegelung ihrer Vermarktungsbedingungen.

Um diesen Sachverhalt zu konkretisieren, bietet sich der Blick auf den Zeitungsroman auf der Höhe seines medialen Erfolgs deshalb in besonderer Weise an, als mit der Entfaltung der Massenpresse die verkaufsfördernden Potentiale von Medientechniken gerade entdeckt und gleichsam „in aller Unschuld“, d.h. noch ohne die Symbiose mit direkten *publicity*-Aktionen einzugehen, praktiziert werden. Im letzten Teil der Ausführungen soll dann der Blick in die Gegenwart hinein verlängert werden, um zu überprüfen, ob bzw. welchen signifikanten Veränderungen sich die analysierten *soap*-Strategien, denn um eben diese handelt es sich inhaltlich *avant la lettre*, aufgrund des Wechsels des populären Leitmediums vom Gedruckten zum Audiovisuellen ausgesetzt sehen.

Um zu verdeutlichen, wie die Gesetze des Marktes gerade im Hinblick auf die Medienpraxis in Abhängigkeit vom jeweils erreichten Entwicklungsstand „greifen“, muss etwas weiter ausgeholt werden. Der Feuilletonroman verdankt bekanntlich seine Entstehung der ersten kommerziell motivierten Etappe des Strukturwandels der Öffentlichkeit im 19. Jahrhundert. Die konkurrierende Lancierung von *La Presse* und *Le Siècle* am 1. Juli 1836 ist einem ökonomischen Selbstverständnis der Publizistik geschuldet: Um den Effekt der Erschließung eines breiteren bürgerlichen Publikums durch die Halbierung des Abonnement-Preises von 80 auf 40 *frs.* zu verstärken und dank der numerischen Vergrößerung der Klientel die Zeitung für die zahlungskräftigen Reklame- und Inserentenkunden attraktiver zu machen, sind inhaltliche Innovationen erforderlich, an deren erster Stelle das Lektüreangebot von handlungsbetonten und damit spannungsintensiven Romanen steht, deren Fortsetzungseinheiten drei bis vier Mal pro Woche im abgetrennten *rez-de-chaussée* des Zeitungsexemplars erscheinen.

Entscheidend ist, dass schon nach kurzer Zeit diese Texte nicht einfach nur zerstückelt und abgedruckt werden, sondern sich in ihrer sukzessiven Verabreichung dem Absatzkalkül der Trägerzeitung anpassen. Eine erste Medientechnik, der der Feuilletonroman noch ohne unmittelbare Auswirkungen auf seine inhaltliche Ausgestaltung unterworfen ist, zielt darauf ab, zu den kritischen Geschäftsterminen am Halbjahresende (Juni/Juli und Dezember/Januar), wenn die Verlängerung des Zeitungsabonnements, das sog. *réabonnement*, ansteht, durch die genau dosierte Publikation von Feuilletoneinheiten die Kaufbereitschaft der Kunden positiv zu beeinflussen. Diese animierende Wirkung kann auf zweierlei Weise zustande gebracht werden: Zum einen bringt die Trägerzeitung just vor dem Semesterwechsel die spannungserregende Handlung eines neuen Abenteuerromans in Gang. So starten etwa die beiden großen Feuilletonroman-Erfolge von Eugène Sue, *Les mystères de Paris* und *Le Juif Errant* nicht von ungefähr am 19. Juni

1842 resp. am 25. Juni 1844.[1] Zum anderen wird umgekehrt ein Fortsetzungsroman, der beim Publikum gut ankommt, in seinem Publikationsrhythmus so gestreckt, dass sich der Beschluss der Handlungsverwicklungen über das Semesterende hinzieht, so dass der Kunde sein *réabonnement* tätigen muss, will er des glücklichen Ausgangs des Erzählten teilhaftig werden. Auf besonders ungenierte Weise hat das *Journal des Débats* diese Strategie anlässlich des Finales des Feuilletonroman-Klassikers *Le comte de Monte-Cristo* von Alexandre Dumas père angewandt: Setzt der 3. Teil dieser Publikation nach einer längeren Unterbrechung bezeichnenderweise am 20. Juni 1845 ein, so wird die Veröffentlichung Ende November plötzlich erneut unterbrochen. Die Erklärung für die Suspendierung, die dem Leser in der Ausgabe vom 12. Dezember gegeben wird, ist verräterisch vage: „La suite du roman de *Comte de Monte-Cristo* se trouve retardée en ce moment par des causes tout à fait indépendantes de notre volonté. M. Alexandre Dumas nous livrera la fin de son roman dans une dizaine de jours au plus tard." Die jähe Unterbrechung liegt zweifellos in der Vermarktungsstrategie begründet: Da bei normalem Publikationsrhythmus die verbleibenden Fortsetzungseinheiten (8 an der Zahl) mit der Vollendung des vernichtenden Rachefeldzugs von Edmond Dantès/Monte-Cristo im Verlauf des Monats Dezember abgedruckt würden, legt das *Journal des Débats* einfach eine Pause ein, um das triumphale Ende, die Gratifikation für den über 130 Fortsetzungen mitleidenden Leser, in das neue Jahr hinüberzuziehen: Die Zeitung nimmt den Handlungsfaden am 25. Dezember wieder auf, um nach der Abonnement-Fälligkeit das Werk am 15. Januar abzuschließen. Für ganze vier Feuilletoneinheiten, die im Januar erscheinen, bezahlt der treue Kunde in seiner Anteilnahme 40 *frs.* für das Halbjahresabonnement...[2]

Von solchen kuriosen Befunden und vom kommerziellen Kalkül im Umgang mit dem Narrations-, d.h. dem Publikationsrhythmus einmal abgesehen, ist für diese in kommerzieller Hinsicht noch „behäbige" Ära des Mediums „Zeitung" negativ festzuhalten, dass der strategische Umgang mit den Überleitungen von Fortsetzung zu Fortsetzung noch

1 „Les mystères de Paris" erscheinen im *Journal des Débats*, „Le Juif Errant" im *Constitutionnel*.

2 Das *Journal des Débats* als großbürgerliches Intelligenzblatt mit stabilem Kundenstamm kann es sich erlauben, die Preispolitik der neuen Marktführer *La Presse* und *Le Siècle*, die eine Halbierung des Abonnement-Preises auf 40 *frs.* für den Jahresbezug vornehmen, nicht mitzumachen.

keine Rolle spielt. Das kann nicht verwundern angesichts der Tatsache, dass wir es zu 90% mit einem Abonnentenpublikum zu tun haben, dem gegenüber die Mobilisierungskraft des Feuilletonromans gar nicht von Tag zu Tag zum Tragen zu kommen braucht. Was René Guise nach der Überprüfung des Original-Manuskripts für Sues *Mystères de Paris* konstatiert hat, gilt allgemein für den Zeitungsroman der vierziger und fünfziger Jahre des 19. Jahrhunderts:

> Le roman-feuilleton, dit-on, c'est avant tout l'art de la chute du chapitre... Rien ne témoigne que Sue y attache, dans son travail initial, une quelconque importance... Les coupures en chapitres se font apparemment en fonction de la longueur du texte.[3]

Tatsächlich finden sich des Öfteren Übergänge, bei denen eine mögliche Spannungserzeugung im buchstäblichen Wortsinn „verschenkt" wird, weil für einen raffinierten Schnitt keine ökonomische Notwendigkeit besteht. So etwa in den *Mystères de Paris* anlässlich des spektakulären Mordversuchs an Rodolphe de Gerolstein, der in einem Kellerraum eingeschlossen ist, in den Wasser eindringt. Statt die Zäsur genau auf den Moment zu legen, wo Rodolphe das Wasser am Hals steht und er im nächsten Moment elend zu ertrinken droht, ist diese hochdramatische Szene samt ihrer glücklichen Auflösung mitten im Feuilleton vom 07.07.1842 platziert.

Dieses Erscheinungsbild ändert sich von Grund auf, als sich in den sechziger Jahren des 19. Jahrhunderts die entscheidende Umstrukturierung des Pressemarkts vollzieht. Mit der Gründung des *Petit Journal* 1863 – und in der unmittelbaren Folge davon der Lancierung von identisch konzipierten Konkurrenzblättern wie der *Petite Presse*, des *Petit Moniteur*, später dann auch des *Petit Parisien* (1878) – wird nun definitiv die Demokratisierung des Zugangs zu Druckerzeugnissen ermöglicht, womit die Tageszeitung zu einem „Massenmedium" wird, das diesen Namen auch verdient. Die Erschließung sozial unterprivilegierter Käuferschichten verdankt sich dem entscheidenden Kommerzialisierungsschub, den das *Petit Journal* und seine Nachahmer dadurch bewirken, dass sie den Einzelverkauf, das Exemplar zu 5 centimes (1 sou), zum tragenden Bestandteil der neuen Konzeption machen. Damit wird die Tageszeitung auch für die sog. „Kleinen Leute" erschwinglich, zumal die Kaufentscheidung nicht, wie bisher

---

3 René Guise: „*Les mystères de Paris*. Histoire d'un texte. Légende et vérité." In: *Bulletin du Bibliophile*, 1982 (H. III), S. 373.

beim Abonnement, mit längerfristigen pekuniären Bindungen verknüpft ist. Im *Second Empire* funktioniert die den Pressemarkt revolutionierende Neuorientierung, die übrigens auch erstmals flankiert wird von „aggressiven" Vermarktungsstrategien wie Reklame- und Plakataktionen sowie der Schulung der Verkäufer als sog. „crieurs", nur aufgrund einer zukunftsweisenden inhaltlichen Verlagerung: Um überhaupt die Zeitung als neuartiges Billigprodukt anbieten zu können, müssen *Le Petit Journal* und Konsorten auf diejenigen Inhalte verzichten, deren Abdruck zwingend auf Papierbögen mit der recht kostspieligen Steuermarke (*timbre*) vorgeschrieben ist – Politik und Sozialökonomie. Zukunftsweisend ist diese Inhaltsverlagerung deshalb (und hat bezeichnenderweise dann auch über die Zeit der repressiven Pressepolitik unter Napoléon III. Bestand), weil sich der Verzicht auf die anspruchsvollen Zeitungsrubriken beileibe nicht als Defizit erweist; vielmehr lassen überhaupt erst die unpolitischen „hardnews", Sensationen aller Art, Katastrophen, Kapitalverbrechen, mondäne Ereignisse in Verbindung mit der täglichen *causerie*, dem Ersatz des politischen Leitartikels, und vor allem dem doppelten Einsatz des Feuilletonromans (zwei verschiedene Romane auf den vier *rez-de-chaussée*-Seiten) die Auflagen in bisher unbekannte sechsstellige Höhen schnellen[4] – zum Schaden übrigens der traditionellen Meinungspresse, die durchaus von der unpolitischen Konkurrenz beeinträchtigt wird und ganz erhebliche Umsatzeinbußen zu erleiden hat.

Im Rahmen dieser neuartigen Presseentwicklung steht der Feuilletonroman nun unter erheblich verschärftem Leistungsdruck. In Phasen „normaler" Konjunktur kommt ihm, genauer gesagt, seinen täglichen Fortsetzungseinheiten, im Kampf um die Marktanteile die Hauptverantwortung zu. Permanent muss er dazu beitragen, die Kauflust der prinzipiell instabilen Laufkundschaft zu stimulieren und durch spannende Handlungsführungen den täglichen Absatz aufrechtzuerhalten. Produktionstechnisch wirkt sich die kommerzielle Konditionierung in der Herausbildung bzw. Verfeinerung mehrerer Grundstrategien zur Steigerung der inhaltlichen Attraktivität der fraglichen Zeitungsro-

---

4 Das *Petit Journal* als Marktführer bringt es in publizistischen Normalphasen während des *Second Empire* im Schnitt auf 200.000 Exemplare. Während des Berichterstattungsbooms um den achtfachen Mörder Jean-Baptiste Troppmann im Herbst 1869 beläuft sich die Summe aller täglich von der Massenpresse verkauften Exemplare auf knapp eine Million!

mane aus.[5] So kommt in übergeordneter Hinsicht die Ausmodellierung des Erzählstoffs an einen Punkt, wo die Diegese kaum noch *a priori* von einer zwingenden inneren Logik geprägt ist, sondern wo vielmehr situative Versatzstücke und Intrigenelemente jenseits der Kategorien von Plausibilität und lebenswirklicher Kohärenz dergestalt zu locker zusammengefügten Narrationssyntagmen verknüpft werden, dass diese Teile je nach Publikationsinteressen gelängt oder gekürzt, vor allem jedoch mit spektakulären Peripetien einschließlich plötzlichem Charakterwechsel oder sonstiger semantischer Kehrtwendungen versehen werden können. Gestalt bekommt ein solch amorpher Erzähl-Fluss durch seine Kanalisierung in multiple Erzählstränge. Wenn Einzelhandlungen nach Belieben unterbrochen werden können und die Erzählinstanz wie in der filmischen Parallelmontage ständig zwischen verschiedenen Schauplätzen und Abenteuersegmenten hin und her springt, so ist eine solche Streuung und Dosierung des Erzählstoffs, sofern ein Limit an Überschaubarkeit nicht überstrapaziert wird, bestens dazu geeignet, die Leser in Atem zu halten und seine Neugier gegenüber den wechselnden Schicksalen und Lokalitäten im Sinne der Kaufbereitschaft *„au jour le jour“* zu perpetuieren.

Natürlich ist die offenkundig absatzverstärkende Willkür des erzählerischen Dispositivs grundsätzlich schon in den Feuilletonroman-Erzeugnissen der Juli-Monarchie und der fünfziger Jahre anzutreffen. Ein entscheidendes Novum stellt allerdings die Tatsache dar, dass die beiden übergeordneten Erfordernisse des kommerziellen Erzählens – semantische Unbestimmtheit und Mehrsträngigkeit – in gleichsam unerbittlicher Weise die konkrete Ausgestaltung ihrer täglichen Mikrostrukturen konditionieren. Jede einzelne Fortsetzungseinheit hat nun durch ihre spezifische rhetorische Aufbereitung einen Beitrag zum Kaufanreiz für das Zeitungsexemplar des folgenden Tages zu leisten,[6] weshalb den Schnittstellen anlässlich der täglichen Unterbrechung besondere Bedeutung zukommt. Sie haben den Suspens-Effekt hervorzurufen, wie er in seiner Wirkungsweise von Wolfgang Iser sehr tref-

---

5 Von der Proliferation reißerischer Inhaltselemente und der Tatsache, dass sich angesichts der hektischen Produktions- und Publikationsgetriebe immer öfter Fehlleistungen und Unwahrscheinlichkeiten in die Fiktionsbildung einschleichen, einmal ganz abgesehen.

6 Zumal im Unterschied zu der Publikation des Romans in den Organen der Meinungspresse der Publikationsrhythmus nicht mehr durch drei bis max. vier Fortsetzungseinheiten pro Woche geprägt ist, sondern die Fortsetzungen pausenlos, d.h. in allen sieben Zeitungsausgaben der Woche, verabreicht werden.

fend, wenn auch unzulässigerweise auf „den“ Fortsetzungsroman im Allgemeinen bezogen, gekennzeichnet worden ist:

> Der Fortsetzungsroman arbeitet mit einer Schnitttechnik. Er unterbricht im Allgemeinen dort, wo sich eine Spannung gebildet hat, die nach einer Lösung drängt, oder ob man gerne etwas über den Ausgang des soeben Gelesenen erfahren möchte. Das Kappen beziehungsweise Verschleppen der Spannung bildet die Elementarbedingung für den Schnitt. Ein solcher Suspens-Effekt aber bewirkt, dass wir uns die im Augenblick nicht verfügbare Information über den Fortgang des Geschehens vorzustellen versuchen. Wie wird es weitergehen? Indem wir diese und ähnliche Fragen stellen, erhöhen wir unsere Beteiligung am Vollzug des Geschehens. [...] Der Leser wird gezwungen, durch die ihm verordneten Pausen sich immer etwas mehr vorzustellen, als dies bei kontinuierlicher Lektüre in der Regel der Fall ist. Wenn daher ein Text als Fortsetzungsroman einen anderen Eindruck hinterlässt als in der Buchform, so nicht zuletzt deshalb, weil er einen zusätzlichen Beitrag an Unbestimmtheit einführt beziehungsweise durch die Pause bis zur nächsten Fortsetzung eine vorhandene Leerstelle eigens akzentuiert.[7]

Ausgehend von dieser übergeordneten Erklärung der Fortsetzungstechnik lassen sich nach systematischer Überprüfung der einzelnen Tagesrationen *vier strategische Spielarten* der möglichst störungsfreien Überbrückung der Zwangspausen im Erleben der Romanhandlung ausdifferenzieren. Die nachfolgend eingehender beschriebene Typologie basiert auf der Auswertung der annähernd 1.500 Feuilletoneinheiten des *Rocambole*-Zyklus von Pierre Alexis Ponson du Terrail. Der Starautor der Feuilletonroman-Szene des *Second Empire*, der die Abenteuer Rocamboles in 11 Folgen zwischen 1857 und 1870 publiziert hat, war zweifellos derjenige Schreiber, der die Medientechniken seiner Zeit am hemmungslosesten, d.h. ohne Rücksicht auf tragende ästhetische Kategorien wie „Wahrscheinlichkeit“ und „innere Notwendigkeit“ eingesetzt hat, um das gesteigerte Bedürfnis des neuen Massenpublikums nach Spannung, Unterhaltung und kompensatorischer Identifikation mit einer „Führer“-Figur zu bedienen, womit er gleichzeitig zu den wichtigsten kommerziellen Leistungsträgern seiner diversen Trägerzeitungen aufstieg. Die von ihm betriebene konsequente Entfaltung von absatzstrategisch motivierten Gestaltungstechniken erlaubt es uns immerhin, das Phänomen der gedruckten Fortsetzungstechnik gleichsam unter dem Vergrößerungsglas zur Kenntnis zu nehmen.

---

7 Wolfgang Iser: „Die Appellstruktur der Texte. Unbestimmtheit als Wirklichkeitsbedingung literarischer Prosa.“ In: Rainer Warning (Hrsg.): *Rezeptionsästhetik. Theorie und Praxis.* München: *UTB* 1975, S. 237f.

Betrachtet man die Fortsetzungsspielarten in der Reihenfolge der Intensität ihrer Wirkungskraft, so erfüllt (1) der „klassische“ Suspens die Isersche Herleitung in idealtypischer Weise. Eine hochdramatische Handlungsentwicklung, die sich zudem durch ihre physische Plastizität (meist in Form von Gewaltausübung) auszeichnet, wird unmittelbar vor dem Kulminationspunkt unterbrochen, so dass es dem Leser in dem Bedürfnis, der Fortsetzung teilhaftig zu werden, förmlich den Atem verschlägt. Das Beispiel einer Guillotinierung als „Schnitttechnik“ im wahrsten Wortsinn:

On bouclait le patient sur la bascule.
– Maître, murmura le pénitent gris, de la cagoule duquel sortait une voix de femme brisée par l'émotion, vous voyez bien que la mort va venir. Cent dix-sept ne répondit pas. Seulement, au moment où la bascule se renversa sous la lunette, et tandis que le prêtre descendait de l'échafaud, les narines de Cent dix-sept furent agités d'un léger frémissement; il fronça le sourcil et son regard fixa le couperet sur lequel ricochait un rayon de soleil. Alors le bourreau pressa le bouton qui devait faire tomber le couteau.

— Schnitt —[8]

Die Wiederaufnahme am darauf folgenden Tag lautet:

Le couteau tomba rapide, foudroyant, entraînant le rayon du soleil, qu'il reflétait.
En ce moment tous les forçats baissèrent instinctivement la tête et plusieurs fermèrent les yeux.
Seul, Cent dix-sept n'abandonna point le terrible couperet du regard.
Ce fut un drame qui passa dans le dixième d'une seconde, un drame comme on n'en a jamais vu briller à la rampe, un drame que le geste serait encore trop long à raconter.
Le couteau venait de tomber, et cependant la tête du patient adhérait encore à ses épau-les.
L'instrument de mort s'était arrêté, dans sa marche, à un demi-pied du cou du condamné. Comment?
Cent dix-sept seul eût pu le dire.

Zumeist wird die Häufigkeit der Anwendung solch spektakulärer Zäsuren wohl angesichts der Eindringlichkeit der Technik überschätzt. In Wahrheit verhält es sich so, dass die Aufbereitung der „Erzählmasse“ zu einem derartigen *„délire événementiel“*[9] mit permanent extremen

---

8 „La résurrection de Rocambole“, *Le Petit Journal* vom 17.07.1865.

9 Der Begriff stammt von Jean Tortel („Le roman populaire“. In: Raymond Queneau (Hrsg.): *Histoire des littératures*. T. III: *Littératures françaises, connexes et marginales*. Paris 1958, S. 1586).

Ereignishöhepunkten zum Feuilletonende gar nicht geleistet werden kann und zwangsläufig zu Abnutzungseffekten führen müsste, weshalb die Autoren die harten Wirkungsdrogen in eher sparsamer Dosierung einsetzen.

(2) Deshalb konzentriert sich eine weitere, nicht minder häufig eingesetzte Fortsetzungstechnik darauf, die Tageseinheit mit einem *coup de théâtre* in Gestalt eines unvorhersehbaren Handlungsvollzugs oder einer überraschenden Identitätsenthüllung abzuschließen:

(Jeanne de Balder befindet sich in den Fängen des bösen Sir Williams)
– A moi, Armand! à moi!..
– Il n'est pas ici, ricana le misérable, il est loin... et vous...
Il n'acheva pas... Une porte s'ouvrit, un homme apparut subitement, le visage étince-lant de courroux, et frappant d'un soufflet la joue de l'audacieux coupable:
– Infâme! s'exclama-t-il d'une voix tonnante.

— Schnitt —[10]

Miss Elen se sentit dominée par le son de cette voix [...]
– Mais qui donc êtes-vous? reprit-elle.
– Mon nom ne vous apprendra pas grand'chose, dit-il.
On m'appelle: L'HOMME GRIS.

— Schnitt —[11]

Die *coup de théâtre*-Variante bietet den Vorteil einer Leerstellen-Verweisung in zweifacher Richtung: Die Vorstellungskraft der Leser wird sowohl retrospektiv dazu angeregt, darüber nachzudenken, wie die unerwartete Handlungskonfiguration überhaupt zustande gekommen ist, als auch sich prospektiv auszumalen, welche dramatischen Weiterungen der eingetretene Fall jetzt nach sich ziehen wird. Dass durch die Setzung eines Schlusseffekts der vollendeten Tatsache solche mentalen Aktivitäten bei den Feuilleton-Rezipienten tatsächlich stimuliert werden sollen, beweist der Umstand, dass der Erzähler häufig durch eine auktoriale Leitfrage der Vorstellungsarbeit nachzuhelfen trachtet und damit – wir werden darauf zurückkommen – der Simulation einer nicht-mediatisierten, mündlichen Erzählsituation Vorschub leistet:

10 „Le club de valets-de-cœur", *La Patrie* vom 25.02.1958.
11 „Les misères de Londres", *La Petite Presse* vom 17.12.1867 (Hervorhebung original).

Rocambole le raillait après lui avoir échappé.
Comment donc était-il parvenu à s'échapper au détective Scotowe et à ses police-men? C'est ce que nous allons vous dire.

— Schnitt —[12]

Elle ouvrit la porte du salon avec fracas... Mais, au moment même, un coup de pistolet retentit, une balle siffla, un cri sourd suivit la détonation, et Baccarat recula muette...
La justice était-elle donc faite, et le comte Artoff avait-il donc tué Andréa le maudit, sir Williams, le génie pervers vomi par l'enfer, et en qui Satan lui-même semblait s'être incarné?

— Schnitt —[13]

Ebenfalls in den Zusammenhang des *coup de théâtre* gehört eine Subvariante, mit der der Erzähler nach dem Zustandekommen einer neuen Konstellation unter Abschwächung der Leerstellenfunktion dem Leser das Versprechen zukünftiger *action* an die Hand gibt, sei es in Gestalt einer auktorialen Prophezeiung oder, sehr häufig vorkommend, einer intradiegetisch vorgetragenen Kampfansage:

Et la jeune fille, froissée dans son orgueil et le ministre austère et fanatique échangèrent un nouveau regard, et ce regard fut un pacte de haine et de vengeance tout entier.
Puis ils se tendirent la main...
L'homme gris avait désormais deux ennemis implacables.

— Schnitt —[14]

– A nous deux donc, l'homme gris, murmura-t-elle, je saurai bien t'arracher ton masque et te faire dire ton vrai nom.
A nous deux!

— Schnitt —[15]

(3) Kehren wir noch einmal zu unserer ersten Variante und dem Guillotine-Beispiel zurück. Bei genauerer Betrachtung wird deutlich, dass diese Hochspannung erzeugende Strategie letztlich nur die äußerste Verdichtung der insgesamt am häufigsten eingesetzten Suspens-Technik, des *Bewegungs-Schnitts*, ist. Am folgenden Beispiel kann

---

12 „Rocambole, nouvel épisode", *La Petite Presse* vom 14.06.1870.
13 „Le club des valets-de-cœur", *La Patrie* vom 16.04.1858.
14 „Les misères de Londres", *La Petite Presse* vom 29.03.1868.
15 „Les misères de Londres", *La Petite Presse* vom 04.04.1868.

das Wirkungsprinzip dieser Fortsetzungsstrategie besonders gut demonstriert werden:

L'invalide entendit un cri terrible, et le malheureux Limousin fut précipité dans l'espace!...

— Schnitt — [16]

Der Leser muss gewissermaßen „mit in die Tiefe fallen", um den Ausgang des Vorfalls zu erfahren (denn da der Limousin zur Partei der Guten gehört, besteht die berechtigte Hoffnung, dass er den Sturz überleben wird). In normalerweise harmloseren Varianten findet sich in der *Rocambole*-Fiktion immer wieder am Ende der Feuilletoneinheiten das In-Gang-Setzen einer zielgerichteten Bewegung, wobei der Impuls im physikalischen Sinn ein Trägheitsmoment zur Folge hat, mit dem die Bewegung perpetuiert und so die Tageszäsur mechanisch überbrückt werden kann:

Et ce fut en chancelant, et pleurant comme un enfant, que Tom continua son chemin vers la maison qui, de loin, ressemblait à un nid de tourtereaux.

— Schnitt —[17]

Venez dans mon cabinet, dit M. John Bull qui le prit familièrement par le bras.

— Schnitt —[18]

Natürlich liegt der suggestiven Wirkung der Schnitttechnik grundsätzlich die zielgerichtete Bewegung in Richtung auf die Fortsetzung zugrunde, in dieser Spielart wird das Verfahren aber auch konkret verbildlicht. So findet im Idealfall eine Überlagerung der Wirklichkeitsebenen statt. Gewissermaßen im Nachvollzug der virtuell in Gang gesetzten Bewegung der Protagonisten erhält auch der Leser einen Beförderungsschub, der ihn eine konkrete Äquivalenthandlung ausführen lässt, nämlich den Gang zum Zeitungskiosk.

(4) Noch deutlicher tritt das Prinzip der Homologie zwischen Fiktions- und Rezeptionsebene im Rahmen einer letzten Erzähltechnik zu Tage, der *Ausmodellierung einer intradiegetischen Erzählsituation*, die just zum Tagesbeschluss gestartet wird oder bereits in Gang ist und

16 „Les démolitions de Paris", *La Petite Presse* vom 28.02.1869.
17 „Rocambole, nouvel épisode", *La Petite Presse* vom 02.05.1870.
18 „Rocambole, nouvel épisode", *La Petite Presse* vom 01.06.1870.

nun eine Zwangspause erfährt. In jedem Fall zieht die eingerichtete und jetzt zu unterbrechende Binnenkommunikation mit der Bitte/ Aufforderung versehen, doch mit dem fraglichen Bericht anzufangen bzw. fortzufahren:

– Quand vous m'aurez écoutée, monsieur, vous ne serez plus étonné, répondit Vanda souriante.
Sir Archibald avait fini par s'asseoir, et il avait approché son fauteuil du fauteuil de Vanda. Puis, toujours ému, toujours palpitant:
– Parlez donc, madame, dit-il, je vous écoute et suis tout oreilles.

— Schnitt —[19]

Ici la malheureuse mère s'interrompit et fondit en larmes. L'homme gris lui prit la main et dit d'une voix émue et grave:
– Continuez, madame, il faut que je sache tout.

— Schnitt —[20]

Bei dieser Strategie ist die Prägung der Textgestalt durch die Erfordernisse der medialen Verbreitung besonders evident: Die Unterbrechung des Gesprächs ist keine kommunikationsinhärente Notwendigkeit, sondern tatsächlich eine „Kunstpause", die zur Gewährleistung des Feuilletonübergangs eingelegt wird, denn ein abrupter Schnitt würde den Lesern die Illusion rauben, als Zuhörer an der Unterredung teilzunehmen. Konkret formuliert: Die unglückliche Jenny unseres Beispiels bricht nicht aus Verzweiflung in Tränen aus, sondern weil das Feuilleton-Ende naht. Interessant ist, dass in allen Anwendungsfällen dieser Fortsetzungstechnik die gerade eben nicht mediatisierte, mündliche *face to face*-Erzählsituation evoziert wird. Indem es die Leserschaft in die archaische (oder kindliche) Welt der Geschichtenerzähler versetzt („Erzähl weiter"), trachtet das literarische Produkt danach, die bedingungslose Abhängigkeit von der modernen Absatzstrategie seines Mediums zu kaschieren.

Die Auswertung der Schnitttechniken soll kurz ergänzt werden durch einen Blick auf die Regularitäten der Wiederaufnahmen des fol-

---

19 „Rocambole, nouvel épisode", *La Petite Presse* vom 22.06.1870.

20 „Les misères de Londres", *La Petite Presse* vom 04.02.1868. Die beiden Beispiele verdeutlichen, dass die gespannte Aufmerksamkeit selten so ungestüm beschworen wird wie im folgenden Beispiel aus „Les misères de Londres" (Feuilleton vom 12.01.1868):
– Parlez, répéta froidement miss Ellen, ou je fais feu!
— Schnitt —

genden Tages. Hier sind prinzipiell zwei Strategien ausfindig zu machen, deren Anteil etwa hälftig ist und deren Anwendung in jedem Fall verdeutlicht, dass es „saubere" Schnitte mit nahtloser Fortsetzung im Feuilletonroman praktisch nicht gibt. Zum einen wird, um den erzeugten Spannungsbogen noch weiter zu dehnen und die Leser mittelfristig in Atem zu halten, ein strikter Perspektivenwechsel vollzogen. Die nächste Folge setzt ganz woanders wieder ein, als dort, wo zuvor der Suspens eingeleitet worden war. Dies gilt insbesondere anlässlich von spektakulären Schnitten, da die Ausstrahlungskraft einer solch spannenden Suspendierung groß genug ist, dass der Umweg zur Auflösung über einen anderen eingeschobenen Erzählstrang, dessen Einschub natürlich kommerziell und nicht handlungslogisch motiviert ist, von den Lesern noch akzeptiert wird. Man kann im Vorgriff darauf hinweisen, dass diese Wiederaufnahmestrategie mit Vorliebe von den modernen *TVsoaps* praktiziert wird. Hier ist das Spiel mit dem Versetzen des Anschlusses zu einem täglichen Ritual geworden.

Zum anderen wird die Wiederaufnahme durch narrative Überblendungen gewährleistet, denen ein kleiner Wiederholungseffekt als Wiedereinstiegshilfe nach der mindestens vierundzwanzigstündigen Zwangspause innewohnt und die zudem die Homogenität der eingeleiteten Bewegung verstärken.

Ah! c'est monsieur, répéta M. Washburn.
Et il regardait toujours Marmouset.

— Schnitt —

— Wiederaufnahme:
M. Washburn continuait à regarder Marmouset.[21]

Abschließend soll ein Blick auf die modernen Nachfolger der Fortsetzungssoaps geworfen und überprüft werden, welche Bedeutung der Schnitttechnik 130 Jahre nach *romans-fleuves* wie *Rocambole* innerhalb der ebenfalls täglich konsumierten Endlos-Geschichten des heutigen massenmedialen Trägers, des Fernsehens, unter den veränderten ökonomischen und produktionsästhetischen Bedingungen (noch) zukommt. Als Demonstrationsbeispiel dient die von Montag bis Freitag

21 „Rocambole, nouvel épisode", *La Petite Presse* vom 27. bzw. 28.06.1870. In den Buch-Nachdrucken sind solche Nahtstellen stets ohne diese Überblendungen abgedruckt, weil sie im Rahmen der Rezeptionseigenschaften des Mediums ‚Buch' nur stören würden.

vom deutschen Privatsender *RTL* ausgestrahlte Serie *Gute Zeiten, schlechte Zeiten* (Sendezeit: 19.40-20.15 Uhr), die wahrscheinlich elaborierteste Seifenoper des deutschen Fernsehens. Zwei Faktoren treten im Rahmen eines derartigen Vergleichs mit dem Erscheinungsbild des Suspens im 19. Jahrhundert in den Vordergrund und lassen im Ergebnis den weiten Weg ermessen, den das Zeitalter der Massenmedien von seinen gedruckten Frühformen zur multimedialen Perfektion von heute zurückgelegt hat. In „publikatorischer" Hinsicht ist der Einfluss der Werbung anzuführen, die die Verabreichung der Erzählration in ihrem Verlauf steuert, medienspezifisch eröffnet die Erweiterung der „Text"-Codierung (visuell in Bild und Schrift, auditiv in Sprache, Musik und Geräusche) ganz andere Gestaltungsmöglichkeiten.

Werbung verlangt dahingehend ihren Tribut, dass sie unbedingt *innerhalb* der Diegese platziert werden muss, damit das Mobilisierungspotential der Fernsehserie – bei *Gute Zeiten, schlechte Zeiten* immerhin nicht weniger als rund 5 Millionen Zuschauer täglich – auch voll für die Produktresonanz ausgeschöpft werden kann. Das führt automatisch dazu, dass der Einsatz von Schnitttechniken nicht nur am Ende der Sendeeinheit, sondern auch schon binnendiegetisch eine Rolle spielt: Jede Folge beginnt (nach der Präsentation des Sponsors und seiner „freundlichen Unterstützung") mit der Zusammenfassung der vorausgehenden Handlungsentwicklung. Danach werden die *dramatis personae* in Verbindung mit dem Titelsong vorgestellt, bevor direkt schon ein erster Werbeblock den definitiven Wiedereinstieg in die Geschehnisse in dem Augenblick verzögert, wo man besonders gespannt auf die anstehende Fortsetzung ist. Ein zweiter Werbeblock unterbricht dann nach fast 90% der Tagesration, also kurz vor dem eigentlichen Ende, den Erzählfortschritt und wird durchaus für Effekte der Spannungsaufstauung ausgenutzt. Dies geschieht in der Regel dadurch, dass die Handlung mit einem relativ wirkungsintensiven Ereignis zugunsten der Werbung abbricht, der Faden nach dem Intervall jedoch mit einem anderen Erzählstrang wieder aufgenommen wird. Das (vermeintlich) definitive Ende der Folge, das nur 3-4 Minuten nach diesem Binnen-Suspens erfolgt, operiert mit einer „Meta-Spannung": Nach dem Handlungsbeschluss (zu seiner Modalität gleich mehr) verheißt eine Erzählerstimme: „Wie's weitergeht – gleich", dann rollt der Abspann ab, der durch Abdrängung nach dem rechten und dem unteren Bildrand buchstäblich so marginalisiert worden ist, dass sich im Bildzentrum ein Bildschirm im Bildausschnitt abhebt, auf dem für die

Dauer des Abspanns und simultan zu ihm ein Werbespot zu sehen und zu hören ist. Erst wenn sich der Zuschauer in diesem Wechselspiel und der Verwucherung von Reklame und Geschichte bis hierhin vorgearbeitet hat, wird ihm die versprochene Information zum Fortgang der Geschichte in Bild, Wort und Schrift zuteil (vgl. zu ihrer präzisen Kennzeichnung ebenfalls weiter unten). Der besondere Stellenwert der Werbung sorgt also für eine wesentliche Verstärkung der Suspens-Bemühungen, denen gegenüber der monokausale Beschluss der Zeitungs-Feuilletons nachgerade bieder anmutet.

Zieht man das auf die Romanfortsetzungen angewandte Differenzierungsmodell als Vergleichsfolie für die audiovisuellen Pendants heran, so ergeben sich drei zentrale Befunde. (1) Die in der gedruckten Feuilletontechnik so häufig angewendeten Bewegungs-Schnitte einschließlich der stark dramatisierenden, „klassischen" Variante (die herabsausende Guillotine, der abgeschossene Giftpfeil) sind in *Gute Zeiten, schlechte Zeiten* nicht anzutreffen. Dies lässt sich eindeutig aus dem stattfindenden Wechsel der medialen Grundeigenschaften von der gedruckten zur audiovisuellen Manifestation und entsprechend in den unterschiedlichen Wahrnehmungsmodi gegenüber den beiden Medien erklären. Während die sprachliche Beschreibung einer jähen Bewegung und ihr mentaler Nachvollzug im Akt des Schrift- bzw. Hördecodierens sowie der Einordnung in die Tiefenstruktur des Imaginären ihre Wirkung offensichtlich auf das Prinzip der Dehnung gegenüber der Originalzeit gründen – und deshalb von der gedruckten Schnitttechnik so erfolgreich instrumentalisiert werden –, könnte die Grundeigenschaft des Films, die Abbildung von ‚Bewegung', die plötzliche Unterbrechung des doch so zwingend, weil zeitlich kompakt ablaufenden Bewegungsvorgangs nicht ohne Authentizitätsverlust verkraften, und selbst die Zuschauer von *soaps* würden auf allzu plumpe Weise aus ihrer Wirklichkeitsillusion herausgerissen werden.[22] Im Falle der allmählich ablaufenden Bewegung, die gewissermaßen in Richtung auf das nächste Feuilleton hin eingeleitet wird, kommt eine andere Erklä-

22 Aus demselben Grund gibt es keine adäquate filmische Umsetzung der berühmten *„Comices Agricoles"*-Sequenz aus Flauberts *Madame Bovary*, obwohl von der Szene immer wieder behauptet worden ist, sie antizipiere die Funktionsweise der kinematographischen Montage (vgl. dazu Verf., „Réalisme littéraire et réalisme cinématographique. *Madame Bovary* au cinéma (Renoir, Minnelli, Chabrol)." In: Jochen Schlobach/Andrzej Zurowski (Hrsg.): *Modernité de Flaubert.* Warszawa: *Les Cahiers de Varsovie* 23, 1994, S. 93-105.

rung für das Nicht-Vorhandensein in der Fernseh-Fortsetzung in Betracht: Auf die Insinuation einer Kontinuität dank des Trägheitsmoments, das der Bewegung innewohnt, und damit einer Kohärenz braucht bei der filmischen Ausstrahlung nicht mehr insistiert zu werden, damit die Zuschauer „dran bleiben". Denn im Gegensatz zur Platzverschwendung, die eine Rekapitulation der Ereignisse vom Tag zuvor im *rez-de-chaussée* der Zeitungen mit sich bringen würde, ist die Aufnahmekapazität der Bild-Ton-Wahrnehmung durchaus in der Lage, ohne nennenswerten Verlust von Sendezeit die *flash*-artige Rekapitulation von Schlüsseleinstellungen aus der vorangegangenen Folge für den Wiedereinstieg nutzbar zu machen. Der Sendeanfang von *Gute Zeiten, schlechte Zeiten* beweist dies, denn hier wird auf diese Weise ein Überblick sogar über mehrere Handlungsstränge angeboten, der offensichtlich so „mitreißend" ist, dass er sogar für den Spannungsaufbau über den ersten Werbeblock hinweg sorgt.

Wodurch wird dann die Dominanz der Bewegungs-Schnitte aus den Print-Feuilletons in der audiovisuellen Serie abgelöst? Die Antwort ist ebenso eindeutig zu geben, wie sie auf eine der bereits behandelten Fortsetzungsvarianten verweist – durch die *coup de théâtre*-Technik nämlich. In geradezu stereotyper Reihung wird der Zuschauer am Ende jeder Fortsetzungseinheit mit einem derartigen szenischen Effekt konfrontiert, dessen dramatische Implikationen danach drängen, entweder in ihrem Zustandekommen erklärt oder, wie dies meistens der Fall ist, in ihren Konsequenzen schnellstmöglich weiterverhandelt zu werden.[23] Natürlich erleichtert die stoffliche Beschaffenheit der Fernsehserien das Hantieren mit solchen vielversprechenden Schlusseffekten erheblich, denn im Gegensatz zu den Abenteuerromanen des 19. Jahrhunderts, in denen es stets um Verbrechen und tödliche Waffengänge geht, reicht in der kleinbürgerlichen Alltagswelt von *Gute Zeiten, schlechte Zeiten* und den anderen Vorabendsoaps[24] ein Konfliktpotential von Liebeshändeln, moralischen Belastungssituationen, Karriereschwierigkeiten, Krankheiten oder Schulstress bereits aus, um tag-

23 Wie bereits angedeutet, wird fast täglich sogar ein Spiel mit den *coups de théâtre* getrieben: Vor dem zweiten Werbeblock wird die Handlung mit einem solchen Effekt von etwas geringer dosierter Intensität suspendiert, die Wiederaufnahme nach der Werbung widmet sich dann zunächst einem anderen Handlungsstrang, bevor sie den ersten *coup* auflöst, um dann den zweiten Strang zum Finale in ein noch wirkungsvolleres *fait accompli* münden zu lassen.

24 Generell gilt, dass die ermittelten Befunde auch auf kürzere Serien wie *Verbotene Liebe* oder *Marienhof* zutreffen.

täglich Schlussakkorde in den Handlungsverlauf hineinzukonstruieren. Darüber hinaus scheint in der Frequenz des *coup de théâtre* aber auch ein Indikator für die fortgeschrittene Wirklichkeitserfahrung der Massenmedien gegeben zu sein. Die heutigen Zuschauer, vor allem die Jugendlichen, die in erster Linie mit *Gute Zeiten, schlechte Zeiten* bedient werden, begnügen sich anlässlich des Ausblicks auf die nachfolgenden Rezeptionsgratifikationen nicht mehr mit den Rocambol'schen Kontinuitätsverheißungen und eher dünn gesäten Finalhöhepunkten, sie brauchen das alltägliche Stimulans von höher dosierten Ereignismomenten, um zum fortgesetzten Einschalten bewegt werden zu können.

Betrachtet man schließlich die Fortsetzungskonstruktion von *Gute Zeiten, schlechte Zeiten* nach dem eigentlichen Abspann, so wird deutlich, dass auch die audiovisuellen Feuilletons wie ihre Print-Vorgänger gerade für den Übergang von Tageseinheit zu Tageseinheit eine konkrete „Er-zähl"-Situation evozieren und zum Instrument des Diffusionsprozesses machen, natürlich jetzt mit Hilfe des kombinierten Einsatzes der zur Verfügung stehenden Repräsentationsmittel. So wird in Entsprechung zu der Inhaltszusammenfassung am Anfang der Ausblick auf die Handlungsration von morgen in mehreren kurzen Einstellungen anskizziert, wobei die Filmbilder aber nicht für sich sprechen, sondern durch den gleichzeitigen Kommentar einer Erzählerstimme gestützt werden, die dann auch dem Erwartungshorizont des Publikums vermittels einer Leitfrage zum Bevorstehenden auf die Sprünge hilft („Wer gibt Kai noch Hoffnung?", „Kennt Patricia die ganze Wahrheit?", „Hat ihre Liebe eine Chance?"). Gestützt wird diese Hilfestellung in Sachen ‚Leerstellen ausfüllen' zudem durch die Einblendung der verschrifteten Leitfrage. Damit nicht genug. Zum Aufbieten einer Erzähl-Instanz gehört ein zusätzlicher mündlicher Effekt, der ebenfalls zur Gestaltung der definitiven Schlusssequenz nach dem Abspann gehört: Die Kamera rückt extradiegetisch einen der Protagonisten der Serie ins Bild, der den Zuschauern eine vollmundige Einschalt-Parole zuruft: „Dabei sein und mitfühlen", „Love is in the air", „Wir sehen uns", „Es wird wieder spannend", „Hier tobt das Leben".

Ist es angesichts dieses Erscheinungsbildes der heutigen Fortsetzungsgeschichten audiovisuellen Zuschnitts tatsächlich nur Ausdruck einer Nostalgie der Gutenberg-Ära, wenn bezüglich des beschriebenen Erscheinungsbildes der Suspens-Techniken nach vollzogenem Medienwechsel keine Begeisterung aufkommt? Unzweifelhaft sind die Fortsetzungsstrategien der Fernsehserien *per se* technisch aufwendiger und werden intensiver eingesetzt, vor allem infolge der Koppelung an die Bedürfnisse der TV-Werbung. Ob sie in ihrer ritualisierten Überdeterminiertheit unter dem Strich auch komplexer oder gar kreativer sind als die Einfälle der „nur" mit schriftsprachlichen Strategien operierenden Erfolgsautoren des 19. Jahrhunderts, kann bezweifelt werden. Die geballte Ladung von spannungserzeugenden Mitteln schon vor, dann am und sogar nach dem eigentlichen Ende der Fortsetzungseinheit könnte auch darauf verweisen, dass der imaginativen Wirkung der eingesetzten Mittel und damit der Anhänglichkeit der Rezipienten nicht zu trauen ist. Autoren wie Ponson du Terrail, Émile Gaboriau oder Paul Féval hatten solche „Geschmacksverstärker" für ihr – übrigens wesentlich diversifizierteres – Fiktionssortiment jedenfalls noch nicht nötig.

2. (Audio-)Visuelle Medien:

Theater, Photographie,

Film

Medienumbrüche und Intermedialität

Zur Theatralität der Filme von Jean Renoir

VOLKER ROLOFF

1. Medienumbrüche und Intermedialität

Brüche, Diskontinuitäten, Dissonanzen und Paradoxien gehören schon seit längerem zu den „Grundelementen der Beschreibung realer wie diskursiver Geschichten".[1] So verschieden die Ansätze sind, die zu einer postmodernen Theorie der Brüche geführt haben, sie konvergieren in der Annahme, dass die grundlegenden gesellschaftlichen und kulturellen Paradigmen-Wechsel jeweils als Medienumbrüche darstellbar und durchschaubar sind.[2] Wenn man Medienästhetik als Theorie und Analyse audiovisueller Wahrnehmungsformen begreift, so bietet der Medienumbruch zu Beginn des 20. Jahrhunderts, der vor allem mit dem Film verbunden ist, die besten Anschauungsbeispiele für Veränderungen der Wahrnehmung und Sinne, für jenen Wahrnehmungsumbruch, den Aumont mit dem Begriff des „variablen Auges" zu erfassen sucht,[3] und der auch als Dekonstruktion des einheitlichen Blickpunktes,

1 Ralph Kray/Karl L. Pfeiffer: „Paradoxien, Dissonanzen, Zusammenbrüche: Vom Ende und Fortgang der Provokationen." In: Hans-Ulrich Gumbrecht/Karl L. Pfeiffer (Hrsg.): *Paradoxien, Dissonanzen, Zusammenbrüche. Situationen offener Epistemologie.* Frankfurt: Suhrkamp 1991, S. 13-34, hier S. 22.

2 Vgl. Ralf Schnell: *Medienästhetik. Zur Geschichte und Theorie audiovisueller Wahrnehmungsformen.* Stuttgart, Weimar: Metzler 2000, S. 9.

3 Jacques Aumont: „Projektor und Pinsel. Zum Verständnis von Malerei und Film." In: *Montage/AV, 1*, 1992, S. 80. Vgl. Ralf Schnell: *Medienästhetik*, S. 49.

als Beschleunigung, Dynamisierung, Fragmentierung und Brechung der Wahrnehmungsvorgänge definiert werden kann.[4]

In diesem Sinne haben zunächst vor allem die europäischen Avantgarde-Bewegungen – seit Beginn des 20. Jahrhunderts – den Akt des Bruchs und damit die Brüchigkeit der Traditionen und gewohnten Wahrnehmungsformen in das Zentrum ihrer künstlerischen Aktivitäten und Experimente gerückt[5] und dabei vor allem den Film als Instrument der Fragmentierung und Montage und als Medium für neue Spielformen der Diskontinuität genutzt: „Unter den Bruchstellen der künstlerischen Formation ist – so Benjamin – eine der gewaltigsten der Film. Wirklich entsteht mit ihm eine neue Region des Bewusstseins".[6] Wenn man davon ausgeht, dass Umbruchsituationen mit dem Auftauchen neuer Medien verbunden sind, so sind intermediale Analysen eine Voraussetzung, um solche Umbrüche auf der Grundlage der Interdependenzen der verschiedenen Medien und Künste genauer zu beschreiben.[7] Dies gilt nicht nur für die Anfänge des Films, sondern auch für spezielle Umbrüche in seiner weiteren Geschichte, wie z.B. der Übergang vom Stummfilm zum Tonfilm, dessen film- und theatergeschichtliche Folgen neu zu diskutieren sind, oder den „Umbruch des Filmsystems" in den fünfziger und

4 Vgl. z.B. „Fragmentierung und Montage: Intermediale Aspekte (am Beispiel surrealistischer Texte, Bilder, Filme)." In: Arlette Camion/Géraldi Leroy/ Volker Roloff (Hrsg.): *Über das Fragment. Du fragment.* Heidelberg: C. Winter 1999, S. 238-259, 243.

5 Vgl. z.B. Aragon: „Gesetze, Morallehren, Ästhetiken wurden allein gemacht, um euch Respekt vor allem Fragilen beizubringen. Was brüchig ist, muß zerbrochen werden", zit. in Rainer Warning/Winfried Wehle (Hrsg.): *Lyrik und Malerei der Avantgarde.* München: Fink 1982, S. 13.

6 Walter Benjamin: „Erwiderung an Oskar A. H. Schmitz." In: ders.: *Gesammelte Werke,* Bd. II, S. 2, Frankfurt: Suhrkamp 1977, S. 751-755, 752.

7 Vgl. z.B. André Bazin: *Qu'est-ce que le cinéma*? Paris: Les Editions du Cerf 1997 (zuerst 1958); Joachim Paech: *Literatur und Film.* Stuttgart: Mehl 1988; Franz-Josef Albersmeier: *Theater, Film und Literatur in Frankreich. Medienwechsel und Intermedialität.* Darmstadt: Wiss. Buchgesellschaft 1992; Jürgen E. Müller: *Intermedialität: Formen moderner kultureller Kommunikation.* Münster: Nobus 1996; Friedrich Kittler: *Grammophon. Film. Typewriter.* Berlin: Brinkmann & Bose 1986; Gilles Deleuze: *L'image-mouvement und L'image-temps.* Paris: Minuit 1983-1985. Vgl. auch die Sammelbände von Jochen Mecke/Volker Roloff (Hrsg.): *Kino-(Ro)Mania. Intermedialität zwischen Film und Literatur.* Tübingen: Stauffenburg 1999; Beate Ochsner/ Charles Grivel (Hrsg.): *Intermediale. Kommunikative Konstellationen zwischen den Medien.* Tübingen: Stauffenburg 2001; s.a. den umfangreichen, von Joachim Paech und Jens Schröter herausgegebenen Band *Intermedialität analog / digital: Theorien – Methoden – Analysen,* München: Fink 2008.

sechziger Jahren in Frankreich.[8] Die Faszination der neuen Medien hat dazu geführt, Mediengeschichte zunächst hauptsächlich als Geschichte der Technik zu konzipieren, d.h. die „Materialität" der jeweils neuen Kommunikationsformen zu untersuchen. Dass technische Innovationen und wahrnehmungsästhetische Veränderungen eng verbunden sind, dass Medienumbrüche ohne Medienästhetik, begriffen als „Wahrnehmungsform der Medien"[9] gar nicht zu erfassen sind, ist erst in jüngster Zeit genauer ins Blickfeld gerückt. So ist das Kino nicht nur, wie es früher genannt wurde, „Kinematografie", eine Maschine zur Aufzeichnung und Wiedergabe von Bildern, sondern – in der Wechselwirkung von technischem Apparat, Bild, Bild-Fantasien, Filmraum und Wahrnehmung der Zuschauer – ein Medium, das die Form des Sehens und der Sichtbarkeit organisiert, und zwar in Anlehnung, aber auch in der Differenz zu den vorhergehenden Dispositiven. Das Kino ordnet den Blick der Beobachter der Sichtbarkeit (und Hörbarkeit) seiner Filme in der dispositiven Struktur des älteren Mediums Theater an, einer „An-Ordnung" des Sehens, die aber prinzipiell auflösbar, fragil ist.[10] Mediengeschichte und Intermedialität sind aufeinander bezogen, wenn es darum geht, die *Zwischenräume* zwischen den Medien, etwa zwischen Theater und Film, und damit die Transformationsprozesse zwischen den Medien zu analysieren; wobei – mit Luhmann und Paech – zu bedenken ist, dass Medien nicht unmittelbar interagieren können, sondern die ästhetische Form eines Mediums jeweils zum Medium der Form eines anderen Mediums wird. Beobachtbar sind nur die Formen, in denen ein Medium erscheint, so dass Medien keine Behälter sind, die andere Medien aufnehmen. Offensichtlich sind medienhistorische Umbruchsituationen nur vor dem Hintergrund langfristiger Prozesse zu begreifen, die die Geschichte des Sehens und der Aisthesis, d.h. der Formen der sinnlichen, audiovisuellen Wahrnehmung bestimmen. Es geht um Kontinuität und Diskontinuität, d.h. auf der einen Seite um anthropologische Konstanten, die für das Sehen und die sinnliche Wahrnehmung konstitutiv sind – z.B. die Schaulust und Redelust sowie Mythen als Voraussetzung für die Spielformen

---

8 Vgl. Jochen Mecke: „Im Zeichen der Literatur: Literarische Transformationen des Films." In: Jochen Mecke/Volker Roloff (Hrsg.): *Kino-/(Ro) Mania: Intermedialität zwischen Film und Literatur.* Tübingen: Stauffenburg 1999, S. 97-123.

9 Ralf Schnell: *Medienästhetik,* S. 11.

10 Vgl. Joachim Paech: „An-Ordnungen (Dispositive) des Sehens." In: *Literatur im multimedialen Zeitalter* (Asiatische Germanistentagung), Bd. 1, S. 126-140, 132.

des Theaters, des Kinos und des Fernsehens. Auf der anderen Seite ist die Annahme von Veränderungen des Sehens und der Sinne eine notwendige Voraussetzung für eine intermediale Medien-Geschichtsschreibung, die von Umbruchsituationen ausgeht.

Aufzulösen ist zunächst der Glaube an die Autonomie der Geschichte *einzelner* Künste und Medien, die traditionell – in der Hierarchie der Künste – ein besonderes Prestige beanspruchen; wie z.B. der immer noch wirksame Glaube an die Möglichkeit einer von den übrigen Medien unabhängigen Literaturgeschichte, die sich nur auf die Literatur selbst, auf schriftliche Texte konzentrieren könnte. Es ist nicht nur, aber vor allem der Blick auf die medialen Umbruchsituationen des 20. Jahrhunderts und ihre intermedialen Dispositive, die diesen Glauben weitgehend aufgelöst haben – und zwar in dem Maße, in dem die Veränderungen der Literatur und literarischen Szene in ihren Zusammenhängen, Vernetzungen und Wechselbeziehungen mit den jeweils neuen Medien gesehen werden. Dahinter stecken implizit oder explizit neue Konzepte und Denkweisen, die die gewohnten Kategorien der Geschichtsschreibung selbst relativieren und unterlaufen: Denkfiguren der Nicht-Linearität, der Kontingenz, des Chaos, der Simultaneität und Juxtaposition, der Brüche und Zwischenräume. Vor allem die Figur des Bruchs erscheint, insbesondere bei Foucault und Derrida, als Versuch, Alternativen einer nicht-linearen, Zeit und Raum neu strukturierenden Geschichtsschreibung zu denken und zu veranschaulichen.

Der Begriff der Intermedialität ist im Hinblick auf die Kontinuität und Diskontinuität, die solche Medienumbrüche kennzeichnen, besonders geeignet, die mediengeschichtliche Entwicklung des 20. Jahrhunderts in einer theoretischen, historischen und ästhetischen Perspektive durchschaubar zu machen. „Formen von Intermedialität sind Brüche, Lücken, Intervalle oder Zwischenräume ebenso wie Grenzen und Schwellen, in denen ihr mediales Differential figuriert“.[11] Deleuze spricht von dem „Interstitium“ (interstice) als dem Zwischenraum zwischen Bildern, aber auch zwischen Bild, Ton und Sprache, einem unsichtbaren „Dazwischen“, das sich z.B. im „Dialog zwischen dem Filmbild und seinem imaginären Projektions-Raum entwickelt“.[12]

11 Joachim Paech: „Intermedialität.“ In: *Medienwissenschaft 1*, 1997, S. 12-30, 25.

12 Vgl. Gilles Deleuze: *L'image-temps*, S. 234ff.; dazu auch Scarlett Winter: „Intermediale Experimente. Godards Bildästhetik im Wechselspiel von Kino, Fernsehen und Video.“ In: dies./Volker Roloff (Hrsg.): *Godard intermedial*. Tübingen: Stauffenburg 1997, S. 25-40, 32.

Jürgen Müller wählt die Formel vom „vielschichtigen Zwischen-Spiel der Medien".[13]

Es gibt in der Diskussion über Intermedialität unterschiedliche Positionen, die z.B. auch in den Forschungsberichten von Paech, Schröter oder in den Sammelbänden von Helbig und Ochsner-Grivel[14] zum Ausdruck kommen: Unterschiede zwischen funktionsgeschichtlichen, medienästhetischen oder konstruktivistischen Ansätzen, wobei mir die Versuche der Kombination von intermedialen und wahrnehmungsästhetischen Problemstellungen – wie z.B. bei Paech und Deleuze – besonders wichtig erscheinen. Man kann die verschiedenen Positionen auf grundsätzliche Fragen zurückführen, wie z.B. Jens Schröter in seinem Forschungsbericht, für den sich das zentrale Problem so stellt: „Gehen die klar abgegrenzten, durch irgendwelche medienspezifischen Materialitäten bestimmten Einheiten, die wir Medien nennen, der intermedialen Beziehung voraus, oder gibt es eine Art Ur-Intermedialität, die umgekehrt als Bedingung der Möglichkeiten solcher Einheiten fungiert?" (146). Statt Ur-Intermedialität erscheint es mir besser, von variablen Spielformen einer ästhetischen Wahrnehmung zu sprechen, die immer schon – in der Kombination der verschiedenen Sinne und der Sinnlichkeit des Menschen – intermedial ist, synästhetisch nicht im Sinne einer Synthese und ursprünglichen Einheit, sondern als ein ständiger Prozess der Kombination und Konfusion der Sinne, der als solcher Brüche, Differenzen und Zwischenräume mit einbezieht. Man könnte von „Urszenen" der Schaulust und Spielfreude sprechen, aber nicht psychoanalytisch und substantialistisch, sondern im Sinne von „protoästhetischen Formen", die von Karl Ludwig Pfeiffer als „Inszenierungsbedürfnisse" definiert werden, die nicht eindeutig natur- oder triebbedingt sind, sondern eben nur durch die Medien selbst erfahrbar und analysierbar sind, d.h. in der Form, die sie durch Medien aller Art enthalten.[15] In einer ähnlichen Tendenz erläutert Ottmar Ette die medienästhetischen Prämissen von Roland Barthes als intermediale *Figuren*, die je nach Bedürfnissen und Lüsten das Imaginäre aktualisieren, und er spricht von

13 Jürgen E. Müller: *Intermedialität*, S. 275.

14 Vgl. Joachim Paech: „Intermedialität"; Jens Schröter: „Intermedialität. Facetten und Probleme eines aktuellen medienwissenschaftlichen Begriffs." In: *Montage*/AV 7, No. 2, (1998) S. 130-154; Jörg Helbig (Hrsg.): *Intermedialität. Theorie und Praxis eines interdisziplinären Forschungsgebiets*. Berlin: Erich Schmidt 1998; Beate Ochsner/Charles Grivel: *Intermediale*.

15 Karl L. Pfeiffer: *Das Mediale und das Imaginäre. Dimensionen kulturanthropologischer Medientheorie*. Frankfurt: Suhrkamp 1999, S. 111.

einem begrenzten Vorrat solcher Figuren des Imaginären.[16] Wenn man von der Realität des Imaginären als Voraussetzung der Medienspiele und Inszenierungen einer Gesellschaft ausgeht, so gelangt man, im Anschluss an Karl Ludwig Pfeiffer, zu dem Begriff der „intermediären Zonen",[17] die die gewohnten Oppositionen von Realität und Fiktion unterlaufen: „Es gibt keine Realität, an der das Spielerische gemessen werden könnte, weil es selbst als wirklich erfahren wird".[18] Mit Iser verweist auch Fischer-Lichte auf die ästhetische und anthropologische Dimension der Begriffe „Theatralität" und „Inszenierung". Der Inszenierung „müsse etwas vorausliegen, welches durch sie zur Erscheinung kommt".[19] Erika Fischer-Lichte betont die Relevanz der Begriffe „Theatralität" und „Inszenierung" für die neuen Medien, indem sie die zeitgenössische Kultur als „Kultur der Inszenierung bzw. als Inszenierung von Kultur" definiert; als „Erlebnis- und Spektakelkultur" werde Wirklichkeit als Darstellung und Inszenierung erlebt.[20] Theatralität wird dabei als „Prozess" definiert, der innerhalb oder außerhalb des Theaters stattfinden kann und überall dort möglich ist, wo Darstellende und Zuschauer zusammentreffen, d.h. als Wahrnehmungsmodus, der es den Zuschauern überlässt, ob eine Situation als theatral oder nicht-theatral verstanden wird.[21]

2. Von den Theater/Filmen der Avantgarden zu Jean Renoir

Im folgenden soll angedeutet werden, wie der Tonfilm als ein neues Medium der Theatralisierung bereits in den 30er Jahren solche mediengeschichtlichen Prozesse veranschaulicht und reflektiert, dies speziell am Beispiel von Renoir.[22]

---

16 Ottmar Ette: *Roland Barthes: eine intellektuelle Biographie*. Frankfurt: Suhrkamp 1999; vgl. auch Vf., „Intermediale Figuren in der spanischen (und lateinamerikanischen) Avantgarde und Post-Avantgarde." In: Vittoria Borsò/ Björn Goldammer (Hrsg.): *Moderne(n) der Jahrhundertwenden*. Baden-Baden: Nomos 2000, S. 385-401, 388ff.

17 Karl L. Pfeiffer: *Das Mediale*, S. 165.

18 Karl L. Pfeiffer: *Das Mediale*, S. 165.

19 Wolfgang Iser: *Das Fiktive und das Imaginäre. Perspektiven literarischer Anthropologie*. Frankfurt: Suhrkamp 1991, S. 504; Erika Fischer-Lichte: „Theatralität und Inszenierung." In: dies./Isabel Pflug (Hrsg.): *Inszenierung von Authentizität*. Tübingen und Basel: Francke 2000, S. 11-27.

20 Erika Fischer-Lichte: „Theatralität und Inszenierung", S. 23.

21 Erika Fischer-Lichte: „Theatralität und Inszenierung", S. 19ff.

22 Vgl. Michael Lommel/Volker Roloff (Hrsg.): *Jean Renoirs Theater/Filme*. München: Fink 2003.

Zu den Strukturen bzw. protoästhetischen Formen, die mehrere Medien verbinden und in Medienumbrüchen eine Rolle spielen, gehören die Formen der Theatralität des Schauspiels, der Schaulust, Redelust und Verwandlungskunst, die im Theater und Film, aber auch in neueren Medien wie Fernsehen, Radio, Telefon, Computer eine Rolle spielen. Zugrunde liegt, was bisher in den aktuellen Intermedialitätstheorien noch zu wenig reflektiert wird, das synästhetische Repertoire des kollektiven Imaginären, das kulturell und kulturgeschichtlich codiert ist und in dem das Spiel mit den jeweils neuen Medien neue mediale Spiel-, Vermittlungs- und Inszenierungsformen hervorbringt, mit anderen Worten: neue Kombinationen, Anordnungen des Sehens, Passagen, Zwischenräume zum Vorschein bringt, durch die ältere mediale Figuren reflektiert, aufgelöst, transformiert oder dekonstruiert werden.

Wenn schon literarische Texte als Formen der Mischung und Überlagerung verschiedener Diskurse und als Netzwerk intertextueller Bezüge gelten, so gilt dies umso mehr für Produkte der älteren und neuen Medien, die in dem Maße, in dem sie Texte, Bilder und Musik kombinieren, einen umso größeren Spielraum der Hybridisierung enthalten können. So sind insbesondere Theater und Film hybride Medien, die prinzipiell intermedial konzipiert sind, indem sie verschiedene Künste wie die Schauspielkünste, Literatur, Musik, die Bildenden Künste, Choreografie, Architektur, Bühnenbild usw. kombinieren. Während die neuere Theaterwissenschaft inzwischen, wie z.B. bei Fischer-Lichte, ihre lange Zeit zu enge Bindung an die Schrifttradition und Literaturgeschichte überwunden hat und auf dem Wege ist, die Intermedialität und Synästhesie des Theaters zu verdeutlichen, hat die Filmwissenschaft, um immer neue Abgrenzungen bemüht, uns einreden wollen, dass Filme eine ganz eigene, autonome Sprache hätten, eine Bildersprache, die nur in einer speziellen kinematografischen Terminologie zu erfassen sei. Aus diesem Grund ist war es schwierig, die offensichtlichen Wechselbeziehungen zwischen Theater und Film, die gemeinsamen intermedialen Strukturen beider Medien wirklich umfassend, d.h. in einer breitgefächerten medientheoretischen und medienhistorischen Perspektive, zu behandeln – von verschiedenen Ansätzen z.B. bei Albersmeier, Paech, Deleuze und Einzelbeiträgen abgesehen, die hier z.T. bereits erwähnt wurden.[23]

23 Vgl. Anm. 7.

Ich komme jetzt zu jenem besonderen intermedialen Komplex, den ich „Theater/Filme“ nenne und der geeignet erscheint, die Vorteile und Chancen intermedialer Analysen zu veranschaulichen. Der Begriff „Theater/Film“ bezeichnet nicht nur die Verfilmung von Theaterstücken, es geht vielmehr um komplexe intermediale Wechselbeziehungen von Film und Literatur, d.h. um die Brüche, Differenzen, Passagen und Zwischenräume zwischen den beiden Medien. Theater/ Filme haben die Möglichkeit, den Spielraum der Theatralität und der Reflexion der Theatralität zu erweitern, indem sie verschiedene Spielformen des Theaters mit einer Analyse der Theatralität der Gesellschaft, des *theatrum mundi* verbinden; d.h. die alte Tradition des Theaters im Theater gewinnt in Filmen eine neue intermediale Dimension und Komplexität. Die französische Filmgeschichte ist eine Fundgrube für solche Beobachtungen; man könnte die Theater- und Filmgeschichte auf diese Problematik konzentrieren, als einen zentralen Komplex der Intermedialität. Dabei sind jene Theater/Filme besonders aufschlussreich, in denen die Relationen zwischen Theater und Film dargestellt und reflektiert werden, z.B. in einer Reihe surrealistischer Film-Experimente (z.B. bei Cocteau, Buñuel) oder im Weimarer Kino des Expressionismus[24] und dann vor allem in den Tonfilmen der 30er Jahre. Auffällig ist, dass schon in surrealistischen und expressionistischen Stummfilmen, später besonders in Tonfilmen bei Renoir, Feyder, M. Carné, karnevaleske Traditionen aufgenommen werden, Topoi des *theatrum mundi*, mit dem Ziel, den „effet de réel“, den Schein der Wirklichkeit mit einer kritischen und satirischen Analyse der Theatralität der Gesellschaft, ihrer Maskeraden, Simulationen und Rollenspiele zu verbinden. Die Tonfilme der 30er Jahre sind daher nicht, wie lange Zeit geglaubt wurde, ein Mittel zur besseren, objektiven Realitätswiedergabe, sondern ein Mittel der Irrealisierung, der imaginären Schaulust. Es entstehen neue Spielformen der Theatralität, die durch den Ton möglich sind, neue intermediale Strukturen und Komplexe.[25] Verschiedene Filme zeigen eben jene Rollenspiele und Formen der Inszenierung, die mit filmischen Mitteln besser zur Darstellung gelangen als in den konventionellen Spielformen des Theaters

24 Vgl. bes. Thomas Elsaesser: *Das Weimarer Kino – aufgeklärt und doppelbödig*. Berlin: Vorwerk 1999.

25 Vgl. Klaus Dirscherl: „‚Cent pour cent parlant‘ oder wie der französische Tonfilm der 30er Jahre die Wirklichkeit suchte und das Theater fand.“ In: Hans-Ulrich Gumbrecht/Karl L. Pfeiffer (Hrsg.): *Materialität der Kommunikation*. Frankfurt: Suhrkamp 1988, S. 377-391.

selbst – weil der Film durch den „anderen Blick", die Distanz, Mobilität und Flexibilität der Kamera, durch die filmischen Mittel wie Montage und Schnitt mit den Traditionen des Theaters und der Theatralität kritisch, ironisch, satirisch, parodistisch, vor allem aber spielerisch umgehen kann; weil der Film Theatralität, „la société du spectacle"[26] nicht nur vorführt, sondern zugleich dekonstruiert. Der Film kann das allgegenwärtige und unsichtbare Theater, das wir ständig spielen und das unsere Gesellschaft als permanentes Medienschauspiel durchschaubar macht, jenseits der theatralischen Theatralität sichtbar machen.

Man kann, wie anfangs angedeutet, davon ausgehen, dass Umbruchsituationen durch neue Medien entstehen, die zur Veränderung der audiovisuellen und ästhetischen Wahrnehmung führen und die als solche, als protoästhetische Formen, ihrerseits nur durch intermediale Analysen und Kategorien erfassbar sind. Mit den neuen Medien entstehen neue, zeittypische Inszenierungsbedürfnisse, neue Spielformen und Figuren der Aktualisierung eines kollektiven Imaginären, neue Dispositive, in denen die Phänomene der Schaulust, des Schauspiels und der Redelust in neue Konstellationen und Wechselbeziehungen geraten. Die europäischen Avantgarde-Bewegungen seit Beginn des 20. Jahrhunderts haben, wie bereits angemerkt, den Akt des Bruchs, die Brüchigkeit der Traditionen programmatisch in den Mittelpunkt ihrer künstlerischen Aktivitäten gerückt, und, vor allem im Surrealismus, die neuen Medien, insbesondere den Film als Instrument der Dekonstruktion und Fragmentierung, aber damit auch der Entwicklung neuer Konzepte der Diskontinuität, der Simultaneität und Montage genutzt. Dabei werden von Anfang an – schon in den frühesten Filmen der Filmgeschichte – mit Vorliebe ältere, prämoderne Formen und Figuren der Theatralität, Schaulust, des Pathos und der Komik aufgenommen und filmisch modifiziert: die Farce, das Marionettentheater, die *Commedia dell'arte*, Pantomime, Maskenspiele, das Melodram, das *theatrum mundi*, d.h. es werden vor allem die karnevalesken Strukturen des Theaters neu entdeckt – wie gleichzeitig auch im Theater selbst, etwa bei Jarry, Apollinaire oder Valle-Inclán. Die Freude an einer karnevalesken und melodramatischen Pantomimik und Gestik, an der exzessiven Körpersprache, sind aber keineswegs nur Merkmale des sogenannten Stummfilms, sondern sie bleiben auch in der speziellen Umbruchsi-

---

26 Vgl. Guy Debord: *La société du spectacle*. Paris: Editions Buchet Chastel 1967.

tuation, der Übergangsphase vom Stummfilm zum Tonfilm besonders wichtig; nicht zuletzt auch, weil weder der Film noch das Avantgarde-Theater darauf bedacht sind, den „Logozentrismus", d.h. die traditionelle Dominanz der Sprache wieder herzustellen: so wird der Film gerade nicht zum Anlass der Rückkehr zu den Traditionen der Wortkunst, sondern führt zu neuen Spielformen, die den Ton als Ereignis inszenieren, die Vielfalt der Sprachen und Stimmen ebenso wie Geräusche, Musik bis hin zum Gegenpol der *parole*, zum Schweigen: „Die Wortproduktion erhält – so Klaus Dirscherl – wie auch die Geräusch- und Musikinszenierung im Film der 30er Jahre etwas Demonstratives, etwas Uneigentliches. Sie höhlen, ohne es zu wollen, das mimentische Potential dieser Erweiterung filmischer Ausdrucksmöglichkeiten aus, indem sie es überstrapazieren".[27] Dies gilt in besonderem Maße für die Filme von Renoir, die in den 30er Jahren, aber auch später, keineswegs „realistisch" sind, sondern ganz im Sinne der Definition Apollinaires „surrealistisch", d.h. sie versuchen, die so genannte Wirklichkeit neu zu sehen und zu begreifen, indem sie das kollektive Imaginäre, das Phantasmatische der Gesellschaft zur Darstellung bringen. Der realistische Gestus in den Filmen der 30er Jahre reduziert sich nicht, wie Scarlett Winter anmerkt, „auf eine getreue Abbildung der Wirklichkeit bzw. des Alltags, sondern sucht die Vermittlung einer atmosphärischen und kritischen (zum Teil […] auch ironisch satirischen) Reflexion".[28] Damit rückt, wie auch schon Bazin bemerkt, eine inszenierte Form der filmischen Realität in den Vordergrund, die das Illusionäre der ‚ursprünglichen' Realität aufdeckt: „on a substitué à la réalité initiale une illusion de réalité faite d'un complexe d'abstractions (le noir et le blanc, la surface plane), de conventions (les lois du montage par exemple) et de réalité authentique".[29] Man könnte in diesem Zusammenhang auch von Hyperrealismus oder magischem Realismus sprechen, wie z.B. Elsaesser, der im Blick auf Murnau von „magischen Verwandlungen und zögerlichen Schwebezuständen zwischen Zurschaustellung und Verhüllung" spricht und generell die Theaterhaftigkeit, Schaulust und „transparenten Doppelbödigkeiten"[30] des Weimarer Kinos hervorhebt.

---

27 Klaus Dirscherl: „‚Cent pour cent parlant'", S. 388.

28 Scarlett Winter: „Einzelaspekt Film." In: Ingo Kolboom/Thomas Kotschi/Edward Reichel (Hrsg.): *Handbuch Französisch.* Berlin: Erich Schmidt 2002, S. 783.

29 André Bazin: *Qu'est-ce que le cinéma?* S. 270.

30 Thomas Elsaesser: *Das Weimarer Kino,* S. 16, 17ff.

Der Film wird, nicht nur für Surrealisten wie Buñuel, Dalí oder Cocteau, sondern ebenso sehr für die Expressionisten, zu dem Medium, das die Spannungen und Brüche zwischen Sprache und Bild darstellen und reflektieren kann, die Differenzen und Diskrepanzen zwischen dem, was man hört, sieht oder fühlt. Renoir hat aus diesem Grunde den Tonfilm nicht etwa zur Perfektionierung der Wirklichkeits-Illusion genutzt, sondern zu einer gegenüber dem Stummfilm erweiterten Perspektive, zu einer Erweiterung der Spielformen und Spielräume des Films, wobei insbesondere die Möglichkeit einer kritischen, ironischen oder satirischen „décalage" von Bild- und Tonebene ausgespielt wird. Auf dem Spiele steht damit die Dichotomie von Sein und Schein, Sprache und Visualität, das Abtasten der Grenzbereiche und Wechselwirkungen von Reden und Sehen. Der Film gewinnt mit dem Ton nicht nur ein neues Spielzeug der Theatralität, sondern eine Dimension der Meta-Theatralität, und damit auch der kritischen Reflexion der Theatralität der Gesellschaft, die von Bazin im Blick auf Renoir und Cocteau als „surthéâtre" und als „surcroît de théâtralité" definiert wird.[31] Die intermedialen Wechselbeziehungen und Interferenzen von Theater und Film, die das Gesamtwerk von Renoir bestimmen, sind bisher noch zu wenig beachtet und in ihrer Tragweite für die Filmgeschichte erkannt worden. Verschiedene Ansätze finden sich bei Bazin, Deleuze sowie in Analysen einzelner Renoir-Filme z.B. bei Serceau, Beylie, Curot und in dem Band *Jean Renoir und die Dreißiger*, der 1995 in der Filmreihe des Institut Français de Munich (CICIM) herausgegeben wurde.[32] Diese Linie wird in einem Sammelband weitergeführt, der auch die Renoir-Filme der 40er und 50er Jahre unter dem Aspekt der Theatralität einbezieht.[33] Dabei geht es nicht nur um weitere, bisher weniger beachtete Theater/Filme Renoirs (wie z.B. *French cancan*, *Le petit théâtre de Jean Renoir*, *Le Déjeuner sur l'herbe*, *The Diary of a Chambermaid*), sondern auch um

31 André Bazin: *Qu'est-ce que le cinéma?* S. 140 und 148.

32 Vgl. Franck Curot (Hrsg.): *Nouvelles approches de l'œuvre de Jean Renoir.* Montpellier 1995; Daniel Serceau: *Jean Renoir. La sagesse du plaisir.* Paris: Les éditions du Cerf 1985; Claude Beylie: „Les structures théâtrales chez Renoir." In: Franck Curot: *Nouvelles approches*, S. 221-230; ders.: *Jean Renoir. Le spectacle, la vie.* Paris: Seghers 1995; Heiner Gassen/Laurent Cassagnau (Hrsg.): *Jean Renoir und die Dreißiger. Soziale Utopie und ästhetische Revolution.* Institut Français de Munich, CICIM, München 1995 (mit Beiträgen von Laurent Cassagnau, Klaus Dirscherl, Hermann Doetsch, Manfred Hattendorf, Johannes Hauck, Muriel Leroy-Weh, Andreas Mahler, Wolfram Nitsch, Horst Weich).

33 Vgl. Michael Lommel/Volker Roloff (Hrsg.): *Jean Renoirs Theater/Filme.*

die Art und Weise, wie Renoir – explizit oder implizit – auf Theatertraditionen zurückgreift, um die Theatralität der Gesellschaft und ihrer Institutionen darzustellen; wobei Renoir insbesondere die Theatralität der Rollenspiele und Rituale des Militärs, der Kirche, der Aristokratie und Bourgeoisie ins Blickfeld rückt, mit anderen Worten: das Imaginäre, das Phantasmatische und Traumatische der gesellschaftlichen Wirklichkeit und alltäglicher Situationen. Der Film bietet durch die intermedialen Kombinationen und Spannungen zwischen Wort, theatralischem Spiel und bewegten Bildern eine besondere Möglichkeit, die traditionellen Themen und Perspektiven der moralistischen Reflexion aufzunehmen und zu erweitern: die Diskrepanz von Sein und Schein, Maskerade, Rollenspiel, *désir*, Simulation und Täuschungen der Liebe, die vergebliche Suche nach Authentizität. Von daher ist Renoir Vorbild für jene Regisseure, die den Film dazu nutzen, Traditionen der Moralistik und des französischen Theaters zu erneuern, von Ophüls, Rivette, Louis Malle bis hin zu Rohmer.[34] Bei Renoir, aber auch bei Ophüls und später z.B. bei Rivette und Rohmer führen die Spielformen des Theaters, der Theatralität und Meta-Theatralität im Film u.a. dazu, die gewohnten Oppositionen von Leben und Theater, Authentizität und Simulation, von Sein und Schein, von sichtbarer Wirklichkeit und Imagination, die die französische Moralistik seit Montaigne und La Rochefoucauld und viele Theaterstücke seit dem 17. Jahrhundert beschäftigen, nicht nur filmisch zu inszenieren und zu aktualisieren, sondern zu neuen Formen des Theater/Films auszugestalten. Der Spielraum dieser Theater/Filme reicht, schon bei Rohmer, von den raffinierten Formen einer ironischen, satirischen *mise en abyme* des Theaters im Film, verschiedenen Formen der Heterotopie des Theaters im Film bis hin zu den Grenzformen der nahezu vollkommenen Konfusion von Theater und Film: „Alles, was hier gesagt und gezeigt wird, betrifft nicht allein Renoir – wie Rohmer anmerkt – sondern das gesamte Kino; beide haben im Grunde ein und denselben Gegenstand, das Schauspiel, oder, wenn man so will, den Schein“.[35]

---

34 Zu den Beziehungen zwischen Jean Renoir und Filmen der *Nouvelle Vague* vgl. u.a. André Bazin: *Jean Renoir*. Mit einem Vorwort von François Truffaut, München: Hauser 1977; Volker Roloff/Scarlett Winter (Hrsg.): *Theater und Kino in der Zeit der Nouvelle Vague*. Tübingen: Stauffenburg 2000; Uta Felten/ Volker Roloff (Hrsg.): *Rohmer intermedial*. Tübingen: Stauffenburg 2001.

35 Zit. in André Bazin: *Jean Renoir*, S. 163.

Pour une écriture photographique
Formen und Funktionen photographischer Schreibverfahren bei Alain Robbe-Grillet und Patrick Deville

MARINA ORTRUD M. HERTRAMPF

Der *nouveau roman* begründet eine Ästhetik des Sehens, in der der Photographie als ästhetischer Kategorie im Dienste einer neuen Poetik eine tragende Rolle zuteil wird. Damit erhält das intermediale Wechselspiel von Literatur und Photographie eine völlig neue Bedeutung. Mit dem Generationenwechsel in den 80er Jahren und dem Aufstreben einer neuen Autorengeneration vor dem Hintergrund der Ästhetik der Postmoderne verändern sich auch die Funktionen des intermedialen Zusammenspiels von Literatur und Photographie. Nach einigen grundlegenden methodischen Überlegungen zur Untersuchung „photographisch geprägten Erzählens“[1] werden im folgenden Beitrag wesentliche Veränderungen der poetisch-ästhetischen Formen und Funktionen photographischer Schreibverfahren vom *nouveau roman* zum *roman nouveau*[2] exemplarisch anhand eines Vergleichs ausgewählter Werke von Alain Robbe-Grillet und Patrick Deville herausgearbeitet.[3]

1 Giulia Eggeling: *Mediengeprägtes Erzählen: Aspekte der Medienästhetik in der französischen Prosa der achtziger und neunziger Jahre*. Stuttgart: Metzler 2003, S. 9.

2 Zum Begriff des ‚*roman nouveau*‘ siehe: Jochen Mecke: „Le roman nouveau: pour une esthétique du mensonge.“ In: *lendemains*, Winter 2002, S. 97-116 und ders.: „Le degré moins deux de l’écriture: Zur postliterarischen Ästhetik

1. Literatur und Photographie

Seit Joseph Nicéphore Niépce 1826 die erste photographische Abbildung der Welt glückte, hat die Photographie ihr Erscheinungsbild und ihren gesellschaftlichen Status in immer rasanterem Tempo grundlegend verändert. Und wenn auch Pessimisten angesichts der zunehmenden Digitalisierung und Verbreitung der neuen Medien beständig das Ende der „Licht-Schrift" prophezeien,[4] so trotzt doch das „alte" Medium – wie übrigens auch das oftmals totgesagte noch ältere Schrifttum – beharrlich allen Neuerungen. Mehr noch, ein Blick in Museen, Galerien und Buchläden zeugt von der außerordentlichen Beliebtheit (gerade) der analogen Photographie. Auffällig oft macht auch die Gegenwartsliteratur Gebrauch von diesem Medium. Bis zum heutigen Tag beschäftig(t)en sich zahlreiche namhafte Persönlichkeiten wie etwa R. Barthes, W. Benjamin, V. Flusser, G. Freund, W.J. Mitchell oder S. Sontag intensiv mit der Photographie und ihrer ästhetischen, phänomenologischen, wahrnehmungstheoretischen, historischen oder soziopolitischen Bedeutung.[5] Für die literaturwissenschaftliche Auseinandersetzung mit der Photographie in der Literatur war Erwin Koppens Monographie *Literatur und Photographie*[6] richtungsweiesend. Im Anschluss daran führte der *pictorial* bzw. *iconic turn*[7] zu einer Interessenfokussierung auf das Phänomen der Visualität in der Literatur, im Zuge derer auch zahlreiche Arbeiten zum Verhältnis von Literatur und Photographie entstanden.[8] Größtenteils handelte es sich dabei jedoch um

---

des französischen Romans der Postmoderne." In: Vittoria Borsò (Hrsg.): *Die Moderne der Jahrhundertwende(n)*. Baden-Baden: Nomos 2000, S. 402-438.

3 Gegenstand der Textanalysen sind Patrick Deville: *Longue vue*. Paris: Minuit 1988 (=LV); ders.: *Le feu d'artifice*. Paris: Minuit 1992 (=FDA); ders.: *La femme parfaite*. Paris: Minuit 1995 (=FP); ders.: „Chambre 301, Pansion Čobanija, Sarajevo." In: Oliver Rolin & Cie (Hrsg.): *Rooms*. Paris: Seuil 2006, S. 77-87 (=C301); Alain Robbe-Grillet: *Le voyeur*. Paris: Minuit 1955 (=VOY); ders.: *Instantanés*. Paris: Minuit 1962 (=IN).

4 Vgl. z.B. Paul Virilio: „Fotofinish." In: Luminita Sabau (Hrsg.): *Das Versprechen der Fotografie*. München: Prestel 1998, S. 19-25.

5 Einen umfassenden Einblick bietet: Wolfgang Kemp/Hubertus von Amelunxen (Hrsg.): *Theorie der Photographie I-IV*. München: Schirmer/Mosel 1979/1980/1983/2000.

6 Erwin Koppen: *Literatur und Photographie*. Stuttgart: Metzler 1987.

7 Zu den *turns* siehe: Doris Bachmann-Medick: *Cultural Turns. Neuorientierungen in den Kulturwissenschaften*. Reinbek b. Hamburg: Rowohlt 2006.

8 Exemplarisch genannt seien hier nur: Irene Albers: *Photographische Momente bei Claude Simon*. Königshausen & Neumann: Würzburg 2002; Susanne Blazejewski: *Bild und Text: Photographie in autobiographischer Literatur*.

rezeptionsästhetische Studien, in denen der Begriff ‚Photographie' rein metaphorisch bzw. metonymisch verwendet wird. Einige Autoren beschäftigten sich mit konkreten Text-Bild-Relationen, andere analysierten das Motiv der Photographie in einzelnen Werken oder untersuchen den Einfluss des Mediums auf das literarische Schaffen einzelner Autoren. Allerdings finden sich kaum systematische Versuche, Methoden zur Textanalyse photographischen Schreibens zu entwickeln. Will man jedoch der Frage nachgehen, wie Literatur Photographie und photographische Strukturen zu nutzen vermag, d.h. wie Literatur mit dem Medium umgehen kann und welche photographischen Verfahren und Merkmale sich in Textstrukturen überhaupt manifestieren können, bedarf es eines narratologisch fundierten Analyseinstrumentariums.

Das Gesamtkonzept photographischer Schreibweise umfasst zwei Grundtypen: Erstens die monomediale photographische Schreibweise, die photographische Momente in reinen Sprachtexten meint, und zweitens die bimediale photographische Schreibweise, die bei materiell realisierten Photo-Text-Kombinationen vorliegt. In Anlehnung an die von Rajewsky vorgeschlagene Dreigliederung des Großkomplexes Intermedialität[9] ist das Modell so konzipiert, dass zwischen den drei Kategorien Transformation (Medienwechsel) und Transposition (Mediensimulation) als Formen monomedialer und Medienkombination als Form bimedialer photographischer Schreibweise unterschieden wird. Da sich die folgenden Ausführungen allerdings nur auf Texte beziehen, in denen keine Photographien reproduziert sind, werden im Weiteren lediglich Aspekte der monomedialen photographischen Schreibweise skizziert.

Theoretisch-methodisches Grundgerüst des Analysekonzeptes der photographischen Schreibweise bilden einige Studien zum Verhältnis von Literatur und Film bzw. Photographie.[10] Aufgrund der engen Ver-

---

Würzburg: Königshausen & Neumann 2002; Roger-Yves Roche: *Photofictions: Perec, Modiano, Duras, Goldschmidt, Barthes*. Paris: Septentrion 2009; Annika Spieker: *Der doppelte Blick. Photographie und Malerei in Emile Zolas Rougon-Macquart*. Heidelberg: Winter 2008; Swet-Patrik Strom: *Photographia in Poesis*. Frankfurt/M.: Lang 1998.

9 Vgl. Irina Rajewsky: *Intermedialität*. Tübingen: UTB 2002, S. 15-18.

10 Vgl. Irene Albers: *Photographische Momente bei Claude Simon*; Susanne Blazejewski: *Bild und Text*; Giulia Eggeling: *Mediengeprägtes Erzählen*; Jörg Helbig: *Intertextualität und Markierung*. Heidelberg: Winter 1996; Christian von Tschilschke: *Roman und Film: Filmisches Schreiben im französischen Roman der Postavantgarde*. Tübingen: Narr 2000.

wandtschaft der Medien Photographie und Film, ist das Konzept photographischen Schreibens keineswegs als Gegenmodell zum filmischen Schreiben zu verstehen, sondern vielmehr als komplementäre Betrachtungsweise, die den Fokus auf die spezifischen Aspekte des Photographischen legt.

In Bezug auf die monomediale photographische Schreibweise wird ein spezifisches Verständnis von Intermedialität zugrunde gelegt, denn es handelt sich nicht um Medienkombinationen und nur selten um tatsächliche Medienwechsel, sondern vornehmlich um sprachliche Gestaltungsweisen literarischer Texte, die sich in ihrer Monomedialität und Einkanaligkeit über den Sprachzeichenkode manifestieren. Untersucht wird das Trägermedium Sprache auf deautomatisierende Interferenzerscheinungen hin, die bei der Transposition des materiell abwesenden photographischen Referenzmediums entstehen.

Einer der Ausgangspunkte der Überlegungen zur Untersuchung der *écriture photographique* ist die Frage nach dem Begriff ‚Bild'. Dieser umfasst ein Bedeutungsspektrum, das vom materiellen Bild über das sprachliche bis hin zum Vorstellungsbild reicht.[11] Dies darf jedoch nicht zu dem Trugschluss führen, es handle sich um gleichwertige Bilder, vielmehr unterscheiden sie sich in materieller und medialer Perspektive z.T. stark voneinander – allerdings ermöglicht gerade dieses Differenzpotential intermediale Wechselwirkungen überhaupt erst.[12] Im Gegensatz zum ältesten Bildmedium, der Malerei, ist die Photographie als Technik kein symbolisch-gestalterisches Medium, sondern zählt wie der Film zu den reproduzierenden Künsten, deren Produkte auf chemotechnischem Wege erzeugt werden. Dadurch sind die neueren Bildmedien Photographie und Film bezüglich ihres Abstraktionsgrades mimetischer als die gestalterisch völlig freie Malerei.[13] Gemeinsam ist den beiden älteren visuellen Medien hingegen, dass es sich im Prinzip um

11 Vgl. W. J. Thomas Mitchell: „Was ist ein Bild?" In: Volker Bohn (Hrsg.): *Bildlichkeit. Internationale Beiträge zur Bildlichkeit*. Frankfurt/M.: Suhrkamp 1990, S. 17-68.

12 Vgl. das integrative Intermedialitätskonzept von Paech, das den Aspekt der Mediendifferenz in den Mittelpunkt rückt und damit Luhmanns Unterscheidung von Medium und Form folgt (vgl. Joachim Paech: „Intermedialität: Mediales Differenzial und transformative Figurationen." In: Jörg Helbig (Hrsg.): *Intermedialität: Theorie und Praxis eines interdisziplinären Forschungsgebiets*. Berlin: Erich Schmidt 1997, S. 14-30).

13 Vgl. James Monaco: *Film verstehen*. Reinbek b. Hamburg: Rowohlt 1980, S. 19.

statische Bilder handelt, während der Film die Illusion dynamischer Bilder entstehen lässt.

Auch Sprache kann natürlich Bilder integrieren. Die semiotische Grundstruktur photographischer Bilder unterscheidet sich jedoch fundamental von sprachlichen: Charles S. Peirce definiert das Photo als Ikon und zugleich als Index, also als materialisierte „Lichtspur" eines präsent gewesenen Referenten.[14] Folglich bestehen zwar einige kategoriale Ähnlichkeitsbeziehungen, doch bezüglich ihres Zeichenmaterials, dessen Anordnung und Funktionsweise unterscheiden sich Literatur und Photographie in medialer Hinsicht so sehr, dass sie nicht in einer einfachen schematisierten Binäropposition einander gegenübergestellt werden können. Aufgrund dieser medial verankerten Differenzen verliert die Photographie bei der Nachahmung im Sprachzeichensystem zwangsläufig einen gewissen Anteil ihrer spezifischen medialen Eigenschaften. Da diese Modifikation reziprok ist, resultieren daraus ebenso strukturelle Veränderungen des literarischen Kodes, die sich quasi als „Nahtstellen" im literarischen Text manifestieren. Letztere können als photographisch bezeichnet werden, wobei das determinierende Attribut bei einem reinen Sprachtext freilich metaphorisch aufzufassen ist: Denn einzelne ontologische und strukturale Elemente des visuellen Mediums können immer nur im Modus des „Als-ob", also in Form quasi-photographischer Spuren vorliegen. Der Eindruck photographischer Präsenz beruht konsequenterweise allein auf einem, dem ‚*effet de réel*' von Barthes[15] vergleichbaren *effet photographique*, also auf der Wirkung bestimmter literarischer Verfahren, die beim Rezipienten einen Illusionseffekt des Photographischen hervorrufen.

Das Determinans ‚Schreibweise'[16] betont die formale Seite des Schreibens, doch werden ebenso inhaltliche, stoffliche wie motivisch-thematische Aspekte eines Textes betrachtet. Denn der Visualisierungsgehalt quasi-photographischer Texte ergibt sich erst aus dem Zusammenwirken rezeptorischer, semiotisch-struktureller und fiktional-inhaltlicher Elemente. Die photographische Schreibweise selbst ist

14 Vgl. Charles S. Peirce: *Phänomen und Logik der Zeichen*. Frankfurt/M: Suhrkamp 1998, S. 65.

15 Vgl. Roland Barthes: „L'effet de réel." In: ders.: *Œuvres complètes II*, hrsg. von Eric Marty, Paris: Seuil 1994 [1968], S. 479-484.

16 Vgl. Roland Barthes: *Le degré zéro de la littérature suivi de Nouveaux essais critiques*. Paris: Seuil 1953. Zur Begründung des Begriffs als medienübergreifende Kategorie siehe Joachim Paech: „Intermedialität", S. 174 und Christian von Tschilschke: *Roman und Film*, S. 84-88.

folglich als Simulation photographischer Bilder im nicht-photographischen Medium zu verstehen. In eine konkrete Erzähltextanalyse können alle Textelemente eingehen, wobei erst dann legitimerweise von photographischer Schreibweise gesprochen werden sollte, wenn mehrere Textdimensionen wie z.B Makro-, Diskurs- oder Mikrostruktur inter(re)ferenzielle[17] Phänomene aufzeigen – vereinzelte Nennungen des Wortes ‚Photographie' allein berechtigen noch nicht von einer *écriture photographique* zu sprechen.

Zusammenfassend kann man die transpositorische photographische Schreibweise als mehr oder weniger komplexes, kofunktional angelegtes Zusammenspiel explizit und implizit markierter System- und Einzelphotoreferenzen verstehen. Den Systeminterferenzen, d.h. den strukturellen Medientranspositionen, kommt die wichtigste Rolle zu, in ihnen fallen höchster Allgemeinheitsgrad, größte ästhetische Strukturtiefe und höchste Reichweite zusammen. Wird die Photographie zur strukturellen Folie des gesamten Textes, so erreicht der Intermedialitätsgrad bei gleichzeitiger Zunahme der Häufigkeit und Länge photographischer Spuren im Gesamttext maximale Intensität, ein ästhetisches Prinzip, das vor allem von den Texten der literarischen Moderne genutzt wurde. Dabei darf allerdings nicht außer Acht gelassen werden, dass alle vermeintlich „photographischen", stilistisch-rhetorischen und graphisch-visuellen Gestaltungsweisen die Leseraufmerksamkeit auch auf die Textoberfläche lenken und so die Sprachlichkeit und die ikonische Qualität des Schrift- und Druckbildes betonen können. Photographische Schreibverfahren können also paradoxerweise gerade nicht den erreichten Transponierungsgrad hervorheben, sondern genau entgegengesetzt dazu auf die mediale Nichtübersetzbarkeit der Bildzeichen in die Zeichen der Sprache verweisen. Intermediale Schreibverfahren können folglich auch einen „medialen Ironieeffekt" erzeugen, ein ästhetisches Verfahren, das vor allem von postmodernen Texten genutzt wird.[18]

---

17 Die Verwendung des Begriffs ‚Inter(re)ferenz' verweist auf die Doppelstruktur transpositorischer Verfahren, die einerseits durch explizite Referenzen auf der Textoberfläche (Nennung) und andererseits durch stilistische Nachahmungsverfahren in der textuellen Tiefenstruktur erfolgen können.

18 Christian von Tschilschke: *Roman und Film*, S. 237.

2. Alain Robbe-Grillet, Patrick Deville und die Photographie

Im Mittelpunkt der Ästhetik der von Robbe-Grillet begründeten *École du regard*[19] steht das Sehen und damit die Perzeption und Repräsentation des visuell Wahrnehmbaren. Damit wird die perspektivische Struktur von Texten in das Zentrum ästhetischer Gestaltungsexperimente gerückt.[20] Weder der äußeren Handlung noch der naturalistisch geprägten Wiedergabe sozialer Realitäten gilt das gestalterische Interesse des *nouveau roman*, sondern der literarischen Gestaltung selbst, d.h. die *écriture* steht im Mittelpunkt des Interesses, nicht das Beschriebene und Erzählte. In diesem Kontext kommt der Photographie vor allem aufgrund ihrer paradoxen medialen Eigenheiten eine besondere Bedeutung zu. Eine wesentliche Fähigkeit der Photographie liegt für Robbe-Grillet darin, dass in ihr die Neutralität und Objektivität der Darstellungsweise mit der „subjectivité totale",[21] der Subjektivität des auswählenden Blicks des Photographen, verschmelzen. Mit anderen Worten zeigt die Photographie trotz der technisch-objektiven Wiedergabe des photographierten Objektes durch die Wahl der photographischen Parameter wie Ausschnitt, Fokus usw. implizit immer auch etwas über die subjektive Wahrnehmung des Photographen.[22] Einen weiteren zentralen Aspekt der Photographie sieht Robbe-Grillet in der mortifizierenden Kraft der paradoxerweise stets präsentischen Photographie, in der alle Bewegung in einem „présent perpétuel"[23] einzelner, aus dem Zeitkontinuum herausgelöster, statischer Bildfragmente erstarrt: „[L]e temps se trouve coupé de sa temporalité. Il ne coule plus. [...] L'instant nie la continuité."[24] Funktion der literarischen Nachahmung der unvermittelten, rein visuellen Präsenz des Gezeigten, die das Photo durch seine ikonisch-indexikalische Qualität aufweist, liegt in der Absicht, durch Deautomatisierung der Wahrnehmung einen Verfremdungseffekt hervorzurufen, der zu einem „Neuen Sehen" führen soll. Denn der Realismus des 19. Jahrhunderts, so der Vorwurf der *nouveau romanciers*,

19 Alain Robbe-Grillet: *Pour un nouveau roman*. Paris: Minuit 1961, S. 8.

20 Zu der Bedeutung der Photographie bei Robbe-Grillet siehe z.B.: Martin Lindwedel: *Alain Robbe-Grillets intermediale Ästhetik des Bildes*. Diss. Hannover 2004, elektron. Ressource, S. 53-129.

21 Alain Robbe-Grillet: *Pour un nouveau roman*, S. 117.

22 Vgl. hierzu z.B. Philippe Dubois: *L'acte photographique et autres essais*. Paris: Nathan 1990 [1983], S. 287-302; Susan Sontag: *Über Fotografie*. Frankfurt/M.: Fischer [17]2006 [1977], S. 115.

23 Robbe-Grillet: *Pour un nouveau roman*, S. 128.

24 Robbe-Grillet: *Pour un nouveau roman*, S. 133.

beschreibt die Dinge nicht, wie sie sind und wie man sie sieht, sondern er erklärt, welche tiefere Bedeutung und welchen Sinn die Gesellschaft ihnen zuschreibt:

> Or le monde n'est ni signifiant ni absurde. Il *est*, tout simplement. […] Tout se passe en effet comme si les conventions de la photographie (les deux dimensions, le noir et blanc, le cadrage, les différences d'échelle entre les plans) contribuaient à nous libérer de nos propres conventions.[25]

Das erklärte Ziel des *nouveau regard* besteht demnach darin, durch die Reduktion der literarischen Darstellungsmöglichkeiten auf einen verabsolutierten photographischen Beschreibungsmodus, eine wahrhaft authentische Literatur zu schaffen, die von jedem Versuch symbolischer Sinndeutung befreit ist.

Während die Bedeutung der Photographie und photographischer Schreibverfahren bei den *nouveau romanciers* mit Hinblick auf Claude Simon[26] und Marguerite Duras[27] bereits bearbeitet wurde, ist Robbe-Grillets Ästhetik des „Neuen Sehens" hingegen bisher meist nur in Bezug auf die intermedialen Referenzen zum Film untersucht worden.[28] Auch wenn Robbe-Grillet in seinen poetologischen Essays die Medien Photographie und Film nicht sehr differenziert betrachtet, darf nicht übersehen werden, dass gerade der Photographie als ästhetischer Kategorie im Dienste seiner neuen Ästhetik des Sehens eine tragende Rolle zuteil wird. Robbe-Grillets Affinität zur Photographie spiegelt sich indes nicht nur in einem Titel wie *Instantanés* wider, sondern auch darin, dass er sich mit seinem „visuellen Stil" nicht nur zum Anwalt des Photographischen in der monomedialen Literatur machte, sondern überdies versuchte, einer bis dahin missachteten und mit dem Stempel des Trivialen stigmatisierten Literaturform zu neuem Leben zu verhelfen: Als erster bemühte er sich um eine Rehabilitation von Photo-Texten ganz allgemein und propagierte mit seiner manifestartigen Schrift „Pour un nouveau roman-photo" eine Wiederbelebung des Photo-Romans unter dem Vorzeichen der „Literarisierung" des bimedialen Genres.[29]

---

25 Vgl. Robbe-Grillet: *Pour un nouveau roman*, S. 18-19.

26 Vgl. Irene Albers: *Photografische Momente bei Claude Simon*.

27 Vgl. Susanne Blazejewsky: *Bild und Text*; Roger-Yves Roche: *Photofictions*.

28 Vgl. z.B. Scarlett Winter: *Robbe-Grillet, Resnais und der neue Blick*. Heidelberg: Winter 2007.

29 Vgl. Alain Robbe-Grillet: „Pour un nouveau roman photo." In: Edward Lachman/Elieba Levine: *Chausses-trappes*. Paris: Minuit 1981, S. I-V. Selbst

Eine vergleichbar große Affinität zur Photographie hegt der 1957 geborene Autor Patrick Deville, der sich nicht nur als Amateurphotograph betätigt, sondern wie Robbe-Grillet mit bimedialen Formen des Erzählens experimentiert.[30] Zusammen mit den ebenfalls in den 80er Jahren zu publizieren beginnenden Autoren Jean Echenoz und Jean-Philippe Toussaint gehört der zu Unrecht weniger bekannte Patrick Deville zu den zeitgenössischen Schriftstellern der französischen Postmoderne, die zu der stark heterogenen Gruppe der Minimalisten gezählt werden.[31] Gemeinsam ist diesen Autoren der spielerische, oft bildhaft-oberflächliche Umgang mit Sprache, die starke mediale Durchdringung ihrer Texte und ihre Poetik des Inauthentischen.[32] Devilles Romane unterstreichen diesen Schein der Oberflächlichkeit durch „versprachlichte" Photographien und thematisieren so eines ihrer wichtigsten Strukturmerkmale.[33]

Ein wesentlicher Aspekt von Devilles literarischer Auseinandersetzung mit der Photographie liegt in seiner Beschäftigung mit Robbe-Grillets Poetik des „Neuen Sehens". Wie im Folgenden exemplarisch gezeigt wird, werden dabei jedoch weder die zugrunde liegenden pro-

---

prägte er die neuen Formen *ciné-roman* und Pikto-Roman und begrüßte die ersten Beispiele eines „neuen", literarisch anspruchsvollen Photo-Romans geradezu euphorisch. Vgl. Jan Baetens: *Du Roman-photo.* Mannheim: Médusa-Medias 1992; Sjef Houppermans: „Alain Robbe-Grillet et le photoroman." In: Jan Baetens/Ana González (Hrsg.): *Le Roman-photo.* Amsterdam: Rodopi 1996, S. 112-130. Wenngleich das persönliche Interesse eines Autors für die Photographie nicht als hinreichendes Argument für eine direkte Verbindung von photographischer Tätigkeit und photographischer Qualität seines Schreibens herangezogen werden kann, so kann diesem jedoch indizierender Charakter für das Wissen um photographische Techniken einerseits und für Sensibilität des Autors gegenüber dem Medium andererseits zugewiesen werden.

30 Vgl. Patrick Deville: *La Tentation des armes à feu.* Paris: Seuil 2006; ders.: „Esquina Tacón." In: *Beaux-Arts Magazine* 240 (Mai 2004), S. 46-47; ders.: *Transcaucase express.* Saint-Nazaire: M.E.E.T. 2000.

31 Zur minimalistischen Schreibweise siehe: Fieke Schoots: *„Passer en douce à la douane". L'écriture minimaliste de Minuit: Deville, Echenoz, Redonnet et Toussaint.* Amsterdam: Rodopi 1997.

32 Vgl. Nicole Brandstetter: *Strategien inszenierter Inauthentizität im französischen Roman der Gegenwart. Marie Redonnet, Patrick Deville, Jean-Philippe Toussaint.* München: Meidenbauer 2006; Manfred Flügge: *Die Wie-6derkehr der Spieler. Tendenzen des französischen Romans nach Sartre.* Marburg: Hitzeroth 1992; Dorothea Schmidt-Supprian: *Spielräume inauthentischen Erzählens im postmodernen französischen Roman. Untersuchungen zum Werk von Jean Echenoz, Patrick Deville und Daniel Pennac.* Marburg: Tectum 2003.

33 Vgl. Wolfgang Asholt: *Der französische Roman der 80er Jahre.* Darmstadt: Wissenschaftliche Buchgesellschaft 1994, S.19-20.

grammatischen, ästhetischen und ideologischen Aspekte des Schreibens noch deren Kritik als gültig anerkannt. Andererseits werden diese allerdings auch nicht negiert, sondern vielmehr stilistisch unterboten. Was entsteht, sind durchaus selbstironische, parodierte Einschreibungen, die in ihrer Bedeutung spielerisch offen bleiben und keine sinnverdichtende Funktion anbieten. Vielmehr handelt es sich um sinnentleerte Reminiszenzen einer sich gleichzeitig ironisch davon distanzierenden Haltung. Eine der wichtigsten Gemeinsamkeiten der Texte Robbe-Grillets und Devilles liegt zweifelsohne in einer der zentralen Wahrnehmungsdispositionen, die sich immer wieder im Typus des Voyeurs manifestiert, der eng mit dem des Photographen verknüpft ist.[34]

3. Markierung, Nennung und Thematisierung

Eine der größten Schwierigkeiten bei der Untersuchung intermedialer Bezüge liegt mitunter darin, sich gegen interpretatorische Willkür abzusichern. Anders ausgedrückt bedeutet dies, dass es erst dann legitim erscheint, von photographischen Referenzen zu sprechen, wenn diese auch durch Markierungen erkennbar sind.[35] Der Deutlichkeitsgrad photographischer Bezüge ist sowohl vom textuellen Kontext als auch von ihrer konkreten Beschaffenheit abhängig. Die Deutlichkeit der Bezüge kann durch rezeptionslenkende Hinweisstrukturen, so genannte Photographizitätssignale, gesteigert werden. Eine wesentliche Bedeutung tragen hierbei positionale Markierungsverfahren. Gemeint ist damit die Platzierung von photographischen Bezügen an besonders exponierten Stellen des Textes bzw. Paratextes. Ein Titel wie *Instantanés* stellt bereits den Bezug zum photographischen Referenzmedium her. Die markierungstechnisch privilegierte Position im Werkkontext markiert damit implizit den Intermedialitätscharakter des Romans und lenkt die Leseraufmerksamkeit schon vor der Textlektüre auf mögliche photographi-

34 Die meisten der impliziten intramedialen Referenzen bestehen dabei zwischen *Longue vue* und *Le voyeur*: Devilles Protagonist Körberg ist wie Robbe-Grillets Mathias ein *voyageur voyeuriste*, der vergeblich nach Ordnung trachtet. Beide Protagonisten beobachten und werden zugleich beobachtet, ohne dass diese wechselseitigen Observationen zu einem klar bestimmbaren Ziel führten.

35 Zur zentralen Bedeutung der Erkennbarkeit intermedialer Spuren siehe Christian von Tschilschke: *Roman und Film*, S. 103-112. Da die Grenzen zwischen Einflüssen, Parallelen, Analogien und tatsächlichen Strukturinterferenzen allerdings nahezu fließend sind, ist es trotz aller Versuche der Interpretationsabsicherung nicht endgültig möglich, einen eindeutigen, objektiven Nachweis photographischer Interreferenzen zu erbringen.

sche Spuren. Auch weniger explizit auf die Photographie verweisende Titel wie *Le voyeur* oder *Longue vue* betonen die zentrale Bedeutung des Sehens und Beobachtens und tragen emphatische Signalwirkung.

Explizite Nennung, Thematisierung, die Verwendung des Motivs der Photographie sowie die narrative Darstellung des Aktes des Photographierens oder des Betrachtens von Photographien dienen vor allem der Akzentuierung expliziter sowie der Markierung impliziter, tiefenstruktureller Systeminter(re)ferenzen und stellen damit wichtige Komponenten der photographischen Schreibweise dar. Entgegen der durch den Titel geschürten Erwartungen finden sich in *Instantanés* weder Mediennennungen noch Thematisierungen und auch in *Le voyeur*, den Blanchot als „roman de la vision“[36] bezeichnet, ist die Nennungsdichte relativ gering. So wird das Medium z.B. zur Beschreibung eines visuellen Eindrucks genannt: „Les traits du visage s'étaient figés dans la pose où ils avaient fait leur apparition – comme fixés à l'improviste sur une plaque photographique“ (VOY 40). Daneben wird lediglich auf die Photographie des Mädchens Jacqueline verwiesen (VOY 83, 85, 117, 172). In Devilles Romanwelten sind Photographien und photographische Reproduktionen hingegen selbstverständliche Bestandteile einer visuell orientierten Gesellschaft, die Nennungsdichte ist daher ungleich höher.

Bei jeder Nennung handelt es sich um fiktionalisierte Photographien. Es gilt jedoch zwischen den rein fiktiven, intradiegetischen Photos und den fiktionalisierten „realen“, d.h. extradiegetisch existierenden Bildern zu unterscheiden. Während in *Le voyeur* lediglich eine intradiegetische Photographie genannt wird, wird in *Longue vue* die Pose eines wütenden Ehemanns mit Hilfe der Referenz auf ein extradiegetisches Photo illustriert: „[...] une position qu'on vit prendre à Lénine, sur une photo célèbre“ (LV 35). Durch die rein punktuelle Indikation eines Photos wird eine deskriptorische Leerstelle produziert, der insofern eine Appellfunktion innewohnt, als sie einen Anknüpfungspunkt für das medial gestützte Bildgedächtnis des Lesers bildet. In den Nennungen reduziert sich der authentische Blick der Figuren bzw. des Erzählers zum bloßen Echo, denn er ist zweifach gefiltert, bezieht er sich doch auf den fremden Blick eines extradiegetischen Photographen, also auf eine nicht selbst wahrgenommene Realität.

36 Maurice Blanchot: „La clarté romanesque.“ In: ders.: *Le livre à venir*. Paris: Gallimard 1959, S. 219-226, hier S. 221.

Jede Nennung thematisiert zugleich das Medium selbst, zuweilen wird die Thematisierung allerdings besonders ausgeführt, so etwa, wenn der Erzähler in *Le voyeur* bei der Beschreibung eines Photos über den gesellschaftlichen Gebrauch der Photographie im Sinne Bourdieus reflektiert.[37]

> Elle [Jacqueline] portait ses habits de tous les jours — ceux d'une petite paysanne — détail qui étonnait, car on n'a pas l'habitude à la campagne de prendre ainsi des instantanés pour les faire agrandir: les photos y commémorent d'ordinaire quelque événement et se font en robe du dimanche (de communicante, en général, à cet âge-là), entre une chaise et un palmier en pot, chez le photographe. (VOY 83)

In Devilles Texten wird auch der Akt des Photographierens mehrfach handlungsstrukturell umgesetzt und z.B. in *Le feu d'artifice* auch thematisiert. An die Darstellung einer Szene, in der sich der Ich-Erzähler und Lucille mit Hilfe der Selbstauslöserfunktion photographieren lassen, schließt eine indirekt-diskursive Thematisierung an: Von dem in regelmäßigen Abständen ausgelösten Blitzlicht geblendet, erklärt der Erzähler die Wirkungsweise der (Ver-)Blendung durch gleißend helles Sonnenlicht (FDA 134-136). Die intradiegetische Darstellung der Entwicklung von Einzelphotos als rein statisch fixierte Immobilisierung eines Moments hin zum bewegten Bild thematisiert photographische Verfahren wie das der Chronophotographie und weist zugleich, in Form eines indirekten metafiktionalen Diskurses, auf die textstrukturelle Gestaltung der Passage hin.

Nennungen von einzelnen intradiegetischen Photographien gewinnen dann an struktureller Bedeutung, wenn sie leitmotivisch verwendet werden. In *Le voyeur* ist es das Photo von Jacqueline, dem Mädchen, das Opfer eines Verbrechens wird, und in *Longue vue* sind es die Photos von Stella, der zur Handlungszeit verstorbenen Jugendliebe des Protagonisten. Thematisiert wird in diesen Fällen das für die Photographie typische Potential, die Grenze des Todes überschreiten zu können bzw. all das zu bewahren, was vergangen, verloren oder abwesend ist. Dadurch, dass die Protagonisten von (mentalen) Bildern abwesender Personen beherrscht werden (Jacqueline; Stella), die in den besagten Photographien zwar (noch) sichtbar, aber physisch nicht (mehr) präsent sind, thematisieren diese Texte auf der Handlungsebene ein fundamen-

37 Vgl. Pierre Bourdieu/Robert Castel (Hrsg.): *Un art moyen. Essai sur les usages sociaux de la photographie*. Paris: Minuit 1965.

tales Wesenselement der Photographie.[38] Dies führt in *Le voyeur* und *Longue vue* auch dazu, dass die Protagonisten reale Wirklichkeitswahrnehmung, mentale Bilder und photographische Abbilder nicht mehr zu trennen vermögen: Der Verschmelzungseffekt von realen, photographischen und mentalen Bildern, von Wahrnehmung und Imagination setzt den von Barthes formulierten Aspekt der „irrealen Realität" des Photographischen strukturell um.[39] Der Anblick der Photographie des frühreifen Mädchens Jacqueline führt bei Mathias dazu, dass sich das Wahrnehmungsbild des Photos mit dem erinnerten Bild einer gewissen Violette vermischt, das seine Wahrnehmung zunehmend verzerrt:

> De l'autre côté de la table, un cadre rectangulaire posé sur le buffet [...] un cadre en métal chromé, haut de vingt centimètres et incliné sur son support invisible, contenait une photographie de Violette, jeune.
> Ce n'était pas Violette, évidemment, mais une personne qui lui ressemblait en tout cas beaucoup. (VOY 83)

Die Verschmelzung obsessiver erinnerter (photographischer), perzeptiver und imaginärer Bilder erreicht beim erneuten Anblick des Photos nach dem ungeklärten Tod von Jacqueline im Hause Leduc ihren Höhepunkt:

> [...] le cadre rectangulaire posé sur le buffet, le support en métal brillant, la photographie, le sentier qui descend, le creux sur la falaise à l'abri du vent, secret, tranquille, isolé comme par les plus épaisses mureilles...comme par les plus épaisses mureilles...la table ovale au centre de la pièce [...] le cadre en métal brillant, la photographie où l'on voit...la photographie où l'on voit la photographie, la photographie, la photographie, la photographie... (VOY 117)[40]

Die unmittelbare Hintereinanderschaltung unterschiedlicher Raum-Zeit-Ebenen lässt den Leser die geistige Verwirrung des Protagonisten nachvollziehen. Dadurch, dass der Leser nicht erfährt, welche photographische Abbildung eigentlich diesen Effekt auslöst (handelt es sich

---

38 Vgl. Susan Sontag: *Über Fotografie*, S. 22.

39 Vgl. Roland Barthes: *La Chambre Claire. Note sur la Photographie*. Paris: Gallimard/Seuil 1980, S. 176-177.

40 Abgesehen von der auffälligen Dominanz von Deskriptionen in Robbe-Grillets Texten wird in diesem Beispiel ein weiteres Verfahren deutlich, das typisch für seine photographische Schreibweise ist: Vor allem in *Instantanés* und *Le voyeur* wird das Strukturmerkmal (fast) identischer Wiederholungen von Sätzen und ganzen Abschnitten überaus häufig eingesetzt. Dadurch erscheint die *histoire* in quasi zeit- und handlungslose Momentaufnahmen fragmentiert, was den Leseeindruck des Statischen vermittelt und einen *effet photographique* evoziert.

um das Photo von Jacqueline oder um das der mysteriösen Violette?), bleibt letztlich völlig unklar, was sich real respektive allein in der Imagination von Mathias abspielt(e).

In Devilles *Longue vue* wird ein vergleichbarer Verschmelzungseffekt verschiedener Raum-Zeit-Ebenen hingegen deutlich markiert: Bei Körbergs Ankunft in dem Ort seiner alten Liebe erkundigt sich Körberg nach dem Hotel White-House und sucht es dann auf:

> La chaleur qui montait noyait les contours et la route semblait inondée, tremblotante, mais Körberg reconnut au premier coup d'œil l'ancien White-House. Devant l'hôtel, des terrasses plantées de tamaris et de mimosas, protégées par des palisades de canisses, accompagnaient l'escalier en pierre jusqu'à la plage encombrée de baraques, et percée d'un bassin de mise à flot. Stella et lui sortent du club nautique construit contre la falaise, à une extrémité de la plage. (Cette image est en noir et blanc dans son souvenir.) (LV 40)

Das Wiedererkennen löst in Körberg eine plötzlich einsetzende Vergegenwärtigung einer vergangenen Szene aus: Markiert wird der Wechsel der Zeitebene durch den Tempuswechsel von den konventionellen Erzähltempora (*passé simple* und Imperfekt) zum Präsens, dem Tempus der besprochenen Welt (Weinrich).[41] Mit dem demonstrativen Hinweis auf das Statisch-Bildhafte der Szene („cette image") imitiert eine explizite Markierung den „photographischen" Charakter. Die deutliche Zeitmarkierung („noir et blanc") realisiert die Komponente Farbigkeit und signalisiert zusätzlich noch die Photohaftigkeit der Einschreibung. Somit markiert der Klammerzusatz als linguistisches Addendum des Erzählers die intermediale Spur auf geradezu lächerliche Weise mehrfach.[42]

4. Die Arretierung der Zeit: Literarische Momentaufnahmen

Auf lexikalischer Ebene spiegelt sich das Bestreben literarischer Nachahmung photographischer Fixiertheit einer beschriebenen Szenerie u.a. in der auffallend häufigen Verwendung des Adjektivs ‚*immobile*' bzw. konjugierter Formen des Verbes ‚*immobiliser*' wider, die zur Beschreibung von betont unbewegten Zuständen eingesetzt werden und damit wie in den nachstehenden Beispielen auch ohne explizite Nennung des Mediums den Eindruck von Photobeschreibungen vermitteln:

---

41 Harald Weinrich: *Tempus*. Stuttgart: Kohlhammer 1964, S. 33.

42 Das Schwarzweißphoto signalisiert natürlich nur klischeehaft Vergangenheit und ist als ironisch verwendete Markierung des Zeitbezugs aufzufassen. Deville verwendet das phototechnische Verfahren der Schwarzweißphotographie statt der gewohnten Zeitangaben.

„[I]l aperçut au loin deux vieillards immobiles sur le rocher, au bord du précipice“ (LV 54) und „J'avalais une gorgée de porto, regardais le jardin. Les feuilles brillaient au soleil, immobiles“ (FP 23).[43] Auch im folgenden Beispiel aus *Le voyeur*, bei der Mathias die Vergewaltigung einer Minderjährigen beobachtet, legt die Betonung der Immobilität der beobachteten Szene den vermeintlich photographischen Charakter des Eindrucks nahe. Unterstützt wird dies durch die Nennung des Fensters, das hier die Funktion des Rahmens hat:

A cet instant il remarqua la fenêtre d'un rez-de-chaussé — juste à portée de sa main droite — où brillait une lumière, quoiqu'il fît déjà grand jour et que la clarté du dehors ne pût arrêtée par le simple rideau de voile qui pendait derrière les carreaux. La pièce, il est vrai, paraissait plutôt vaste et son unique fenêtre était de proportions médiocres: un mètre de large, peut-être, et à peine plus de haut; avec ses quatre vitres égales, presque carrées, elle eût mieux convenu à une ferme qu'à cet immeuble citadin. [...] Toute la scène demeurait immobile. Malgré l'allure inachevée de son geste, l'homme ne bougeait pas plus qu'une statue. (VOY 28)

Durch die Vermittlung von einem perspektivisch fixierten, kadrierten Blickpunkt aus sowie durch die Deskription mittels geometrischer, räumlich-relationaler Adjektive entsteht hier eine Art quasi-photographisches Dispositiv. Zugleich verdeutlicht sich, was Barthes meint, wenn er konstatiert: „Toute description littéraire est une *vue*“.[44] Denn der Eindruck der technisch-objektiven Darstellung der fiktionalen Wirklichkeit durch einen vermeintlich extern fokalisierten *regard pure* erweist sich als optische Täuschung und stellt sich allein dadurch ein, dass die eigentlich vorliegende *focalisation interne*, die Subjektivität der Wahrnehmung, durch die hetereodiegetische Erzählhaltung entpersonalisiert und durch den geometrischen und distanziert-nüchternen Beschreibungsmodus objektiviert wird.

Im Gegensatz zu Robbe-Grillets scheinbar unbewegten und quasi handlungslosen, dominant deskriptiven Erzählungen sind Devilles Romane von permanenter Bewegung, Unruhe und einer chaotisch anmutenden Welt geprägt, in der Orte so schnell gewechselt werden wie Personen- und Zeitbezüge. Die Romanfiguren erstreben allerdings einen

43 Komisch wirkt indes die unnötige Betonung des Immobilen bei der Beschreibung von Photographien, z.B. wenn Cortese den statischen Zustand von seiner Geliebten Olga auf einem erinnerten Photo hervorhebt: „L'image d'Olga me traversa l'esprit, immobile“ (FP, S. 99).

44 Roland Barthes: *S/Z*. Paris: Seuil 1970, S. 61.

Zustand idealer Ruhe, sie wollen die Zeit fixieren, Ordnung schaffen und einen Zustand stabilen Gleichgewichts erreichen. Ihre relative Passivität entspricht ihrem Streben nach Bewegungslosigkeit. Unterschwellig ist die Dialektik von Bewegung und Stillstand, von Raum und Zeit zentrales Thema aller Romane – ein Thema, das eng mit der Photographie verbunden ist. Die Möglichkeit der Fixierung und Bewahrung von Zeit und Bewegung mit Hilfe der Photographie wird in *Le feu d'artifice* thematisiert, wenn Juliette, eine der Protagonistinnen, versucht die im Zeitfluss bewegte Welt in Sakkaden, d.h. in einer deutlich verlangsamten Abfolge einzelner Momentaufnahmen, wahrzunehmen:

> Debout sur le trottoir, elle fixait le paysage dans son ensemble avec une extrême attention, le passage des voitures, la marche des piétons, le vol des oiseaux et se concentrait jusqu'à l'hypnose puis fermait les yeux. Lorsqu'elle les rouvrait, tout était immobile sur une photographie en relief, un cycliste incliné défiant la pesanteur, les passants une jambe en l'air comme des statues, un enfant en léviation au-dessus de son skate-board. [...] Elle battait des paupières et la photo s'animait (la durée dilatée de l'arrêt sur image n'avait représenté pour tous les autres qu'un vingt-quatrième de seconde). (FDA 111-112)

In der Parenthese wird angesprochen, dass die Photographie einen winzigen Augenblick aus dem Zeitkontinuum herausbricht. Zeitlichkeit, die überhaupt erst durch den Bezug zu einem Vorher und Nachher entsteht, bildet die Photographie nicht ab, ebenso wenig Bewegung, die sich in Raum und Zeit erstreckt. Der Klammerzusatz betont somit ein wesentliches Merkmal der Photographie, nämlich die Tatsache, dass sie etwas zeigt, das im Zeitkontinuum unsichtbar war. Die mikrostrukturelle Interferenz verdeutlicht ihrerseits, dass die Übersetzung stets nur das verfremdete Bruchstück eines anderen Fragments sein kann: So treten die einzelnen Bildinhalte in loser enumerativer Reihung parataktisch nebeneinander, die Bezüge der Einzelbilder zueinander bleiben hingegen ausgespart. Weniger explizit markiert ist das folgende Beispiel, bei dem ebenfalls auf den Aspekt photographischer Zeitarretierung Bezug genommen wird:

> Il a déplié une chaise devant la fenêtre et s'est assis: vue sur des gratte-ciel au lointain, des ponts aériens. L'enseigne au néon d'une station pour bateaux clignotait juste en bas — ESSO ESSO ESSO ESS... (FDA 151)

Wie in dem oben zitierten Textbeispiel aus *Le voyeur* wird die Szene auch hier von einem festen und kadrierten Blickwinkel aus beschrieben. Allerdings erfolgt die Simulation des photographischen Dispositivs hier wesentlich humorvoller als bei Robbe-Grillet. Die rahmende

Funktion des Hotelfensters wird zusätzlich typographisch durch den Doppelpunkt signalisiert. Besonders interessant ist zudem die Tatsache, dass sich Deville nicht damit zufrieden gibt, zu beschreiben, dass die einzelnen Buchstaben der Leuchtreklame nach und nach aufblinken, sondern stattdessen versucht, die Abfolge von Momentbildern auch konkret zu visualisieren: So wird der fragmentarisierende Charakter der den Augenblick fixierenden Photographie dadurch „sichtbar" gemacht, dass das vierte Wort noch unvollständig ist.

5. Photographische und narrative Reproduktion von Wirklichkeit

Der Titel *Longue vue* und die einleitende Aussage: „Voici un livre scientifique" (LV 9) mögen auf den ersten Blick zwar den Bezug zur wissenschaftlichen Wirklichkeitsdarstellung vorgaukeln, doch ebenso wie der Titel durch seine Banalität jegliche Verbindung zum traditionellen Roman oder zum wissenschaftlich eindeutigen Diskurs einbüßt, so wird dies durch die Begründung der angeblichen Wissenschaftlichkeit des Buches auch gleich wieder unterminiert: „[...] car Skoltz et Körberg, effectivement, je les ai connus" (LV 9) – die persönliche Kenntnis zweier Wissenschaftler allein ist schließlich alles andere als ein hinreichendes Argument, vielmehr zieht es jeden Versuch eines (wissenschaftlich) exakt abbilden wollenden Romans im Stile Zolas ins Lächerliche. Ferner stellt sich auch die formale und stilistische Gestaltung dem Anspruch auf wissenschaftlich-nüchterne Sprache entgegen, sodass Körbergs positivistische Überzeugung, Wirklichkeit mit der optischen Wahrnehmung angemessen erfassen und durch Photographien exakt abbilden zu können auch in dieser Hinsicht *ad absurdum* geführt wird. Devilles vermeintlich objektiver Schreibgestus erhebt folglich ebenso wenig Anspruch auf Objektivität und Verismus im Sinne eines vermeintlichen *réalisme objectif* wie der Robbe-Grillets. Ziel ist demnach auch keine realitätsgetreue oder möglichst wahrscheinliche Reproduktion der Wirklichkeit. Allerdings verschreibt sich Deville auch nicht der Darstellung einer *réalité mentale* im Sinne Robbe-Grillets. Vielmehr modellieren Devilles Texte eine Welt, in der Täuschung und Schein eine objektive Wahrnehmung durch den Menschen verhindern, ja unmöglich machen. Doch gerade wegen ihrer z.T. derealisierenden Züge geben Devilles Erzähltexte über die Beschreibung von Orten und Ereignissen der Zeitgeschichte ein Bild der gegenwärtigen Konsum- und Medienwelt. Erreicht wird dies unter anderem durch die unzähligen Zitate der Alltagskultur der achtziger und neuziger Jahre. Besonders auffällig ist hierbei die stets unverblümt direkte Bezugnahme auf konkrete Produkte, die – im Gegensatz zur weitaus indirekteren Referenzialität des Realismus und des *nouveau roman* – stets beim Namen genannt werden. Entsprechend der Zielsetzung des realistischen Romans, die Realität im Allgemeinen darzustellen und kritisch zu beleuchten, wurde die gesellschaftliche Realität metonymisch anhand von typischen, aber möglichst allgemein gehaltenen Fallbeispielen repräsentiert. Ebenso diskret verfährt der *nouveau roman*: So wird in Robbe-Grillets *Le voyeur* zwar berichtet, dass Mathias Uhren verkauft, dass er gerne Bonbons lutscht, Zigaretten raucht und alkoholische Getränke konsumiert, jedoch erfährt der Leser im Gegensatz zu Devilles Erzähltexten nicht, um welche Marken es sich jeweils handelt. Während z.B. Devilles Protagonisten bestimmte Zigarettenmarken bevorzugen, heißt es in *Le voyeur* nur: „[...] tout le monde, dans l'île comme partout, fumait ces mêmes cigarettes à marque bleu" (VOY 178-179).

Beschreibungen von visuell Erfassbarem können insofern als diskursstrukturelle Systeminter(re)ferenzen betrachtet werden, als sie die photographische Immobilisierung der Zeit und ihre Übertragung in die räumliche Dimension dadurch nachbilden, dass der Erzählfluss zugunsten eines deskriptiven Stillstandes arretiert wird.[45] Explizit markiert wird die photographische Qualität dieser Form mikrostrukturell erzeugter Systeminter(re)ferenz, wenn es sich – wie in der folgenden Passage aus *La femme parfaite*, in der Paul das Photo seines Vaters betrachtet, – um die Beschreibung eines Photos handelt (intradiegetische photographische Ekphrasis):

> A l'époque où il y avait à Alexandrie des palmiers à l'horizon, un jardin qu'on devinait à l'arrière-plan, une branche d'eucalyptus sans doute sur la droite, un banc public à lattes de bois et de ferronneries blanches, un jeune homme en costume blanc lui aussi, à moins que le procédé photographique ne fût pas à même de restituer des teintes plus complexes, beige, ou coquille d'œuf. (FP 22)

45 Gerade hier wird allerdings das Paradoxon intermedialer Schreibverfahren deutlich, denn während auf der Ebene der *histoire* bei Beschreibungen tatsächlich eine narrative Pause vorliegt, vollzieht sich auf der *discours*-Ebene gerade keine Stilllegung der Zeit, denn die Lektüre der Deskription nimmt Zeit in Anspruch, allerdings handelt es sich dabei mit Barthes um eine zeitlose Zeit, um „un temps pour rien" (Roland Barthes: „Littérature objective." In: *Œuvres complètes I*, hrsg. von Eric Marty, Paris: Seuil 1994 [1954], S. 1185-1193, hier: S. 1191).

Die Verwendung photographischer Fachtermini, geometrischer und topographischer Angaben vermittelt zudem den Eindruck größtmöglicher Objektivität und (photographischer) Präzision bei der sprachlichen Raum- bzw. Bilderfassung. In der Poetik der *École du regard* kommt dieser „photographischen" Darstellungsform der „réalité brute"[46] eine zentrale Bedeutung zu, ist es doch Ziel, eine Literatur hervorzubringen, die „realer" ist als der literarische Realismus, da sie ohne dessen interpretatorische Brille auskommt. Mit seiner ebenfalls ablehnenden Haltung gegenüber einer axiologischen Beschreibung der Welt stellt sich Deville bewusst in eine Reihe mit dem *nouveau roman*[47] und rekurriert auch auf dessen quasi-photographische Deskriptionsweise. Auf fast schon lächerliche Weise übermarkiert ist diese Form mikrostrukturell erzeugter Systeminterferenz bei der Kombination mit Nennung und inhaltlicher Beschreibung von Photos wie in *Longue vue*, wo zugleich der Akt des Betrachtens von Photographien thematisiert wird: „Anton-Mokhtar étudiait avec attention chaque photographie: sur l'une d'elles, au premier plan, le bras de Skoltz et, tout au fond, le bar de la plage et des toboggans" (LV 51). Besonderes Augenmerk verdient die doppelte Rahmenmarkierung des verbalisierten Photos, die einerseits typographisch durch die Setzung des Doppelpunktes und andererseits verbal durch die präzisierende Ankündigung „sur l'une d'elles" realisiert wird.

Der Vergleich einer Passage aus *Le voyeur* mit einer aus der Kurzgeschichte „Chambre 301, Pansion Čobanija, Sarajevo", in der ebenfalls ein Innenraum beschrieben wird, zeigt wie sehr sich Devilles visuelle Bestandsaufnahme der Robbe-Grillets annähert:

> La fenêtre est presque carré — un mètre de large, à peine plus de haut — quatre vitres égales — sans rideau ni brise-bise. [...] La table carrée, en chaîne foncé, s'engage dans l'embrasure d'une bonne moitié de sa largeur. Sur la table, les pages blanches du cahier, posé parallèlement au bord, constituent la seule tache claire — sans comter, au-dessus, quatre rectangles un peu plus grands: donnant sur le brouillard qui masque tout le paysage. Les quatre carreaux de la fenêtre. (VOY 21-22)

46 Robbe-Grillet: *Pour un nouveau roman*, S. 19.

47 In einem Interview benennt Deville die Absicht, die Dinge wertfrei und nicht relativierend zu beschreiben als eine seiner poetologischen Prämissen (Xavier Person/Henri Scepi: „Entretien." In: dies. (Hrsg.): *Patrick Deville*. Poitiers: Office du Livre en Poitou-Charentes 1991, S. 19-30, hier: S. 20).

Indifférent à sa remarque, je descends du lit de l'autre côté, longe le radiateur en fonte extra plat, devant lequel une table de nuit supporte une lampe articulée un peu design en métal noir, et ouvre la porte de salle de bains, de 2,10 mètres x 1,90 mètres: Plafond lambrissé de bois verni à deux pentres, bac de douche en métal peint blanc, imitation faïence, un lavabo, un téléphone mural, un ballon d'eau chaude. (C301 79)

Obgleich Deville hier zweifelsohne an die Poetik des *nouveau regard* anknüpft, so entfernt er sich gleichzeitig auch wieder von dieser, was beispielsweise daran erkennbar ist, dass er statt einer mit dem Augenmaß geschätzten, ungefähren Maßangabe eine mathematisch exakte setzt. Inwiefern Deville die visuelle Schreibweise des *nouveau roman* bei aller Ähnlichkeit konterkariert, ja mitunter auch *ad absurdum* führt, kann anhand eines Textausschnittes aus *Longue vue* besonders gut veranschaulicht werden:

Les déplacements de Jyl, au cours de la journée, étaient à angles droits et réguliers: nord-sud vers la mer, toutes les demi-heures, puis ouest-est toutes les heures, de son drap de bain au bar de la plage. Elle n'empruntait jamais l'hypoténuse, n'allant jamais se baigner sitôt s'être baignée: assise au bar de la plage, elle buvait des tropicanas à l'orange et suçait les glaçons, slurp. (LV 44)

Indem Deville Jyls gewöhnliche Bewegungsabläufe mit der mathematischen Präzision rein geometrischer Beschreibung darstellt und die „entmenschlichte" Jyl nurmehr als eine fremdgesteuerte Spielfigur erscheinen lässt, überbietet er den *nouveau roman*. Damit aber nicht genug, denn mit dem der Comicsprache entnommenen, onomatopoetischen „slurp" unterbietet er zugleich wieder sämtliche poetologische Forderungen der „Schule des Sehens". Somit zeichnet sich Devilles photographisch geprägtes Erzählen durch sehr viel mehr Witz und Leichtigkeit aus als die stark stilisierte, ja fast erzwungen wirkende Feier des Sehens bei Robbe-Grillet. Gleichzeitig unterstreicht die stilistische Brechung die sprachliche Medialität und entlarvt damit den über die mikrostrukturelle Interferenz evozierten Eindruck des vermeintlich Photographischen als Illusion, als optische Täuschung. Die Pastichierung von Robbe-Grillets photographischer Schreibweise zielt damit ganz bewusst auf die Erzeugung eines besonders starken medialen Ironieeffektes.

6. Schlussfolgerungen

Die betrachteten Erzähltexte enthalten keine materiellen Photographien, noch weniger sind sie Photographien. Und doch zeigt sich, dass die Verwendung photographischer Referenzen bei Robbe-Grillet wie bei Deville weit über die bloße Visualisierung des Sprachtextes hinausgeht: Die Bedeutung der Photographie beschränkt sich in den untersuchten Texten nicht allein auf die motivische Ebene, sondern manifestiert sich – im Falle von Deville zumindest stellenweise – als Simulation auch auf der diskurs- und mikrostrukturellen Ebene. Dabei fällt allerdings auf, dass photographische Schreibverfahren in keinem von Devilles Texten durativ eingesetzt werden, wie es bei Robbe-Grillet der Fall ist. Überdies zeichnet sich im Gegensatz zu Robbe-Grillets Texten, bei denen photographische Schreibverfahren vor allem auf syntagmatischer Ebene, d.h. in Form von Systeminterferenzen vorliegen, eine deutliche Tendenz zu expliziten Photobezügen auf paradigmatischer Ebene ab. Die Tatsache, dass Deville photographische Schreibverfahren nurmehr punktuell und oftmals durch Übermarkierung *à rebours* einsetzt, verdeutlicht, dass der intermediale Ironieeffekt hier bewusst eingesetzt wird und nicht mehr nur unbeabsichtigter und unerwünschter Nebeneffekt ist, der sich beim Rezipienten aufgrund des Paradoxons intermedialer Schreibverfahren unweigerlich einstellt. Photographische Schreibtechniken werden folglich auch nicht mehr als wirklich tragfähige Schreibverfahren betrachtet. Hatte die photographische Schreibweise in der Poetik des „Neuen Sehens“ noch symbolische Funktion, so erscheinen ihre Funktionen bei Deville ganz andere zu sein. So erfüllt sie beispielsweise durchaus referenzielle Funktion, allerdings thematisiert diese in den betrachteten Werken vor allem den Aspekt des Verlusts und Verschwindens des Realen in der zur Realität gewordenen Simulation, in der die Photosujets selbst bloß noch kernlose Hüllen, Zeichen ohne Referent sind.[48] Das Vorgaukeln von Realität und der (falsche) Authentizitätsanspruch der Photographie unterstreichen zugleich nur umso prägnanter die Scheinhaftigkeit und die Differenz der photographischen zur natürlichen Wahrnehmung. Die Auflösung der psychologisch erfassten Subjektivität und der Authentizität des einmaligen Originals, die sprachlich-literarische Darstellung der Sinn-Dekonstruktion, der inauthentisch, zuweilen plump anmutende Schreibstil sowie ironisierte Medientranspositionen machen deutlich, inwieweit sich die photographische Schreibweise auch dazu eig-

48 Vgl. Jean Baudrillard: *Simulacres et Simulation*. Paris: Galilée 1981; Hubertus von Amelunxen: „Aneignung und Simulakrum. Die Einholung des Anderen in der Photographie.“ In: Alain Busine/Emmanuel Watteau (Hrsg.): *Photographie. Littérature*. Mannheim: Médusa-Médias 1995, S. h1-h18.

net, Aspekte des so genannten „postmodernen Lebensgefühls" abzubilden. Insofern weist Devilles nicht unironische Verwendung der photographischen Schreibweise symptomatische Funktion auf. Doch ist Vorsicht geboten, denn seine Texte stellen ja gerade die Inauthentizität reproduzierter Photographien in einer von Simulakren beherrschten Realität dar. Was bleibt, ist weder die existenzielle Suche nach Sinn und Erkenntnis noch ernste, soziokulturelle Kritik, sondern das ironische, ja selbstbelächelnde Formspiel im Modus des ästhetisch-formalen Understatements, das einer Art Poetik der Unterbietung zu folgen scheint. Diese Entliterarisierung scheint allerdings nicht aus freien Stücken zu erfolgen, sondern resultiert einerseits wohl vielmehr aus der literarischen Vorgeschichte und andererseits aus dem unausweichlichen Zwang des literarischen Feldes in einer Welt literarisierter Massenmedien, von denen sich die Literatur als autonomes Medium nur noch durch eine Schreibweise des Minusgrades behaupten kann. Und dies gilt auch für die Verfahren photographischen Schreibens: Im Gegensatz zu der in der Moderne praktizierten, man möchte sagen, „seriösen" Form der photographischen Schreibweise, erscheint die bei Deville eingesetzte photographische Schreibweise nurmehr als allegorische Parodie. Die Entreferenzialisierung intramedialer Verweise und Zitate, die sich in Devilles Texten manifestiert, offenbart, inwiefern sich sein Umgang mit intramedialen Einschreibungen von den Zitierverfahren der Moderne und Avantgarde unterscheidet: Denn einer massiven Relevanzreduktion der Signifikatebene unterzogen tragen sie gerade keine sinnverdichtende Funktion mehr und erscheinen – um ihren semantischen Gehalt gebracht – nur noch als sinnentleerte Reminiszenzen.[49] Gleichzeitig zeugen diese intramedialen Abziehbilder von einer Haltung, die sich ironisch von den alludierten Werken distanziert. Die bei Deville vorliegenden „versatzstückartigen" Simulationen photographischer Strukturen in visueller Abwesenheit des Mediums können folglich als eine subtile Spielart des postliterarischen *roman nouveau* gelesen werden.[50]

49 Gerhard Regn: „Postmoderne und Poetik der Oberfläche." In: Klaus W. Hempfer (Hrsg.): *Poststrukturalismus, Dekonstruktion, Postmoderne*. Stuttgart: Steiner 1992, S. 52-74, hier: S. 64-65.

50 Vgl. Jochen Mecke: „Le degré moins deux de l'écriture" und „Le roman nouveau", S. 97-116.

Mediensimulation und -reflexion
Oralität, Schrift und Film in transmedialen Strategien der Maghrebliteratur

CLAUDIA GRONEMANN

Die mediale Spezifik der maghrebinischen Kultur, die mündliche, von Mensch zu Mensch weitergegebene Tradition, gerinnt häufig in einem folkloristischen Bild des arabischen Geschichtenerzählers, der gegenwärtig auch mit Bezug auf neue Medien illustriert wird wie jüngst in einer Marrakescher Anekdote: Ein alter Mann sitzt vor dem Kino und erzählt die Geschichte des Films. Die Leute sammeln sich um ihn und legen am Ende ihr Kinogeld auf seinen Teller. Die erzeugte Komik fußt hier genau genommen auf der Unvereinbarkeit von mündlicher Tradition und Film, wobei die Pointe aus der vermeintlich ungewöhnlichen Ablehnung des Films und somit einer impliziten Wertung medialer Formen resultiert. Die Anekdote ist ein Plädoyer für leibhaftiges Erzählen gegenüber einer situationsabstrakten filmischen „Schrift“ und stellt eine Medienkonkurrenz her, wie sie derzeit vor allem zwischen Film bzw. neuen Medien und Buch postuliert wird.

Ich möchte dagegen zeigen, wie Oralität, Schrift und Film in der französischsprachigen Maghrebliteratur im Rahmen transmedialer Schreibstrategien koexistieren können und konzeptuell verschränkt werden.[1] Die Untersuchung bewegt sich im Rahmen einer postkolo-

---

1 „Medium“ verwende ich sowohl für die materiellen Träger von Kommunikation (Buch, Filmrolle, Körper) als auch für ästhetische Formen wie Film, Literatur u.a. Im Anschluss an Jürgen E. Müller: *Intermedialität: Formen moderner kultureller Kommunikation.* Münster: Nodus 1996, S. 81, steht dabei die Einbettung medialer Formen „in *intentionale Handlungs-Zusammenhänge*“

nialen Theoriebildung, bezugnehmend darauf, dass sich die Maghrebliteratur in französischer Schrift – Resultat der europäischen Kolonialisierung – aufgrund ihres transkulturellen Bezugssystems konventioneller Betrachtung entzieht.[2] Sie erscheint marginal aus der Perspektive literarischer Normen, die in Frage zu stellen sich seit einigen Jahrzehnten kulturtheoretische Ansätze wie die *postcolonial studies* zur Aufgabe gemacht haben.[3] Dabei geht es um eine Reflexion der Differenz, nicht um ihre Aufhebung, und eine Revision der Ausgrenzung aus dem nationalphilologischen Paradigma. Postkoloniales Denken – zumindest jenes poststrukturaler Prägung[4] – fußt dabei auf der postmodernen (französischen) Kritik am Universalismus abendländischer Kategorien und entwirft ausgehend von einem antieurozentrischen Bewusstsein ein verändertes Modell der kulturellen Repräsentation. Dies setzt eine epistemologische Bestimmung von Kultur voraus, nicht als überzeitliche, außersprachlich bestimmbare Größe, sondern als eine primär symbolisch konstituierte mithin nicht objektiv ermittelbare. „Andere" Kulturen erweisen sich damit vor allem als Konstrukte eines rhetorischen Koordinatensystems von Identität und Alterität.

Eine der prominentesten Theorien ist Bhabhas Konzept von Hybridität, das jenes Denken homogener, geographisch verortbarer Kultur-

---

im Vordergrund. Es geht um deren strategischen Einsatz in der literarischen Kommunikation. Die Reflexion der Nichtabgrenzbarkeit von Medien und deren konzeptuelle Verschränkung fasse ich mit dem Begriff der Transmedialität, der sich zum Teil mit Intermedialitätsdefinitionen deckt (z.B. bei Müller, der die Geschichte der Medien als intermedialen Prozess beschreibt). Das Transmediale lässt sich epistemologisch bestimmen als „*Prozesse* und *Strategien*, die nicht zu einer Synthese, sondern zu einem spannungsreichen und dissonanten Prozeß von Artikulationen führen", vgl. Alfonso de Toro: „Jenseits von Postmoderne und Postkolonialität. Materialien zu einem Modell der Hybridität und des Körpers als transrelationalem, transversalem und transmedialem Wissenschaftskonzept." In: Christof Hamann/Cornelia Sieber (Hrsg.): *Räume der Hybridität. Postkoloniale Konzepte in Theorie und Literatur*. Hildesheim: Olms Verlag 2002, S. 43. Oder, mit Luhmann gesprochen, es geht um die Passagen zwischen Medium und Form. Vgl. Niklas Luhmann: „Die Form der Schrift." In: Hans U. Gumbrecht/Karl L. Pfeiffer (Hrsg.): *Schrift*. München: Fink 1993, S. 349-366.

2 Wer als maghrebinischer Autor gilt, ist keinesfalls eindeutig. Ebenso wenig schaffen literarische Kategorien wie die der Gattung, des Kanons usw. einen Zugang.

3 So werden ihr wie anderen postkolonialen Literaturen zwar zunehmend Untersuchungen gewidmet, doch die Dominanz des westlichen Kanons ist ungebrochen.

4 Vgl. zu Richtungen innerhalb des postkolonialen Denkens Alfonso de Toro: „Jenseits von Postmoderne und Postkolonialität", S. 20ff.

räume verabschiedet zugunsten einer Perspektive auf den textuell erzeugten und damit veränderlichen „third space".[5] Der damit grundlegend revidierte Textbegriff verändert auch die Literaturbetrachtung: Literarische Diskurse sind nach wie vor erkennbar, jedoch sind sie nicht mehr notwendig an bestimmte Textsorten geknüpft. Texte werden generell nicht als Repräsentationen einer als außertextuell begriffenen Welt gedeutet, vielmehr geben ihre Strukturen Aufschluss über Zugriffsmöglichkeiten und Wahrnehmung von Wirklichkeit(en). Mediale Formen erhalten in dieser Perspektive eine Schlüsselfunktion bei der Konzipierung von Welt, und deren Betrachtung wird nicht nur für eine kulturtheoretisch ausgerichtete Literaturwissenschaft, sondern genau genommen für alle Textwissenschaften unverzichtbar.

Der Medienrelation von Oralität und Schrift kommt im Maghreb vor dem kolonialen Hintergrund eine herausragende Funktion zu, da diese Techniken sich aus traditioneller Perspektive nicht nur gegenüber stehen, sondern auch vermeintlich unvereinbaren kulturellen Systemen entstammen: das körpergebundene mündliche Gedächtnis hier und das koloniale Erbe, die körperfremde „Gedächtnisprothese" (Platon) Schrift dort, sind an unterschiedliche Sprachen gekoppelt und implizieren gleich in mehrfacher Hinsicht eine Opposition.

Darüber hinaus ist Schrift im Maghreb auch das klassische Arabisch, das mit dem Koran und der klassischen Literatur für die Bereiche Religion und Bildung reserviert ist und ein männliches Privileg darstellt. Es handelt sich um eine normierte, bis heute kaum gewandelte Sprache. Mit dem Französischen jedoch kam im 19. Jahrhundert zu dieser vorkolonialen Schrift eine andere Schrift (-konzeption) hinzu. Als Sprache der Hegemonie wurde und wird sie häufig abgelehnt, aufgrund ihrer säkularen Funktion wiederum – insbesondere als literarisches Medium – gegenüber dem Arabischen bevorzugt. Beide Schriften haben gemeinsam, dass sie sich an den Beginn der Geschichte

5 „The intervention of the Third Space of enunciation, which makes the structure of meaning and reference an ambivalent process, destroys this mirror of representation in which cultural knowledge is customarily revealed as an integrated, open, expanding code. Such an intervention quite properly challenges our sense of the historical identity of culture as a homogenizing, unifying force, authenticated by the originary Past, kept alive in the national tradition of the People." Homi K. Bhabha: *The Location of Culture*. N.Y./London: Routledge 1994, S. 37.

setzen und durch ihre Tragweite als Medien der Herrschaft dienen.[6] Ihnen gegenüber stehen die zahlreichen regionalen Dialekte des Arabischen und Berberischen, die überwiegend nicht verschriftet sind und das Gemeingut volkstümlichen, alltäglichen Wissens in Ritualen vermitteln. Derart fungieren sie als emotionale Bindeglieder der jeweiligen Gemeinschaften, deren jahrhunderte-übergreifende Memoria sie tradieren. Durch die Simultanität von Produktion und Rezeption hat die Stimme als Träger der Memoria eine außergewöhnlich große Identifikationskapazität und bedarf – anders als die Schrift – keiner weiteren bzw. namentlichen Autorisierung.[7]

Die immense Bedeutung der oralen Tradition für das kulturelle Selbstverständnis manifestiert sich nicht zuletzt in der maghrebinischen Literatur, in die nicht nur Überlieferungen eingehen, sondern auch deren mediale Spezifik reflektiert und imitiert wird.[8] Zum Beispiel kann Mündlichkeit konzeptuell u.a. durch dialogische Strukturen, die Evokation von Stimmen oder eine sog. Nähesprache erzeugt werden.[9] Mir scheint jedoch eine bloße Betrachtung der Schreibstrategien unter dem Aspekt der „Fingierung von Mündlichkeit" verkürzt, weil sie einseitig auf den Zusammenhang mit historischer, primärer Oralität fokussiert, damit Schrift- und Oralkultur unvermeidbar gegenüberstellt und die Verschränkung diverser Medienkonzepte tendenziell ausblendet.[10]

---

6 Vgl. zur unterschiedlichen Tragweite von Stimme und Schrift und der damit verbundenen Konstitution kultureller Gemeinschaften Aleida und Jan Assmann: „Schrift und Gedächtnis." In: dies./Christof Hardmeier (Hrsg.): *Schrift und Gedächtnis. Zur Archäologie der literarischen Kommunikation.* München: Fink 1983, S. 274ff.

7 Aleida und Jan Assmann: „Schrift und Gedächtnis", S. 276.

8 Zur Einschreibung des Oralen vgl. u.a. Nora A. Kazi-Tani: *Roman africain de langue française au carrefour de l'écrit et de l'oral.* Paris: L'Harmattan 1995; und Anne Romeru/Heidi Dubuisson: „Im Labyrinth der Schrift." In: Jean-Pierre Dubost/Vera Trost (Hrsg.): *Passagers de l'Occident.* Stuttgart: Württembergische Landesbibliothek 1994, S. 91-106.

9 Dazu Peter Koch/Wulf Österreicher: „Sprache der Nähe – Sprache der Distanz. Mündlichkeit und Schriftlichkeit im Spannungsfeld von Theorie und Sprachgeschichte." In: *Romanistisches Jahrbuch* 36, 1985, S. 15-43. Vgl. z.B. auch den Formenkanon in Walter J. Ong: *Oralität und Literalität: die Technologisierung des Wortes.* Opladen: Westdeutscher Verlag 1987.

10 Zwar setzt sich Goetschs Modell der Konzeptualisierung von Schrift – „Mündlichkeit in geschriebenen Texten [...] ist nie mehr sie selbst, sondern stets fingiert und damit eine Komponente [...] der bewußten Schreibstrategie des jeweiligen Autors" (Paul Goetsch: „Fingierte Mündlichkeit in der Erzählkunst entwickelter Schriftkulturen." In: *Poetica* 17: 3-4, 1985, S. 202) – klar

Dagegen lautet die These, dass die Rekodifizierung medialer Techniken nicht auf Konzepte der Oralität beschränkt ist, sondern generell auf audiovisuelle Kodierungen und neue Medien wie den Film auszuweiten ist.[11] Die entstehenden transmedialen Strategien zielen weder auf die Wiederbelebung einer verdrängten Oralität, noch sollen Texte authentifiziert oder (neue) Medien ironisiert werden. Vielmehr dienen sie der Konzeption eines kultur- und textübergreifenden Gedächtnisses, das in der kolonialen Schrift „spricht" und zugleich vermeintlich schriftfremde Techniken als Korrektiv dieses Schriftmodells markiert. Dabei ist Schrift nicht mehr Ort einer medialen Transformation, sondern selbst bereits ein transmedialer Raum, in dem die Formen ineinandergreifen. Dies vollzieht sich einmal durch die Reflexion und – darauf konzentriert sich die Darstellung – die Simulation medialer Techniken in Schrift:

> Bestimmte Eigenschaften, die nur anderen Medien, der Schrift aber gerade nicht zukommen, sollen im geschriebenen Text näherungsweise erzeugt werden. Wo er nicht tönen kann, will der Text Stimme sein, wo er keine Bilder zeigen kann, will er wie ein Film wirken, und wo ihm die Linearität des Buches vorgegeben ist, soll der Leser sich in einem Netzwerk vieldimensional relationierter Textbausteine wähnen [...].[12]

Zunächst soll die bewirkte Auflösung linearer Erzählstrukturen in den Blick genommen werden, welche mit orientalischen und okzidentalen Traditionen der Auktorialität bricht. Katebs *Nedjma* (1956)[13] führt dies als einer der ersten maghrebinischen Texte mit außergewöhnlicher Radikalität vor. Der Text konstituiert sich durch permanente Perspektivwechsel zwischen vier jungen Männern auf der Suche nach Nedjma (arab.: Stern). Allegorisch erweist sich dies als Suche nach einer noch

---

von Ongs Auffassung der „oral residues" ab. Dennoch würde es m. E. die medialen Verschränkungen der hier dargestellten Strategien reduzieren.

11 Kazi-Tani spricht von einem „aspect cinétique" (kinetischen Aspekt) als zentralem Kennzeichen der maghrebinischen Literatur. Vgl. Nora A. Kazi-Tani: *Roman africain*, S. 55. Darin kommt bereits die genetische Verschränkung von Schrift und Bewegung zum Ausdruck, die für eine Simulation filmischer Strukturen relevant ist. Kazi-Tani bezieht dies jedoch lediglich auf die Fingierung von Mündlichkeit, „puisque l'oralité est toujours présente par ‚bribes', traduite et réactualisée par l'écriture et par conséquente, ‚feinte'", vgl. Nora A. Kazi-Tani: *Roman africain*, S. 311.

12 Vgl. Philipp Löser: *Mediensimulation als Schreibstrategie: Film, Mündlichkeit und Hypertext in postmoderner Literatur*. Göttingen: Vandenhoeck & Ruprecht 1999, S. 18.

13 Kateb Yacine: *Nedjma*. Paris: Seuil 1996.

zu entwerfenden algerischen Nation. Dabei werden nicht nur Redesituationen und Stimmen expliziert[14] oder kulturelles Wissen wie die Gründungsmythen der Stämme oder populäre Bezeichnungen[15] einbezogen, vielmehr können die Techniken des Blickwechsels, die Gliederung der Kapitel in jeweils zwölf bzw. 24 Sequenzen und die Textmontage[16] (z.B. das Tagebuch von Mustapha) als kinematographische Analogie gedeutet werden. Folge davon ist ein fundamentaler Bruch mit einer in der Schriftkommunikation erforderlichen raumzeitlichen Kontextualisierung und zugleich Markierung der Situationsabstraktheit von Schrift und Film. Die Sequenzen reihen sich episodisch aneinander, und eine Vielzahl von Versionen bleibt ohne übergreifende Deutungsstruktur bis zum Schluss semantisch offen. Die Zirkularität des Textes manifestiert sich auch in einer Wiederholung der Eröffnungssequenz am Ende. Damit geht bereits Kateb über die Technik bloßer Oralitätsfingierung hinaus und provoziert auf der konzeptuellen Ebene erstmals ein Bewusstsein für den medialen Zusammenhang zwischen einer kolonialen Schrift, deren reduktiver Vereindeutigung und Autoritätsbehauptung er sich bewusst entzieht, und einem vielstimmigen, im kollektiven Gedächtnis gespeicherten und endlos zirkulierenden ursprungslosen kulturellen Wissen:[17] der Autor simuliert damit kulturelle Wahrnehmungsweisen. Nicht um ein Wiederaufleben oraler Tradition im Dienste der Wiedergewinnung „verlorener“ Identität geht es dabei, sondern um die Zersetzung traditioneller Identitätsvorstellungen.

Auch in Rachid Boudjedras erstem Roman *La répudiation* (1969) werden Medien im Dienste einer „doppelten Kritik"[18] reflektiert und simuliert. Im Dialog mit seiner französischen Geliebten als textinterner Zuhörerin arbeitet der Ich-Erzähler Rachid das Trauma der Verstoßung

14 Z.B. „Rachid poursuivit à voix basse“, vgl. Kateb Yacine: *Nedjma*, S. 167.

15 Z.B. „L'Écrasante“ für Constantine, Kateb Yacine: *Nedjma*, S. 143.

16 Geht man von einem historischen Formenkanon aus, gehört das für den Film prägende Prinzip der Montage freilich zu den literarischen Techniken.

17 Auch Raybaud kommentiert die zirkuläre Struktur des Romans als Pluralisierung des Ursprungs: „Much of the subject-matter of Algerian orality crops up in this text, and Nedjma-the-character as well as Nedjma-the-novel can be analyzed as the nonjoinable circulation of strata of words of multiform and plural origin.“ Vgl. Antoine Raybaud „Nomadism between the Archaic and the Modern.“ In: Françoise Lionnet/Ronnie Scharfman (Hrsg.): *Post/Colonial Conditions*. Yale: Yale University Press 1993, S. 150.

18 Vgl. zu einer Kritik in doppelter Richtung, europäischer wie maghrebinischer (auch präkolonialer) Diskurse ausgehend von Derridas Theorie der Dekonstruktion: Abdelkebir Khatibi: *Maghreb pluriel*. Paris: Denoel 1983.

seiner Mutter auf. Der Körper als schreibender und beschriebener Leib steht dabei – wie in anderen Texten des Autors, der auch eine Reihe von Drehbüchern verfasste – ganz im Vordergrund. Die Hypertrophierung des Körperlichen, die sprachliche Fokussierung von Körperfunktionen und Exzessen entlarvt sowohl den religiösen, patriarchalen wie den kolonialen Wahrheitsdiskurs. Boudjedra entwirft dagegen eine Schrift, die wieder an den Körper als das, was Schrift ausgrenzt, anknüpft und dies in einer diskursiven Verschränkung zum Ausdruck bringt.[19]

Auch der tunesische Autor Abdelwahab Meddeb reflektiert und simuliert schriftfremde Medien und entwirft in *Talismano* (1979) eine Schrift der Ambivalenz zwischen sinnlicher Präsenz und Erstarrung: „L'écriture vit et meurt simultanément".[20] Der Prolog kündigt dieses Oszillieren zwischen Leiblichkeit und Auslöschung an: „Injecter sang, déverser pleurs, ne serait-ce qu'en ces heures partout mourantes [...]" (S. 11). Die Undeutbarkeit des Textes ist demnach Ausdruck einer spezifischen Schriftkonzeption, die Bedeutung nicht in ihrer Fixierung, sondern als unabschließbar fließenden Prozess artikuliert, welcher zugleich die Bewegung diverser „Identitäten" zwischen den Polen *„ici, ailleurs*" (S. 12) artikuliert. Was im Text als Spaziergang durch Tunis beginnt, weitet sich aus zu einem raum- und zeitenthobenen „parcours de sens" (S. 31) durch die orientalische und okzidentale Kultur- und Geistesgeschichte. Dem abstrakten Schriftmodell setzt Meddeb unmittelbar erfahrbare Buchstaben entgegen, indem er das Schreiben als sicht-, hör-, fühl- und riechbaren Prozess inszeniert. Er beschreibt nicht, sondern evoziert Sinne, setzt sie in Aktion durch die Simulation schriftfremder Medien. Der Erzähler löst sich im „corps marchant" (S. 17) der Schrift auf, er ist nurmehr „voyeur" (S. 36) einer Schriftbewegung, welche – durch Infinitivkonstruktionen, parataktische Verknüpfungen und Wiederholungen – den Rhythmus vorgibt, die Schrift scheint zu gehen oder zu atmen.[21] Dies lässt sich mit Kazi-Tani als kinetische Schrift bezeichnen.

---

19 Zur Determination von Schrift durch den ausgegrenzten Körper vgl. Aleida Assmann: „Exkarnation: Gedanken zur Grenze zwischen Körper und Schrift." In: Jörg Huber/Alois M. Müller (Hrsg.): *Raum und Verfahren*. Zürich: Stroemfeld 1993, S. 133-157.

20 Abdelwahab Meddeb: *Talismano*. Paris: Sindbad 1987, S. 45 (alle Zitate beziehen sich auf diese Ausgabe).

21 Bei einer Lesung habe Meddeb in Anspielung auf die Rezitation des Korans den Sprachrhythmus durch Bewegungen auf dem Stuhl nachvollzogen, vgl.

Meddeb setzt die Schrift in Bewegung und beschreibt den visuellen Akt ihrer Entzifferung in Anspielung auf die verschiedenen Leserichtungen der arabischen und französischen Schrift:

> [...] écrit couché, à l'envers rêvé dans le Livre feu allographe qui désorigine la sensibilité, rassasié, de gauche à droite transcrit alors que le corps et les yeux suivent leur cours méditatifs à lire dans le texte de droite à gauche, dans la même continuité horizontale s'éclaire le sens renversé: paroles d'exil, soleil qui se cache, homme qui disparaît, de l'ici à l'ailleurs, on erre entre le cachant et l'émanant, couchant et levant [...] cacher, coucher: maghreb [...].[22]

Nicht die Sinnkonstitution („sens renversé"), sondern die Wahrnehmung der graphischen Buchstaben, deren im Prozess des Lesens in Bewegung geratende Linearität wird hier fokussiert. Die Visualisierung der Signifikanten steht metonymisch für das Hybride, Unsagbare, das sich nicht bezeichnen, sondern allein in der Prozesshaftigkeit des Bedeutens/Lesens aufspüren lässt. Auf dem Einband stehen dafür zwei Lettern: ein arabisches und französisches M verschmelzen zur Kalligraphie und werden erst aus der jeweiligen Schriftrichtung lesbar. Der Buchstabe verweist auf den Autornamen, hinter dem der Schreibende verschwindet und an dessen „papierne" Existenz als Spur einer Präsenz er seine Autorität unweigerlich abgeben muss.

Weitere Beispiele für die Inszenierung der Signifikanten ließen sich anführen: so der Abdruck von arabischen und fernöstlichen Schriftzeichen (S. 137), die Transkription des Klangs arabischer Wörter, die Evokation von Gerüchen. Meddeb deklariert damit die Audiovisualität der Schrift und rekodifiziert ihre im Prozess der Signifikation ausgeblendete sinnliche Dimension. Was die Signifikation im abendländischen Modell verdeckt, Ikonizität und Materialität der Zeichen, kehrt der Autor an die Oberfläche: „je réfute celle [Schrift, C.G.] qui se limite à décrire les choses telles qu'elles s'observent rien que fixité sans en voir les implications qui les transfigurent" (S. 219).

Dabei gelten Faszination und Kritik nicht nur der französischen Schrift, sondern ebenso dem klassischen Arabisch des Koran, das der Autor sich in frühem Alter – Vater und Großvater waren Korangelehrte – aneignen konnte. Die Übergängigkeit zwischen äußerer Welt und Schrift wird auch mit Hilfe islamischer Techniken markiert, einerseits

---

Lucette Heller-Goldenberg: *Femmes du Maghreb*. Köln: Romanisches Seminar 1996, S. 192 (*Cahier d'Études Maghrébines*, 8).

22 Vgl. Abdelwahab Meddeb: *Talismano*, S. 244.

weil die emphatische Buchreligion ganz auf das offenbarte Wort und nicht auf seine Transparenz als Repräsentant setzt:[23] „Écrire sans que mot se substitue à être, mais aliment pour qui a faim d'un monde en rupture" (S. 211). Andererseits fungieren als Gewährsmänner Vertreter des Sufismus (mystische Strömung im Islam) wie Ibn Arabi („Écrire [...] c'est mourir à soi-même", S. 215) oder Ghazalî (S. 218).[24] So verbindet sich eine postmoderne Inszenierung flüchtiger Sinneffekte mit der sufistischen Mystik des Augenblicks. Auch Kalligraphie und christliche Malerei (S. 111f.) sind Eckpunkte von Meddebs Schriftreflexion, welche die Aufmerksamkeit des Lesers auf die Bewegung als Mechanismus der Textkonstitution lenkt und sich damit als Metafiktion erweist.

All dies zielt auf das spezifische Bewusstsein einer Schrift, welche nicht mehr als Repräsentation, sondern als realer Erfahrungsraum kultureller Hybridität begriffen wird: weil die Signifikate das Hybride stets reduzieren, kann es nur in der Prozesshaftigkeit des Bedeutens verortet werden. Der Rezipient rekonstruiert nicht in erster Linie Sinn, sondern durchquert lesend und suchend den Text als „expérience sans borne de l'aventure du texte" (S. 114). Vermeintliche Grenzen zwischen dem Innen/Außen der Schrift schmelzen durch eine Verschränkung mit kulturellen, sprachlichen und medialen Codes. Damit rekurriert Meddeb auch auf den (universalisierenden) Schriftbegriff Derridas: „il n'y a pas de hors-texte",[25] der sich definiert über die prinzipielle Einschreibung des vormals Äußeren, so dass Diskurse und mediale Formen nurmehr als Passagen wahrzunehmen sind. Damit verschiebt sich die Wahrnehmung der Differenzen vom außertextuellen Bereich in den Text. Bei-

---

23 Der Islamforscher Berque stellt der „Inverbalisierung" im Islam die christliche Verkörperung gegenüber. Zu Religionsgeschichte und Literatur vgl. Linda Mayer: „Darstellung des Islam in der frankophonen maghrebinischen Literatur." In: Jean-Pierre Dubost/Vera Trost (Hrsg.): *Passagers de l'Occident*, S. 70ff.

24 Zur Einschreibung des religiösen Kontextes vgl. Najeh Jegham: „La référence arabe dans l'écriture en francais. Ibn Arabi dans l'écriture de Meddeb." In: Marc Gontard/Maryse Bray (Hrsg.): *Regards sur la Francophonie*. Rennes: Presses Universitaires de Rennes 1997, S. 239-243. Mc Neece diskutiert für den Maghreb z.B. einen religionsüberschreitenden Begriff des Heiligen: „Unlike the idea of the Holy in more rationalized Christian traditions, the Sacred is an integral component of all human activity, involving the body and its corporal memory", vgl. Lucy S. McNeece: „Heterographies: Postmodernism and the Crisis of the Sacred in Maghreb Literature." In: *The Comparatist* 19, Mai 1995, S. 63.

25 Vgl. Jacques Derrida: *De la grammatologie*. Paris: Minuit 1967, S. 227. Die Spur des Abwesenden wird nicht unterdrückt, sondern markiert.

spielsweise wird es möglich, die französische Schrift zu verwenden und dennoch eine Differenz zu markieren und sie aus ihrem angestammten Referenzsystem zu lösen: „que je ne saurai exécuter en simulant [...] à m'accommoder écrivant dans un lieu séparé de sa convention", so das Alter Ego im Text (S. 126). Die permanente Verschränkung kultureller und medialer Codes ist nicht Ausdruck einer Übersetzung sozialer Realität(en) in einen Text, sondern beschreibt kulturelle Mehrdeutigkeit als Unübersetzbarkeit und übt damit Kritik an der kolonialen Schrift und ihrer Konzipierung homogener Welt(en).[26]

Die Reflexion und Simulation filmischer Techniken prägt in besonderer Weise das Werk der algerischen Autorin Assia Djebar. Nicht zuletzt, weil der Film für sie Ausweg aus einer fundamentalen Schreibkrise war und einen Nexus von Sehen und Schreiben begründet hat: Ende der 60er Jahre war die Autorin verstummt, weil sie das Schreiben auf Französisch als „Amputation" des in Traditionen einer kulturellen Gemeinschaft eingebetteten Ich empfand. Zudem brach sie damit das für Frauen geltende Äußerungstabu. Nach etwa einem Jahrzehnt ohne Publikation begann sie die verstummte Memoria mit Hilfe des Films aufzuspüren und kehrte zur Literatur zurück. Die Filmerfahrung verhalf ihr zu einem strategischen Umgang und sie bediente sich des Französischen seither „par choix et non plus par hasard".[27] Bedeutsam ist, dass das Kino nicht seiner selbst wegen thematisiert wird, sondern weil seine Techniken Djebar die Möglichkeit eröffnet haben, das bis dato nicht Artikulierbare auszudrücken: „J'ai fait au cinéma le travail que je n'avais pas pu faire comme poète – comme poète arabe bien sûr".[28]

In *L'amour, la fantasia*[29] macht Djebar die Stimmen jener für den Film *La Nouba des femmes du Mont Chenoua* (1978) interviewten

26 Khatibi entwirft in diesem Kontext eine spezifische Übersetzungstheorie: „La langue «maternelle» est à l'œuvre dans la langue étrangère. De l'une à l'autre se déroulent *une traduction permanente* et un entretien en abyme, extrêmement difficile à mettre au jour...'-irréconciliable'", vgl. Abdelkebir Khatibi: *Maghreb pluriel,* S. 179 (meine Hervorhebung kursiv). Vgl. zur Problematik des einsprachigen Textes als Übersetzung auch Samia Mehrez: „Translation and the postcolonial experience: The francophone North African text." In: Lawrence Venuti: *Rethinking translation*. London: Routledge 1992, S. 120-138.

27 Vgl. Regina Keil: „Schreiben im Spagat." In: dies. (Hrsg.): *Der zerrissene Schleier. Das Bild der Frau in der algerischen Gegenwartsliteratur.* Iserlohn: Evangelische Akademie 1996, S.185.

28 Zitiert in Jeanne-Marie Clerc: *Assia Djebar*, S. 97.

29 Vgl. Assia Djebar: *L'amour, la fantasia.* Paris: Albin Michel ^{2}1995.

Frauen hörbar,[30] Nähesprache und Klang werden umgesetzt. Die französische Schrift trägt nun auch den abwesenden Klang, die Polyphonie des dialektalen Sprechens, „la voix polyforme de [s]a généalogie“[31] und vermittelt in Form dieser Translation der Memoria den zentralen Bezugspunkt der Poetik Djebars:

> Certes, l'écriture littéraire, parce qu'elle s'accomplit sur un autre registre linguistique (ici le français) peut tenter d'être un retour, *par translation* [Hvg. C.G.], à la parole traditionnelle comme parole plurielle (parole des autres femmes), mais aussi parole perdue, ou plutôt, *son de parole perdue.*[32]

Der Film findet auf zwei Ebenen Eingang in die Schreibpraxis Djebars. Einerseits ist er biographisch entscheidend und im Unterschied zu anderen Autoren bezieht sich Djebar ganz explizit auf eigene Filme und reflektiert deren Entstehung als autobiographischen Prozess.[33] Andererseits wird die Technik des Blicks zum Anhaltspunkt ihres Schreibens und sie ahmt filmische Techniken nach, um die Audiovisualität der weiblichen Erzähltraditionen zu evozieren.[34] Die so entstehende transmediale Schrift fasst kulturelle Mehrdeutigkeit als Verflechtung kolonialer Buchstaben mit arabisch-berberischen Klängen.

Eine offensichtliche Analogie zum Film ist beispielsweise die im Anschluss an die Filmarbeit etablierte Makrostrukturierung der Texte in Sequenzen, wobei den Kapiteln jeweils mehrere Sequenzen zugeordnet werden.[35] So ist der Text *Vaste est la prison* in fünf Teile gegliedert, innerhalb derer wiederum verschiedene Erzählstränge ähnlich

---

30 Für diesen Film hatte sie die Heimatregion der Mutter besucht und die Stammesfrauen interviewt. Die Erzählungen sowie Berichte über den Algerienkrieg im arabischen und berberischen Dialekt wurden auf Tonband und Filmrolle aufgenommen.

31 Vgl. Assia Djebar: *Vaste est la prison.* Paris: Albin Michel 1995, S. 332.

32 Vgl. Assia Djebar: *Ces voix qui m'assiègent.* Paris: Albin Michel 1999, S. 78.

33 Neben *Vaste est la prison* auch in *Ces voix qui m'assiègent.*

34 Clerc zufolge ist die Filmerfahrung sogar die Matrix ihres romanesken Schreibens: „Du film au roman, on peut suivre l'émergence d'une structure à la fois thématique et formelle dont l'auteur se plaît souligner le caractère architectural et qui fait répondre le silence ou le cri des femmes algériennes, dans une expression contradictoire du même, à laquelle s'oppose l'écriture avec les mots des Autres, les Français [...]“, vgl. Jeanne-Marie Clerc: *Assia Djebar. Écrire, Transgresser, Résister.* Paris : L'Harmattan 1997, S. 11f. Vgl. zur Filmproblematik auch Sada Niang (Hrsg.): *Littérature et cinéma en Afrique francophone: Ousmane Sembène et Assia Djebar.* Paris/Montréal: L'Harmattan 1996 und *World Literature Today* 70: 4, 1996.

35 Dies beginnt mit *L'amour, la fantasia.*

der Filmmontage parallel geführt und verschränkt werden.[36] Ebenso wie in der filmischen Parallelmontage wird dabei der Eindruck von Simultanität erweckt. Im Zentrum stehen Erinnerungen der Ich-Erzählerin, in deren Kopf die vergangenen Ereignisse wie eine Art Bewusstseinskino ablaufen – die Handlung hat ihren Ort *in actu* nur im Bewusstsein der Erzählerin:[37] die scheiternde Liebesgeschichte mit einem Berber (1. Teil), die wechselvolle Geschichte einer frühen afrikanischen, möglicherweise sogar berberischen Schrift (2. Teil), die Rekonstruktion der eigenen matrilinearen Familientradition bis hin zu ihren Wurzeln in der andalusischen Kultur und eine Sequenz zum Film, erzählt aus der Perspektive der Regisseurin (3. Teil), sowie einer Schreibreflexion. Die Linearität als traditionelles, der Verständlichkeit dienendes Prinzip der Schrift wird durch die Adaption der Montagetechnik gebrochen.

Als Kern der Djebarschen filmischen Ästhetik würde ich jedoch die Mikrostruktur und zwar die spezifische Epistemologie des Sehens beschreiben, in der die Erfahrung mit der Kamera umgesetzt wird als doppelte Einschreibung von Gesehenem und Blick, von Dargestelltem und Perspektive. So ist der „regard éveillé par la caméra“[38] nicht nur für die arabische Frau von besonderer Bedeutung – Schleier und Harem tabuisieren den weiblichen Blick nach draußen –, sondern bestätigt auch die These Benjamins, dass die Filmtechnik mit Zeitlupe, Totale, *close up* u.a. ungewohnte Seherfahrungen ermöglicht, wenngleich sich Djebar dies auf ungewöhnliche Art zunutze macht.[39] Ihre Arbeit als Filmemacherin – als Bekenntnis zu Sehen und Gesehenwerden – ist ein gefährlicher Bruch mit der islamisch-patriarchalen Epistemologie femininer Unsichtbarkeit.

---

36 Näheres zum Text vgl. Ronnie Scharfman: „Regards du sujet, sujets du regard. *Vaste est la prison* d'Assia Djebar." In: Ernstpeter Ruhe (Hrsg.): *Assia Djebar*. Würzburg: Königshausen & Neumann 2001, S. 121-131.

37 Dies hat in Form des *stream of consciousness* spätestens mit Joyce einen festen Platz unter den literarischen Techniken, verweist jedoch auf später für den Film prägende Wahrnehmungsmuster.

38 Vgl. Jeanne-Marie Clerc: *Assia Djebar*, S. 153.

39 Vgl. Walter Benjamin: *Das Kunstwerk im Zeitalter seiner technischen Reproduzierbarkeit: drei Studien zur Kunstsoziologie*. Frankfurt/M.: Suhrkamp ^{4}1970. Der Begriff der Aura (des Kunstwerks) ist beispielsweise auch für gedächtnisgestützte Formen der Memoria relevant, vgl. Aleida und Jan Assmann: *Schrift und Gedächtnis*, S. 274.

Der erkenntnistheoretische Bereich des Sehens bildet das zentrale Thema dieses Textes, was besonders die Sequenz verdeutlicht, die den Dreharbeiten zu *La Nouba* gewidmet ist: Die im Film – anhand der Figur Lila – gezeigte Eroberung des Blicks scheint mit dem „Voyeurismus" der Erzählerin verwandt und erweist sich außerdem als Movens der Djebarschen *écriture* selbst. Die kulturelle und politische Dimension des Sehens wird in Bilder und Sprache umgesetzt, beispielsweise im Schleier, der das Sichtfeld der Frau einschränkt und sie von der Außenwelt abschneidet. Die Erzählerin von *Vaste est la prison* beansprucht den Blick für sich und verbirgt dies nicht einmal mehr: „je danserai!" (S. 101) lautet die Provokation des Gesehenwerdens (64):

Me voici *spectatrice* [...] Pour la première fois aussi, sans doute pour la première fois de ma vie, je me *sentais „visible"* pas comme durant mon adolescence [...] je souriais distraitement, pensant alors: „C'est mon apparence, mon fantôme que vous voyez, pas moi-même, pas moi pour de vrai... Moi, je suis masquée, je suis voilée, vous ne pouvez me voir!"[40]

Die Nähe zum Kino erzeugt Djebar darüber hinaus durch die Verwendung diverser Filmtermini:

De cette époque se détache une *scène* nocturne, immobilisée dans une lumière onirique, dont j'aurais sans raison *coupé le son* [...] *Scène* de mauvais rêve, figée dans *un éclairage blafard. Scène de mélodrame*, dont, délibérément, j'ai coupé le son.[41]

Le film de la scène nocturne revient maintes fois, moi allongée en plein jour [...].[42]

Analog zur Drehbuchtechnik imaginiert die Ich-Erzählerin sich Bilder zur dargestellten Geschichte, z.B.: „je tente d'imaginer l'entrée de Fatima" (S. 208).

Ähnlich wie Meddeb thematisiert auch Djebar die sinnstiftende Funktion des Körpers als Gedächtnisträger und inszeniert ihn als zentralen Wahrnehmungsort nicht nur der mündlichen Kultur, sondern auch von Schreiben und Lesen.

Damit steht die traditionelle Medienopposition in Frage, und Schrift wird ergänzt durch einen die Interaktivität von Sehen, Hören und Fühlen simulierenden audiovisuellen Code. Der Text wird zum transkulturellen

40 Vgl. Assia Djebar: *Vaste est la prison*, S. 51 (meine Hervorhebungen kursiv).
41 Assia Djebar: *Vaste est la prison*, S. 101.
42 Assia Djebar: *Vaste est la prison*, S. 107 (meine Hervorhebung kursiv).

Gedächtnis geformt,[43] in welchem sich das koloniale Schriftmodell und die Vielstimmigkeit einer weiblichen Memoria überlagern.[44] Dies vollzieht sich über die Vergegenwärtigung der abwesenden Dialekte des Arabischen oder Berberischen, als Simulation schriftfremder Medientechniken. Die Schrift wird gewissermaßen supplementiert, indem sie ihr Anderes, Ausgegrenztes wieder sichtbar macht. So versteht sich Djebar nicht als Urheberin, sondern Teilhaberin und Medium einer Memoria, an deren Fortschreibung sie lediglich mitwirkt.[45]

Den dargestellten Strategien gemeinsam ist die Reflexion von Schrift und die Simulation einer in der französischen Schrift abwesenden Kultur, deren mediale Konzepte sie in Schrift „übersetzen". Dies lässt sich als implizite Kritik am abendländischen Schriftmodell sowie einem damit verbundenen binären Denken interpretieren, in dem sich Schrift- und mündliche Kultur ausschließen. Deren Differenz erscheint nicht mehr als außersprachliches, objektives Faktum, sondern lediglich als diskursives Moment eines Schriftmodells.

Damit tragen maghrebinische AutorInnen nicht zuletzt der wirklichkeitskonstitutiven Funktion von Medien als den Instrumenten von Wirklichkeitserfahrung und Techniken kultureller Wissensvermittlung Rechnung.[46] Sie artikulieren ihr Teilhaben an mehreren kulturellen Referenzsystemen sowie eine Kritik am Logozentrismus einer Schrift, die kulturelle Ausgrenzung im Rahmen eines Herrschaftsdispositivs produziert. Dagegen wird ein Schriftmodell gesetzt, das die dichotomische Gegensetzung von mündlichem und schriftlichem Wissen sowie die Unvereinbarkeit entsprechender Konzepte negiert.[47] Konventio-

---

43 Clerc spricht von „mémoire reconstituée", vgl. Jeanne-Marie Clerc: *Assia Djebar*, S. 157. Allerdings würde ich Lyotards Begriff der *réécriture* (Vgl. seinen Beitrag *Réécrire la modernitè,* 1988) vorziehen, um den Aspekt des Umschreibens und Rekodierens der Erinnerungen sichtbarer zu machen (vgl. Claudia Gronemann: *Postmoderne/postkoloniale Konzepte der Autobiographie in der französischen und maghrebinischen Literatur.* Hildesheim: Olms Verlag 2002).

44 Vgl. zur oralen weiblichen Erzähltradition Zineb Ali-Benali: „Paroles de femmes. De la conteuse à la romancière, de l'oralité à l'écriture." In: *Quo vadis, Romania?* 11, 1998, S. 32-44.

45 Hierzu Djebar: „[...] le terme >auteur< devrait signifier celui qui réveille les morts, celui qui remet debout les cadavres!", vgl. Assia Djebar: *Ces voix*, S. 112.

46 Die Erkenntnis der Präfigurierung von Wirklichkeit durch Medien, durch Selektion bestimmter Wirklichkeitsausschnitte, kognitive Modellierung und Steuerung kennzeichnet den aktuellen Stand der Medienforschung.

47 Vgl. zur Diskussion um Mediendeterminismus Philipp Löser: *Mediensimulation*, S. 157f.

nelle Grenzziehungen zwischen medialen Formen erscheinen vor diesem Hintergrund als essenzialistische, reduktive und autoritäre Strategie, der man mit einer veränderten Perspektive auf kulturelle Differenzen, nicht jedoch mit deren Abschaffung, begegnen kann: Bilder und Klänge sind nicht mehr das Andere, das in der Schrift Abwesende, sondern werden als immanentes Korrektiv entworfen. Es gibt demzufolge keine mehr oder weniger authentischen oder objektiven Repräsentationen, vielmehr tragen Schrift, Film und Oralität nur Spuren des Realen, indem sie jeweils Konzepte zu dessen Vertextung darstellen. Kulturelle Präsuppositionen von Schriftlichkeit und damit verbundene Herrschaftsansprüche werden obsolet.

Im Rahmen der gezeigten transmedialen Strategien artikulieren zahlreiche maghrebinische Schriftsteller ein zutiefst ambivalentes Verhältnis zur Schrift, das aus der Problematik ihres doppelten Erbes resultiert. Dadurch gelingt es ihnen auch, die französische Schrift in den Dienst einer Fortschreibung der arabisch-islamischen und berberischen Kultur zu stellen. Die Insuffizienz der kolonialen Buchstaben, die das Körpergedächtnis exteriorisieren, kann damit poetisch kompensiert werden.

„Il cinema è amico della letteratura"
Filmisches Schreiben im italienischen Roman der 80er und 90er Jahre am Beispiel der Romane Sandro Veronesis

MARIO BURG

1. Vorbemerkungen: Film und Literatur in Italien

Die Buchveröffentlichungen zum italienischen Roman, die im Titel „Film" und „Literatur" tragen (mal abgesehen von Arbeiten zu Giovanni Verga, Luigi Pirandello oder Gabriele D'Annunzio), sind bis auf wenige Ausnahmen Untersuchungen zur Adaptions- und Transformationsforschung.[1] Der bekannte italienische Filmwissenschaftler Gian Piero Brunetta weist zwar schon im Jahre 1976 in seinem Sammelband *Letteratura e cinema*[2] darauf hin, dass der Einfluss des Films auf die Literatur jenseits einfacher Thematisierung der Welt des Kinos noch weitgehend unerforscht ist, doch auch eine Veröffentlichung mit dem gleichen Titel im Jahre 1998 von Sara Cortellazzo und Dario Tomasi zeigt, dass wiederholt nur der Prozess der Verfilmung berücksichtigt wurde.[3]

1 Auffällig ist hier auch, dass es sich sehr oft um Filmwissenschaftler handelt, die sich mit den Beziehungen zwischen Film und Literatur befassen, und weniger um Literaturwissenschaftler. So beispielsweise Cristina Bragaglia, die eine schier unglaubliche Anzahl an Verfilmungen italienischer Literatur zusammengestellt hat: Christina Bragaglia: *Il piacere del racconto. Narrativa italiana e cinema: 1895-1990*. Firenze: La Nuova Italia 1993. Vgl. außerdem dazu: Millicent Marcus: *Filmmaking by the Book: Italian Cinema and Literary Adaptation*. Baltimore/London: Johns Hopkins University Press 1993.

2 Gian P. Brunetta (Hrsg.): *Letteratura e cinema*. Bologna: Zanichelli 1976, S. 9.

3 Sara Cortelazzo/Dario Tomasi: *Letteratura e cinema*. Roma/Bari: Laterza 1998 sowie Raffaele Cavalluzzi: *Cinema e letteratura*. Bari: Graphis 1997.

Die wenigen Monographien und Aufsätze, die im weitesten Sinne das filmische Schreiben zum Thema haben, beschäftigen sich einerseits mit Autoren, die sich auch als Filmkritiker betätigt haben (wie beispielsweise Alberto Moravia oder Luciano Bianciardi)[4] oder andererseits mit Romanciers, die sich auch als Drehbuchautoren hervorgetan haben (hier sind Alberto Moravia, Giuseppe Berto, Vitaliano Brancati, Ennio Flaiano, Franco Fortini, Mario Soldati, Pier Paolo Pasolini und Vincenzo Cerami beispielhaft zu nennen).[5]

Eine Ausnahme stellt Gian Piero Brunettas 1989 erstmals erschienene Sammlung literarischer Texte über den Film dar, die jedoch nur auf die Erforschung des Kinozuschauers als Typus (er nennt ihn „iconauta“) in der Literatur abzielt und Paolo Taggis im Jahr 2000 veröffentlichtes Buch *Storie che guardano.*[6] Kaum textanalytisch vorgehend erkundet Taggi in lockerem Erzählton die verschiedenen Thematisierungsmöglichkeiten von Film im Roman. Beide Veröffentlichungen beschränken sich allerdings nicht nur auf die italienische Literatur, sondern bringen Beispiele aus verschiedensten Nationalliteraturen in einen relativ ungeordneten Zusammenhang. Eine systematische Aufarbeitung zum filmischen Schreiben im italienischen Gegenwartsroman – wie etwa die von Jeanne-Marie Clerc und Christian von

---

4 Vgl. hierzu besonders die wiederum von Gian P. Brunetta herausgegebene Sammlung von Kritiken und Reflexionen bekannter italienischer Autoren zum italienischen Kino und dessen Regisseuren: Gian P. Brunetta (Hrsg.): *Spari nel buio. La letteratura contro il cinema italiano: settant'anni di stroncature memorabili.* Venezia: Marsilio 1994.

5 Giuseppe Gargiulo: „Ciac! Si scrive! Alcune considerazioni sui codici narrativi degli sceneggiatori-romanzieri degli anni settanta e ottanta.” In: Serge Vanvolsen/Franco Musarra/Bart van den Bossche (Hrsg.): *Gli spazi della diversità. Atti del convegno internazionale: Rinnovamento del codice narrativo in Italia dal 1945 al 1992.* Roma: Bulzoni 1995, S. 331-349; Francesco Falaschi (Hrsg.): *Scrittori e cinema tra gli anni ’50 e ’60.* Firenze: Giunti 1997.

6 Gian P. Brunetta: *Buio in sala: cent'anni di passioni dello spettatore cinematografico.* Venezia: Marsilio 1989/1997; Paolo Taggi: *Storie che guardano. Andare al cinema tra le pagine dei romanzi.* Roma: Editori Riuniti 2000. Carlo Tagiabue, ein Dozent an der Università per stranieri in Perugia, hat sich außerdem an einem groben Überblick (60 Seiten) über die Beziehungen des Films zur Literatur von den Anfängen bis heute in Italien versucht, doch ist dieser, da für ausländische Sprachschüler als Einführung geschrieben, nur bedingt für eine ernsthafte Untersuchung zum Thema von Nutzen: Carlo Tagliabue: *Cinema e letteratura italiana.* Perugia: Guerra 1990, S. 11-72.

Tschilschke zum französischen Roman oder Babette Kaiserkern zum lateinamerikanischen Roman[7] – existiert somit noch nicht.[8]

Man könnte sich nun natürlich fragen, ob dies an den Primärtexten selbst liegt? Der italienische Roman war in der Tat noch bis Mitte der 70er Jahre weitgehend resistent gegen den Einfluss der Bildmedien Fernsehen und Film. So herrschte in Folge der Neoavantgarde in Italien im Hinblick auf Literatur noch lange ein elitärer Kunstbegriff vor. Sogar noch Ende der 80er Jahre gab es solche Tendenzen, wenn z.B. Aldo Busi den Film im Verhältnis zur Literatur als „arte minore" bezeichnet.[9] Erst Mitte der 70er Jahre, mit der nicht nur in Italien so genannten Rückkehr zum Erzählen, ändert sich dies grundlegend. Bruno Pischedda unterscheidet für den jüngsten italienischen Roman drei Generationen postmoderner Schriftsteller.[10] Da sind zuerst diejenigen, die vor dem zweiten Weltkrieg geboren sind (z.B. Elsa Morante, Leonardo Sciascia, Italo Calvino, Umberto Eco). Diese haben sich von einem elitären Literaturbegriff verabschiedet, ganz im Sinne einer nicht naiven, sondern selbstreflexiven und intertextuell-geprägten Rückkehr zum Erzählen, indem sie sich beispielsweise auch trivialliterarischer Gattungsmuster wie dem Kriminalroman bedienen. Ihr Referenzbereich bleibt weitgehend jedoch die Literatur. Erst mit den sogenannten „giovani scrittori" (v.a. Antonio Tabucchi, Andrea De Carlo, Daniele Del Giudice, Pier Vittorio Tondelli), die hier als zweite Generation genannt werden, findet eine bewusste Öffnung des Romans hin zu den Medien im Allgemeinen und zu Photographie und Film im Besonderen statt. Sabine

7 Jeanne-Marie Clerc: *Le cinéma, témoin de l'imaginaire dans le roman français contemporain: Écriture du visuel et transformations d'une culture.* Frankfurt/Main u.a.: Lang 1984; Jeanne-Marie Clerc: Littérature e cinéma. Paris: Nathan 1993; Christian von Tschilschke: *Roman und Film: Filmisches Schreiben im französischen Roman der Postavantgarde.* Tübingen: Narr 2000; Babette Kaiserkern: *Carlos Fuentes, Gabriel García Marquez und der Film. Kritische Untersuchung zur Geschichte und Phänomenologie des Films in der Literatur.* Frankfurt/Main u.a.: Lang 1995.

8 Dass eine Erforschung dieses Gebiets jedoch durchaus interessant sein könnte, zeigt die Initiative der schon oben erwähnten Bologneser Filmwissenschaftlerin Cristina Bragaglia, die eine Zeitschrift mit dem Titel *Letteratura/ Film* ins Leben gerufen hat. Ein Teil der Zeitschrift, der mit *Prospero's Books* überschrieben ist, ist als Form gedacht für die Beziehungen des Films zur Literatur.

9 Aldo Busi: „Un'arte definitivamente minore." In: *Bianco e nero* 1, 1988, S. 49f.

10 Bruno Pischedda: „Postmoderni di terza generazione." In: Vittorio Spinazzola (Hrsg.): *Tirature '98: una modernità da raccontare: la narrativa italiana degli anni novanta.* Milano: Il Saggiatore 1997, S. 41-45.

Schrader spricht hier treffend von einer gemeinsamen Orientierung dieser Autoren „weg von den nationalen diachronen Textmodellen hin zu intermedialen synchronen Referenzpunkten", wobei bei filmischen Referenzen natürlich auch diachrone Referenzen eine Rolle spielen. Als dritte Generation werden schließlich die Autoren der so genannten „letteratura pulp" oder „letteratura cannibala" der 90er Jahre aufgeführt (u.a. Tiziano Scarpa, Niccolò Ammaniti, Aldo Nove, Isabella Santacroce, Enrico Brizzi), auf die in diesem Band an anderer Stelle genauer eingegangen wird.

2. Filmische Schreibweise bei Sandro Veronesi

Der 1959 geborene Sandro Veronesi kann nun weder zu den ursprünglichen „giovani scrittori" gerechnet werden, noch ist es möglich, ihn als „pulpista" zu bezeichnen, fehlen bei ihm doch gänzlich die typischen Horror- oder Splatterszenarien der „pulpisti". Seine Romane zeichnen sich stilistisch durch eine große ironisch-distanzierte Fabulierlust à la Laurence Sterne aus, die alle typischen Merkmale postmoderner Literatur aufweisen. Was bei seinen Romanen jedoch besonders auffällt, ist die starke Bezugnahme auf den Referenzbereich Film (teils auch auf Malerei und Comics), die sich auf allen Textebenen bemerkbar macht. Im Folgenden soll es nicht darum gehen, eine umfassende Darstellung der filmischen Schreibweise bei Veronesi zu leisten, sondern es soll vielmehr gezeigt werden, inwieweit sich in den Romanen Veronesis filmische Schreibweise manifestiert. Zu Analysezwecken unterscheide ich nach Pfister zwischen System- und Einzeltextreferenzen, die explizit oder implizit sein können.[11] Sehr nützlich sind auch die von Christian von Tschilschke aufgestellten Kategorisierungen filmischer Referenzen, die er zur Systematisierung filmischer Bezüge entwickelt hat. Er unterscheidet filmische Bezüge danach, inwiefern sie sich auf makro-, diskurs- oder mikrostruktureller Ebene niederschlagen.[12] Diese analytischen Kategorien werden bei der Darstellung filmischen Schreibens in *drei* ausgewählten Romanen Sandro Veronesis herangezogen.

11 Ulrich Broich/Manfred Pfister (Hrsg.): *Intertextualität: Formen, Funktionen, anglistische Fallstudien*. Tübingen: Niemeyer 1985, S. 17f. und S. 48-58.

12 Christian von Tschilschke: *Roman und Film,* S. 95-100.

2.1. *Per dove parte questo treno allegro*: Road-Movie

Schon in seinem Debutroman *Per dove parte questo treno allegro* aus dem Jahre 1988 fällt auf, dass der Referenzbereich Film für Veronesi in besonderer Weise eine Rolle spielt.[13] Vielleicht auch, weil er selbst schon als Drehbuchautor gearbeitet hat.[14] Dazu hat Veronesi sich im gleichen Jahr auch in einer Umfrage der Filmzeitschrift *Bianco e nero* geäußert: „Da scrittore, posso dire che non mi preoccupa l'influenza che il linguaggio cinematografico può esercitare sulla lingua. Anzi, mi interessa.“[15]

Der Roman erzählt die Geschichte einer gestörten Vater-Sohn-Beziehung. Der Vater ist ein gescheiterter Industrieller jenseits der Sechzig, der wegen Steuerhinterziehung sein Vermögen verloren hat. Der dreißig Jahre alte Sohn, aus dessen Sicht der Roman als Ich-Erzählung geschildert wird, ist ein gescheiterter Schauspieler, der von Aktiengeschäften lebt. Die Handlung des Romans setzt ein, als der Vater zum Sohn nach Rom reist, um ihn um einen Gefallen zu bitten. Der Sohn soll von einem Schweizer Bankkonto 450 Millionen Lire abheben, damit der Vater seine Schulden bezahlen kann. Diese Ausgangssituation führt nun zu gemeinsamen und getrennten Reisen von Vater und Sohn, die allmählich eine Annäherung, aber nicht eine endgültige Aufhebung der gegenseitigen Gleichgültigkeit auslösen. Der Roman schließt mit einem offenen Ende: Vater und Sohn fahren mit dem Auto in Richtung Schweizer Grenze, wobei der Sohn das Geld, das er entgegen der Anweisung des Vaters selbst über die Grenze geschmuggelt hat, noch immer unter seinem Hemd am Körper trägt.

Bei diesem Roman fällt zunächst die Systemreferenz der Romanhandlung zum Filmgenre des Road-Movies auf. Diese Interpretation wird auf der Makrostruktur dadurch gestützt, dass relevante, genrekonstituierende Elemente des Road-Movies anzutreffen sind. Dem Filmwissenschaftler Martin Bertelsen zufolge sind das: permanente Fahrt in Zügen und Autos; das Reisemotiv (für die Romanhandlung konstitutive Erlebnisse und Erfahrungen werden aus den Fahrzeugen heraus gemacht); zwei (meist gleichgeschlechtliche) Protagonisten, die gesell-

---

13 Sandro Veronesi: *Per dove parte questo treno allegro.* Roma: Theoria 1988.

14 Veronesi war Coautor bei Francesco Calogeros Film *Cinque giorni di tempesta* (1997).

15 Sandro Veronesi: „Il cinema è amico della letteratura.“ In: *Bianco e nero* 3, S. 61f.

schaftliche Außenseiter sind; Identitätssuche und schließlich die Flucht aus gesellschaftlicher Realität.[16] Dazu heißt es im Roman:

> Il nostro modo di viaggiare, insieme, mi accorgo, era piuttosto incoerente, come quello di due poveri che stanno per diventare ricchi oppure di due ricchi appena diventati poveri. In effetti, in quel momento, io e mio padre eravamo entrambe le cose.[17]

Explizite Bezüge verweisen zudem auf den Film im Allgemeinen. Gleich zu Beginn wird die Figur des Vaters dadurch beschrieben, dass er Robert Mitchum gleicht. (Robert Mitchum ist nicht nur ein Schauspieler, der in Road-Movies mitgespielt hat, sondern zudem ein Darsteller, der aufgrund seines Aussehens häufig für Außenseiterrollen besetzt wurde). Dieser makrostrukturelle Vergleich manifestiert sich dabei auch in origineller Weise auf der mikrostrukturellen Ebene – etwa wenn wortschöpferisch von „occhiate mitchumiane" die Rede ist.[18] Aber diese Art der Portraittechnik, die das kinematographische Gedächtnis des Lesers einspannt, wird auch bei anderen Figuren angewandt. So wird ein Schrankenwärter, dessen Namen sich der Sohn nie gemerkt hat, immer schon als Paul Newman bezeichnet und von einem Portier heißt es, dass er wie Peter Ustinov aussieht.[19]

Auf der Diskursebene finden sich in der Erzählinstanz Indizien für eine filmische Schreibweise. Der Leser erfährt die Ereignisse nur über die Vermittlung des Ich-Erzählers, der sich von Anfang an als teilnahmsloser Beobachter ausgibt – was an eine *Camera-Eye*-Technik denken lässt. Zuschauend wird über den Ich-Erzähler damit das Erzählte aufbereitet. Dies wird mikrostrukturell zusätzlich durch eine gehäufte Anzahl an Wörtern hervorgehoben, die immer wieder mit dem Wahrnehmungsstil des „Sehens" zu tun haben. Vor allem Blicke aus dem Zug und aus dem Auto, wie sie im Roman geschildert werden, erzeugen an sich ja schon den Eindruck „bewegter Bilder".[20] Im Roman heißt es:

---

16 Martin Bertelsen: *Roadmovies und Western: ein Vergleich zur Genre-Bestimmung des Roadmovies.* Ammersbek bei Hamburg: Verlag an der Lottbek Jensen 1991.

17 Sandro Veronesi: *Per dove parte*, S. 49

18 Sandro Veronesi: *Per dove parte*, S. 39.

19 Sandro Veronesi: *Per dove parte*, S. 51-58 und S. 136.

20 Vgl. Remo Ceserani: *Treni di carta. L'immaginario in Ferrovia: l'irruzione del treno nella letteratura moderna.* Genova: Marietti 1993; Joachim Paech: *Literatur und Film.* Stuttgart: Metzler 1988, S. 72-75.

Per l'ultimo tratto del viaggio fissai fuori dal finestrino un paessaggio rovente e privo di punti di riferimento, il cui srotolarsi non portava mai a nulla, come la pellicola di un film noioso.[21]

Eine, wenn auch nicht durchgehend, angewandte *Camera-Eye*-Technik manifestiert sich an einigen Stellen zusätzlich durch die explizite Benutzung filmtechnischer Terminologie. So wird beispielsweise zu Beginn der Blick des Sohnes aus dem Fenster als „dissolvenza", Überblendung also, beschrieben.[22] Insgesamt drei Mal im Roman wird beschrieben, dass der Sohn (als Ich-Erzähler) die Szenen, die er gerade erlebt, in eine Filmszene umwandeln muss, damit sie ihm realer erscheinen, was aber am Ende erst explizit gemacht wird:

Carcai di proiettarmi fuori dall'abitacolo, per assistere a tutta la scena nelle mie vesti preferite, di spettatore. [...] Ed ecco che, di nuovo, per dare più forza a una scena vera finivo di trasformarla in una finta e pensavo a un film. Di quelli tristi. In bianco e nero. Con una musica lirica di sottofondo, un'opera cantata da una donna sconosciuta e bellissima.[23]

Anhand dieser Beispiele lässt sich aufzeigen, wie der Roman immer wieder simuliert, etwas zu sein, was er nicht sein kann, nämlich ein Film – genauer: ein Road-Movie. Die Musik, die im Textbeispiel explizit als Filmmusik beschrieben wird, stammt natürlich nicht von einer „donna sconosciuta e bellissima" (s. Zitat oben), sondern von Maria Callas, deren Aufnahme der Vater am Anfang des Romans in der Wohnung des Sohnes hört. Diese Musik taucht an einigen Stellen des Romans wieder auf und wird somit auch außerfiktional zur Titelmusik des Road-Movies, mit welcher der Roman beginnt und womit er auch endet.[24] Schließlich lassen sich dann auch das Originallayout des Romaneinbandes, das eine Aufsicht einer Autobahn zeigt, die sich in Richtung Horizont verliert, und der Romantitel als paratextuell-intermediale Bezüge zum Road-Movie interpretieren.[25]

---

21 Sandro Veronesi: *Per dove parte*, S. 129.

22 Sandro Veronesi: *Per dove parte*, S. 18.

23 Sandro Veronesi: *Per dove parte*, S. 186.

24 Vgl. „Da dentro il „LIBECCIO CLUB" (sic!) proveniva l'aria di un'opera lirica, cantata da una voce simile a quella della Callas. Era bellissima, ma soprattutto, cosí pertinente che sembrava messa lì di proposito, come la colonna sonora di un film." (Sandro Veronesi: *Per dove parte*, S. 104).

25 Als Vorlage für das Layout diente ein Bild des Künstlers Milan Kunk mit dem Titel *Autobahn*, das in der Galerie Il Milione in Mailand hängt.

2.2. *Venite Venite B-52*: der Erzähler als *Camera-Eye*

Veronesis dritter Roman *Venite Venite B-52* von 1995 unterscheidet sich nun grundlegend von dem vorher behandelten.[26] *Venite Venite B-52* ist ein viel ambitionierteres Projekt und erzählt die letzten 30 Jahre italienischer Geschichte aus der Perspektive des gescheiterten Medienzaren Ennio Miraglia und dessen Tochter Viola. Die Handlung verläuft auf zwei Zeitebenen. Auf der ersten, der Gegenwartsebene des Romans, wird die Entführung von Ennio Miraglias Tochter Viola durch ihn selbst erzählt. Auf der zweiten Ebene hingegen wird in Rückblenden die Karriere Ennio Miraglias vom einfachen Musiker in den 60er Jahren zum Medienmogul in den 80er Jahren mit einigen Zeitsprüngen chronologisch erzählt. Die Handlung endet 1991 mit dem Zusammenbruch der Sowjetunion, der zugleich die Pläne des Protagonisten scheitern lässt, in Italien interaktives Fernsehen zu etablieren, denn dazu hätte er aus der UdSSR Zugang zu einem Satellitenkanal erhalten sollen.

Was sich jedoch aufgrund der Handlung als mehr oder weniger ernsthafte „bilancio dell'Italia contemporanea" anhört, entpuppt sich im Roman selbst als postmodernes Spiel mit den Darstellungsmodi von Literatur und Film.[27] Veronesi entwirft in diesem Roman einen allwissenden Erzähler, oder hier besser: impliziten Autor, der sich auf allen Ebenen im Text einmischt und in teilweise direkter Leseranrede mit der Erwartungshaltung des Lesers spielt.

Wie im vorigen Roman finden sich auch hier auf der Ebene der Makrostruktur Portraitierungen von Protagonisten durch Vergleiche mit Schauspielern. Anders als im zuvor behandelten Roman dient diese Portraittechnik jedoch nicht der eindeutigen Figurendarstellung, sondern ist Teil des Spiels mit dem Leser. So ist zum Beispiel von einem „mediocre travestimento da Dominique Sanda nei Giardini di Finzi Contini" die Rede.[28]

Interessanter sind in diesem Roman jedoch diskurspraktische Mittel filmischer Schreibweise. In einer Kapitelüberschrift macht der implizite Autor z.B. darauf aufmerksam, dass das nun Folgende eine alternierende Darstellung einer Bergtour und eines Gesprächs sein wird, das er nach Art einer Seifenoper inszenieren wird, „Una scalata e un colloquio,

---

26 Sandro Veronesi: *Venite Venite B-52*. Milano: Feltrinelli 1995/1997.

27 Mario Barenghi: *Oltre il Novecento: Appunti su un decennio di narrativa (1988-1998)*. Milano: Marcos y Marcos 1999. S. 264.

28 Sandro Veronesi: *Venite*, S. 107.

alternati, tipo telenovela ma meglio".[29] Was dann folgt, ist eine parallel montierte Darstellung zweier an verschiedenen Orten gleichzeitig erfolgender Handlungen: a) der Ersteigung eines Berges und b) eines Gespräches. Graphisch wird diese Montage darüber bewältigt, dass in aufeinander folgenden Absätzen, die durch Asterisken voneinander getrennt sind, der jeweilige Handlungsfortgang erzählt wird. Nach und nach erhöht sich dabei die Schnittfrequenz – die Absätze werden demnach immer kürzer – und der Leser vermag kaum noch zu erkennen, wer gerade an welchem Ort mit wem spricht.[30]

Des Weiteren wird in diesem Roman die filmische Technik des *Freeze Frame* simuliert. Ausgehend von einer Hochzeitsphotographie, deren Beschreibung zunächst geliefert wird, wird so getan, als ob die Figuren sich plötzlich bewegten.

> Partiamo da una fotografia, come in certi film, quando le figure si liberano della struggente, ivanil'iciana immobilità nella quale lo scatto dell'otturatore le aveva imprigionate, e ricominciamo a movimentare una remota inquadratura.[31]

Der Leser wird dann Zeuge der Hochzeit des Protagonisten, die mit Musik unterlegt wird. Der Klang der Musik wird graphisch durch Kapitälchen, Text und Titel der Stücke durch kursiven Druck von der Erzählung der Handlung abgehoben. Am Ende wird die Szene dann plötzlich wieder eingefroren zu einem Bild, zu der Photographie, wobei die Musik wie beim Ausschalten eines Geräts verstummt.

> [...] finché, nel pieno di un lungo trillo Fa-Sol Fa-Sol – al termine del quale, sta scritto, Ennio steccherà – si ode un clic, ogni suono scompare e, così come ne era scaturito, tutto quel rumoroso movimento rincasa nella muta fissità di una fotografia.[32]

Dass es sich hier um ein typisches filmisches Darstellungsmittel handelt, wird im Text zudem metafiktional thematisiert, indem der Erzähler es als „come in certi film" (s.o.) ausweist. Der implizite Autor wird von Veronesi im Grunde als Regisseur inszeniert, der sich gewissermaßen am Schnittpult befindet und die erzählten Szenen als Bilder nach Gutdünken in Bewegung setzen und anhalten kann, wie er es will. An dieser Stelle wird gleichzeitig der Eindruck erweckt, der implizite

29 Sandro Veronesi: *Venite*, S. 153.
30 Sandro Veronesi: *Venite*, S. 153-162.
31 Sandro Veronesi: *Venite*, S. 163.
32 Sandro Veronesi: *Venite*, S. 168.

Autor kooperiere dabei mit dem Leser, mache diesen am Schnittpult zu seinem Komplizen, was durch die Verwendung der ersten Person Plural angezeigt wird.

An einer weiteren Stelle im Roman bezieht sich der implizite Autor explizit auf eine Erzählstrategie in dem Film *Last Temptation of Christ* von Martin Scorsese, die man auch an dieser Stelle der Romanhandlung hätte anwenden können. Das Gedankenexperiment, das er dem Leser nahe legt, wird demnach mit Verweis auf einen Film vorgebracht – wobei an diejenigen Leser, die den Film noch nicht kennen, die Aufforderung ergeht, vor dem Weiterlesen diesen Film anzuschauen.

> [...] oppure meglio ancora, sei invitato a chiudere il libro per un po' e a ricordare intensamente la mezz'ora finale dell'*Ultima tentazione di Cristo* di Martin Scorsese,... (Non hai visto quel film, lettore? Male. Allora sei invitato a chiudere il libro, precipitarti dal primo noleggiatore di videocassette e vedertelo subito, con un'attenzione particolare alla mezz'ora finale ... buona visione, comunque, e a più tardi). Bentornato, lettore. Gran film, eh? E che vuoto nel cuore, eh? Che gelo, che desolazione, quando siamo costretti, credenti o non credenti, a concepire il mondo senza Cristo.[33]

Zwei weitere metafiktionale Einschübe, einer zu Beginn, einer gegen Ende des Romans, zeigen, dass so getan wird, als ob der implizite Autor ein Regisseur und die Romanhandlung damit als Filmhandlung zu verstehen sei.

> Attenzione, ora, alla fine di tutta la sequenza. Si tratta di un altro istante, niente di più, ma sarà necessario guardarlo alla moviola per distinguervi tutto quello che contiene.[34]

Gleich zu Anfang wird angedeutet, der Leser verfolge einen Film mit so komplexen Szenen, dass er sich diese am Schneidetisch besser wieder ansehen müsse. Der dabei gebrauchte Ausdruck „sequenza" des vorherigen Abschnitts macht mikrostrukturell den Filmbezug deutlich. Später im Roman wirft der implizite Autor dem Leser vor, er habe eine Hintergrundmusik überhört, die wie im Film spannungserzeugend ein fatales Ereignis angekündigt hätte: „Perché qualcosa accadde, e chi non l'avesse già capito per conto suo – da come si è fatta drammatica la musica di sottofondo, con quel crescendo di violini [...].[35] Das ironische Spiel mit dem Leser wird hier auf die Spitze getrieben, da mit ei-

33 Sandro Veronesi: *Venite*, S. 229f.

34 Sandro Veronesi: *Venite*, S. 40.

35 Sandro Veronesi: *Venite*, S. 114.

nem monomedialen Medium versucht wird, ein plurimediales (Film) zu simulieren, das dem Leser gar nicht vorliegt.

Schließlich hat Veronesi ans Ende einen Epilog gesetzt, der graphisch an den Abspann eines Dokumentarfilms oder auch eines Spielfilms erinnert. Hier wird der Leser über das Schicksal der Figuren nach dem Ende des Romans informiert.

2.3. *La forza del passato*

Während in *Venite Venite B-52* filmische Schreibweise als Simulierung filmischer Techniken vorherrscht, findet der Bezug auf Filmisches in Veronesis viertem Roman *La forza del passato* vorwiegend über Thematisierung statt.[36] Kurz zur Handlung: Der Protagonist Gianni Orzan, ein Kinderbuchautor, wird nach der Rückkehr von einer Lesung von einem Taxifahrer mit einer Information über seinen Sohn konfrontiert, die eigentlich niemand wissen kann. Gianni Orzan flüchtet sich erschrocken aus dem Taxi und bringt seine Familie in Sicherheit. Er fährt zurück nach Rom, wo er den Taxifahrer, der sich als Gianni Bogliasco zu erkennen gibt, an seiner Tür vorfindet. Dieser eröffnet ihm, dass sein Vater kein rechter Christdemokrat war, sondern ein russischer Langzeitspion des KGB mit Namen Arkady Fokin. Mit diesem Auftakt ist die Ausgangslage geschaffen für eine Reihe von Ereignissen, welche die Welt des Protagonisten gehörig durcheinander bringen. Noch eben von ihm für selbstverständlich gehaltene Wahrheiten und die ihn umgebende Wirklichkeit scheinen sich vor seinen Augen aufzulösen. Bei einem Unfall mit seiner Vespa taucht Bogliasco schließlich unverhofft als Helfer auf. Der Roman endet damit, dass er nun endlich der Geschichte Bogliascos Glauben schenkt.

In diesem Roman wird vor allem auf der makrostrukturellen Ebene und hier hauptsächlich über die Cinephilie des Ich-Erzählers auf den Film Bezug genommen. Die Vergleiche des Ich-Erzählers von Figuren im Roman mit Schauspielern und von Ereignissen mit Szenen aus Filmen nehmen hier schon fast krankhafte Ausmaße an. Besonders hervorzuheben ist, dass die Figur des Gianni Bogliasco immer mit Schauspielern verglichen wird, die als Darsteller von Gangstern bekannt wurden (Bob Hoskins, Humphrey Bogart, Jack Palance, Steve McQueen).[37] Dies führt innerfik-

---

36 Sandro Veronesi: *La forza del passato*. Milano: Bompiani 2000. Der Roman wurde unter der Regie von Piergiorgio Gay auch verfilmt.

37 Sandro Veronesi: *La forza del passato*, S. 20, 60, 74, 92.

tional dazu, dass der Protagonist, statt den Äußerungen Bogliascos zu glauben, ihm eher immer mehr misstraut, und außerfiktional gleichzeitig dazu, dass beim Leser die gleiche Assoziation hervorgerufen wird. Vergleiche dieser Art sind im Roman breit gestreut, so gleicht eine Frau gleich zwei Schauspielern, was auf den Leser eher verwirrend wirkt, jedoch die Unsicherheit des Protagonisten in der Situation verdeutlicht.

> [...] mi accorgo, come accelerata da una stupefacente somiglianza aggregata Florinda Bolkan/Tony Musante che la rende assolutamente irreale. Proprio cosí, assomiglia a *tutt'e* due, in un'ardita crasi somatica che pare ottenuta dopo centinaia di risultati mostruosi, da un Dottor Frankenstein ossessionato da *Anonimo Veneziano*.[38]

Die filmischen Vergleiche beziehen sich aber auch auf ganze Szenen. Die Bedrohung des Kindes des Protagonisten wird mit einer Szene aus Brian de Palmas Kultfilm *The Untouchables* verglichen, in der auch ein Kind bedroht wird.[39] Viele Filmszenen werden zudem im Zusammenhang mit einer Manie des Protagonisten herangezogen. Dieser hatte von seinem Vater den Rat bekommen, nie Männern zu trauen, die unter ihrem Anzug kurzärmelige Hemden tragen. Um diese These zu verifizieren, greift er nicht auf reale Erfahrungen zurück, sondern es werden sechs Spielfilme aufgezählt, in denen die Gangster so gekleidet sind.

> Perché l'ha vista per quarant'anni di fila nei film e nei telefilm americani, ecco perché; addosso agli attori di Hollywood, in storie sempre costruite con climax, anticlimax e pistole che prima o poi sparano.[40]

Auf der diskursstrukturellen Ebene will ich nur kurz noch auf ein Beispiel einer Simulation einer subjektiven Kamera eingehen, die sich so schon als „filmischer Code" etabliert hat.[41] Nach seinem Unfall liegt der Protagonist auf dem Boden. Dem Leser wird, wie im Film mit der subjektiven Kamera, der Bildausschnitt beschrieben, den der Protagonist nun sieht.

---

38 Sandro Veronesi: *La forza del passato*, S. 172. Der Film *Anonimo Veneziano* des Regisseurs Enrico Maria Salerno, auf den hier referiert wird, war 1970 in Italien ein großer Publikumserfolg. Er gilt, nicht nur weil er im gleichen Jahr in die Kinos kam, als italienischer Counterpart zu Arthur Hillers *Love Story*. Interessant dabei ist zu bemerken, dass die beiden Hauptdarsteller Tony Musante und Florinda Bolkan zuvor als Darsteller in Horrorfilmen bekannt geworden waren, was ein neues Licht auf den Vergleich mit Dr. Frankenstein wirft.

39 Sandro Veronesi: *La forza del passato*, S. 24.

40 Sandro Veronesi: *La forza del passato*, S. 62.

41 Vgl. James Monaco: *Film verstehen*. Reinbek bei Hamburg: Rowohlt 1998, S. 180-185.

Dissolvenza su: Rumori metallici. Odore di benzina. Vetri che scricchiolano sotto i passi. Una strana inquadratura obliqua cime degli alberi-tetti dei palazzi-cielo, come di una videocamera caduta e rimasta accesa. [...] È un'immagine molto bella. Ma subito un volto di uomo copre tutto: un volto quadrato, scuro, letteralmente crivellato di foruncoli.[42]

Der filmische Code ist hier perfekt, als ein Passant im Bildausschnitt erscheint und sozusagen aus der Froschperspektive (den Augen des Liegenden) aufgenommen wird. Zusätzlich explizite mikrotextuelle Markierung als filmischer Code erfährt dieser Ausschnitt durch die Verwendung von filmspezifischer Terminologie wie „Dissolvenza su", „strana inquadratura" und den Vergleich mit der Videokamera.[43]

Der Titel des Romans *La forza del passato* ist schließlich der seltene Fall eines direkten Textzitats aus einem Film, von denen es in diesem Roman einige gibt. Das wird deutlich, weil Veronesi seinen Protagonisten in einem Restaurant aufstehen und eine der bekanntesten Passagen aus Pier Paolo Pasolinis Kurzfilm *La ricotta* über zwei Seiten hinweg zitieren lässt.[44] Es ist jene Szene, in der Orson Welles ein Gedicht von Pasolini selbst im Film zitiert.[45] Implizit wird damit an dieser Stelle auf Pasolinis Konzept der Dopostoria, der Nachgeschichte, verwiesen.[46] Dieses Konzept spielt auch für den Roman als Ganzes eine bedeutende Rolle, doch kann in diesem Zusammenhang nicht näher darauf eingegangen werden. Wegen dieses und einiger anderer intertextueller Verweise kann der Roman als eine Hommage an Pasolini angesehen werden, was umso deutlicher wird, wenn man berücksichtigt, dass die Romanhandlung sich zwischen Rom und Ostia abspielt, genau in der Gegend, in der Pasolini immer unterwegs war, viele seiner Filme gedreht wurden und wo er auch schließlich ermordet wurde.

---

42 Sandro Veronesi: *La forza del passato*, S. 204f.

43 Vgl. dazu auch: „Credo che la mia reazione, a questo punto, sia oggettivamente importante, credo che in qualsiasi film adesso ci sarebbe un primo piano su di me [...]" (Sandro Veronesi: *La forza del passato*, S. 71).

44 Sandro Veronesi: *La forza del passato*, S. 93f.

45 Eine Passage, die Welles zudem noch aus dem Drehbuch von Pasolinis Film *Mamma Roma* vorliest. *La ricotta* (1963) ist Teil der Tetralogie *RoGoPaG* – der Titel ist ein Akronym der beteiligten Regisseure –, die Pasolini zusammen mit Roberto Rosselini, Jean-Luc Godard und Ugo Gregoriello realisiert hatte.

46 Vgl. dazu Pier P. Pasolini: „1o febbraio 1975: L'articolo delle lucciole." In: ders.: *Scritti corsari*. Milano: Garzanti, S. 128-134.

3. Schlussbemerkung

Zusammenfassend kann nun gesagt werden, dass man in Sandro Veronesis Romanen von einer sehr ausgeprägten filmischen Schreibweise sprechen kann, die sich auf allen Textebenen manifestiert. Die Erkennbarkeit der filmischen Schreibweise ist – wie oben gezeigt wurde – bei Veronesi besonders deswegen erleichtert, da die Texte eine sehr hohe Dichte an expliziten System- und Einzeltextreferenzen aufweisen. Diese werden zudem dadurch erkennbar, dass filmische Schreibweise metakommunikativ thematisiert wird.

Die Frage nach der Funktion der filmischen Schreibweise bei Veronesi und in der italienischen Literatur des Untersuchungszeitraums allgemein kann an dieser Stelle natürlich nicht umfassend beantwortet werden. Soviel ist jedoch klar. Auch Veronesi reagiert mit seinen Romanen auf die historische Entwicklung der Ablösung der Literatur als Leitmedium durch die Bildmedien. Wie viele Autoren seiner Generation – so zum Beispiel Antonio Tabucchi, Marco Bacci, Edoardo Nesi, Gabriele Romagnoli, Santo Piazzese, Silvia Ballestra, Niccolò Ammaniti u.a. – ist er sich bewusst, dass die Literatur sich insofern auch dieser veränderten Situation stellen muss. Von Tschilschke spricht von einer „Symptomfunktion filmischer Schreibweisen", die unter anderem auch „Rückschlüsse auf die Veränderung des herkömmlichen Bildungskanons ermöglichen".[47] Darauf wird auch in *Venite Venite B-52* angespielt, wenn über eine der Hauptfiguren gesagt wird, sie kenne Anna Karenina, Emma Bovary, und hier folgt eine Aufzählung weiterer literarischer Figuren „sempre e solo tramite i film e gli sceneggiati televisivi [...]".[48]

Ähnliches lässt sich auch über den letztbehandelten Roman sagen. Veronesi entwirft mit Gianni Orzan eine Figur, die ihre Erlebnisse und Erfahrungen fast ausschließlich mit filmischen Deutungsmustern verarbeitet. Im Roman führt dies dazu, dass filmische Fiktion und Romanwirklichkeit, Schein und Sein, in Konkurrenz zueinander treten. Nach und nach erweisen sich diese filmischen Interpretationsfolien jedoch als trügerisch. Erst am Ende wird dem Protagonisten dies klar, wenn Veronesi ihn sagen lässt: „Già perché io sono l'uomo che credeva di imparare le cose dal cinema".[49]

---

47 Christian von Tschilschke: *Roman und Film*, S. 114f.

48 Sandro Veronesi: *Venite*, S. 170f.

49 Sandro Veronesi: *La forza del passato*, S. 214f.

Mediale Ironie als Symptom des Medienwandels

Zur Funktion filmischer Techniken bei Jean Echenoz und Patrick Deville

CHRISTIAN VON TSCHILSCHKE

Die französische Literatur setzt sich mit dem Kino seit seiner Erfindung im Jahr 1895 auseinander. Mit der Wende zur Postmoderne bzw. Postavantgarde, die sich in Frankreich um das Jahr 1980 herum vollzieht, tritt diese Auseinandersetzung, wie in anderen Nationalliteraturen auch, in eine besonders intensive und qualitativ neue Phase. Zu den Gegenwartsautoren, die sich nicht nur konstant auf den Film beziehen, sondern in ihren Romanen auch eine dezidiert postavantgardistische Poetik vertreten, gehören Jean Echenoz und Patrick Deville.[1]

Beide Autoren verbindet darüber hinaus, dass die filmischen Bezüge und speziell die filmischen Techniken, die in ihren Romanen vorkommen, neben einer Reihe anderer Funktionen auch eine ausgeprägt selbstreferenzielle, auf die Literatur zurückweisende Funktion erfüllen. Um die besondere Wirkung und die komplexe Bedeutung dieser selbstreferenziellen Funktion angemessen zu charakterisieren, bietet sich der Begriff „mediale Ironie" an. Terminologisch folgt dieser Begriff, dessen Verwendung sich nicht auf die Literatur beschränkt, dem der „Fiktionsironie". Der begriffliche Wechsel von der Fiktionalität zur Medialität ist dabei auch als Antwort auf einen historischen

1 Jean Echenoz (geb. 1947), Träger des *Prix Goncourt* 1999, hat bisher (2009) elf, Patrick Deville (geb. 1957) acht Romane veröffentlicht.

Prozess zu verstehen, in dessen Verlauf die Medialität die Fiktionalität als Maßstab literarischen Selbstbewusstseins abgelöst hat. Mit dem Objekt der literarischen Selbstreflexion hat sich zudem ihr Modus verändert: Er ist indirekt geworden und damit in einem ganz konkreten Sinn ironisch – zumindest bei den hier behandelten Autoren.

Doch worin liegt die Funktion der medialen Ironie? Sie ist als Strategie zu betrachten, mit der die Literatur ihre Identität unter den Bedingungen der zeitgenössischen Medienverhältnisse behauptet – Verhältnisse, die unter anderem dadurch gekennzeichnet sind, dass in der kulturellen Praxis längst die neueren, audiovisuellen und die neuesten, digitalen Medien dominieren, während auf theoretischem Gebiet zur Zeit die Medientheorie das Feld beherrscht, die ihrerseits der Literatur nurmehr partikulare Relevanz zubilligt.

1. Formen filmischer Bezüge

Um die Funktion der filmischen Techniken in den Romanen von Echenoz und Deville näher bestimmen zu können, aber auch, weil diese Techniken immer im Zusammenhang mit Bezügen anderer Art auftreten, ist es zunächst notwendig, einen Überblick über die wichtigsten Erscheinungsformen aller filmischen Bezüge zu gewinnen. Die Nachweisbarkeit dieser Bezüge, die in ihrer Gesamtheit die „filmische Schreibweise" der jeweiligen Romane ausmachen, wird im Folgenden vorausgesetzt.[2]

2 Mit der Problematik der filmischen Schreibweise und der Nachweisbarkeit filmischer Bezüge setzen sich die folgenden Arbeiten auseinander, die von der Prämisse einer Rezeptionssteuerung durch den Text ausgehen und Ergebnisse der Intertextualitätsforschung für die Untersuchung intermedialer Prozesse adaptieren: Christian v. Tschilschke: „‚Ceci n'est pas un film' – Die filmische Schreibweise im französischen Roman der Gegenwart." In: Jochen Mecke/Volker Roloff (Hrsg.): *Kino-/(Ro)Mania. Intermedialität zwischen Film und Literatur.* Tübingen: Stauffenburg 1999, S. 203-221; Christian v. Tschilschke: *Roman und Film. Filmisches Schreiben im französischen Roman der Postavantgarde.* Tübingen: Narr 2000. Und ders.: „Wer Filme sieht, schreibt anders. Film und filmisches Schreiben in der französischen Literatur der Gegenwart." In: *Stint. Zeitschrift für Literatur* 31 (2002), S. 121-127. Eine systematische Weiterentwicklung und dezidierte Einbindung in das Intermedialitätskonzept unternehmen Irina O. Rajewsky: *Intermedialität.* Tübingen/Basel: Francke 2002 und Dagmar Schmelzer: *Intermediales Schreiben im spanischen Avantgarderoman der 20er Jahre. Azorín, Benjamín Jarnés und der Film.* Tübingen: Narr 2007. Eine explizite Abwendung vom Intertextualitätsmodell vollzieht dagegen Ben Scheffler: *Film und Musik im spanischsprachigen Roman der Gegenwart. Untersuchungen zur Intermedialität als produktionsästhetisches*

Filmische Bezüge kommen bei Echenoz und Deville in jedweder Form vor: explizit und implizit, als Einzeltext- und als Systemreferenzen, auf der *histoire*-Ebene genauso wie auf der *discours*-Ebene. Am offensichtlichsten ist der Bezug zum Film bei den Figuren: Sie werden immer wieder mit Filmschauspielern verglichen, gehen gerne ins Kino, tapezieren ihre Wohnung mit Filmplakaten oder sind sogar selbst im Film- und Fernsehmilieu tätig. Ihre vermeintlich authentischen Erinnerungen überlagern sich mit Filmbildern. Ihre Zukunft imaginieren sie in Form filmischer Szenarien. Ihre Gegenwart erleben sie gelegentlich selbst wie im Film, oder sie werden von anderen Figuren mit den Worten „c'est comme au cinéma"[3] auf den filmischen Charakter einer Situation hingewiesen.

Aus der Sicht des Lesers sind das durchaus zutreffende Einschätzungen. Schließlich folgen die Geschichten, in denen die Figuren agieren, in weiten Teilen den Genremustern von Gangster-, Abenteuer-, Spionage-, Katastrophen- und Science-Fiction-Filmen, das Roadmovie nicht zu vergessen. Viele der im Einzelnen beschriebenen Situationen wirken filmisch, weil es sich entweder um Alltagssituationen handelt, die aufgrund ihrer häufigen Darstellung im Film gewissermaßen eine „injection de cinématographicité"[4] erhalten haben, oder weil sie zum Bildinventar bestimmter Genres gehören.[5] Gelegentlich entstammen

Verfahren. Frankfurt am Main u.a.: Lang 2004. Vgl. an neueren Publikationen zur filmischen Schreibweise: Ralf Schnell: *Medienästhetik. Zu Geschichte und Theorie audiovisueller Wahrnehmungsformen.* Stuttgart/Weimar: Metzler 2000, der den Begriff rein deskriptiv verwendet (S. 150-156), und Franz-Josef Albersmeier: *Theater, Film und Literatur in Spanien. Literaturgeschichte als integrierte Mediengeschichte.* Berlin: Schmidt 2001, der zwischen einem engen (einzelne Referenzen) und einem weiten Begriff (Film als zentraler Gegenstand) von filmischer Schreibweise unterscheidet (S. 19). Natalie Binczek und Nicolas Pethes subsumieren die filmische Schreibweise in ihrer kurzen „Mediengeschichte der Literatur" unter die Kategorie ‚Fremdbeobachtung konkurrierender Medien.' In: Helmut Schanze (Hrsg.): *Handbuch der Mediengeschichte.* Stuttgart: Kröner 2001, S. 282-315, hier S. 308. Einen auch für die Untersuchung filmischer Schreibweisen hilfreichen begriffsgeschichtlichen Abriss gibt Oksana Bulgakowa: „Film/filmisch." In: Karlheinz Barck (Hrsg.): *Ästhetische Grundbegriffe.* Bd. 2, Stuttgart/Weimar: Metzler 2001, S. 429-462.

3 Jean Echenoz: *Lac.* Paris: Minuit 1989, S. 137.

4 Christian Metz: *Langage et cinéma.* Paris: Larousse 1971, S. 86.

5 Nur ein Beispiel: Ein Satz wie der folgende aus Devilles Roman *Ces deux-là* – „le crépitement de la rafale lève des petits geysers de sang et de muscles à travers les vêtements" (Patrick Deville: *Ces deux-là.* Paris: Minuit 2000, S. 155) – ist nicht denkbar ohne die entsprechenden Gewaltdarstellungen im Film, wie sie von Regisseuren wie Sam Peckinpah (*The Wild Bunch*, 1969) und

sie auch allseits bekannten Filmklassikern wie die Motive aus Hitchcocks *Psycho* und *Vertigo*, die Echenoz in *Les grandes blondes* (1995) verarbeitet – schon der Titel dieses Romans weckt entsprechende Assoziationen.

Die Verwendung filmischer Techniken erstreckt sich vor allem auf die Bereiche Schnitt und Montage, die Kameraähnlichkeit der Erzählperspektive und die Kombination von Bild und Ton, also die Zweikanaligkeit des Films. Der Schnitteffekt beruht auf raum-zeitlicher Diskontinuität. Die Diskontinuität irritiert umso mehr und verweist umso stärker auf den Film, je kleiner die Texteinheiten (Kapitel, Abschnitte, Sätze, Satzteile) sind, zwischen denen sie auftritt, und je weniger Kontext (explizite Angaben über Ort, Zeit und Figuren) der Leser zu seiner Orientierung zur Verfügung hat. Auf dieser Grundlage werden in den Romanen harte Schnitte, *jump cuts* und *match cuts* imitiert, aber auch Schnittkonventionen wie das Schuss/Gegenschuss-Prinzip oder das *cross cutting* zwischen verschiedenen Erzählsträngen. Die Nachahmung filmischer Überblendungen gehört ebenso zum Repertoire. Patrick Deville liefert dazu in *Longue vue* ein regelrechtes Kabinettstückchen, indem er zwei aufeinander folgende Szenen, die sich in Ort, Zeit und von den Figuren her unterscheiden, durch die Bildung einer verbalen Schnittmenge ineinander übergehen lässt.[6]

Kameraähnlichkeit wird auf zwei Wegen erzeugt: Entweder zieht sich der Erzähler weitgehend zurück, unter Beibehaltung einer exakt fixierten optischen Perspektive – das ist die sogenannte *Camera-Eye*-Technik, wie sie zum Beispiel auf den ersten Seiten von Echenoz' Roman *Cherokee* (1983) angewendet wird –, oder die Wiedergabe visueller Eindrücke wird, im Gegenteil, so auffallend konstruiert, dass das Ergebnis an spezifische Kamerahandlungen wie Schwenk, Zoom, Erkundungsfahrt, Kulissenfahrt und Ähnliches erinnert. Die Identifikation dieser impliziten Systemreferenzen wird häufig dadurch erleichtert, dass sie zusätzlich durch explizite Bezüge aus der filmischen Fachsprache wie „gros plan", „plan américain" „panoramique", „zoom", „arrêt sur image", „ralenti" usw. markiert sind.

Martin Scorcese (*Raging Bull*, 1980) entwickelt wurden und heute in zahlreichen Action-Filmen zu sehen sind.

6 Patrick Deville: *Longue vue*. Paris: Minuit 1988, S. 54; vgl. zur Analyse dieser „sylleptischen Verknüpfung", wie man auch in der Sprache der Rhetorik sagen könnte, Christian v. Tschilschke: *Roman und Film*. S. 195f.

Wie spezifisch die Übernahme filmischer Dispositive durch den Roman ausfallen kann, illustriert das folgende Beispiel. In den Romanen *Longue vue* (1988) von Deville und *Nous trois* (1992) von Echenoz wird der Leser mit einer unmöglichen Synthese aus Ich- und Er-Erzählform (bzw. homo- und heterodiegetischem Erzählen) konfrontiert. Dazu gehört unter anderem, dass ein Ich-Erzähler sich selbst aus der Perspektive einer dritten Person begegnet. Innerhalb literarischer Konventionen ist dieses Paradox, das auch als „une sorte de schizophrénie narrative"[7] bezeichnet wurde, nicht auflösbar. Wenn man das Vorbild des Films heranzieht, erscheint eine solche Kombination freilich nicht mehr so ungewöhnlich. In filmischen Ich-Erzählungen wird die optische Perspektive fast immer von der aus dem *Off* erzählenden Figur (*voice over*) abgekoppelt. Aufgrund der Zweikanaligkeit des Mediums wird das nicht als Verstoß gegen die Wahrscheinlichkeit aufgefasst.[8]

In den Romanen von Echenoz spielt die Zweikanaligkeit des Films aber noch in anderer Hinsicht eine Rolle. Echenoz zeigt sich besonders sensibel für akustische Phänomene. Er beschreibt sie in deutlicher Anlehnung an Ton-Bild-Verbindungen, die man vom Film kennt: Während einer Schießerei erklingt kontrapunktisch Jazzmusik aus einem Transistorradio[9] – auch die Tonquelle wird also „im Bild" gezeigt –, die Hinterhofgeräusche, die an das geöffnete Fenster eines Wohnblocks dringen, evozieren die „Atmo", den atmosphärischen Toneinsatz im Film,[10] und den Abgang einer weiblichen Hauptfigur hat man sich begleitet von Violinenklängen à la Hollywood vorzustellen: „Des violons se déchaînent à la sortie de Gloire".[11] Alles in

7 Sjef Houppermans: „Pleins et trous dans l'œuvre de Jean Echenoz." In: Michèle Ammouche-Kremers/Henk Hillenaar (Hrsg.): *Jeunes auteurs de Minuit*. Amsterdam: Rodopi 1994, S. 77-94, hier S. 91.

8 Eine detaillierte Analyse dieser „‚unstimmigen' bzw. ‚eigentümlichen' Erzählsituationen" unternimmt Irina O. Rajewsky, allerdings ohne auf die Möglichkeit einer intermedialen ‚Auflösung' zu verweisen (I. O. Rajewsky: „Diaphanes Erzählen. Das Ausstellen der Erzähl(er)fiktion der jeunes auteurs de Minuit und seine Implikationen für die Erzähltheorie". In: I. O. Rajewsky/ Ulrike Schneider (Hrsg.): *Im Zeichen der Fiktion. Aspekte fiktionaler Rede aus historischer und systematischer Sicht. Festschrift für Klaus W. Hempfer zum 65. Geburtstag*. Stuttgart: Steiner 2008, S. 327-364, hier S. 342).

9 Jean Echenoz: *Cherokee*. Paris: Minuit 1983, S. 238ff.

10 Jean Echenoz: *Cherokee*, S. 168.

11 Jean Echenoz: *Les grandes blondes*. Paris: Minuit 1995, S. 228.

allem liefert Echenoz hier eine exakte Nachbildung dessen, was die Filmtheorie als „son in“, „son hors-champ“ und „son off“ bezeichnet.[12]

2. Funktionen filmischer Techniken

Der Überblick über die Formen der filmischen Bezüge bildet die Grundlage, auf der sich nun Genaueres über ihre Funktionen sagen lässt. Drei Funktionen können im Wesentlichen unterschieden werden: Fiktionsermöglichung, Zeitdiagnostik und Selbstreferenz.

Der Begriff „Fiktionsermöglichung“ bezieht sich auf eines der zentralen Merkmale der literarischen Postmoderne: die Rehabilitierung traditioneller und die Berücksichtigung trivialer Elemente der Fiktionsbildung. Der zum erzählerischen Universalmedium des 20. Jahrhunderts aufgestiegene Film übernimmt in diesem Prozess eine wichtige Rolle als Geburtshelfer und Garant der literarischen Fiktion. Der demonstrative Umweg über den Film ermöglicht es dem Roman, wieder Geschichten zu erzählen und gleichzeitig in spielerisch-distanzierter Weise deutlich zu machen, dass dies nicht mehr mit dem vormaligen Anspruch auf Autonomie, Authentizität und Unvermitteltheit des Wirklichkeitsbezugs geschehen kann.

Die filmische Vermitteltheit und offenkundige Inauthentizität der Romanwelten von Echenoz und Deville lässt sich aber auch in eine zeitdiagnostische Perspektive rücken. In dieser Lesart reagieren die Romane durchaus mimetisch auf eine Umwelt, in der die audiovisuellen Medien die Wirklichkeit nicht nur entscheidend prägen, sondern sie allererst hervorbringen. In der Theorie hat diese Diagnose ihren bekanntesten Ausdruck in den siebziger Jahren gefunden: in den Thesen Jean Baudrillards zu Hyperrealismus, Simulation und Simulakrum.[13] Doch inzwischen haben sich die Vorzeichen der Theorieentwicklung umgekehrt. Betrieben die Bildmedien aus Baudrillards gesellschaftstheoretischer Sicht noch die „Agonie des Realen“, so machen sie sich nun aus neuerer mediengeschichtlicher Perspektive um

12 Vgl. Michel Chion: *L'audio-vision. Son et image au cinéma*. Paris: Nathan 1990, S. 65.

13 Vgl. das Kapitel „L'hyperréalisme de la simulation.“ In: Jean Baudrillard: *L'échange symbolique et la mort*. Paris: Gallimard 1976, S. 110-117 und den Essay „La précession des simulacres.“ (1978) In: Jean Baudrillard: *Simulacres et simulation*. Paris: Galilée 1981, S. 9-68.

dessen Aufzeichnung verdient.[14] Die Romane von Echenoz und Deville konservieren demgegenüber die Vorstellung einer medial simulierten Wirklichkeit, in der eine grundsätzliche Unterscheidung zwischen Schein und Sein, Fiktion und Realität nicht mehr möglich ist. Der apokalyptische Unterton Baudrillards und die negativen Bewertungen der traditionellen Medienkritik sind ihnen jedoch fremd.

Verglichen mit den Funktionen der Fiktionsermöglichung und der Zeitdiagnostik, die im Zusammenhang mit filmischen Schreibweisen in der Gegenwartsliteratur immer wieder angeführt werden, wurde der Selbstreferenz bisher am wenigsten Beachtung zuteil. Auf den ersten Blick mag es ja auch übertrieben erscheinen, auf einer Funktion zu insistieren, die sich doch offenbar von selbst versteht. Natürlich ist nicht jeder Bezug auf den Film sogleich selbstreferenziell. Aber gerade für viele implizite Bezüge und zumal für filmische Techniken gilt ja, dass sie, um überhaupt als „filmisch" wahrgenommen werden zu können, erst gegen bestimmte literarische Konventionen verstoßen müssen, wodurch sie automatisch auf den literarischen Text zurückweisen.[15]

Es lässt sich auch einwenden, dass eine selbstreferenzielle Komponente bereits in den beiden anderen Funktionen enthalten sei. Das ist

14 Vgl. u.a. Jochen Hörisch: *Ende der Vorstellung. Die Poesie der Medien.* Frankfurt am Main: Suhrkamp 1999, der sich hauptsächlich auf die Filmtheorie Siegfried Kracauers bezieht (S. 33, 180-189), und Jochen Mecke: „Man kann nicht an nichts denken: Rohmers intermediale Ästhetik im Spannungsfeld zwischen literarischer Interpretation und filmischer Kollektion." In: Uta Felten/ Volker Roloff (Hrsg.): *Rohmer intermedial.* Tübingen: Stauffenburg 2001, S. 13-44, der sich darüber hinaus auf Friedrich Kittler und André Bazin beruft (S. 28, 33, 36-44). Die bemerkenswerte Renaissance von Kracauers Filmtheorie (Siegfied Kracauer: *Theory of Film. The Redemption of Physical Reality.* New York: Oxford University Press 1960) verdankt sich vor allem ihrer antimetaphysischen und antihermeneutischen Tendenz, die den Interessen postmoderner Theoriebildung entgegenkommt. Ausführlich gewürdigt wird dieser Umstand von Helmut Lethen: „Sichtbarkeit. Kracauers Liebeslehre." In: Michael Kessler/Thomas Y. Levin (Hrsg.): *Siegfried Kracauer. Neue Interpretationen.* Tübingen: Stauffenburg 1990, S. 195-228.

15 Für Dagmar Schmelzer (Scheidt) beispielsweise „führt Intermedialität quasi von selbst zu einer ,metamedialen' Dimension des Textes" (Dagmar Scheidt: „'Pero los sueños son mentira, capitán. Pura mentira, como las películas.' Film und filmische Techniken in *Beltenebros* von Antonio Muñoz Molina." In: Jochen Mecke/Volker Roloff: *Kino-/(Ro-) Mania.* S. 223-245, hier S. 243). Auch Werner Wolf hebt die Affinität von Intermedialität und Metamedialität hervor, betont aber die Notwendigkeit einer terminologischen Unterscheidung (Werner Wolf: *The Musicalization of Fiction. A Study in the Theory and History of Intermediality.* Amsterdam/Atlanta: Rodopi 1999, S. 48f., 56).

in Bezug auf die Thematisierung von Fiktionalität sicherlich richtig, denn durch die demonstrative Verwendung filmischer Elemente auf *histoire-* und *discours*-Ebene wird ja auch die Fiktionalität der Romane selbst offengelegt. Ein Beispiel dafür ist der schon erwähnte Satz „c'est comme au cinéma“, der sich als doppelt adressierte Botschaft einerseits an eine der Figuren und andererseits, als metafiktionaler Kommentar, an den Leser richtet.

Die Fiktionalität ist aber nur einer der beiden Bereiche, die im Rahmen der selbstreferenziellen Funktion der filmischen Bezüge thematisiert werden. Der andere Bereich ist die Materialität und Medialität des Textes. In den Romanen von Echenoz und Deville ist die Thematisierung der Medialität jedoch weit mehr als das allgemeine Nebenprodukt einer filmischen Schreibweise. Sie ist Teil eines bestimmten, systematisch verfolgten Konzepts literarischer Selbstreferenz. Das zeigt sich nirgends deutlicher als bei den filmischen Techniken. Diese werden von beiden Autoren so eingesetzt, dass sie das „Prinzip der Mediumsadäquatheit“ in besonders auffälliger Weise verletzen – also jene Regeln, die nach Werner Wolf gewöhnlich dafür sorgen, dass das Medium verdeckt bleibt.[16] Konkret bedeutet das: Die Nachahmung von Schnitt, Montage und Überblendung, von Kamerahandlungen und Erzählsituationen, von Bild und Ton lenkt die Aufmerksamkeit des Lesers gezielt auf die Monomedialität der Literatur, den Symbolcharakter der Sprache, die Linearität der Schrift und den der Literatur inhärenten Modus der Vorstellung.

So wie die Selbstreferenz (neben Fiktionsermöglichung und Zeitdiagnostik) nicht die einzige Funktion der filmischen Techniken ist, sind die filmischen Techniken auch nicht das einzige Mittel der Selbstreferenz. Neben der indirekten Selbstreferenz über das Fremdmedium Film (Heteroreferenz als Autoreferenz) werden Fiktionalität und Materialität auch auf direktem Weg (Autoreferenz) ausgiebig thematisiert.

---

16 Werner Wolf: *Ästhetische Illusion und Illusionsdurchbrechung in der Erzählkunst. Theorie und Geschichte mit Schwerpunkt auf englischem illusionsstörendem Erzählen.* Tübingen: Niemeyer 1993, S. 133 und 164-172. Wolf behandelt die Frage der Mediumsadäquatheit allerdings weitgehend aus der literarischen Binnensicht, indem er etwa auf ein ausgewogenes Verhältnis von Deskription, Argumentation und Narration verweist. Eine medienkomparatistische Perspektive kommt nur in dem – auch in Bezug auf den Film gültigen – Hinweis zum Tragen, dass literarische Texte, zum Beispiel bei der Identifikation von Sprecherinstanzen, einem Zwang zur sprachlichen Information unterliegen, den das Theater aufgrund seines Darstellungscharakters nicht kennt (S. 171f.).

Da lobt etwa ein Erzähler sein eigenes Verfahren als „aimable effet d'abyme",[17] ein anderer wiederum stellt wahrheitsgemäß fest: „Ce monde est un monde de faux-semblants".[18] Daneben lassen Wortspiele, bizarre Namen und fremdsprachliche Einsprengsel, aus dem Rahmen fallende Metaphern, Vergleiche und syntaktische Figuren die Sprache in den Vordergrund treten. Comicartige Onomatopöien, Klammereinschübe, Kursivdruck und Majuskeln heben die Schriftlichkeit der Texte hervor. Das auffällige Druckbild (Leerzeilen, Einschub anderer Textsorten) sorgt schließlich dafür, dass dem Leser auch die Buchform stets präsent ist. Gegenüber diesen herkömmlichen Formen direkter literarischer Selbstreferenz spielt freilich die indirekte Thematisierung von Medialität eine besondere Rolle. Sie bildet die Grundlage für den Effekt der „medialen Ironie".

3. Von der Fiktionsironie zur medialen Ironie

Mediale Selbstthematisierung ist gerade in der Geschichte des Romans keine Erscheinung, die sich auf das 20. Jahrhundert beschränkt, auch wenn es immer dieselben Ausnahmewerke sind, die als Beispiele herangezogen werden. Schon im *Don Quijote* (1605/1615) sind Manuskript und Schrift, Buch und Buchdruck zentrale Gegenstände der literarischen Selbstreflexion.[19] Und im *Tristram Shandy* (1759-1767) werden alle nur denkbaren Register materieller Selbstdarstellung gezogen: von den eingeschobenen Zeichnungen über die zahlreichen typographischen Spielereien bis hin zu den berühmten weißen, schwarzen und marmorierten Seiten. So unterschiedlich diese Formen im Einzelnen auch motiviert sind, stehen sie letztlich doch immer im Dienst des Fiktionalitätsdiskurses, denn ihre Grundfunktionen bleiben über die Zeit hin gleich: die Kritik an der Illusion, die Problematisierung des Verhältnisses von Fiktion und Wirklichkeit und die Manifestation künstlerischen Selbstbewusstseins.

---

17 Jean Echenoz: *Cherokee*, S. 210.

18 Patrick Deville: *La femme parfaite*. Paris: Minuit 1995, S. 43, 47.

19 Vgl. zu diesem Aspekt u.a. Ulrich Winter: „Subjektivierung im Schreiben und Erzählen. Auktoriale Selbstbildung und Zeichenarchäologie im *Don Quijote*." In: Wolfgang Matzat/Bernhard Teuber (Hrsg.): *Welterfahrung – Selbsterfahrung: Konstitution und Verhandlung von Subjektivität in der spanischen Literatur der frühen Neuzeit*. Tübingen: Niemeyer 2000, S. 321-343 und Jochen Mecke: „Hypertextualität und Hypermedialität im *Don Quijote*." In: Christoph Strosetzki (Hrsg.): *Miguel de Cervantes' „Don Quijote". Explizite und implizite Diskurse im „Don Quijote"*. Berlin: Schmidt 2005, S. 205-230.

Erst gegen Ende des 19. Jahrhunderts befreit sich die Reflexion über Medialität aus der Indienstnahme durch die Fiktion: Sie tritt in Widerspruch zu ihr, ordnet sich unter oder koppelt sich ganz von ihr ab. Zwei Gründe sind dafür vor allem ausschlaggebend: erstens das wachsende Bewusstsein der Literatur für die eigene, aber auch für fremde Medialität und zweitens die schwindende Bedeutung der Fiktionalität als Kriterium literarischer Selbstvergewisserung. Beide Entwicklungen verlaufen umgekehrt proportional zueinander, und beide Entwicklungen sind nicht ohne die Entstehung und Verbreitung der audiovisuellen Medien zu denken.

Es ist eine medientheoretische Grundeinsicht, dass neue Medien die älteren Medien zur Modifikation ihrer Formen und Funktionen nötigen. So geschieht es auch mit der Literatur seit Beginn des 20. Jahrhunderts. Unter dem Eindruck und zum Teil auch unter Einbeziehung der neuen audiovisuellen Medien besinnt sich die Literatur, in erster Linie die der Avantgarde, auf ihre materiellen und medialen Voraussetzungen. Friedrich Kittler geht in seiner Medientheorie bekanntlich sogar so weit, den Medienbegriff überhaupt erst als Produkt der Einführung von Grammophon, Film und Typewriter anzusehen. Denn solange die Schrift noch die mediale Alleinherrschaft besaß, das heißt bis ca. 1900, sei man aufgrund des fehlenden Kontrastes zu anderen Medien schlechthin nicht in der Lage gewesen, Medialität wahrzunehmen.[20]

Der Druck auf die Literatur, ihre medialen Voraussetzungen direkt oder im Umweg über ein Fremdmedium zu thematisieren, wird noch dadurch verstärkt, dass sie allmählich ihr angestammtes Differenzkriterium und damit den Hauptgegenstand ihrer Selbstreflexion verliert: die Fiktionalität. Und das in zweifacher Weise: Die audiovisuellen Medien, allen voran das Fernsehen, verbreiten als gelehrige Schüler und zahlungskräftige Kunden der Literatur selbst fiktionale Geschichten in einem nie dagewesenen Ausmaß, und zugleich fördern sie die universale Fiktionalisierung der Wirklichkeit. Wenn die Realität in einer fiktionalisierten Lebenswelt verschwindet, verliert aber die Literatur nach dem Verlust ihres Fiktionalitätsmonopols auch noch die Möglichkeit, sich überhaupt als Fiktion zu profilieren.[21] Der Roman als

20 Friedrich Kittler: *Grammophon, Film, Typewriter*. Berlin: Brinkmann & Bose 1986, S. 12f. („[...] den Begriff Medium gab es nicht. Was sonst noch lief, fiel durchs Filter der Buchstaben oder Ideogramme." [S. 13]).

21 Das ist eine Diagnose, in der seit mehr als zwanzig Jahren bei aller Verschiedenheit der Ausgangspunkte und Schlussfolgerungen eine gewisse Einig-

Statthalter der literarischen Fiktion ist natürlich von der Entwertung der Fiktionalität in besonderer Weise betroffen. Damit wächst der Materialität des Textes aber auch von dieser Seite her neue Bedeutung zu.

Welche terminologischen Konsequenzen ergeben sich aus der skizzierten Entwicklung? Obwohl sich die Bedingungen für die Thematisierung von Medialität entscheidend geändert haben, fehlt es nach wie vor an geeigneten Begriffen zu ihrer Bezeichnung. Aber vielleicht lässt sich diese Lücke ja im Anschluss an jene Begriffe füllen, denen die Thematisierung von Medialität bisher immer subsumiert wurde: „Fiktionsironie" und „Metafiktion" (*metafiction*) – Begriffe, die 1961 von Harald Weinrich bzw. 1970 von Robert Scholes eingeführt wurden.[22] Die Geschichte der Literatur vom Ende des 19. bis zum Beginn

---

keit herrscht. Vgl. u.a. Jean Baudrillard allgemein: „L'illusion n'est plus possible, parce que le réel n'est plus possible" (Jean Baudrillard: *Précession*, S. 36); Odo Marquard in Bezug auf die Kunst: „[...] *wo die Wirklichkeit modern zur Fiktur wird* [...], *muß die Kunst diese Fiktionaldefinition preisgeben* [...]" (Odo Marquard: „Kunst als Antifiktion. Versuch über den Weg der Wirklichkeit ins Fiktive." In: Dieter Henrich/Wolfgang Iser (Hrsg.): *Funktionen des Fiktiven. Poetik und Hermeneutik X.* München: Fink 1983, S. 35-54, hier S. 53) und Charles Grivel zum Roman: „[...] on n'imagine plus guère ce que pourrait être un univers *fictif.* [...] C'est que notre réalité dérisoire et quelconque *manque de réalité.*" (Charles Grivel: „Le roman sans fiction." In: Ulrich Schulz-Buschhaus/Karlheinz Stierle (Hrsg.): *Projekte des Romans nach der Moderne.* München: Fink 1997, S. 65-87, hier S. 65f.). Am prägnantesten kommt die Problematik vielleicht bei dem Medienwissenschaftler Daniel de Kerckhove zum Ausdruck: „Brauchen wir, in einer Realität wie der unseren, noch Fiktionen?" In: Gianni Vattimo/Wolfgang Welsch (Hrsg.): *Medien-Welten, Wirklichkeiten.* München: Fink 1998, S. 187-200.

22 Vgl. Harald Weinrich: „Fiktionsironie bei Anouilh." In: *Literaturwissenschaftliches Jahrbuch* 2 (1961), S. 239-253; Robert Scholes: „Metafiction." In: *Iowa Review* 1 (1970), S. 100-115. Mirjam Sprenger, die mit ihrer Arbeit *Modernes Erzählen. Metafiktion im deutschsprachigen Roman der Gegenwart* (Stuttgart/Weimar: Metzler 1999) ausdrücklich beansprucht, den Begriff der Metafiktion in die Germanistik einzuführen (S. 25, 333), geht zwar kurz auf das historische Phänomen der romantischen Ironie ein (S. 75-78, 324), erwähnt aber mit keinem Wort den bestehenden Begriff der Fiktionsironie. Vgl. dagegen Werner Wolf: „Metafiktion." In: Ansgar Nünning (Hrsg.): *Metzler Lexikon Literatur- und Kulturtheorie. Ansätze–Personen–Grundbegriffe.* Stuttgart/Weimar: Metzler 1998, S. 362f. Im Bereich der Romanistik wurde der Begriff „Metafiktion" in der jüngsten Zeit von Anna-Sophia Buck: *El arte de hacer novelas. Metafiktionalität und Interdiskursivität im spanischen Roman der Gegenwart. Untersuchungen zu Texten von Juan Bonilla, Ángel García Pintado und Juan Manuel de Prada.* Frankfurt am Main: Lang 2002 und Sylvia Setzkorn: *Metafiktion im französischen und italienischen Roman der Gegenwart. Untersuchungen zu Texten von Italo Calvino, Jacques*

des 21. Jahrhunderts legt die Absicht nahe, diesen beiden Begriffen die Termini „mediale Ironie“ und „Metamedialität“ zur Seite zu stellen.[23] Das hätte jedoch wenig Sinn, ohne vorher das Verhältnis von Fiktionsironie und Metafiktion geklärt zu haben. Diese Aufgabe ist allerdings gar nicht so einfach, denn die beiden Begriffe überschneiden sich bis zur Synonymie. Wenn man unter „Metafiktion“ ganz allgemein die „explizite oder implizite Thematisierung von Fiktionalität“ versteht und wenn „Fiktionsironie“ daneben als eigener Terminus weiter bestehen soll, dann reicht es nicht, „Fiktionsironie“ in der üblichen Weise zu definieren: als sich selbst zeigende Fiktion wie bei Harald Weinrich, als „Reflexion des Fiktionscharakters im Fiktionalen selbst“ wie bei Bernhard Heimrich oder als implizite Fiktionsdurchbrechung wie bei Rainer Warning.[24] Diesen Definitionen ist gemeinsam, dass sie ebenso gut auf den Begriff der Metafiktion wie auf ein allgemeines Kommunikationsmodell der Ironie bezogen werden können, in dem ein Autor so tut, als ob er „Wirklichkeit“ sagt, und zugleich dem verständigen Leser signalisiert, dass er „Fiktion“ meint.[25]

Um „Fiktionsironie“ als eine besondere Form der Metafiktion zu etablieren, ist es daher nötig, auf ein spezifischeres Definiens zurückzugreifen.[26] Dieses Definiens ist nun darin zu sehen, dass die Themati-

---

Roubaud, Philippe Sollers und Antonio Tabucchi. Tübingen: Stauffenburg 2002 aufgegriffen.

23 Der Begriff „Metamedialität“ wird bereits gelegentlich verwendet. Vgl. u.a. Werner Wolf, der „meta-aesthetic/metamedial self-reflexivity“ folgendermaßen definiert: „a selfreflexivity that comprises ‚meta-reflections‘, that is, reflections on the discoursive, medial or fictional status of texts, media or works of art“ (Werner Wolf: *Musicalization of Fiction*, S. 48). Im Anschluss an Wolf schränkt Rajewsky den Begriff auf „explizite Systemerwähnungen“, auf das „Reflektieren“ bzw. „Reden über das Bezugssystem“ ein (Irina O. Rajewsky: *Intermedialität*, S. 81). Beide fassen „Metamedialität“ also enger, als das hier geschieht (s.u.).

24 Harald Weinrich: *Fiktionsironie*, S. 246, 250; Bernhard Heimrich: *Fiktion und Fiktionsironie in Theorie und Dichtung der deutschen Romantik*. Tübingen: Niemeyer 1968, S. 69; Rainer Warning: „Elemente einer Pragmasemiotik der Komödie.“ In: Wolfgang Preisendanz/Rainer Warning (Hrsg.): *Das Komische. Poetik und Hermeneutik VII*. München: Fink 1976, S. 279-333, hier S. 311.

25 Vgl. zu diesem Modell Harald Weinrich: *Linguistik der Lüge*. S. 6, durch ein Nachw. erw. Aufl., München: Beck 2000 (1966), S. 66-69; Wolf-Dieter Stempel: „Ironie als Sprechhandlung.“ In: Wolfgang Preisendanz/Rainer Warning (Hrsg.): *Das Komische*, S. 205-235 und Rainer Warning: „Ironiesignale und ironische Solidarisierung.“ In: ebd., S. 416-423.

26 Vgl. dazu Werner Wolf: *Ästhetische Illusion*, S. 235-238, der im Detail jedoch anders argumentiert.

sierung von Fiktionalität über die Tatsache hinaus, dass sie als „Selbstwiderspruch des Fiktiven“[27] *an sich* schon ironisch ist, auch noch *in sich* ironisch, das heißt in irgend einer Weise widersprüchlich sein muss. Ein Beispiel für Fiktionsironie in diesem Verständnis sind die übertriebenen Authentizitätsbeteuerungen im *Don Quijote*, die letztlich nur die Fiktionalität des Textes unterstreichen. Ist die Fiktionsironie erst einmal eindeutig gegen die Metafiktion als eine ihrer Unterformen abgegrenzt, lassen sich die Begriffe „Metamedialität“ und „mediale Ironie“ problemlos in analoger Weise definieren. Metamedialität bedeutet dann die explizite oder implizite Thematisierung von Medialität. Die mediale Ironie ist dagegen eine besondere Form der Selbstbezüglichkeit, bei der ein Text seine Medialität in widersprüchlicher Weise thematisiert. Die folgende Übersicht fasst das Ergebnis zusammen:

Metatextualität	
Metafiktionalität	Metamedialität
Fiktionsironie	mediale Ironie

Als Oberbegriff für die Situation, in der sich ein Text selbst thematisiert, wird hier „Metatextualität“ angesetzt. Bei einem erweiterten Textbegriff wäre darin zum Beispiel auch der Film eingeschlossen. Je nachdem, was jeweils fokussiert wird, ist zwischen Thematisierung der Fiktionalität und Thematisierung der Medialität zu unterscheiden. Die entsprechenden Formen widersprüchlicher Selbstthematisierung heißen Fiktionsironie und mediale Ironie.

4. Mediale Ironie, intermediale Ironie und ironisierte Intermedialität

Wie aus der Definition hervorgeht, muss die Erzeugung medialer Ironie nicht notwendigerweise im Umweg über ein Fremdmedium erfolgen. Was die Romane von Echenoz und Deville zu einem exemplarischen Fall medialer Ironie macht, ist jedoch, dass sie genau diese Form der widersprüchlichen Thematisierung der eigenen Medialität wählen: Filmische Bezüge und vor allem filmische Techniken werden, wie zu sehen war, von beiden Autoren so eingesetzt, dass sie umso stärker auf die Literatur zurückweisen, je größer der filmische Effekt ist, den sie

27 Bernhard Heimrich: *Fiktion und Fiktionsironie*, S. 69.

hervorbringen. Im Übrigen beschränkt sich das Vorkommen medialer Ironie nicht auf die Literatur. Wenn beispielsweise Jean-Luc Godard in seinen Filmen immer wieder lesende Menschen ins Bild rückt, gemäß seiner Überzeugung, „daß es das Größte ist, was es zu filmen gibt, Menschen sind, die lesen",[28] dann ist auch das ein Fall medialer Ironie in dem hier explizierten Sinn. Eine vergleichbare Wirkung, nur diesmal die Verbindung von Theater und Film betreffend, entfaltet die Einleitungssequenz von Jean Renoirs Spielfilm *La carrozza d'oro* (1952), der sich auf eine Theaterszene öffnet. Indem die Kamera eingehend die Interaktion zwischen Schauspielern und Publikum beobachtet, wird, wie Michael Lommel und Volker Roloff hervorheben, genau jene Performativität vorgeführt, „über die der Film gerade nicht verfügt, die er aber selbst zum Anschauungsmaterial der inszenierten Rollenspiele erheben kann".[29]

Eine ironische Wirkung ist mit dem Bezug auf den Film aber noch in anderer, weniger spezieller Hinsicht verbunden, und zwar insofern, als die bereits erwähnten Formen direkter literarischer Autoreferenz und die ihrerseits stark ausgeprägten filmischen Heteroreferenzen einen deutlichen Kontrast bilden, ja sich wechselseitig dementieren. Man kann dieses polyphone Neben- und Gegeneinander von Literatur und Film, das ein hohes Spannungs- und Dialogizitätspotential birgt, ganz allgemein als „intermediale Ironie" bezeichnen. Am größten ist diese Ironie dort, wo die ikonische Verwendung der Schrift gegen die sprachlich evozierte Vorstellung vom Film ausgespielt wird.[30]

---

28 Zit. n. Joachim Paech: *Literatur und Film*. Stuttgart: Metzler 1988, S. VI.

29 Michael Lommel/Volker Roloff: „Einleitung" In: dies. (Hrsg.): *Jean Renoirs Theater/Filme*. München: Fink 2003, S. 7-11, hier S. 7 (vgl. meine Rezension in: *Romanische Forschungen* 119, Heft 1 (2007), S. 137-140).

30 Ob man der Schrift zubilligt, Film „simulieren" zu können, hängt davon ab, wie man es mit dem Begriff der Simulation hält. Während Philipp Löser an den allgemeinsprachlichen Wortgebrauch anknüpft und umstandslos von „Filmsimulation" spricht (Philipp Löser: *Mediensimulation als Schreibstrategie. Film, Mündlichkeit und Hypertext in postmoderner Literatur*. Göttingen: Vandenhoeck & Ruprecht 1999, S. 21; s.a. S. 19), betont Friedrich Kittler aus einer medienhistorischen Perspektive, dass Simulation streng genommen auf dem Modus der Wahrnehmung und der Manipulation des Realen beruhe und damit den neuen (audiovisuellen) und neuesten (datenverarbeitenden) Medien vorbehalten bleibe (Friedrich Kittler: „Fiktion und Simulation." In: Karlheinz Barck u.a. (Hrsg.): *Aisthesis. Wahrnehmung heute oder Perspektiven einer anderen Ästhetik*. 5., durchges. Aufl., Leipzig: Reclam 1993, S. 196-213). Demnach kann die Literatur Film nur fingieren und nicht simulieren. Gerade im

Damit nicht genug, ist eine dritte Form der Ironie zu unterscheiden, die sich gegen die mediale Heteroreferenz selbst richtet und das filmische Schreiben als Konvention bloßstellt: die „ironisierte Intermedialität". Sie ist das Komplement der auf den literarischen Text zurückweisenden medialen Ironie und entspricht gleichzeitig einer Haltung, die schon den Umgang mit dem Verfahren der Intertextualität auszeichnet.[31] Auf der *histoire*-Ebene kommt die Ironisierung der Intermedialität in der Klischeehaftigkeit vieler aus dem Film übernommener Situations-, Handlungs- und Figurenmotive zum Ausdruck. Auf der *discours*-Ebene äußert sie sich in einer Art der Nachahmung filmischer Techniken, die eher deren Unnachahmbarkeit betont, und in Vergleichen, die gerade die Unvergleichbarkeit des Verglichenen unterstreichen.[32] Mit dem ironischen Einverständnis des Lesers rechnend, wird gerne auch die längst trivial gewordene Gleichsetzung des Films mit Bewusstsein, Traum, Erinnerung und Leben bemüht. Und cineastisches Kennertum wird durch expertenhaft-spezielle oder allzu durchsichtige Anspielungen und überpräzise Kommentare parodiert.[33] Die ironisierte Intermedialität, die intermediale Ironie und die mediale Ironie beziehen sich nicht nur auf verschiedene Aspekte desselben Phänomens, sie bilden auch einen Funktionszusammenhang, der sich wiederum am deutlichsten über die Frage nach der Funktion der medialen Ironie erhellen lässt.

Hinblick auf die mediale Ironie, die mit solchen Differenzen operiert, empfiehlt es sich, diese Unterscheidung nicht aufzugeben.

31 Vgl. dazu Jochen Mecke: „Bei Echenoz [...] funktioniert der Verweis auf ‚große' Literatur, ja der intertextuelle Verweis selbst offenbar als *idée reçue* der modernen Literatur" (Jochen Mecke: „Le degré moins deux de l'écriture. Zur postliterarischen Ästhetik des französischen Romans der Postmoderne." In: Vittoria Borsò/Björn Goldammer (Hrsg.): *Moderne(n) der Jahrhundertwenden. Spuren der Moderne(n) in Kunst, Literatur und Philosophie auf dem Weg ins 21. Jahrhundert.* Baden-Baden: Nomos 2000, S. 402-438, hier S. 414).

32 Besonders spektakulär ist beispielsweise der folgende Vergleich aus *Cherokee*: „Elle avait un visage de bonne fée incestueuse, comme le portrait-robot établi par un homme qui voudrait décrire à la fois Michèle Morgan et Grace Kelly à cinquante-cinq ans, cet homme étant Walt Disney" (Jean Echenoz: *Cherokee*, S. 28).

33 Den parodistisch-herabsetzenden Charakter insbesondere der Hitchcock-Referenzen, aber auch anderer filmischer Bezüge bei Echenoz hebt u.a. Christine Jérusalem hervor (Christine Jérusalem: „Jean Echenoz de Gloire à Victoire, du technicolor au noir et blanc, des *Grandes Blondes* à *Un An*." In: Jean-Bernard Vray (Hrsg.): *Littérature et cinéma. Écrire l'image.* Saint-Étienne: Publications de l'Université de Saint-Étienne 1999, S. 25-33; vgl. dazu meine Rezension in: *Medienwissenschaft* 3 [2002], S. 373-375).

5. Literarische Identität und Medienwandel

Der *nouveau roman* der 1950-er und 60-er Jahre wendet sich gegen die ästhetische Fiktion, indem er die Materialität des Textes betont, etwa in den minutiösen Beschreibungen oder in der Wiederholung von Textelementen. Allein die Möglichkeit einer solchen Fiktionskritik verrät jedoch, dass die ontologische Differenz zwischen Fiktion und Wirklichkeit, aus der die Literatur traditionell ihren Status ableitet, noch als intakt vorausgesetzt wird. Im *nouveau nouveau roman* und in der literarischen Praxis der *Tel-Quel*-Autoren spielt diese Differenz vor dem Hintergrund einer universal gesetzten Textualität zwar keine Rolle mehr, umso stärker ist jedoch der Glaube an die Kreativität der Sprache, die Produktivität der Schrift und die Selbstgenerierung des Textes.

Der postavantgardistische Roman der 1980-er und 90-er Jahre befindet sich demgegenüber in einer grundlegend veränderten Situation. Die Literatur kann weder in gesellschaftlicher noch in ästhetischer und erst recht nicht mehr in medientechnischer Hinsicht den Anspruch erheben, Avantgarde zu sein. Die Ironie, mit der die Erzählung, die Fiktion, die literarischen Verfahren und die Literatur selbst durchweg behandelt werden, ist Ausdruck dieser Situation.[34] Die mediale Ironie und die ihr verwandten Formen betreffen nur einen Teilaspekt davon, allerdings einen zentralen: Die Vorstellung, dass sich literarische Identität auf Fiktionalität, auf die Reinheit des Mediums und auf einen unvermittelten Selbstbezug gründen lässt, ist der Einsicht gewichen, dass es keine Identität jenseits der Massenmedien geben kann.

Die Romane von Echenoz und Deville versuchen, dieser Tatsache in zweifacher Weise gerecht zu werden. Dass die Fiktionalität als Identitätsmerkmal ausscheidet, machen sie daran deutlich, dass die innerfiktionale Wirklichkeit immer schon von vorgängigen Fiktionen determiniert ist und zwar genau von jenen audiovisuellen Fiktionen, die in der Realität für die Einebnung des Unterschieds zwischen Fiktion und

---

34 Jochen Mecke konstatiert in Bezug auf die hier behandelten Autoren „eine Selbstentwertung des ästhetischen Werts von Literatur, eine Zerstörung von Literatur als Wert" und deutet das als symbolische Strategie, „durch die sich Literatur einer Ökonomie der Zeichen im literarischen Feld entzieht" (Jochen Mecke: „Le degré moins deux", S. 419). Die absichtsvolle Unterbietung literarischer Normen und schriftstellerischer Prätentionen ist natürlich eine ironische Attitude *par excellence* – im klassischen Sinn der *dissimulatio*, der Tiefstapelei und des Kleintuns. So wurde sie auch nicht gleich von allen durchschaut, obwohl schon der Publikationsort, die prestigeträchtigen *Éditions de Minuit*, als starkes Ironiesignal wirken musste.

Wirklichkeit verantwortlich gemacht werden. Als Identitätsmerkmal bleibt also nur noch die Materialität übrig. Aber auch sie kann nicht mehr in Form eines distanzlosen und unvermittelten Selbstbezugs thematisiert werden. Das ist die Stunde der medialen Ironie. Ironie besitzt, wie Uwe Japp hervorhebt, grundsätzlich eine differenzielle Struktur: „In der Ironie sind immer ein Selbst und ein Anderes am Werk, aber so, daß sie sich als Einheit präsentieren.“[35] Eine auf medialer Ironie gegründete Identität erlaubt es, an der Literatur festzuhalten und ihre anachronistische Verfassung einzugestehen, die faszinierende Überlegenheit der audiovisuellen Medien anzuerkennen und sich ihrer Tyrannei zu entziehen. Der Weg zurück in authentische Erfahrung und künstlerische Autonomie ist versperrt. Der Weg nach vorne ist nur unter Preisgabe der medialen Grundvoraussetzungen von Buch und Schrift möglich. Die mediale Ironie gestattet es dem Roman, aus dieser agonalen Situation herauszuspringen. Diese Strategie ist defensiv, aber sie ist nicht unkreativ.

6. Fahnenflucht der literaturwissenschaftlichen Medientheorie

In der Defensive befindet sich die Literatur aber noch in anderer Hinsicht. Nachdem die Allianz zwischen Theorie und Literatur in den 1960er und 70er Jahren einmal so eng gewesen ist, dass man im Nachhinein auch vom „Terror der Theorie“ gesprochen hat,[36] sieht sich die Literatur gegenwärtig von der Theorie weitgehend im Stich gelassen. Die Medientheorie, die sich „als diensthabende Fundamentaltheorie“ versteht,[37] blickt mit einem gewissen Abstand auf die Literatur und macht sich gerade dann gerne zum Erfüllungsgehilfen der audiovisuellen Medien, wenn sie literaturwissenschaftliche Wurzeln hat, wie im Folgenden anhand zweier einschlägiger Veröffentlichungen

---

35 Uwe Japp: *Theorie der Ironie*. Frankfurt am Main: Klostermann 1983, S. 29. In Abwandlung der klassischen Identitätsformel A = A fasst Japp die Grundstruktur der Ironie in die Formel „A = A/B“ (S. 27).

36 Vgl. Wolfgang Asholt: *Intertextualität und Subversivität. Studien zur Romanliteratur der achtziger Jahre in Frankreich.* Heidelberg: Winter 1994, S. 9f. und Antoine Compagnon: *Le démon de la théorie. Littérature et sens commun.* Paris: Seuil 1998, S. 12f.

37 Jochen Hörisch: *Der Sinn und die Sinne. Eine Geschichte der Medien.* Frankfurt am Main: Eichborn 2001, S. 17.

von Karl Ludwig Pfeiffer und Jochen Hörisch gezeigt werden soll.[38] Die besondere Wertschätzung, die in der Medientheorie den audiovisuellen Medien, auch im Vergleich zu den digitalen Medien, entgegengebracht wird, hängt damit zusammen, dass sie den größtmöglichen Kontrast zum Buch- und Schriftmedium bilden. Dabei wäre es genauso gut denkbar, die solidarischen Momente zwischen dem alten Medium Literatur und dem neuen Medium Film hervorzuheben – in Absetzung von den neuesten Medien, die sich dem herkömmlichen Medienbegriff entziehen, weil sie imstande sind, Bilder, Töne, Schrift und Sprache in frei konvertierbare Datenströme zu verwandeln. Eine solche, die Gemeinsamkeit von Literatur und Film gerade aus ihrer medialen Unterscheidbarkeit ableitende Sichtweise würde auch dem filmischen Schreiben eine zusätzliche Pointe verleihen. Man könnte dann nämlich sagen: Indem sich die Literatur auf den Film bezieht, bestätigt sie einen Medienbegriff, der ihre eigene mediale Existenz garantiert.

Karl Ludwig Pfeiffers Interesse ist freilich anders gelagert: In seinem breit angelegten Entwurf einer kulturanthropologischen Medientheorie[39] werden die Literatur und insbesondere eine ihrer erfolgreichsten Formen, der Roman, als Hauptakteure eines fatalen historischen Prozesses behandelt, in dessen Verlauf körperliche Erfahrungen immer stärker zugunsten innerer Erlebnisse zurückgedrängt werden. Das griechische und das japanische Theater, die Oper und der Sport, aber auch Film und Fernsehen erscheinen dagegen in einem positiven Licht, weil sie den Körper viel stärker zu engagieren vermögen als die auf Innerlichkeit abgestellte Literatur. In Pfeiffers Perspektive, die sich ausdrücklich an Nietzsches Aufwertung des Physiologischen orientiert, gerät die Literatur ins mediale Hintertreffen, „weil die Texte Dimensionen spektakulär-vitaler Dynamik nicht (mehr) zureichend suggestiv mobilisieren".[40]

Auch in Jochen Hörischs theologisch inspirierter Medientheorie, die im selben Jahr erschienen ist,[41] nehmen die audiovisuellen Medien eine Sonderstellung ein. Durch ihre Fähigkeit, Bilder und Töne direkt aufzuzeichnen und wiederzugeben, retten sie die physische Wirklich-

38 Vgl. Friedrich Balke: „Die Tyrannei der Medien und die Literatur." In: *Merkur* 613 (2000), S. 450-456.

39 Karl L. Pfeiffer: *Das Mediale und das Imaginäre. Dimensionen kulturanthropologischer Medientheorie*. Frankfurt am Main: Suhrkamp 1999.

40 Karl L. Pfeiffer: *Das Mediale und das Imaginäre*, S. 40f.

41 Jochen Hörisch: *Ende der Vorstellung*.

keit vor der Vernichtung durch die metaphysische Schrift. Aus medientheoretischer Sicht bleiben für die sinnesfeindliche und sinnfixierte Literatur vor allem zwei – letztlich parasitäre – Aufgaben übrig: Observation und Kommemoration. Aus ihrer kargen materiellen Ausstattung erwächst der Literatur die Fähigkeit, die neuen Medien besonders aufmerksam zu beobachten; andererseits prädestinieren sie ihre anerkannten archivarischen Leistungen dazu, bestimmten kultisch verehrten „Mediendingen" und generationstypischen Medienerfahrungen ein nostalgisches Gedächtnis zu bewahren.

Diesen Zumutungen der Medientheorie werden die Romane von Jean Echenoz, Patrick Deville und verwandten Autoren wie Jean-Philippe Toussaint, man denke nur an *La télévision* (1997), durchaus gerecht.[42] Vor allem bei Echenoz lohnt sich abschließend – Stichwort Observation – ein kurzer Blick auf die Handlungsebene. Neben der üblichen Mediensatire, die sich bezeichnenderweise nicht gegen das Kino, sondern, wie in *Lac* oder *Les grandes blondes*, hauptsächlich gegen die *bêtise* des Fernsehens richtet, enthalten seine Romane nämlich immer wieder auch Beispiele für einen spielerischen, selbstbestimmten und geradezu subversiven Umgang mit den audiovisuellen Medien, der sich den Schablonen der traditionellen Medienkritik entzieht. Da improvisieren die Figuren auf Musikinstrumenten zu den Bildern eines leise gedrehten Fernsehers,[43] hören sich die Tonspur von Filmklassikern auf Kassette an,[44] erzählen sich in Fortsetzungen die

42 Vgl. zu Toussaint: Susanne Schlünder: „Fern-Seherfahrungen und Wahrnehmungsparameter – *Ecriture* und Medienreflexion bei Jean-Philippe Toussaint: *La télévision.*" In: Andreas Gelz/Ottmar Ette (Hrsg.): *Der französischsprachige Roman heute. Theorie des Romans und Roman der Theorie in Frankreich und der Frankophonie.* Tübingen: Stauffenburg 2002, S. 213-227 und C. v. Tschilschke: „Literarische Fernsehbeobachtung in Frankreich: Von Milan Kunderas *La lenteur* (1995) zu Jean-Philippe Toussaints *La télévision* (1997)". In: Kathrin Ackermann/Christopher Laferl (Hrsg.): *Transpositionen des Televisiven. Fernsehen in Literatur und Film.* Bielefeld: Transcript 2009, S. 31-60. Eine breiter angelegte Untersuchung zum Thema Medienbeobachtung in der französischen Literatur der Gegenwart hätte u.a. die folgenden Autoren und Titel zu berücksichtigen: François Bon: *Calvaire des chiens.* Paris: Minuit 1990 und *Autoroute.* Paris: Seuil 1999; Michel Braudeau: *Le livre de John.* Paris: Seuil 1992; Anne-Marie Garat: *Merle.* Paris: Seuil 1996; Milan Kundera: *La lenteur.* Paris: Gallimard 1995; Camille Laurens: *L'avenir.* Paris: P.O.L. 1998; Daniel Pennac: *Au bonheur des ogres.* Paris: Gallimard 1985; Marie Redonnet: *Candy story.* Paris: P.O.L. 1992; Tanguy Viel: *Cinéma.* Paris: Minuit 1999.

43 Jean Echenoz: *Cherokee*, S. 206.

44 Jean Echenoz: *Lac*, S. 161.

gesamte Handlung eines Films oder greifen selbst zur Kamera.[45] Nur beschränkt sich die Haltung gegenüber den Medien, die sich in diesen Beispielen spiegelt, bei Echenoz (und Deville) eben nicht auf die inhaltliche Ebene der Texte, vielmehr prägt sie, wie das hier analysierte Phänomen der medialen Ironie zeigt, auch den erzählerischen Diskurs und damit die gesamte Romanästhetik.

7. Kulturspezifische Funktionen filmischen Schreibens

Inwiefern sich der postavantgardistische Roman mit dieser Form der Selbstthematisierung von seinen avantgardistischen Vorgängern unterscheidet, wurde bereits angedeutet. In komparatistischer Perspektive, etwa im Vergleich mit der deutschen, aber auch der italienischen und spanischen Gegenwartsliteratur mit ihrer je eigenen Geschichte, wäre zu fragen, ob nicht allein schon die Tatsache, dass den filmischen Bezügen ein so ausgeprägt selbstreferenzielles, auf die Literatur zurückweisendes Moment abgewonnen wird, auf eine typisch französische Schrift- und Literaturtradition zurückzuführen ist – und auf eine vielleicht nicht weniger spezifisch französische Geschichte der Wechselbeziehungen zwischen Literatur und Film. Hier allein auf die individuellen Poetiken von Echenoz und Deville oder eine entsprechende postavantgardistische Strömung in der französischen Gegenwartsliteratur zu verweisen, greift am Ende sicherlich zu kurz, denn in der Fixierung auf die Literarizität der Texte, in der Sensibilität für den problematischen Status der Literatur und in dem Bedürfnis, die Identität der Literatur – wie ironisch auch immer – unter den Bedingungen der zeitgenössischen Medienverhältnisse zu behaupten, kommt unübersehbar ein spezifisch französisches „Kulturthema"[46] zur Geltung:

---

45 Jean Echenoz: *Le méridien de Greenwich.* Paris: Minuit 1979, S. 24, 33f., 58f., 118, 231f.

46 Der Begriff „Kulturthema" hat in den letzten Jahren insbesondere in der Interkulturellen Germanistik und namentlich in der Fremdheitsforschung gesteigerte Aufmerksamkeit erfahren. Ohne die sozialanthropologischen oder systemtheoretischen Prämissen im Einzelnen mitzutragen, die dem Begriff in diesem fachspezifischen Zusammenhang häufig unterstellt werden, soll hier mit Alois Wierlacher unter „Kulturthema" ein Thema verstanden werden, „das im öffentlichen Selbst- und Weltverständnis einer oder mehrerer Kulturen zu einem bestimmten Zeitpunkt besondere Brisanz gewinnt" (Alois Wierlacher/Corinna Albrecht: „Kulturwissenschaftliche Xenologie." In: Ansgar u. Vera Nünning (Hrsg.): *Konzepte der Kulturwissenschaften. Theoretische Grundlagen – Ansätze – Perspektiven.* Stuttgart/Weimar: Metzler 2003, S. 280-306, hier S. 295).

die große Bedeutung der Literatur als Institution und Wert, als identitätsstiftender *lieu de mémoire*. Das äußert sich in ganz unterschiedlichen Aspekten: einem weiterhin nachwirkenden hohen Begriff von ästhetischer Autonomie (wie sie noch für den *nouveau roman* oberster Maßstab war), der gesteigerten Aufmerksamkeit für Stil und „écriture" in Theorie und literarischer Praxis, dem sozialen Ansehen des Schriftstellers und des Schreibens, der Wertschätzung des Films, der intellektuellen Verachtung des Fernsehens und anderem mehr.[47] Der Hegemonieverlust, den die Literatur spätestens mit der massenhaften Verbreitung des Fersehens hinnehmen musste, wird eben dort besonders stark reflektiert, wo diese Hegemonie einen besonders großen sozialen Wert darstellte und wo sich, in der Sprache der Soziologie, der *cultural lag*, die verzögerte Anpassung der Mentalitäten an die objektiv gewandelten Verhältnisse der materiellen Kultur, deutlicher bemerkbar macht als in anderen Nationalkulturen.

Während vieles dafür spricht, dass die kulturspezifische Funktionalisierung des filmischen Schreibens in der französischen Literatur der Gegenwart in der fortdauernden Auseinandersetzung mit der Literatur als Institution und Wert besteht, scheint dagegen in der spanischen Literatur die Funktionalisierung durch einen memorialistischen Diskurs zu dominieren, der eine Metaphorisierung der audiovisuellen Bezüge in Abhängigkeit von den Kulturthemen Erinnerung und Identität begünstigt. In der italienischen Literatur wiederum treten offensichtlich die Frage nach der Darstellbarkeit und Bewertung des Medienwandels und die Problematisierung von Konsum und Gewalt als charakteristischen Symptomen der Mediengesellschaft in den Vordergrund.[48]

---

47 Spezifische Merkmale der französischen Medienkultur sind nach Hans-Jürgen Lüsebrink: „das Ideal von Kultur [...] als der Gesamtheit der intellektuellen und schriftstellerischen Leistungen der Nation", der große Stellenwert des Staates im kulturellen Bereich und „der monarchisch-aristokratische Ursprung der modernen französischen Elitenkultur und ihrer Institutionen" (Hans-Jürgen Lüsebrink: „Französische Kultur- und Medienwissenschaft: Systematische und historische Dimensionen." In: ders. et al.: *Französische Kultur- und Medienwissenschaft. Eine Einführung*. Tübingen: Narr 2004, S. 9-38, hier S. 14).

48 Vgl. zum filmischen Schreiben in Frankreich: Jean-Marie Clerc: *Littérature et cinéma*. Paris: Nathan 1993; Giulia Eggeling: *Mediengeprägtes Erzählen. Aspekte der Medienästhetik in der französischen Prosa der achtziger und neunziger Jahre*. Stuttgart/Weimar: Metzler 2003 (vgl. meine Rezension in: *Medienwissenschaft* 1 [2004], S. 51-53); Christian v. Tschilschke: *Roman und Film*; Alain-Philippe Durand: *Un monde techno. Nouveaux espaces électroniques dans le roman*

Als Voraussetzung für einen breiter angelegten Vergleich kulturspezifischer Ausformungen intermedialer Konstellationen – aber auch unabhängig davon – stellt sich schließlich die Frage, wie die Strategie der medialen Ironie innerhalb des Feldes der französischen Gegenwartsliteratur und innerhalb eines literarischen Marktes zu situieren ist, in dem nicht nur ein paradox-subversiver, sondern auch ein ganz anderer, zynisch-affirmativer, elitär-kritischer oder fasziniert-respektvoller Umgang mit den audiovisuellen Medien möglich erscheint.

---

français des années 1980 et 1990, Berlin: Weidler 2004; zu Spanien: Franz-Josef Albersmeier: *Theater, Film und Literatur*; Mechthild Albert (Hrsg.): *Vanguardia española e intermedialiad. Artes escénicas, cine y radio*. Frankfurt am Main: Vervuert 2005; Jorge Marí: *Lecturas espectaculares. El cine en la novela española desde 1970*. Madrid: Libertarias 2003; Angelica Rieger (Hrsg.): *Intermedialidad e hispanística. Con una introducción de Hans-Ulrich Gumbrecht*. Frankfurt am Main u.a.: Lang 2003; Ben Scheffler: *Film und Musik*; Dagmar Schmelzer: *Intermediales Schreiben*; zu Italien: Irina O. Rajewsky: *Intermediales Erzählen in der italienischen Literatur der Postmoderne. Von den ‚giovani scrittori' der 80er zum ‚pulp' der 90er Jahre*. Tübingen: Narr 2003 (vgl. meine Rezension in: *Germanisch-Romanische-Monatsschrift* 54/4 [2004], S. 492-495). Entsprechende Darstellungen zur deutschsprachigen Literatur der Gegenwart liegen mittlerweile auch vor, vgl. zum Beispiel Volker Wehdeking: *Generationenwechsel. Intermedialität in der deutschen Gegenwartsliteratur*. Berlin: Schmidt 2007 und unter motivisch-thematischen und komparatistischen Gesichtspunkten Claudia Schmitt: *Der Held als Filmsehender. Filmerleben in der Gegenwartsliteratur*. Würzburg: Königshausen & Neumann 2007; vgl. ebenso die bereits zitierten Arbeiten von Jochen Hörisch: *Ende der Vorstellung* und Philipp Löser: *Mediensimulation*, sowie Hubert Winkels: *Leselust und Bildermacht. Literatur, Fernsehen und Neue Medien*. Köln: Kiepenheuer & Witsch 1997. Mit der These, dass die Funktionen und Bedeutungen filmischer Bezüge in einer Wechselbeziehung mit bestimmten „Kulturthemen" stehen, beschäftigt sich am Beispiel der französischen, spanischen und italienischen Gegenwartsliteraturen mein Aufsatz „Gibt es kulturspezifische Funktionen intermedialer Bezüge?," In: Dirk Naguschewski/Sabine Schrader (Hrsg.): *Kontakte, Konvergenzen, Konkurrenzen. Film und Literatur in Frankreich nach 1945*. Marburg: Schüren 2009, S. 14-34.

Film als Paradigma des Neuen

Spanische Avantgardeprosa vor dem Hintergrund des Diskurses über Film am Beispiel Francisco Ayalas

DAGMAR SCHMELZER

1. Einleitung

Was ist Film? Diese entscheidende Frage muss der Dingfestmachung „filmischer Techniken und Verfahren" in der Literatur zwingend vorausgehen. Auf der Suche nach einer Definition des Films soll an dieser Stelle eine diskursbasierte Methode des Zugangs zur Literatur-Film-Beziehung und zu deren Problematik vorgestellt werden. Es wird auf eine zeitgenössische, historisch relative Definition zurückgegriffen, die aus einer Diskursanalyse von Zeitungsartikeln der 20er Jahre gewonnen wurde, die sich in der einen oder anderen Form mit Film befassen. Die theoretischen Vorüberlegungen stehen unter folgendem Titel:

2. „Der virtuelle Film": Die Generierung des Filmbegriffs im Diskurs

Der „Film", auf den im Roman oder in anderen literarischen Werken Bezug genommen wird, ist nicht nur konkreter Film, er ist immer auch ein Konzept der Vorstellung. Luhmann konstatiert eine „Realitätsverdoppelung"[1] durch die (massen-)mediale Konstruktion von „Welt", die zur Ausbildung eines abgeschlossenen Sinnuniversums im Diskurs führt, in dem Konsistenzprüfungen systemintern ohne Einbezug der „tatsächlichen" Realität funktionieren. Dies ist bereits für die wirklich-

1 Siehe Niklas Luhmann: *Die Realität der Massenmedien.* Opladen: Westdeutscher Verlag 1995, S. 9.

keitsabbildende Sprache und deren mediale Manifestationen charakteristisch, bevor sie in das System massenmedialer Informationsproduktion eintreten. Sprache generiert Vorstellungen, deren „Wirklichkeit" zu einem gewissen Grad von der Wahrnehmung der sprachexternen Realität abgekoppelt ist. „Film" kann also das Label für diskursvermittelte und über Kollektivmetaphorik[2] assoziativ gefüllte Stereotype sein, die einen gewissen Abstand von der „Realität" konkreter Filme aufweisen.

Nicht nur, dass die Existenz diskursiver Paradigmen zur Auseinandersetzung mit dem „Film" ohne Film-Rezeptionspraxis am Objekt selbst befähigt, in Form einer sozusagen indirekten Rezeption über Äußerungen zum Thema „Film", sie strukturiert die tatsächliche individuelle und kollektive Filmerfahrung zudem wahrnehmungsselektierend vor, betont bestimmte Charakteristika und blendet andere aus. Eine nicht diskursbeeinflusste „Lektüre" von Filmen ist schwer vorstellbar.

Wie stark diskursiv geprägt Filmbegriffe sind, kann gut am historischen Bruch nachvollzogen werden, den der Realismus (z.B. Kracauers) für den Filmdiskurs bedeutet. Kracauer[3] postuliert die technische Reproduktion der Wirklichkeit zum dominanten Wesensmerkmal des Films und damit zum Zentrum von dessen künstlerischer Aufgabe. Es handelt sich um eine partikulare Filmdefinition, die Kracauer aber durch Anlehnung am Beispiel und technisch-theoretische Aufbereitung als Rückkehr zum wahren Film begreift, weg von den vorangegangenen vag-diskursiven und unkritischen Vorstellungen, weg aber auch von einer dieser Ästhetik nicht entsprechenden, doch real-historischen Form des Films, möge man sie im deutschen expressionistischen, im surrealistischen oder im Eisensteinschen Montagefilm finden (normativ-wahrnehmungsselektierender Aspekt). Mehr als eine Annäherung an die „Wirklichkeit" des Films (oder sein Wesen) handelt es sich um einen diskursiven Paradigmenwechsel, um eine Ausblendung bestimmter Filmcharakteristika und Filme zu Gunsten anderer, bislang vernachlässigter medialer Möglichkeiten, die dann dominant gesetzt werden

2 Zu Begriff und Konzept des Kollektivsymbols vgl. Jürgen Link: „Über ein Modell synchroner Systeme von Kollektivsymbolen sowie seine Rolle bei der Diskurs-Konstitution." In: ders./Wulf Wülfing (Hrsg.): *Bewegung und Stillstand in Metaphern und Mythen. Fallstudien zum Verhältnis von elementarem Wissen und Literatur im 19. Jahrhundert.* Stuttgart: Klett-Cotta 1984, S. 63-92.

3 Vgl. dessen Veröffentlichung Siegfried Kracauer: *Theorie des Films. Die Errettung der äußeren Wirklichkeit.* Frankfurt/Main: Suhrkamp 1964.

und die früheren im Diskurs verdrängen. Tatsächlich verschiebt sich zeitgleich die ästhetische Filmpraxis in parallele Richtung. Ein solches Phänomen erkennt Luhmann (diskurs-)systemintern als einen Mechanismus der Selbstkorrektur, der vorgibt, einen „Realitätstest"[4] vorzunehmen, die eigene diskursive Praxis am Widerstand der Realität zu messen, der aber eigentlich die Grenzen des operativ geschlossenen Systems nicht überwindet: Trotz der Umakzentuierung, der realistische Filmbegriff ist nicht weniger diskursiv konstruiert als der der 20er Jahre.

3. Der Filmbegriff der 20er Jahre. Ein kurzer Einblick[5]

Film wird in den 20er Jahren als die Neue Kunst schlechthin gefeiert, als das Medium, das technischen und ästhetischen Fortschritt in sich vereint und sich nicht erst gewaltsam von der Last der Tradition freimachen muss wie die anderen Künste.[6] Der Film findet seinen Platz in dem Kult, den die intellektuelle Jugend um sich inszeniert[7] und der geprägt ist von der Körperlichkeit des Sports und der Hygiene, von ungebremster sinnlicher Lebensfreude, wie man sie in Jazzmusik und Tanz verkörpert sieht, von Fortschrittsglaube, Technikbegeisterung und Feier der modernen großstädtischen Lebenswelt.[8] Die Jugend sieht sich betont antiintellektualistisch und wendet sich primitiven Kunst-

4 Niklas Luhmann: *Massenmedien*, S. 160.

5 Die Datengrundlage für diese Diskursanalyse bilden die Jahrgänge 1925-1930 der *Revista de Occidente* und die Jahrgänge 1927-1930 der *Gaceta Literaria* nebst einzelnen einschlägigen Artikeln aus der Tagespresse. Eine ausführliche Darstellung der Ergebnisse und umfangreiches Belegmaterial finden sich in: Dagmar Schmelzer: *Intermediales Schreiben im spanischen Avantgarderoman der 20er Jahre. Azorín, Benjamín Jarnés und der Film.* Tübingen: Narr 2007, S. 105-163.

6 Francisco Ayala: „Indagación al cinema." In: *Revista de Occidente* 24 (1929), S. 32-42, hier S. 34f.

7 Vgl. z.B. „Esta sensación de exacta contemporaneidad – de compañerismo juvenil – con un arte", Fernando Vela: „Desde la ribera oscura. (Sobre una estética del cine)." In: *Revista de Occidente* 8 (1925), S. 202-227, hier S. 206.

8 Vgl. „HAY el cinema. // HAY el estadio, el boxeo, el *rugby*, el tenis y demás deportes. // HAY la música popular de hoy: el *jazz* y la danza actual. // HAY el salón del automóvil y de la aeronáutica. // HAY los juegos en las playas. // HAY los concursos de belleza al aire libre. // HAY el desfile de maniquíes. // HAY el desnudo bajo la luz eléctrica en el *music hall.* [...]", Salvador Dalí/ Lluís Montany/Sebastià Gasch: „El Manifiesto antiartístico catalán." In: Ramón Buckley/John Crispín (Hrsg.): *Los vanguardistas españoles (1925-1935).* Madrid: Alianza 1973, S. 32-42, hier S. 40 (ursprünglich: *Gallo*, April 1928).

formen und nicht-verbalen Ausdrucksmöglichkeiten zu.[9] Der Film vereint in seinem Potential all diese Elemente und ist daher wie kein anderes Medium geeignet, zum Symbol für das Neue *par excellence* stilisiert zu werden.[10]

Film, das heißt in den 20er Jahren natürlich Stummfilm.[11] Prägende und im Diskurs reiterierte ästhetische Charakteristika sind die folgenden: Zentral ist zunächst das Schattenspiel der Schwarz-Weiß-Ästhetik, sind die tanzenden, substanzlosen Bilder im Wechsel von Licht und Dunkel.[12] Zweiter integraler Bestandteil ist die Bewegung. Zunächst erlaubt die Technik des Films durch Zeitlupe und Zeitraffer, aber auch durch Großaufnahme und Zoom die Analyse von Bewegung.[13] Doch schafft Film in Kamerabewegung und Montage auch selbst Dynamik, er sorgt für eine geradezu rasende Beschleunigung, die dem modernen Lebensgefühl kongenial ist.[14] Mit dem schnellen Rhythmus geht drittens die Dissoziation der Elemente einher, der Eindruck von Fragmentarismus, das unverbundene Nebeneinander des Dispersen.[15] Viertens sensibilisiert Film für die Relevanz der Perspektive, für den subjektiven Aspekt der Wahrnehmung und für Multi-

9 Vgl. z.B. „¿Por qué experimentamos ahora como nunca la atracción del cine, la transcendencia del arte mudo? Qué causa nos obliga a recoger con cariño el arte primitivo y las remotas y silenciosas sugestiones de la China, de Egipto [...], de la Atlántida, de la América precolombina, y a rechazar, en cambio, la secular y verbal Europa [...]?“ Antonio Espina: „Las dramáticas del momento.“ In: *Revista de Occidente* 10 (1925), S. 316-329, hier S. 326.

10 Vgl. z.B. „Cultura del Cinema [...] suma de valores espirituales reflectores de nuestro tiempo. Fórmulas vitales que, frente al cinema, se sienten a la vez reflejadas e influídas por él.“ Guillermo Díaz-Plaja: „Una cultura del cinema.“ In: *Gaceta Literaria* 79 (1930), S. 6.

11 Vgl. z.B. das Lob des „incomparable y maravilloso mutismo“ des Films, Humberto Rivas: „Cine y vitáfono. Arte y espectáculo.“ In: *Gaceta Literaria* 80 (1930), S. 12.

12 Vgl. z.B. „el cine es el único arte inmaterial: trabaja con pura luz y pura sombra“, Fernando Vela: „Ribera“, S. 217.

13 Vgl. z.B. „movimiento (análisis de movimiento)“, Antonio Espina: „Azorín. *Félix Vargas*.“ In: *Revista de Occidente* 23 (1929), S. 116 und „el ralentí es casi siempre una modalidad de efecto cómico [...] [que] nace de la deformación analítica. [...] Se trata de descomponer el movimiento“, Francisco Ayala: „Indagación“, S. 42.

14 Vgl. z.B. „Hecho para la vista, el cine transforma toda su energía en movimiento. Su constitución orgánica es la velocidad.“ Humberto Rivas: „Cine“, S. 12.

15 Vgl. z.B. Assoziationen wie „vida cinemática, de saltamontes“, Esteban Salazar y Chapela: „Literatura plana y literatura de espacio.“ In: *Revista de Occidente* 15 (1927), S. 280-286, hier S. 284.

perspektivität.[16] Die Großaufnahme bewirkt fünftens neben der Analyse von Bewegung einen Effekt der Intensivierung.[17]

Der in diesem Sinne verstandene Film wendet sich dem Konkreten als seinem eigentlichen Gegenstand zu.[18] Er lässt Objekte und Gesten sprechen, erweckt Körperteile und Details zu selbständigem Leben und entpersönlicht damit den Menschen.[19] Die Darstellung der Realität bietet immer einen fließenden Übergang in das Reich des Unwirklichen, Überwirklichen. Realität und Irrealität verschmelzen zu einer Synthese.[20] Die medial dargestellte Wirklichkeit mutet auf der Leinwand fremd an, verzerrt und latent irreal. Nicht zuletzt diese paradoxe Verschmelzung führt wohl dazu, dass der Film als dem menschlichen Bewusstsein analog gesehen wird, das ja auch perzipierte und imaginäre Bilder verbindet.[21] Gleichzeitig ist Kino der paradigmatische Raum einer Gegenwelt, die in den Metaphernkreisen der Nacht und der Weiblichkeit gefasst wird und die Reiche des Traums und des Unbewussten mit einschließt.[22]

---

16 Vgl. z.B. „que un ángulo imprevisto de enfocamiento, una perspectiva inusual, una rara colocación o iluminación del modelo trivial o insospechado eran capaces de efectuar una transformación original de la realidad y, por consiguiente, de rendir una fotografía artística." Guillermo De Torre: „Un arte que tiene nuestra edad." In: *Gaceta Literaria* 81 (1930), S. 7.

17 Vgl. z.B. „El campo de visión se ha reducido y el rostro aparece, aislado de su anterior contorno, ampliado de tamaño. Con este simple cambio de enfoque, el cine remeda los movimientos psíquicos de la atención, que, en efecto, significan concentración en un punto, angostura diafragmática, acercamiento al objeto y como una más intensa iluminación." Fernando Vela: „Ribera", S. 219.

18 Vgl. z.B. „uno de esos remansos donde el espíritu del lector descansa con las visiones sensuales, ajenas a la psicología; con la delicia de la forma", Esteban Salazar y Chapela: „Antonio Espina. *Luna de Copas*." In: *Revista de Occidente* 24 (1929), S. 383-388, hier S. 385.

19 Die „deshumanización del gesto" beruht auf dem Prinzip, nach dem „se situaban el hombre y las cosas en una misma línea preferente", Guillermo Díaz-Plaja: „Cultura", S. 6.

20 Vgl. „El cine es la manera más real de expresar lo irreal", Benjamín Jarnés: „De Homero a Charlot." In: *Gaceta Literaria* 22 (1927), S. 3 und „el cinema es la manera más irreal de expresar la realidad", Salvador Dalí: „Films antiartísticos." In: *Gaceta Literaria* 29 (1928), S. 6.

21 Vgl. z.B. „el cine, en su estructura, reproduce la estructura del espíritu en su actividad funcional de percepción, selección, valoración de las imágenes", José Palau: „La visión cinematográfica." In: *Gaceta Literaria* 90 (1930), S. 13.

22 Vgl. z.B. „el cine es el primer rayo de luna que el hombre ha visto poblado de fantasmas", Fernando Vela: „Ribera", S. 206, „en los bosques nocturnos del cinema", César Arconada: „Posesión lírica de Greta Garbo." In: *Gaceta Literaria* 37 (1928), S. 5 oder „Pero allí, en el fondo de nuestro espíritu, existe otro

Wenn in literarischen Werken der 20er Jahre vom „Film" die Rede ist, wird auf das so beschriebene Vorstellungsmuster zugegriffen. Vor diesem Hintergrund soll jetzt die intermediale Praxis der Avantgardeliteratur betrachtet und am Beispiel einer Kurzgeschichte aufzeigt werden, wie der Diskurs über Film ästhetisch genutzt, überformt und funktional in einen Werkzusammenhang eingebettet wird.

4. Intermediale Praxis: „Cazador en el alba" von Francisco Ayala

Francisco Ayalas Kurzgeschichte „Cazador en el alba" („Jäger im Morgengrauen") ist im Herbst 1929 in zwei aufeinander folgenden Ausgaben der *Revista de Occidente* erstmals publiziert worden.[23] Sie erschien also im gleichen Jahr und auch in der gleichen Zeitschrift, in der seine „Indagación del cinema" („Nachforschung über das Kino") herauskam, sein bedeutendster Beitrag zum zeitgenössischen Diskurs über Film.[24] Zugleich fand die Geschichte einen Platz in eben dem Organ, das unter der Leitung Ortega y Gassets am stärksten dem Programm einer *nueva novela* unter dem Motto der Ortegaschen *deshumanización del arte* verschrieben war[25] und das auch neben der *Gaceta*

mundo vasto, casi en tinieblas, por no decir en tinieblas del todo, profundo, veleidoso, extraño, fantástico [...] subterraneo", Azorín, „El cine y el teatro." In: *ABC*, 26.05.1927, S. 9-10, hier S. 9.

23 Diese Interpretation findet sich auch in Dagmar Schmelzer: *Schreiben*, S. 285-289.

24 Speziell zu Ayala und dem Kino s. José M. del Pino: *Montajes y fragmentos: una aproximación a la narrativa española de vanguardia.* Amsterdam, Atlanta: Rodolpi 1995, S. 155-179; Luis García Montero: „El cine y la mirada moderna." In: Manuel A. Vázquez Medel (Hrsg.): *El universo plural de Francisco Ayala.* Sevilla: Alfar 1995, S. 51-67; Franz-Josef Albersmeier: *Theater, Film, Literatur in Spanien. Literaturgeschichte als integrierte Mediengeschichte.* Berlin: Schmidt 2001.

25 Während in der früheren Kritik die avantgardistischen Jugendwerke Ayalas mit der gesamten sogenannten „entmenschlichten" Kunst der 20er Jahre als Spielerei abgewertet wurden (für Ayala s. z.B. Keith Ellis: *El arte narrativo de Francisco Ayala.* Madrid: Gredos 1964), findet neuerdings eine Neubewertung statt. Während Cózar die Avantgarde, und mit ihr die Beiträge Ayalas zu diesem „Experiment", als „Vorarbeit" späterer humanisierter Texte sieht, ihr Engagement gegen die „alte Welt" vor dem 1.Weltkrieg würdigt und ihr die Entwicklung eines „neuen" Realismus zuschreibt (Rafael de Cózar: „Los inicios vanguardistas de Francisco Ayala: *Cazador en el alba* y *El boxeador y un ángel.*" In: Manuel A. Vázquez Medel (Hrsg.): *Francisco Ayala y las vanguardias.* Sevilla: Alfar 1998, S. 33-44), bezweifelt Vázquez Medel das Konzept der *deshumanización* als solches und bewertet die Avantgarde-Erzählungen

Literaria als das bekannteste Forum für die filmfreundliche Diskussion um die Neue Kunst in den 20er Jahren gelten kann.

Eine kurze Handlungszusammenfassung soll die Orientierung erleichtern: Der Soldat Antonio Arenas, Brustumfang 96 cm, Gewicht 62 kg, Körpergröße 1,55, kommt nach seiner Rekrutierung erstmalig in die Stadt. Militärisches Leben und Stadterfahrung entfremden ihn seiner ländlichen Herkunft. Er hat die Gelegenheit, tief ins städtische Ambiente einzutauchen und vor allem auch mit der faszinierenden und respekteinflößenden Damenwelt Kontakt aufzunehmen: zunächst durch einen Besuch in einem Bordell, dann durch seine Beziehung zu Aurora. Durch seine Freundin lernt er deren Bruder, einen Boxer, kennen, der ihm eine Karriere im Ring verspricht. Antonio tritt daraufhin aus der Armee aus und geht hoffnungsvoll einer „modernen" Zukunft entgegen. Ein Reitunfall führt zu seiner Internierung in ein Hospital, wo im Fiebertraum Versatzstücke aus all' seinen Lebensbereichen in seine bilderreiche Verarbeitung des Erlebten einfließen. Der Krankenhausaufenthalt ist Ausgangspunkt der Geschichte, einer Art chronologischer Rekonstruktion von Arenas' Leben ab dem Zeitpunkt seiner Ankunft in der Stadt.

Die Geschichte macht es dem Interpreten nicht schwer, seine Suche nach intermedialen Spuren zu rechtfertigen. Schließlich ist der Bezug zum Film explizit markiert. In fünf Zusammenhängen wird ausdrücklich auf das filmische Vorbild hingewiesen. Erstens werden Antonios Fieberträume im Lazarett als „descalabados trozos de film"

Ayalas als zweifach human: Sie verschieben die Mimesis vom Objekt zum mentalen Bild des Objekts im Sinne eines neuen Realismus und entlarven die *conditio humana* des Gefangenseins in Sprache und Diskursivität (Manuel A. Vázquez Medel: „Técnica y estilo en *El boxeador y un ángel.*" In: ders. (Hrsg.): *Francisco Ayala*, S. 73-88). Bellido Navarro weist Machtkonflikte, wie sie Mermall (Thomas Mermall: *Las alegorías del poder en Francisco Ayala,* Madrid: Fundamentos 1983) für die späteren Romane und Erzählungen belegt, schon in „Cazador en el alba" nach (Pilar Bellido Navarro: „Los espacios míticos en *Cazador en el alba*, de Francisco Ayala." In: Manuel A. Vázquez Medel (Hrsg.): *Francisco Ayala*, S. 117-131). Auch Barroso Villar stellt thematische Aspekte wie die Anonymität in der neu entstehenden Massengesellschaft ins Zentrum ihrer Analyse der Kurzgeschichte, sieht aber auch das dichte Netzwerk intertextueller Bezüge als „humanen" Hintergrund, auf den beständig – nicht zuletzt ironisch-kritisch – rekurriert werde (Elena Barroso Villar: „*Cazador en el alba:* Novela lírica y humanismo." In: Manuel A. Vázquez Medel (Hrsg.): *Francisco Ayala*, S. 86-116).

(309)[26] bezeichnet. Durch Verwendung der Wörter „cintas" (314) und „film" (316) werden des Weiteren die bewegten Bilder und die Reizüberflutung beim Blick aus dem Zugfenster anlässlich Antonios erstmaliger Ankunft in der Stadt mit der siebten Kunst in Zusammenhang gebracht. Die durch seine emotionale Überforderung verfremdete Wahrnehmung Antonios im Bordell wird drittens durch die Verwendung von „celuloide" (320) dem Film parallel gesetzt. Die filmbezogenen Ausdrücke „estrella de cine" (50) und „un gesto reluciente de celuloide" (51) bezeichnen den Warencharakter und die Künstlichkeit von Objekten und Menschen (z.B. anlässlich der Neueinkleidung Antonios zum feschen modernen Stadtmenschen nach seiner Entlassung aus dem Militärdienst). Schließlich wird zwischen der Erinnerung und dem distanzlosen Erleben der Gegenwart unterschieden. Durch die Verwendung von „planos cinematográficos" (54) wird dem Kino zweiterer Modus des Erlebens zugeordnet.

Abgesehen vom sozial-kulturellen Thema „Warencharakter des Films und seiner Rollenangebote" wird in den übrigen vier Fällen der „Film" mit dem subjektiven, bildgeprägten Erleben der Figur gleichgesetzt. Und zwar einer Figur, deren Perzeptionsvermögen offensichtlich begrenzt ist – teils aus medizinisch-physiologischen Gründen, wie im Fiebertraum, teils aus Gründen der sozialen Herkunft aus dem bäuerlich-ländlichen Raum. Was an dieser speziellen Wahrnehmung und ihrer ästhetischen Wiedergabe insbesondere filmisch anmutet bzw. welche Aspekte des zeitgenössischen Films aufgegriffen werden, in welchem literarischen Funktionszusammenhang sie eingesetzt werden und welche ästhetische Wirkung sie letztlich haben, wird anhand zweier Beispiele im Folgenden dargelegt.

Antonios Fiebertraum weist viele Parallelen zu einem Film auf, wie ihn ein Zeitgenosse der 20er Jahre verstand: Der Traum wird mit der „chemisch reinen Stille" des Krankenhauses („un silencio de hospital: químicamente puro", 310) unterlegt, er gestaltet sich in einem Wechsel aus Licht und Schatten („sol", „oscuridad", beides 310 etc.). Die Tritte des Pferdes sind unhörbar („sordas pisadas en la arena del sueño", 312f.). Das Licht hat teilweise räumliche Qualität („un metro cúbico de luz compacta", 310). Antonios geschärfte Wahrnehmung gewinnt den Gegenständen teils ein deutliches Profil ab („Sus ojos [...]

26 Die Seitenzahlen in Klammern hinter den Zitaten beziehen sich auf die genannte Erstausgabe des Textes in der *Revista de Occidente*.

sacaban astillas a los perfiles de los edificios“, 309), teils lösen sie sich in vage Formen („formas remotas“, 311) auf. Jedenfalls handelt es sich um dominant visuelle Sinneseindrücke, die dazu tendieren, sich zu reiner Form und Farbe zu verdichten (zum Beispiel das Weiß der Kittel, 310), oft nur Teile von Objekten und Körpern erfassen (zum Beispiel nacheinander den Hals, die Mähne, Augen und Blick und schließlich das Fell in der Vision seines Pferdes, 313) und die bereits emotional aufgeladen sind. Die von den Gegenständen ausgehende Bedrohung oder beruhigende Wirkung wird durch assoziative und durchaus plastische Metaphern zum Ausdruck gebracht (die Sonne schleudert zum Beispiel Dolche und Schwerter durch die Spalten der Fensterläden, 310). Der metaphorische Sprung ist teilweise visuell motiviert, wie im Fall der Verschiebung der Wattebausche auf blauer Papierunterlage zum wolkigen Morgenhimmel (Watte und Baumwolle stehen im Übrigen für das Gefühl der Benommenheit, 310).

Die verschiedenen Wahrnehmungen sind durch keine Alltagslogik miteinander verknüpft, sondern präsentieren sich zeitlich und zunächst auch logisch isoliert („descalabados trozos de film“, 309), bis sie durch freie assoziative Verknüpfung im wahrnehmenden Bewusstsein einem – irreal anmutenden – Zusammenhang untergeordnet werden. Die Wirklichkeit ist im Sinne des Kubismus synthetisch, willkürlich bzw. hier eher unwillkürlich („involuntaria fuga“, 309) aus Einzelteilen zusammengesetzt. Dynamik (man siehe „vientos tránsfugas“ und „pensamientos sin bridas ni freno“, beide 309), Bruchstückhaftigkeit und primäre Zusammenhanglosigkeit (wie in den Katalogen und Warenausstellungen, die ebenfalls mit den gereihten Eindrücken des Fiebertraums verglichen werden, 309) geben so ein Bild fehlender rationaler Kontrolle, wie sie der Rezeptionshaltung des reizüberfluteten Kinozuschauers zugeschrieben wurde.

Der Traum wird als erweiterte Wahrnehmung begriffen, in deren Folge man „canales, continentes e islas nunca vistos“ (313) entdecken kann. Damit wird er als ein Wunder („milagro“, 312) ausgewiesen – nicht umsonst wird auf die Erleuchtung von Damaskus angespielt („que cuando Dios quiere hacerse escuchar, derriba del caballo a los jinetes, aunque no siempre ocurra el accidente en el camino de Damasco“, 309). Schließlich führt das Erlebnis bei Antonio auch tatsächlich zu einer Bewusstseinserweiterung, die ihm „el vientre de los estanques“, zu lesen als das Unterbewusste, „la lucha de clases“ und „la selección natural de Darwin“ (309), lauter Gegenstandsbereiche der modernen Wissenschaft vom Menschen und der Natur, verständlich macht. Dieses Wunder wird – nicht zuletzt motiviert durch die klinische Umgebung – teilweise in technischem Vokabular wiedergegeben („las realidades puras sólo son visibles a la temperatura de 40 grados centígrados“, 309, „telecomunicar con la irrealidad“, 312, etc.). Eine solche Verbindung von Technik und Wunder ist typisch für den spanischen Filmdiskurs der 20er Jahre. Auch die Assoziierung von Weiblichkeit („Almidonadas enaguas“, baumwollene Unterröcke, 310) und Nacht („luna“, 310) ist typisch.

Antonios Wahrnehmung bei vollem Bewusstsein wirkt teilweise ähnlich überspannt und bruchstückhaft, wenn er auch Außeneindrücke detaillierter und konsistenter aufzunehmen im Stande ist. Bei seinem ersten Besuch in einem großstädtischen Bordell befindet er sich in einem Zustand emotionaler Überforderung, wie leicht anhand seiner wechselnden Gesichtsfarbe abzulesen ist: Ein anfängliches Zinnoberrot („bermellón“, 318) entfärbt sich zu einem blutlosen Vollmondton („la cara [...] desangrada como el plenilunio“, 319). Seine Fühler arbeiten auf Hochtouren („ultrasensibles“, 318) und registrieren gerade visuelle Eindrücke mit gestochener Schärfe.

Die einzelnen fokussierten Objekte werden dabei in der Wahrnehmung räumlich isoliert. Sie gewinnen Eigenleben und nehmen damit teilweise eine feindliche und potentiell bedrohliche Haltung zur Figur ein. Die Vorhänge erzittern scheu (319). Verschiedene Stühle, in ihrer Materialität blitzschnell als „pequeñas, convexas y torneadas“ (319) erkannt, wetteifern um seine Gunst. Ein Waschbecken – „redondo, curvo vientre“ (319) – tropft bedächtig. Ein Spiegel schließlich wirft blässlich verschwommen sein Antlitz zurück und lässt seine Züge ungewiss werden (319).

Den Objekten vergleichbar ist die Wahrnehmung von Körperteilen, denn mehr vermag er von den anwesenden weiblichen Schönheiten nicht zu sehen: „Su mirada rodó por los suelos; encontró, alineados, tres pares de zapatos: charol, blancos y rojos.“ (319) Die Kleidung hat dabei zumindest den gleichen Stellenwert wie das verdeckte Körperteil: „un pecho doble, de serpiente-hembra se hacía evidente bajo la frialdad verdemar de una blusa de seda.“ (319)

Die Frau wird in Einzelteile zerlegt, wobei die Puppenfragmente in den Schaufenstern („un par de piernas arquetipo“, „una pequeña mano enguantada“, „una cabeza, un busto“, 317) sich ohne wesentliche qualitative Veränderung in die belebten, lediglich weil bewegten Körperteile der gleichfalls makellosen Frauen auf der Straße verwandeln. „Al mismo tiempo ha visto por la calle todas estas piezas, organizadas, en marcha. Puras formas de mujer, esquemas de mujer.“ (317f.) Das „artificio“ (318) von Schminke und Kleidung verbindet sich mit dem Eindruck der Zusammengesetztheit aus Einzelteilen und mit der mechanisch-perfekten Bewegung zum Gesamtbild des Maschinenhaften. Die Frau hinterlässt eine ähnliche leicht schaudernde Faszination wie die Schreib- und Rechenmaschinen in den Büros der militärischen Vorgesetzten (317). Sie ist „una maravilla de la técnica moderna“ (317 und 319), ein Wunder moderner Technik. Als solches ist sie selbstverständlich auch ein „producto industrial“ (317) und beliebig, austauschbar, käuflich, eine Ware. Werden die weiblichen Körperteile in Schaufenstern feilgeboten, kann man ihre synthetische Ganzheit auf der „Feria de Muestra“ (319) eines Bordells begutachten und auswählen. Ihre Technizität macht die Frauen aber nicht nur auf diese Weise erwerblich, sondern sie macht sie auch unnahbar, indem sie sie entfremdet. Antonio fühlt sich ihrer maschinellen Vollkommenheit unterlegen („inferior“, 318) und baut sie gerade deswegen zur idealisiert-unwirklichen Gegenwelt auf, in die er einbrechen will: zu Inhalten des Traums („Irrumpir en un sueño“, 318), zu unbekannten Inseln („arribar a una isla desconocida“, 318) und unentdeckten Paradiesen („la apertura de un paraíso incógnito“, 318), zu Mondwesen („quebrar la luna de un escaparate“, 318).[27]

Auch in diesem Beispiel ist Antonios Bewusstseinsstrom deutlich „filmisch“ aufgebaut und verknüpft eine Vielzahl filmtypischer Motive und Verfahren. Wie wird die Gleichung „Bewusstsein entspricht Film“ jetzt aber in den Gesamtzusammenhang der Kurzgeschichte eingereiht? Wie bereits erwähnt, handelt es sich bei Antonio um ein nur teilweise bewusstes Individuum, das seine Wahrnehmung mangelhaft unter rationaler Kontrolle hat. Seine Primitivität wird deutlich entlarvt – speziell durch den Abstand seiner Reaktionen und verbalen Geschicklichkeit zu denen des sprachmächtigen Erzählers. Denn der Erzähler ist

27 Barroso Villar will die angeblich „entmenschlichte“ *nueva novela* durch Aufspürung ihrer humanen Bezüge aufwerten. Hauptthema der Erzählung Ayalas sei demnach die Anonymität und Entfremdung in der entindividualisierten Massengesellschaft. Die Überwindung der Isolation gelingt auch in der Erotik nicht: Gerade die Frau wird als automatisiertes Wesen (Barroso Villar: „Cazador“, S. 104-107) oder als bloße Projektionsfläche für heterogene männliche Idealisierungskonzepte (S. 107-111) dargestellt.

zu einer diskursiv ausgefeilten und mit Bildungsgut reich bestückten Beschreibung angesichts der in den Laken liegenden Aurora fähig:

> Desde la alta perspectiva de los dioses y los aviadores, el mar no es, como desde la playa, una masa amorfa y caótica. Está lleno de triángulos, de planos, de líneas, de interferencias, de reiteraciones, de pliegues que se doblan y se desdoblan como limpias sábanas de agua. // Entre las sábanas de su cama, Aurora parecía una deidad marina. (45),

Antonio hingegen bleibt auf Auroras Frage „Woran denkst du?“ gleich die Spucke weg. „El rostro se le había encendido como un farol de alarma.// – Pienso en los caballos del cuartel, viendo sueltas las bridas de tu pelo. Pienso en los gallos furiosos...“ (46). Antonios aus dem Leben gegriffene Vergleiche zeigen ihn als einen einfachen Menschen mit begrenztem Horizont – lassen aber die abwegig abgehobenen Vergleiche des Erzählers in ironisches Licht fallen. Damit wird die Sympathiehaltung des Lesers zur Hauptfigur ambig: Einerseits ist er sich ihrer Beschränkung bewusst, andererseits kann er sie uneingeschränkt sympathisch weil lebensnah finden. Über den gesamten Text wird ein indirekter Modus des Erzählens aufrecht gehalten, in der die Figurenperspektive vom Erzähler sprachlich stark überformt und teilweise auch kommentiert wird. So schwankt der Text ständig zwischen Identifikation und Distanz.

Eine ähnliche Ambiguität wird analog zum „Film“ als dem Medium von Antonios Bewusstsein aufgebaut: Einerseits ermöglicht der filmische Stil eine faszinierende Mimesis des Großstadterlebens aus eingeschränkter Perspektive, eine Art subjektiven Realismus. Andererseits gewinnt die Darstellung eine latent gesellschaftskritische Komponente. Und drittens erlaubt die immer vorhandene Distanz des Lesers zur Figur, das „Experiment“ mit den neuen Darstellungsformen auch als solches in den Blick zu bekommen und zu genießen. Der Film gilt als Medium der Künstlichkeit, seine Bilder und Inhalte sind konstruiert, synthetisch.[28] Die manieristischen Metaphern, die ironischen Diskursanspielungen auf Bibel, Mythologie, technische Fach-

---

28 Diese Assoziation gilt auch für Ayalas Erzählung „Polar estrella“ (1929), wo die handlungsbestimmende Basisopposition zwischen Natürlichkeit/Wirklichkeit und Künstlichkeit/Illusion metaphorisch an den Gegenwelten des orientierungstiftenden Firmaments und der bloß trughaften Glitzerwelt des Kinos aufgespannt wird (vgl. Miguel Nieto Nuño: „La imagen en la prosa vanguardista de Francisco Ayala.“ In: Manuel A. Vázquez Medel (Hrsg.): *Francisco Ayala*. S. 45-55).

sprache und Film können auch als solche goutiert und im Sinne eines „bewussten Stils" spielerisch gelesen werden.

Nicht zuletzt die Explizitheit der intermedialen Anlehnung dient mittels Stilbruch zum Aufbau dieser charakteristischen Ambiguität. Wo doch die Einfahrt des Zuges in die Stadt implizit Verfahren filmischen Erzählens verwendet – von der Kadrierung der Bilder bis hin zur asyndetischen Reihung – und unmissverständlich filmdiskurstypische Paradigmen aufgreift – Visualisierungszwang, Dynamik, Beschleunigung –, ist der in Klammern am Ende der Passage eingeschobene explizite Erzählerkommentar im Augenblick des Stehenbleibens des Zuges („Un film que se corta.", 316) redundant und unterbietet die gelungenen vorangegangenen Abschnitte stilistisch deutlich.

Gerade die Offenlegung des diskursiven Vorbilds setzt einen Vorbehalt sowohl gegenüber der uneingeschränkten Bereitschaft des Lesers, an die Authentizität der Figurenperspektive zu glauben, als auch gegenüber der originären Leistung des Erzählers. Der ganze Text durchzieht sich so mit einem Hauch ironischer Selbstdistanzierung.

5. Ayala, die spanische Avantgardeprosa und der Film: Skizze eines Epochenprofils

Zunächst zeichnet sich die Prosaliteratur der 20er Jahre durch die Gewinnung neuer Themen aus der modernen Alltagswirklichkeit aus. Sie nimmt sich konsequent der Großstadt an und erschließt sich Motivkreise wie den motorisierten Verkehr, das Menschengewimmel der Einkaufs- und Verkehrsachsen, die Massenfreizeitgestaltung in Kino, *music-hall* und Kabarett, das neue Körpererleben in Sport und Tanz, das materialistisch orientierte Konsumverhalten, die neuen Werbemedien wie Plakate, Litfasssäulen und Leuchtreklame, das emanzipiertere Frauenbild und mit ihm eine neue Freizügigkeit in Erotik und Sexualität. Nicht nur dass das Kino als primär städtische, mit Technik und der Massengesellschaft konnotierte Errungenschaft in diesem Panorama bestens aufgehoben ist, es ist diskursiv mit vielen anderen großstadttypischen Themen und Motiven verknüpft, so mit der Beschleunigung des Lebensrhythmus' und der Fragmentarisierung der Wahrnehmung durch die motorisierte Fortbewegung, der Reizüberflutung in konzentrierten Menschenansammlungen und dem Überangebot an schrill angepriesenen Konsummöglichkeiten. Kino gilt als Domäne der Erotik, der Körperlichkeit, der Maschinisierung und Verdinglichung von Mensch und Objekt, als Medium einer gegenwartsintensiven Vergänglichkeit.

Es nimmt daher nicht Wunder, dass Kino in den Werken der Avantgardeschriftsteller thematisch präsent ist – wie hier bei Ayala in der Anspielung auf das Rollenvorbild der Leinwandhelden. Es verbindet sich gut sowohl mit modern-euphorischen als auch kritischen Tönen, letztere z.B. hinsichtlich der Anonymität des Lebens im Moloch Stadt, der Aufhebung sozialer Distinktion, der Reizüberforderung und Passivisierung des Individuums, der Verarmung „realer" Erfahrung durch die Höhenfahrt des Medialen, der Inauthentizität des städtischen Menschen. Diese thematisch-kritische Ausrichtung findet sich bei Ayala diskursiv durchaus an das Signum „Kino" geknüpft, wird doch kinematographisches Erleben mit der begrenzten und überforderten Bewusstseinsleistung des ländlichen Protagonisten angesichts seiner Konfrontation mit der Massengesellschaft gleichgesetzt. Im engeren Sinne thematisch-explizit im Sinne einer Kritik am Film werden diese Bezüge jedoch hier nicht.

Ayala nutzt „Kino" eher im Sinne seines Bekenntnisses: „en literatura el *quid* no está en el *qué* sino en el *cómo*".[29] Der Film baut sich diskursgemäß aus objektnahen, der Alltagswahrnehmung verwandten, plastischen und voneinander isolierten Bildern auf, die durch die Perspektive der Aufnahme technisch überformt, verfremdet, geordnet und gewertet werden. Genau diesen Aufbau und Zweischritt vollzieht Ayalas Text nach. In der Perspektive Antonio Arenas' dominieren sinnlich konkrete, bildliche Vorstellungen, die eher allusiv als explizit sinnhaftig sind. Sein Denken ist sprunghaft, elliptisch und baut auf Metaphern auf. Der auktoriale Diskurs dagegen zeichnet sich durch eine ausgeprägte Diskursivität aus, in der mechanistische Termini, Wissenschaftssprache, geometrische Analyse und pseudomathematische Formelhaftigkeit neben ironisch-schematisch gehandhabtem „Bildungsgut" wie mythologischen Anspielungen und intertextuellen Verweisen großen Raum einnehmen. Der bewusste, selbstreflektive und selbstentlarvende Stil hat viel von der medialen Distanz „hinter der Kamera". Die beschriebene Dualität erlaubt es „Cazador en el alba" sowohl als Experiment eines „neuen Realismus" zu verstehen, wie ihn die Avantgarde in Erweiterung des Realitätsbegriffs anstrebte, als auch als einen dominant metaliterarischen Diskurs, der in ständiger Selbstaufhebung

29 Francisco Ayala im Vorwort von *El rapto* (1993), zitiert nach Manuel A. Vázquez Medel: „*Glorioso triunfo del Príncipe Arjuna*: Síntesis de la cosmovisión Ayaliana." In: ders. (Hrsg.): *Francisco Ayala: El escritor en su siglo.* Sevilla: Alfar 1998, S. 163-178, hier S. 165.

das eigene ästhetische Vorgehen zugleich vorführt, relativiert und kritisch kommentiert.

Die neue Vorstellung von Wirklichkeit richtet ihr Augenmerk zunächst auf das unreflektiert Körperliche, Sinnliche, wie es sich in Ortegas Forderung nach der Verbindung von Vernunft und „Leben" spiegelt, nach einer Synthese von Geist und Sensualismus. Der Integralismus Benjamín Jarnés' z.B. kommt dieser Vorstellung eines ganzheitlichen Humanismus nahe: Für ihn verbindet die Ästhetik mustergültig distanziert-intellektuelle und analysierende mit erlebend-sensualistischen und perzeptiven Fähigkeiten.[30] Verwandt, wenn auch etwas anders gelagert, ist z.B. die Bemühung Azoríns um den „superrealismo", den er im Sinne einer Überschreitung, „superación", der Realität verstanden wissen will. Das herkömmliche Realismuskonzept wird dabei in zweierlei Hinsicht gesprengt: Einmal rücken die Phantasie, das Geheimnisvolle, das Irreale, der Aberglauben, das Übernatürliche ins Bewusstsein und behaupten sich dort als ebenso real wie andere Erfahrungen.[31] Zum zweiten wird die Welt konsequent vom subjektiven Standpunkt aus dargestellt bzw. erst konstituiert. Der Roman nähert sich in seiner markanten Subjektivität der Lyrik, weswegen von avantgardistischen Werken oft als *novelas líricas* gesprochen wird.[32]

Alle diese Aspekte der Überschreitung von „Realität" sind diskursiv mit der Macht des Kinobilds gekoppelt: Als technisches Medium verbindet es kühl-distanzierte Beobachtung mit sinnlicher Nähe des Bildes. Darüber hinaus gilt Kino als besonders geeignet, Irreales zum Ausdruck zu bringen, es rekurriert auf die Möglichkeiten der Perspektivierung (auch der Perspektivenvielfalt) und hat besondere Affinität zum subjektiven Gedankenstrom, zum Traum und zum Unterbewussten. Diese Verbindung von (objektiver) Technizität und (subjektivem) Traum ist in der zeitgenössischen Metapher „proyector de luna" mustergültig getroffen.[33]

---

30 Vgl. z.B. Emilia de Zuleta: *Arte y vida en la obra de Benjamín Jarnés*. Madrid: Gredos 1977, passim.

31 Vgl. diese Surrealismus-Auffassung Domingo Ródenas de Moya: „Introducción." In: Azorín: *Félix Vargas. Superrealismo.* Madrid: Cátedra 2001, S. 11-105, hier S. 43.

32 Ricardo Gullón: *La novela lírica.* Madrid: Cátedra 1984 oder Darío Villanueva (Hrsg.): *La novela lírica II: Pérez de Ayala, Jarnés.* Madrid: Taurus 1983.

33 Román Gubern wählt diesen Titel seiner Publikation *Proyector de luna. La generación del 27 y el cine.* Barcelona: Anagrama 1999 nach einem Zitat von César M. Arconada aus *Vida de Greta Garbo* (1929).

Bei Ayala wird die Wahrnehmung der Großstadt konsequent vom subjektiven Standpunkt aus konstituiert. Selektive Perzeption und ein stark individuell geprägtes mentales Bild- und Gedankengut Antonio Arenas' erschaffen eine entfremdet-verzerrte aber erschreckend nahe und emotional dichte Umwelt. Sensualistisch-animistisches Erleben der Umgebung und Fiebertraumpassagen zeigen unterbewusste Verarbeitungsstrategien am Werk. Die Mobilität des Erlebens, das an die wandelnde und wandelbare Perspektive einer Figur geknüpft ist, schafft eine neue Intensität des Zeit- und Raumempfindens, die der Zeitgenosse in der Rezeptionshaltung des Kinozuschauers wieder findet, die aktiv aus heterogenem, immer beweglichem Bildmaterial unter Zeitdruck „Sinn“ konstruiert.[34]

Über diese Rekonstruktion innerer Realität spannt sich allerdings noch eine weitere Textdimension, die einerseits das im Experiment Erreichte ein Stück weit zurücknimmt und es andererseits zugunsten anderer, metaliterarischer Themen in den Hintergrund verweist: die der kontinuierlichen Selbstbeobachtung des Textes. Seinen Metacharakter verdankt „Cazador en el alba“ der Dichte an intertextuellen Bezügen, auch zu Gattungsfolien und klischeehaften, abgegriffenen Handlungsschemata,[35] seiner Praxis der intermedialen Transgression mittels Einbezug „nicht-literarischer“ Darstellungskonvention und nicht zuletzt

---

34 Vgl. Ana Rodríguez-Fischer: „Introducción.“ In: dies. (Hrsg.): *Prosa española de vanguardia*. Madrid: Castalia 1999, S. 9-73, hier S. 67-72. Die Autorin konstruiert den Zeithintergrund und die Mentalität der Avantgarde aus Zitatmaterial der damaligen „Protagonisten“. Cyril B. Morris stellt die betont rezeptionsorientierte Vorstellung Ayalas vom Kino in seinen filmkritischen Artikeln vor, um dann die Modellierung des Kinoerlebens in „Hora muerta“ (1929) nachzuvollziehen, die mit der Gleichsetzung von Kinoerleben und Fieberzustand endet: „Y salí del cine con fiebre. Con violencia interior.“ (Cyril B. Morris: *This Loving Darkness. The Cinema and Spanish Writers, 1920-1936*. Oxford: Oxford University Press 1980, S. 144-147, Zitat S. 146.)

35 Wie für viele Autoren der *novela nueva* typisch (vgl. z.B. Benjamín Jarnés) ist die Prosa Ayalas reich an intertextuellen Bezügen. Rosario Hiriart: *Las alusiones literarias en la obra narrativa de Francisco Ayala*. Diss. Ann Arbor: University Microfilms 1971. Der intermediale Bezug auf Musik wird bei Ayala auch thematisch verwertet, nicht nur als „Kolorit“ zur Evozierung eines bestimmten Zeithintergrundes (vgl. Rosario Hiriart: *Los recursos técnicos en la novelística de Francisco Ayala*. Madrid: Insula 1972, S. 45). Zum Umgang mit zeitgenössischen, antiken und biblischen Mythen, mit gattungstypischen Handlungsschemata und der Erwartungshaltung des intertextuell kundigen Lesers in Ayalas avantgardistischem Schaffen siehe Barroso Villar: „*Cazador*“ und Rosa Navarro Durán: „Ironía y belleza en *El boxeador y un ángel*.“ In: Manuel A. Vázquez Medel (Hrsg.): *Francisco Ayala*, S. 57-71.

seiner bewusst akzentuierten Diskursivität. An den Bruchstellen zwischen den heterogenen Vertextungselementen aus Tradition und Avantgarde zerbricht die „Realitätsillusion" und der Text stellt sich als eminent literarisch bzw. konstruiert dar. Ironiesignale sorgen für latente Distanz und verschieben den Blick auf das „Wie" der Darstellung. Zwar ist der metatextuelle Kommentar Ayalas nur implizit, dennoch bestimmt er seinen Text so stark, dass man durchaus von der avantgardetypischen Verquickung von Literaturkritik bzw. -theorie und literarischem Text[36] sprechen kann. Vom sozioökonomischen bis zum (inter-) textuellen Aspekt führt Ayala die „conversión del *medium* artístico en fin de la obra"[37] vor.

Die Ironie beschränkt sich bei Ayala wie bei vielen anderen Avantgardisten keineswegs auf die Diskreditierung des Althergebrachten, von dem man sonderbar abhängig bleibt,[38] sondern sie richtet sich ebenso gegen das Experiment als solches, gegen die zwar als innovativ, aber letztlich wieder als regelhaft-nachvollziehbar, beschränkt und schematisch gesehene „Technik" der Avantgardetexte selbst. Hier ist der Platz des Films: Einerseits gefeiertes Vorbild, andererseits als defizitär ausgewiesenes Massenmedium eignet er sich besonders für ein ambiges Doppelspiel der ständigen Identifikation und Distanzierung. Diese konstante Zweideutigkeit und die letztendliche Leere der

---

36 Dieses Ineinander prägt nicht nur die literarischen, sondern auch die essayistischen Texte der Zeit, die ebenfalls unter dem Zeichen der Erneuerung der spanischen Prosa stehen (vgl. Domingo Ródenas de Moya: „De la nueva prosa a la novela nueva." In: Francis Lough (Hrsg.): *Hacia la nueva novela. Essays on the Spanish Avant-Garde Novel.* Frankfurt/Main: Lang 2000, S. 43-60). Für Ayala siehe Estelle Irizarry: *Teoría y creación literaria en Francisco Ayala.* Madrid: Gredos 1971.

37 Domingo Ródenas de Moya: *Los espejos del novelista. Modernismo y autoreferencia en la novela vanguardista española.* Barcelona: Península 1998, S.190. Einschlägig zu Metafiktionalität und Sensibilität gegenüber diskursiven und gattungsspezifischen Abhängigkeiten sind auch die Publikationen von Robert Spires: *Transparent Simulacra. Spanish Fiction, 1902-1926.* Columbia: University of Missouri Press 1988 und *Beyond the Metafictional Mode. Directions in the Modern Spanish Novel.* Lexington: University Press of Kentucky 1984.

38 Zur dialektischen Verpflichtung der 20er Jahre gegenüber der Tradition vgl. Gustavo Pérez-Firmat: *Idle Fictions. The Hispanic Vanguard Novel, 1926-1934.* Durham: Duke University Press 1982, S. 30f. und 54. Eine vergleichbar ambige Haltung prägt auch die Romane Benjamín Jarnés' und Azoríns Roman *Doña Inés*, s. dazu Dagmar Schmelzer: *Schreiben.*

eigenen immer auf dem Rückzug befindlichen Position[39] ist charakteristisch für diese Prosa „au deuxième degrée“.[40]

Allerdings nutzt Ayala diese Technik nicht beißend-agonistisch im Rundumschlag, sondern ein Stück weit zur Relativierung der eigenen bzw. auktorialen intellektuellen Position gegenüber einem durchaus sympathischen, wenn auch simplen Protagonisten. Auch der in der Avantgarde so häufige spielerische Aspekt ist überlagert durch ein durchaus engagiertes Anliegen: Die menschliche Würde des Protagonisten wird ernst genommen, trotz Kritik an dessen beschränkter Weltwahrnehmung und -deutung. Implizit kritisch werden die Umstände gesehen, die solcherart zur Enthumanisierung und kognitiven Überforderung des Individuums beitragen. Der spätere Gesellschaftskritiker Ayala kündigt sich an. Wie auch für andere Avantgardisten ist das Label der „deshumanización“ im Sinne einer Nicht-Stellungnahme der Literatur zu brisanten Fragen der gesellschaftlichen Entwicklung zu überdenken.[41]

---

39 Zum Konzept der Ironie als ein indirektes Sprechen, das die eigene Identität aus einer negativen und semantisch leeren Position heraus bestätigt, indem es die Haltung des Ironieopfers imitiert und lächerlich macht, s. Wolf-Dieter Stempel: „Ironie als Sprechhandlung.“ In: Wolfgang Preisendanz/Rainer Warning (Hrsg.): *Das Komische*. München: Wilhelm 1976, S. 204-235.

40 So der französische Originaltitel von Gérard Genette: *Palimpseste. Die Literatur auf zweiter Stufe*. Frankfurt/Main: Suhrkamp 1993.

41 Vgl. z.B. zu Benjamín Jarnés María S. Fernández Utrera: „Los héroes de la vía media: representación de la nueva humanidad en el discurso artístico y literario de la vanguardia española.“ In: *Bulletín of Hispanic Studies* 75 (1998), S. 491-516 und zu Antonio Espina Johannes Weber: *Antonio Espina und die spanische Avantgarde. Zwischen „entmenschlichter“ Kunst und gesellschaftspolitischem Engagement*. Berlin: Frey 1999.

3. Akustische Medien:

Radio, Hörspiel,

Hörbuch

Das Hörbuch: *El dueño del secreto*

(Antonio Muñoz Molina, 1997)

JÖRG TÜRSCHMANN

1. Autorschaft und Aufmachung

Wie die Romanverfilmung, die illustrierte Buchausgabe, das für das Fernsehen aufgezeichnete Theaterstück und viele ähnliche Beispiele mehr ist das Hörbuch ein Fall von Zweitverwertung in einem Speichermedium. Dies heißt nicht, dass es nicht eine gewisse Eigenständigkeit besäße.[1] Doch lässt sich nicht pauschal eingrenzen, ob es sich um eine literarische Gattung, ein Genre oder eine mediale Form handelt. Diese Schwierigkeit rührt einerseits daher, dass das Hörbuch keine ausschließliche Beziehung zu einer bestimmten Form von Vorlage aufweist. So gibt es Hörbücher, die Sachtexte, Ratgeber zu Alltagsproblemen oder Interviews enthalten. Die Vertonung belletristischer Texte ist also nur ein Fall unter vielen. Andererseits haben sich selbst im Bereich der Übertragung von Literatur auf einen Tonträger so unterschiedliche Formen herausgebildet, dass einige Einschränkun-

1 Rüdiger Zymner: „Lesen Hören. Das Hörbuch." In: ders. (Hrsg.): *Allgemeine Literaturwissenschaft. Grundfragen einer besonderen Disziplin.* Berlin: Erich Schmidt Verlag 1999, S. 208-215, dort 210: „Das Hörbuch einfach *nur* als Vermittlungsform von Literatur zu bezeichnen, ist also offenkundig untertrieben: Das Hörbuch ist eine Form des Umgangs mit Literatur, eine Form ihrer (möglicherweise kanonisierenden) Auswahl, eine Form ihrer (medial verschobenen Re-) Produktion, ihrer (vorlesekünstlerischen und inszenatorischen) Interpretation, ihrer (akustischen, aufgrund des Mediums beliebig unterbrechbaren oder wiederholbaren und im Prinzip ortsunabhängigen) Rezeption sowie ihrer Vermarktung als „*event*" einer Medien-Popkultur."

gen vorausgeschickt werden sollen. Diese sind weniger substanzieller Natur, sondern gehen auf die hiesige Wahl eines Hörbuches nach einem kurzen Roman aus der spanischen Gegenwartsliteratur zurück, um das Zusammenspiel von Medientechniken und Literatur zu behandeln: das Hörbuch *El dueño del secreto* von 1997 nach dem gleichnamigen, drei Jahre zuvor erschienenen Roman von Antonio Muñoz Molina. Bei diesem Beispiel handelt es sich erstens um einen Text, der nicht eigens für seine Vertonung verfasst wurde. Zweitens steht damit eine schriftsprachliche Vorlage im Hintergrund. Drittens geht es um einen Text, der bereits vor seiner Verbreitung als Hörbuch veröffentlicht wurde. Viertens schließlich liegt damit eine Erzählung vor, die sich zwischen Fiktion und Autobiografie bewegt. Insofern also im Folgenden eben dieses Beispiel behandelt wird, rührt die Literaturvertonung als Hörbuch von der gedruckten Fassung und von auktorialen Selbstentwürfen her. Im Rahmen einer vom Rezipienten gesuchten, exklusiven Beziehung zum Autor passt diese Art von Primärtext gut zum weit verbreiteten Verständnis der Literatur als Offenlegung persönlicher Innenansichten, als schriftsprachliche Äußerung sowie als Buchkunst.

Das Hörbuch teilt in Bezug auf seine üblichen materiellen Träger – Compactdisc oder Audiokassette – mit dem gedruckten Buch die Eigenschaft, eine Botschaft mit Hilfe eines Speichermediums anzubieten. Daraus ergibt sich, dass eine Erzählung noch lange nach ihrer Fixierung auf einem Datenträger zugänglich ist. Diese Überlegung ist zum einen wichtig in Hinblick darauf, dass ein Leser oder Hörer auf eine „historische" Ausgabe eines Buches oder eine ältere Aufnahme eines Hörbuches zurückgreifen kann. Bei beiden ist es daher möglich, sie langfristig zu vermarkten. Die Produktionsseite verfügt andererseits aufgrund der Speicherung über die Möglichkeit, einen Text erneut zu verwerten. In Zusammenhang damit wird sie meist nicht auf bereits existierende Materialstücke zurückgreifen, also Restauflagen „verramschen", sondern neue Exemplare anfertigen lassen.[2] Diese nochmalige Verwertung, die an beliebiger Stelle einer Reihe von Wiederveröffentlichungen eines literarischen Textes stehen kann, ist mehreren

---

2 Eine besondere Form der wiederholten Verwertung eines Datenträgerstücks liegt beim Film vor. Die Restauration alter Filmkopien, aber auch die Freigabe von lange Zeit vergebenen Verleihrechten, erlaubt es, einen Text auf einem numerisch identischen Materialträger wieder in den Umlauf zu bringen. Dieser Verwertungszusammenhang spielt beim Hörbuch erst hinsichtlich seiner Verbreitung im Übertragungsmedium Radio eine Rolle.

Einflussfaktoren ausgesetzt. In der Folge der schriftlichen Neuauflagen beeinflusst der Verlag etwa durch seine Umschlaggestaltung das Erscheinungsbild des gedruckten Textes. Dagegen wirkt ein Herausgeber möglicherweise auf die inhaltliche Struktur ein. Oft erst nach einer Reihe von Druckausgaben wird aus dem Text ein Hörbuch.

Im Fall von *El dueño del secreto* ist es so, dass das Buch Anfang des Jahres 1994 zuerst in limitierter und unverkäuflicher Auflage beim Verlag Ollero & Ramos kostenlos anlässlich der Neueröffnung einer FNAC-Filiale in Madrid verteilt wird. Kurz darauf erscheint beim selben Verlag eine weitere Auflage für den Verkauf. Diese zweite Auflage enthält einige geringfügige Änderungen. Eine zu didaktischen Zwecken kommentierte Ausgabe gibt 1997 Epitecto Díaz für den Editorial Castalia in der Reihe „castalia didáctica" heraus, wobei er der zweiten Auflage folgt, „corriendo unas pocas erratas".[3] Seinen Angaben zufolge hat sich der Herausgeber für die Korrektur der Errata mit dem Autor in Verbindung gesetzt. Demnach haben beide zusammen die Textfassung für diese jüngste gedruckte Ausgabe geschaffen, wenn auch die Initiative zu den Änderungen vom Herausgeber ausging. Im selben Jahr entsteht auch das Hörbuch, das die Gesellschaft Santillana für den Verlag Alfaguarra Audio herausgibt. Die Aufnahme besteht aus zwei Audiokassetten und dauert ungefähr drei Stunden. Es liest Joaquím Climent. So knüpft das Hörbuch auch hier an eine Reihe gedruckter Ausgaben an. Es steht also in diesem Fall – und wohl in vielen anderen Fällen auch – isoliert einer Überzahl von Buchausgaben gegenüber. Es bleibt meist die einzige Tonfassung in einem Speichermedium.

Für das Hörbuch wählt das Unternehmen gráfica futura, das für die Gestaltung der Kassettenhülle verantwortlich ist, einen bezeichnenden Weg, um Autor und Vorleser in ein enges Verhältnis zueinander zu rücken.[4] Auf der Vorderseite ist eine Fotografie von Muñoz Molina zu sehen, auf der Rückseite eine von Climent. Die Abbildungen zeigen ein Portät beider Personen, das bis zu den Achseln reicht, was sich als „Nahaufnahme" bezeichnen lässt. Die Bilder nehmen auf gleiche Weise die oberen zwei Drittel der jeweiligen Seite ein. Darunter steht

3 Die Editionsgeschichte legt Díaz in einer Vorbemerkung zum Roman dar, in Antonio Muñoz Molina: *El dueño del secreto*. Madrid: Editorial Castalia 1997, S. 63. Zitiert wird nach dieser Ausgabe.

4 Antonio Muñoz Molina: *El dueño del secreto. Leído por Joaquín Climent.* Madrid: Alfaguarra Audio 1997.

in beiden Fällen in der ersten Zeile mittelgroß „Antonio Muñoz Molina“, in der zweiten Zeile groß „*El dueño del secreto*“, in der dritten und letzten Zeile klein „Leído por Joaquín Climent“. Verwirrend ist also zunächst die Rückseite, wenn das Foto des Vorlesers gleichsam als Bildunterschrift den Namen des Autors trägt. Wer schließlich Muñoz Molinas Gesicht nicht kennt, wendet sich erneut der Vorderseite zu und zweifelt nun auch daran, auf der Vorderseite ein Bild des Autors vor sich zu haben. Diese anfängliche Vermutung beim ersten Anblick wird nämlich dadurch geweckt, dass mit abnehmender Wichtigkeit wohl der Autor auf der Vorderseite und der Vorleser auf der Rückseite zu sehen ist. Öffnet man auf der Suche nach einer Erklärung die Kassettenhülle, so bietet sich dort auf der linken Innenseite dieselbe Anordnung aus Fotografie auf den oberen beiden Dritteln und Schriftzug im unteren Drittel. Während der Schriftzug in Größe und Inhalt mit der äußeren Vorder- und Rückseite der Hülle identisch ist, besteht die Abbildung aus einer Montage der beiden Fotografien auf den Außenseiten. Dabei sind die Aufnahmen verändert. Beide sind zu „Großaufnahmen“ vergrößert. Sie sind so miteinander kombiniert, dass das obere Drittel der Seite das Gesicht des Autors zeigt und das darunter liegende Drittel das Gesicht des Herausgebers. Vom Autor ist das Gesicht allerdings knapp oberhalb der Nasenspitze abgeschnitten. Darunter beginnt das Gesicht des Vorlesers, eben knapp oberhalb von dessen Nasenspitze, und lässt nur seinen Mund und sein Kinn sehen, so dass eine Art Gestaltanschluss vorliegt. Auf beiden Aufnahmen, die die Außenseiten zeigen, blicken Autor und Vorleser in die Kamera. Sie wenden beide auf gleiche Weise ihre linke Schulter und damit auch ihre linke Gesichtshälfte leicht dem Betrachter zu. In der Fotomontage der Innenseite ist Climents Bild seitenverkehrt wiedergegeben, so dass die Schnittstelle zwischen den beiden Ausschnitten hervorgehoben ist. Andererseits sind die Bilder in der Montage abgetönt, wodurch beide Ausschnitte wiederum miteinander verschmelzen.

Der Nachvollzug eines Rezeptionsaktes der Kassettenhülle beruht auf der Annahme, dass der Rezipient die beiden Gesichter nicht kennt. Doch spricht einiges dafür, dass mit der Verknüpfung der Bilder der Bekanntheitsgrad beider Personen genutzt wird. Denn Climent ist ein erfolgreicher Theater- und Filmschauspieler.[5] Sein Aussehen dürfte

5 Hierzulande war Climent als Moratin in Carlos Sauras Film *Goya* von 1999 zu sehen.

daher einem größeren Publikum vertraut sein. Bedenkt man, dass die Fotografie mit Muñoz Molina bereits zuvor in der Zeitung *El País* veröffentlicht wurde, dann ist anzunehmen, dass auch das Aussehen des Autors bekannt ist.[6] Daher spielen die Medien Zeitung, Theater und Film hier ebenfalls eine Rolle. Die ähnliche Pose lässt vermuten, dass das Bild mit Climent der Aufnahme des Autors nachgestellt wurde. Dies sind wie gesagt allerdings Schlussfolgerungen, die nur derjenige ziehen kann, der zumindest das Aussehen einer der beiden Personen bereits kennt.[7] Nur die von vorn nach hinten sowie von oben nach unten abnehmende Dominanz der Bilder bzw. Bildausschnitte regt zu solchen Vermutungen an. Die Überlagerung der Identität von Autor und Herausgeber wird vom leseerfahrenen Publikum jedoch nicht immer positiv gewertet. So glaubt der Buchliebhaber nicht an einen künstlerischen Wertzuwachs, den das Hörbuch bei der Verbreitung von Literatur dadurch bietet, dass sich ein Sprecher des Textes eines Schriftstellers bemächtigt. Diese Geringschätzung ist in Zusammenhang mit einigen Eigenheiten des Hörbuches selbst zu sehen.

2. Textintegrität und Wertungsfrage

Bei einem Hörbuch handelt es sich häufig um ein so genanntes „Schrumpfbuch“ oder auch „Fast-Food-Hörbuch“.[8] Der schriftsprachliche Text wird gekürzt. Dies hat wohl mit der Vermarktungsstragie zu tun, Literatur mit Hilfe von Tonträgern leichter zugänglich zu machen. In Verbindung mit dem kontinuierlichen Fortschreiten, das die gespeicherte Vorlesung verspricht und das der Hörer durch einen einfachen Knopfdruck auslösen kann, lockt ein Auszug nämlich damit, nur das Wesentliche eines Textes zu beinhalten. Auf diese Weise fügt sich die Rezeption des Hörbuches gut in die Zwänge des Alltagslebens.[9] Ein weiterer Kritikpunkt betrifft die Art und Weise der Lesung und die

---

6 Muñoz Molina ist den Lesern von *El País* außerdem durch seinen Roman *Los Misterios de Madrid* vertraut, den er zuerst 1992 im Feuilleton dieser Zeitung veröffentlicht und der noch im selben Jahr als Buch erscheint (Antonio Muñoz Molina: *Los Misterios de Madrid.* Barcelona: Seix Barral 1992).

7 Denn auch die Angaben der Namen der beiden Fotografen geben keinen Aufschluss über die Zuordnung von Autor- und Vorlesernamen zu den Fotografien auf der Kassettenhülle. So heißt es nur: „Fotografía de M. Molina: *El País*, Ricardo Gutiérrez – Fotografía de J. Climent: Jorge Aparicio“.

8 Rüdiger Zymner: „Lesen Hören“, S. 211.

9 So kann man beim Hören „z.B. Auto fahren“ (Rüdiger Zymner: „Lesen Hören“, S. 215).

Stellung des Vorlesers. Die gesprochene Sprache setze sich über auktoriale Eigenheiten wie Orthografie und Interpunktion hinweg. Außerdem trete der Vorleser stark in den Vordergrund und bewirke die „Herabstufung ‚erstklassiger' Dichtkunst zum nun nachrangigen Textsubstrat bei gleichzeitiger Aufwertung der Lesung und des Vorlesers".[10] In der Tat werben viele Verlage für ihre Hörbücher mit einem ausdrücklichen Hinweis auf den Vorleser. Dies bietet sich besonders dort an, wo der Sprecher bereits durch andere Medien bekannt ist und seine möglicherweise markante Stimme eingesetzt hat oder schon durch eine größere Anzahl von früheren Hörbüchern die Wertschätzung des Publikums erlangt hat.[11]

Auf der anderen Seite ist die mitunter aufwändige Ausstattung von Kassetten oder Compactdisc-Hüllen ein Zeichen dafür, dass ein Verlag auf Attraktionen setzt, die dem Bereich der Bibliophilie zuzurechnen sind. Es wird die Beständigkeit hervorgehoben und der Sammeleifer angesprochen. Die Kassettenhüllen entsprechen also dem Buchumschlag mit allen Möglichkeiten der Archivierung, Sammlung, Katalogisierung und Umschlaggestaltung. Die Sammeltätigkeit des Käufers vereint in einem persönlichen Archiv die Werke unterschiedlicher Autoren miteinander. Die Produktionsseite wiederum antwortet auf diese Form der Bibliophilie aber auch mit dem Angebot integraler Texte. So kann der Käufer eine CD- und Kassettensammlung erwerben, die die Lesung des vollständigen Drucktextes eines umfangreichen Romanwerks enthält. Viele Stunden der lauten Lektüre sind so auf engem Raum zusammengedrängt. Der eher stilvollen und zurückhaltenden Aufmachung vieler Literatur-Hörbücher nach zu urteilen und vor allem aufgrund des oft hohen Preises, den ein solches Hörbuch kostet, ist es bei dieser Art der „Verdinglichung des Kunstwerkes" zweifelhaft, ob die „Grenzen einer kanonischen und ökonomisch beglaubigten *mainstream*-Kultur" tatsächlich „bestätigt" werden.[12] Eher schon gehen kulturelle Distinguiertheit und Wirtschaftskraft Hand in Hand. Der Anhänger des *mainstream* wird sich nicht für die Aufnahme einer Lesung eines Zola-Romans interessieren und schon gar nicht viel

10 Rüdiger Zymner: „Lesen Hören", S. 212.

11 Ein Beispiel ist die Stimme Marcel Reich-Ranitzkis als Vorleser von Brecht-Texten oder die des mittlerweile legendären „König[s] der Vorleser" Gert Westphal (Rüdiger Zymner: „Lesen Hören", S. 212). Westphal machte u.a. seine Lesung von Thomas Manns Quasi-Autobiografie *Die Buddenbrooks* bekannt.

12 Rüdiger Zymner: „Lesen Hören", S. 214.

Geld dafür ausgeben. Der Kanonbegriff ist also im Hinblick auf die Ängste der Kulturkritiker zu präzisieren. Ist der „Klassiker" im Hörbuch gekürzt und erfährt er durch die Sprecherstimme eine „Substanzveränderung",[13] so besteht aus der Sicht des Lesers, für den Textintegrität und Buchform untrennbar zusammengehören, in mehrfacher Hinsicht Grund zur Besorgnis: Entweder das angestammte Buchpublikum kommt durch die veränderte Vorlage nicht mehr auf seine Kosten oder die Literatur wird einem breiten Publikum nicht „angemessen" nahe gebracht oder – und das wäre eine „perfide" zu nennende Furcht – der Geschmack der Kanonverwalter erleidet derartig Schaden, dass er sich im Sinne einer unerwünschten Demokratisierung des ästhetischen Genusses dem *mainstream* angleicht, der ihm womöglich durch die erleichterte Zugänglichkeit der verstümmelten Romanversionen in Form des Hörbuchs auf diesem Weg auch noch ein Stück entgegenkommt.[14] Abseits einer kulturpolitischen Polemik jeder Stoßrichtung, zu der auch der wissenschaftliche Umgang mit dem Hörbuch reizt, bleibt vor allem der wichtige Hinweis, „dass es sich bei der Hörbuch-Literatur weithin um Texte handelt, die zunächst für eine lesende Rezeption bestimmt waren. Der Medienwechsel geht eben nicht unbedingt einher mit einer Anpassung kommunikativer Textverfahren an das neue Medium ‚Hörbuch'."[15] Versteht man dies aber als eine ereignishafte Aktualisierung von Literatur, dann gewinnt in dem einen oder anderen Fall auch das Hörbuch einen ästhetischen Reiz.[16] Dies ist dann der Fall, wenn sich die „Verfehlung" des schriftlichen Textes als eine zusätzliche Umsetzung von im Schrifttext bereits angeführten Indizien

13 Rüdiger Zymner: „Lesen Hören", S. 213.

14 Es verwundert daher, dass Zymner dann doch mit dem positiven Ausblick schließt, dass der „Kern der Bewahrung paradoxer Weise die Veränderung ist" und dass das Hörbuch die „Bedürfnisse einer ständig steigenden Rezipientengruppe anscheinend besser als allein das ‚Lesebuch'" befriedigt (Rüdiger Zymner: „Lesen Hören", S. 215). Allerdings ist die Vorstellung von einer „Originalversion" immer problematisch – was Zymner selbst vermerkt (S. 213) –, koppelt sie doch die jeweilige Fassung von ihrem medialen Träger ab bzw. geht sie im Fall der Literatur stillschweigend von der Druckbuchfassung aus. Vgl. zu diesem weiten Problemkomplex die Beiträge in: Philip Cohen (Hrsg.): *Text and Textuality. Textual Instability, Theory, and Interpretation*. New York/ London: Garland 1997.

15 Rüdiger Zymner: „Lesen Hören", S. 214f.

16 Diesen Reiz mindert bei Hörbüchern oft jedoch die mangelhafte akustische Qualität der Aufnahme, so auch das Hintergrundrauschen bei *El dueño del secreto*.

zum Lektüre- und Schreibprozess herausstellt. Und schließlich besitzt die Literatur und das Hörbuch dann ein besonderes Maß an Aktualität, wenn der Autor einerseits ein anerkannter Künstler und andererseits ein Zeitgenosse des Rezipienten, also so etwas wie ein „Klassiker zu Lebzeiten" ist. Setzt man das hiesige Fallbeispiel *El dueño del secreto* zu dem beschriebenen Struktur- und Wertungszusammenhang in eine Beziehung, dann zeigen sich sowohl Unterschiede als auch Gemeinsamkeiten hinsichtlich einer „Klassiker"-Vertonung.

3. Schriftlichkeit und Mündlichkeit

Das Hörbuch *El dueño del secreto* ist eine Sammlung, da es aus zwei Kassetten besteht, auf die der Text zu rein quantitativ gleichen Teilen verteilt ist.[17] Das Hörbuch gibt eine integrale Fassung der Romanvorlage wieder. Ein Vergleich der Lesebuchausgabe von 1997 mit dem Hörbuch zeigt, dass keine bedeutsamen Unterschiede bestehen, so dass es möglich ist, dass diese Version beim Lesen als Vorlage gedient hat.[18] Dieser Umstand ist gegebenenfalls bedeutsam, da dann womöglich der Zeitpunkt der Veröffentlichung der didaktisch aufbereiteten Lesebuchausgabe und des Hörbuches aufeinander abgestimmt sind oder zumindest unbeabsichtigt aus einem Synergieeffekt Nutzen ziehen. Die Vermarktung rückt so stärker den Moment des Erscheinens der Neuausgaben als ein Ereignis ins allgemeine Bewusstsein. Schriftlichkeit und Mündlichkeit sowie die auf der Kassettenhülle ausgestellte, enge Beziehung von Autor und Vorleser bilden ein komplexes Ereignis. Im Rahmen eines Kanonisierungsprozesses bietet sich für die Literatur Muñoz Molinas ein augenblickliches Sprungbrett auf dem Weg in die Schulen und Universitäten, die insbesondere die Tradition einer nationalen Literatur institutionell pflegen. Das Lesebuch bietet Kommentare und Hintergrundinformationen sowie die Möglichkeit, nachzuschlagen, zurückzublättern und

17 Der Kassettenwechsel erfolgt mitten im fünften Kapitel am Ende eines Satzes (Antonio Muñoz Molina: *El dueño*, S. 118).

18 Abgesehen von einer einzigen, unbedeutenden Stelle, die mir im zweiten Kapitel des Buches aufgefallen ist (Antonio Muñoz Molina: *El dueño*, S. 83), wo es „mi máquina" statt „la máquina" im Hörbuch heißt, was auch Climents Versehen sein kann. Außerdem fehlt ein dem Buchroman vorangestelltes Zitat aus *Recuerdos y olvidos* von Francisco Ayala (S. 67), ein möglicher Beleg dafür, dass die Funktion des Sprechers als Erzähler eines persönlichen Erlebnisprozesses gestärkt werden soll, wie im Folgenden gezeigt wird.

zu zitieren.[19] Auf der anderen Seite verspricht das Hörbuch einen erleichterten Zugang zum Text und unterstützt als begleitendes Lehrmittel die Funktion der neuen Lesebuchausgabe.

Das wesentliche Merkmal einer mündlichen Überlieferung im Hörbuch besteht in der technischen Fixierung einer Lesung. Der Vorleser befindet sich für die Herstellung eines Hörbuchs in einer speziellen Situation. Er sitzt allein im Tonstudio, ohne dass sich ein öffentliches Publikum ihm gegenüber befände. Außerdem kann der Vorleser seine Lesung unterbrechen, er kann sich versprechen, ohne dass das dem Hörer des Hörbuches jemals zu Ohr käme. Wie beim Film liegt die Möglichkeit der Montage vor. Sie ist aber nicht einem Kontinuitätsprinzip verpflichtet, das auf einem medienspezifischen, narrativen Konstruktionsmodus beruhte, sondern sie dient der Herstellung einer sprachlich fehlerfreien, reproduzierbaren Inszenierung. Damit geht eine weitere Eigenart des Hörbuchs einher. Das Hörbuch arbeitet unter Verzicht auf die beiden Tonkomponenten Musik und Geräusch. Auffällig ist in Zusammenhang damit, dass die stückweise Vermarktung von Hörbüchern mit diesem Verzicht zusammenfällt. Hörbücher werden zwar auch im Rundfunk ausgestrahlt. Doch sind künstlerisch ambitionierte Hörspiele, die mehrere Sprecher, Musik und Geräusch einsetzen, vorrangig auf die Verbreitung im Radio beschränkt.[20]

19 Das Zitat eines Hörbuches verlangt ein Protokoll des Textes, das sich an einer zeitlichen Gliederung orientiert und nicht nur an einer Gliederung in Kapitel, Teile o.ä. Das Zitat unterliegt einem Zeitfaktor, den es so in der Schriftliteratur nicht besitzt (vgl. zu „temps du récit" und „durée" Gérard Genette: *Figures III.* Paris: Seuil 1972, S. 78 und 122). Daher ist die Kritik am Hörbuch als einem nicht zitierfähigen „Schrumpfbuch" (vgl. Rüdiger Zymner: „Lesen Hören", S. 211) zu sehr auf die Textintegrität der Vorlage und nicht genug auf die eigentümliche mediale Erscheinungsform des Hörbuches ausgerichtet. Die folgenden Ausführungen zu *El dueño del secreto* beschränken sich ebenfalls auf Zitate aus dem Lesebuch und berufen sich auf die komplette Wiedergabe des Romantextes im Hörbuch nur, insofern von den im gedruckten Text vorhandenen Indizien zum Lese- und Schreibprozess auf die Qualität der Hörbuchrezeption geschlossen werden kann. Allerdings ist es in Zusammenhang damit nicht unerheblich, dass diese Hinweise im Hörbuch auch ausgesprochen werden, da sich dem Hörer so die Möglichkeit einer Reflexion des Rezeptionsprozesses bietet, ohne auf das Lesebuch zurückgreifen zu müssen.

20 Dies mag mediengeschichtliche Gründe haben. Zur Blütezeit des Radios fordert Rudolf Arnheim 1936 den „Hörfilm" unter Einsatz einer ausgefeilten Tonmontage (Rudolf Arnheim: *Rundfunk als Hörkunst und weitere Aufsätze zum Hörfunk.* Frankfurt/Main: Suhrkamp 2001). Die mimetische Abbildqualität einzelner akustischer Elemente steht also im Vordergrund. Auch später bemühen sich insbesondere Rundfunkanstalten um die Produktion von ‚modernen' Hör-

Wagt man eine Zusammenfassung dieser Tendenzen, dann lässt sich festhalten, dass aus der Sicht der Produktionsseite die Vermarktung einer exklusiven Vertonung eines schriftlichen Textes als einzelne, käufliche Einzelstücke eher möglich erscheint als die Vermarktung von Hörspielen, die eine eigene Montageästhetik an den Tag legen und sich in ihrem Aufbau musikalischen Kompositionen annähern, gleichgültig ob nun Musik selbst dabei zum Einsatz kommt oder nicht.[21]

4. Die Hörersituation

Vergegenwärtigt man sich die Situation des Hörers, dann wird eines deutlich: Beim Hören ist nichts zu sehen außer der Dekodierungsanlage in einem Raum. Sie selbst ist aber nicht von Interesse. Die Leerstelle, die die technische Einrichtung verkörpert, entspricht einer Situation, die auch aus dem Theater bekannt ist und das „akusmatische Hören" genannt wird.[22] In einer solchen Situation befindet sich ein Sprecher hinter einem Vorhang und bleibt für die Zuschauer oder Zuhörer unsichtbar. Das Hören, bei dem sich der Blick auf Lautsprecher richtet, die keine Bilder liefern, ist selbst allerdings immer wieder abgebildet worden, etwa im Film. Im Fall des Radios sitzen dann die Hörer etwa vor dem gefilmten Empfangsgerät, und es ist ein nicht-diegetischer *Off*-Ton zu hören, da dessen Quelle nicht zum sichtbaren Raum gehört. Die Omnipräsenz des Tons im „Äther" übernimmt dabei die Rolle der Bildung einer Hörergemeinschaft.[23] Anders ist die abgebildete Hörersituation in Hinblick auf eine Stimme, die sich individuell mit Hilfe eines technischen Gerätes an ihren Hörer richtet. Oft verbergen die

---

spielen, während die Produktion von Hörbüchern von denjenigen Kulturschaffenden anregt wird, die im weitesten Sinn mit den Printmedien zu tun haben.

21 Im Hörbuchbereich gibt es ein reiches Angebot ganz unterschiedlicher Art. Wegen dieser großen Spartenbreite, die eine Zuordnung zu den Marktsegmenten etablierterer Medienprodukte erschwert, bestehen möglicherweise die großen Vertriebsprobleme, die immer wieder beklagt werden (vgl. etwa Friedrich Janshoff: „HörFunk – HörSpiel – HörBuch. Bibliografische Notizen für den Deutschunterricht." In: *Zeitschrift für den Deutschunterricht*, Bd. 19, Nr. 4, 1995, S. 124-129, dort S. 129).

22 Vgl. Pierre Schaeffer: *Traités des objets musicaux*. Paris: Seuil 1966, S. 91. Einen Diskussionsüberblick aus der Sicht der Theatertheorie bietet Patrick Primavesi: „Geräusch, Apparat, Landschaft. Die Stimme auf der Bühne als theatraler Prozess." In: *Forum Modernes Theater*, Bd. 2, Nr. 14, 1999, S. 144-173.

23 So das Hören des ‚Volksempfängers' in dem NS-Film *Wunschkonzert* von 1940 (vgl. Jörg Türschmann: „L'Epreuve du temps et la chimère du divertissement." In: *Cahiers de la Cinémathèque*, Nr. 55/56, 1991, S. 65-70).

Sprecher dadurch ihre unmittelbare Nähe zum Hörer, was bedrohlich wirkt. Der Sprecher wird zu einer „Akusmaschine“.[24] Er ist durch Lautsprecher zugleich an- und abwesend. Seine Stimme richtet sich an eine Person, die in einem Raum allein ist, die aber seine Omnipräsenz spürt. Denn der Ton ist frei beweglich. Vor diesem Hintergrund ist es vorstellbar, dass der Vorleser oder der Autor eines autobiografischen Hörbuches sich durch seine Stimme mit dem Hörer im selben Raum befindet, vorausgesetzt dass in Vergessenheit gerät, dass es sich um eine Aufnahme handelt. Dies ist allerdings wieder weniger wahrscheinlich, insofern der Sprecher während seiner autobiografischen Beichte oder Enthüllung keine phatischen Elemente wie Stottern, Flehen und Wiederholungen einsetzt, die beim drohenden Kontaktverlust zum Gegenüber üblich sind. Die Stimme des Hörbuchs ist sich sicher, das sie gehört werden will. Allein schon der technische Aufwand gibt ihr Recht. Es findet eine komplexe Überlagerung mehrerer Kommunikationssituationen statt. So ist bekannt, dass der Autor geschrieben und dass der Sprecher gelesen hat. Dennoch entsteht das Gefühl der Gegenwart des Erzählers, die zur Identifizierung von Autor und Sprecherstimme führt.

Das „Korn der Stimme“ und das „Rauschen der Sprache“, wie Barthes es nannte,[25] ist allerdings ein sehr konkretes Phänomen. Stimmkörper sind tatsächlich gegenwärtig. Die Materialität, die Körperlichkeit hat Funktion. Gesucht ist nicht die Kette der reinen Signifikanten, sondern die körperliche Wärme eines Erzählers, die im Stimmklang zum Ausdruck kommt. Dabei gilt in der Intonationsforschung als ausgemacht, dass gestisch-mimisches Verhalten mit den Formen der Intonation korreliert. Außerdem ist von einer starken Konventionalisierung sowohl der Intonation als auch der Mimik und Gestik auszugehen.[26] Nun bietet sich dem Rezipienten nur die Stimme, nicht die körperliche Präsenz des Sprechers. Daher fragt es sich, inwiefern der Hörer von der Intonation auf die Körperbewegungen des Sprechers zurückschließen kann. Das monosensuelle Hören eines Hörbuches ist

24 Dies zeigen die Dr. Mabuse-Filme (vgl. Michel Chion: *La Voix au cinéma*. Paris: Cahiers du cinéma/Ed. de l'Etoile 1982).

25 Roland Barthes: *Le Bruissement de la langue. Essais Critiques IV*. Paris: Seuil 1984.

26 Vgl. dazu die zahlreichen Hinweise in: Axel Hübler: *Das Konzept ‚Körper' in den Sprach- und Kommunikationswissenschaften*. Tübingen/Basel: Francke 2001.

also möglicherweise als die Inszenierung einer Sprecherfigur zu verstehen, die in ihrer Leb- und Leibhaftigkeit ganz in den Vordergrund der bildlichen Vorstellungen des Rezipienten rücken kann.

Man kann das Zeitgefüge der Situation, in der sich der Hörer des Hörbuches befindet, mit demjenigen vergleichen, das Peter Handke für seine *Publikumsbeschimpfung*, die er ein „Sprechstück" nennt, erläutert. Er richtet sich direkt an sein Publikum:

> Ihre Zeit, die Zeit der Zuschauer und Zuhörer, und unsere Zeit, die Zeit der Sprecher, bilden eine Einheit, indem hier keine andere Zeit als die Ihre abläuft. Hier gibt es nicht die Zweiteilung in eine gespielte Zeit und eine Spielzeit.[27]

Letztlich geht es um eine *mise en abyme*, denn jede Ich-Erzählung vergegenwärtigt den Moment des Erzählens und baut darauf ein inneres Kommunikationssystem auf, in der Dialoge und Perspektivenwechsel üblich sind.[28] Doch hat die Konservierung der Vorleserstimme auf Kassette oder CD mit anderen Speichermedien wie etwa dem Video oder der DVD gemeinsam, dass die Zuwendung zur vertonten Literatur jeder Zeit aufgenommen oder unterbrochen werden kann. Maßgeblich ist beim Abspielen ein „natürliches" Tempo. Étienne Souriau nennt das Phänomen, das ein Film in einer bestimmten Zeit vor den Augen eines Zuschauers abläuft, „filmophanique".[29] Analog dazu lässt sich von einer „Phonophanie" sprechen. Selbstverständlich kann man eine DVD im schnellen sichtbaren Vorlauf betrachten – eine Praxis jedes professionellen Filmverleihers. Doch gibt es eine „natürlich" zu nennende Ablaufgeschwindigkeit, die nämlich die Reproduktion unmerklich werden lässt, wenn die Quelle sprachlicher Laute so wie ein menschlicher Sprecher hinter einem Vorhang klingt. Um es mit Umberto Eco auszudrücken:[30] Es gibt einerseits eine „Zeit des Ausdrucks". Sie ist der zeitliche Ablauf des Ausdrucks. Sie ist die Zeit der Ausführung und die Zeit der „Abnutzung des physischen Substrats". Sie spielt für den Inhalt keine Rolle. Eco spricht auf der anderen Seite von der „Zeit des Inhalts". Hierzu gehört die „Erzählzeit". Eco bezieht sich auf die Schriftliteratur. Ein Autor investiert als Erzähler Zeit. Gibt

27 Zit. n. Manfred Pfister: *Das Drama*. München: Fink 2000, 10. Aufl., S. 329.
28 Manfred Pfister: *Das Drama*, S. 21.
29 Étienne Souriau: „Préface." In: ders. (Hrsg.): *L'Univers filmique*. Paris: Flammarion 1953, S. 5-10, dort S. 8.
30 Umberto Eco: „Die Zeit der Kunst." In: Michel Baudson (Hrsg.): *Zeit. Die vierte Dimension in der Kunst*. Weinheim: VCH 1985, S. 73-83.

es einen deutlichen Überhang der Erzählzeit gegenüber der erzählten Zeit, dann liegt implizit ein Hinweis auf diese Investition, auf ein erzähltes Erzählen vor. Queneaus *Exercises de style* erzählen Eco zufolge von dieser Investition.[31] Das erzählte Erzählen ist so gesehen in Bezug auf die Tätigkeit des Schriftstellers ein Stück weit autobiografisch. Seine Lektüre verlangt vom Leser eine besondere Anstrengung und verlangsamt das Lesetempo. Dagegen vermittelt ein „dichter Dialog" eines Dumas-Romans, der sich über viele kurze Zeilen hinweg erstreckt, nicht diesen Eindruck. Das Hörbuch nimmt auf solche Unterschiede keine Rücksicht. Gerade in der Eingangsphase einer aufgezeichneten Lesung schriftliterarischer Texte ist das Hören von Hörbüchern mitunter extrem anstrengend. Hier aber bietet die Kassette oder CD etwas, das auch das Lesebuch ermöglicht: das Zurückblättern. Allerdings muss der Hörbuch-Hörer das Denken in der Zeit lernen. Er kann beim Sprecher nicht nachfragen, ihn unterbrechen und um Erklärungen bitten. Er kann aber die Aufnahme immer wieder abspielen. Doch muss er auch dann die Information im gegebenen Moment und in der vorgegebenen Geschwindigkeit aufnehmen, wenn die betreffenden Sprachlaute erklingen.

5. Erfahrungs-, Protokoll- und Hörprozess

Die Ich-Erzählung *El dueño del secreto* ist die quasi autobiografische Erinnerung aus dem Jahr 1993 an das Jahr 1974, als der Protagonist 18 Jahre alt ist. Er ist aus der Provinz nach Madrid gekommen, um Journalistik zu studieren. Angeregt durch die portugiesische Nelkenrevolution, aber auch aufgeschreckt durch Pinochets Machtergreifung in Chile am 11. September 1973, erfährt er von den Vorbereitungen des Sturzes Francos. Der Ich-Erzähler lernt nämlich Ataúlfo Ramiro kennen, einen anarchistischen Dandy, der ihn in die Verschwörung einweiht. Jedoch verrät der Erzähler alles seinem Freund Ramón Tovar, der vom geplanten Aufstand weitererzählt. Viele Beteiligte werden verhaftet oder müssen fliehen. Der Protagonist wird nicht Journalist, sondern heiratet und führt ein zurückgezogenes Leben in seinem Heimatort.

31 Umberto Eco: „Die Zeit der Kunst", S. 79: „Die Zeit, die Queneau gebraucht hat, um sich seine neunundneunzig Stilübungen auszudenken, gehört nicht zum Privatleben des Autors: Sie ist vorhanden, der Autor zeigt sie vor als integrierenden Bestandteil eines Textes, und somit wird das Erzählen erzählt, es hat eine eigene Zeitlichkeit, die sich *im* und *durch* den Text offenbart."

Muñoz Molina ist nahezu planlos und unter Zeitnot an das Verfassen des Romans gegangen. Er kennt diesen zeitlichen Druck, denn er hat zuvor schon als Feuilletonist gearbeitet. Angeregt durch Eugène Sues *Mystères de Paris* hat er für *El País* 1992 Folge um Folge seiner *Misterios de Madrid* geschrieben. Auf das Verfahren des fortwährenden Erfindens von Teilbegebenheiten, während bereits der Anfang der Erzählung veröffentlicht wird, kann der Autor jetzt aber im Rahmen einer „autobiografía ficticia" zurückgreifen,[32] abseits der früheren, formverliebten, von literaturgeschichtlichen Reminiszenen geprägten Stilübungen. Tatsächlich bestätigt Muñoz Molina im Vorwort zur portugiesischen Ausgabe des Romans Folgendes: „Y el acto de escribir, como me ocurre con frecuencia, me disparó los mecanismos de la memoria".[33] Die Erinnerung setzt mit dem Schreiben ein, genauer: Sie setzt mit dem prozesshaften Erzählen ein, das von der organischen Form absieht und das den übergeordneten Spannungsbogen vermeidet. Denn der Ausgang der Geschichte wird gleich im ersten Kapitel verraten. Dieses Ende ist auch für den Autor eine programmatische Vorgabe, um das zu Beginn offene Erzählvorhaben vorweg einzukreisen, eine Methode, die tatsächlich mehr dem Feuilleton des 19. Jahrhunderts als dem Serienprinzip des Fernsehzeitalters verpflichtet ist.[34]

Geschichten erzählen habe der Autor durch die Märchen gelernt, die ihm seine Eltern erzählten, und die er selber für seine Kinder im Erzählen frei erfunden habe. Er habe aber schließlich das Schreiben vorgezogen: „[...] fue preferible el silencio de las palabras escritas, el metal de esas voces que guardaban sus dones únicamente para su pupila, para su sigiloso oído del cazador en los libros."[35] Das Buch gleicht für

32 Epicteto Díaz: „Introducción", zu: Antonio Muñoz Molina: *El dueño*, S. 17-52, dort S. 52.

33 Antonio Muñoz Molina: „Una carta para los lectores portugueses." In: ders.: *El dueño*, S. 171-173, dort S. 172.

34 Juan I. Ferreras: *La Novela por entregas. 1840-1900*. Madrid: Taurus 1972, S. 252: „O de otro modo: el autor de novelas por entregas no escribe o crea una novela, sino que nos la cuenta, como si la obra en cuestión pre-existiera a su existencia misma, a su materialización en forma de papel impreso." Ferreras erwähnt auch, dass Feuilletonromane oft diktiert wurden und dass sie daher ein mündlicher Stil prägt, der sich in Orthografie, Interpunktion, Zeilenumbruch, Satzbau und Drucktyp niederschlug (*Novela por entregas*, S. 247f.). Die entsprechenden Merkmale finden sich bei *El dueño del secreto* nicht. Climent liest möglicherweise deshalb die langen Absätze mit gleichförmiger Intonation.

35 Antonio Muñoz Molina: „Noticia de una tentativa." In: ders.: *El dueño*, S. 180f., dort S. 181.

die, die im Inneren hören, der elterlichen Erzählerinstanz. Muñoz Molina erklärt, dass das Buch, genauer das Lesen die Zeit aufhebt, so dass man daraus wieder auftaucht, wie in dem Moment, in dem ein Film im Kinosaal zu Ende geht.[36] Also gibt es für Muñoz Molina keinen Widerspruch zwischen Lesetempo und Tempo der Filmophanie, wohl dann aber auch keinen Widerspruch zwischen Lesetempo und Tempo der Phonophanie. Es kann nicht anders sein, denn nur eine bestimmte Geschwindigkeit ist die passende Zeit des Ausdrucks. „Como la máquina del tiempo, los libros guardaban el secreto de un viaje definitivo y inmóvil [...].“[37] Die „Unbeweglichkeit“ ist der sichere und unabwendbare, maschinelle Fortgang der Erzählung, der sich völlig unabhängig vom Inhalt im Fortgang der Worte und dem fortlaufenden Klang der Sprecherstimme veräußert. In *El dueño del secreto* läuft der Ich-Erzähler häufig mit einer Schreibmaschine umher. Er meidet „aquellas absurdas clases de Teoría de la Información o Elementos de Comunicología“.[38] Er will Journalist sein. Mit seiner „Zeitmaschine“, seiner Schreibmaschine, die so leicht ist, dass er sie überall mit hinnehmen kann, – und die letztlich auch das Buch und das Hörbuch im Werden enthält –, fährt er zu Ataúlfo, wo er von der Verschwörung hört. Um Geld zu verdienen, bewirbt er sich bei ihm um eine Stelle – nicht als Journalist oder Schriftsteller, der Pamphlete verfasst, sondern als „mecanógrafo“ – als einfache Schreibkraft.

Hierin liegt die ganze Tragik der Geschichte. Die fiktive Autobiografie birgt ein schweres Eingeständnis. Die unaufhaltsame Zeitmaschine, die Schreibmaschine, die ihm das Hören des Geheimnisses, der „Geheimnisse von Madrid“ letztlich erlaubt, führt auch zum Verrat. Das Mitschreiben der Historie, bevor sie von sich aus eine entscheidende Wendung genommen hat, führt selbst zum Geschichtemachen, geht über das Schreibmaschinenprotokoll hinaus und nimmt Einfluss. Der naive Held, der Schreibtischtäter, der nur dokumentieren und verwalten möchte, wird in seiner Zeitgeschichte zum Verbrecher und Verräter an den Utopien einer besseren Zukunft. Der naive Held leidet in *El dueño del secreto* an Blasenschwäche. Immer wenn er Angst hat vor Ataúlfos Autorität oder vor Francos Schergen, macht er sich in die Hose. Es ist Lust und Angst zugleich, „un impulso de

36 Antonio Muñoz Molina: „Noticia de una tentativa“, S. 180.
37 Antonio Muñoz Molina: „Noticia de una tentativa“, S. 181.
38 Antonio Muñoz Molina: *El dueño*, S. 107.

vanidad invencible".[39] Es ist das den Kindern zu früh verratene Weihnachtsgeschenk, wie der Erzähler zugibt, ein Verrat, der herrührt aus „un deseo irrefrenable de que agradecieran cuanto antes los sacrificios que hacíamos por ellos, un defecto como la incontinencia de vejiga, a la que también soy proclive".[40] Im Hörbuch gewinnt dies alles durch die laufende Stimme, durch das Angebot einer Deckungsgleichheit von Sprecher und Autor eine neue, wiedererfahrbare Qualität, eben durch die technische Reproduktion von Gegenwart. Dies zeichnet das Hörbuch im besonderen Fall von *El dueño del secreto* aus, vor allem wenn Muñoz Molina seine fiktive Autobiografie als Geständnis wertet. Geschichten erzählen in der Gegenwart über die Vergangenheit als laufende Gegenwart in Form einer noch zu vollendenden Erzählung bewirkt dasselbe wie das peinliche, aber früh, zu früh befreiende Wasserlassen in aller Öffentlichkeit. Deshalb hat dieses fortlaufende Geständnis zu den einstigen Protokollversuchen durch Muñoz Molina auch in der aktuellen spanischen Geschichte genau dasselbe historische Gewicht wie 1974.

39 Antonio Muñoz Molina: *El dueño*, S. 73.
40 Antonio Muñoz Molina: *El dueño*, S. 73.

Hörspieltechniken der Literatur

Jean Thibaudeaus *Reportage d'un match international de football*

JOCHEN MECKE

1. Aktualität des Hörspiels

Eine Untersuchung zu den Hörspieltechniken der Literatur bedarf der Legitimation. Denn im Zeitalter von DVD, Multimedia und Hyperfiction könnte schnell der Verdacht aufkommen, die Beschäftigung mit Hörspielanalyse sei die klassische Philologie der Medienwissenschaften, beschäftigt sie sich doch offenkundig mit einer toten Mediensprache, die zwar – das ist der Unterschied zu Griechisch und Latein – noch produziert, aber kaum noch rezipiert wird. Allein die von Hörergebühren finanzierten Subventionen der Rundfunkanstalten, so könnte man glauben, sorgen für das Überleben einer radiophonen Gattung, die ihren Zenit vor gut einem halben Jahrhundert doch offenkundig überschritten hat und sich bezogen auf die Hörerzahlen in einer nicht enden wollenden Agonie zu befinden scheint. Über diese Tatsache können auch noch so renommierte Preise wie etwa der *Hörspielpreis der Kriegsblinden, Phonurgia Nova*, der *Prix Europa* oder der *Prix Italia* nicht hinwegtäuschen. In einer Epoche, die sich dem Sehen verschrieben hat, scheint das Hören und seine Künste eine nur noch marginale Rolle zu spielen.[1] Diese Einwände verschärfen sich noch, wenn das

1 Es nimmt daher auch nicht Wunder, dass Bücher, die sich mit dem Hören beschäftigen, diese Marginalisierung im Titel aufgreifen, wie zum Beispiel der von Karl-Heinz Blomann und Frank Sielecki herausgegebene Band *Hören – eine vernachlässigte Kunst?* (Hofheim: Wolke Verlag 1997). Der gleiche Be-

Hörspiel in Frankreich den Gegenstand der Untersuchung bildet, denn ganz im Gegensatz zu England, Deutschland oder den USA hat das Radiogenre in Frankreich nie eine diesen Kulturen vergleichbare prägende Tradition ausgebildet.[2] Dem lässt sich entgegen halten, dass das Hörspiel nicht nur in Deutschland, sondern auch in Frankreich gegenwärtig eine Renaissance erlebt. Die Gründe dafür liegen auf der Hand: Da man Hören kann, ohne dass einem dabei gleichzeitig das Sehen vergehen muss, also etwa während des Autofahrens, Joggens oder Arbeitens im Haushalt, nimmt die Zahl der Rezipienten von *Audiobooks* stetig zu. Zwar sind die Zeiten vorbei, in denen sich die gesamte Familie vor dem Radioapparat versammelte, um einem Hörspiel zu lauschen, doch gibt es nicht nur in Deutschland, sondern auch in Frankreich zunehmend Hörspielfestivals, wie zum Beispiel die *Radiophonies* in Paris, Seminare, wie etwa die im Juli in Arles veranstaltete *Université d'été de la radio* oder auch öffentliche Aufführungen von Hörspielen in Theatern oder Konzertsälen.[3] *Podcast*, *Station Ripper*, *MP3* und kostenlose Schnittpro-

---

fund gilt auch für die Theorie, in der das Hören von jeher zu kurz gekommen ist (vgl. den nach wie vor lesenswerten Aufsatz von Ulrich Sonnemann: „Zeit ist Anhörungsform: Über Wesen und Wirkung einer kantischen Verkennung des Ohres." In: Dietmar Kamper/Christoph Wulf (Hrsg.): *Die sterbende Zeit.* Wiesbaden: Luchterhand 1987, S. 202-220).

2 So wird das Hörspiel in Frankreich selbst in den Radioprogrammen der staatlichen Sender, wo es in einer Art Reservat noch existiert, aufgrund der Audimat-Konkurrenz mit den auf ein großes Auditorium ausgerichteten Programmen privater Radiostationen an den Rand gedrängt (vgl. Ixchel Delaporte: „Radio France. Une existence fragile." In: *L'Humanité*, 02.02.2004). Statistisch gesehen ist die Hörspiel-Produktion in Frankreich eine zu vernachlässigende Größe, auch wenn die Direktorin von *Radio France*, Laure Adler, vor einigen Jahren die Sendezeit für Neuproduktionen von Hörspielen immerhin noch mit sieben Stunden bezifferte (vgl. Ixchel Delaporte: „Existence fragile"). Und selbst bei Radio-France ist häufig unbekannt, was die eigene Hörspielredaktion eigentlich treibt. Wenn man dort etwa Material sichtet, kann es einem durchaus passieren, dass man beim Essen auf Mitarbeiter anderer Redaktionen trifft, die nichts über die im eigenen Haus produzierte radiophone Kunstform wissen.

3 In Deutschland war sicherlich die Aufführung des mehrfach preisgekrönten Stücks *Apocalypse live* von Andreas Ammer und F.M. Einheit am 9. Dezember 1994 im Münchner Marstalltheater (BR/Bayerisches Staatsschauspiel/Marstall 1994) ein Meilenstein und auch ein Zeichen dafür, dass das Hörspiel in die Offensive geht, um Bühne und Kinosaal zu erobern (vgl. Hans-Jürgen Krug: *Kleine Geschichte des Hörspiels.* Konstanz: UVK 2003, S. 111f.). Auch in Frankreich nimmt die Praxis öffentlicher Aufführungen von Hörspielen zu (vgl. z.B. die Aufführung des Hörspiels *La Chambre triste* von Yohan Bernard und Mathieu Delozier am 25.09.2004 im *Auditorium de Paris*).

gramme wie *Audacity* tun ein Übriges, um die Verbreitung des Hörspiels auch im Zeitalter eines allumfassenden Sehsinns zu gewährleisten.

Dabei bietet das Hörspiel seinen Rezipienten inzwischen ein mindestens ebenso ausdifferenziertes Angebot wie die Literatur oder der Film den ihrigen. Im Laufe der Hörspielgeschichte ist ein umfangreiches Feld relativ autonomer Kunstproduktion entstanden, bei dessen Genese die Bezüge zwischen einzelnen Medien eine entscheidende Rolle gespielt haben.[4] Die Bezüge zwischen Literatur und Radiotechnik verdichten sich zu Beginn der sechziger Jahre zu einem komplexen Gefüge, das für die weitere Entwicklung der Hörspielästhetik sowohl in Frankreich als auch in Deutschland entscheidende Impulse lieferte. Während in Frankreich der *nouveau roman* die Literatur und die *nouvelle vague* das Kino revolutionierten, entstanden experimentelle Formen des Hörspiels, die bei der Genese des *Neuen Hörspiels* in Deutschland eine wichtige Rolle spielten. Interessanterweise stand am Anfang der Genese des modernen Hörspiels in Frankreich und auch des deutschen *Neuen Hörspiels* mithin nicht eine bloße Besinnung auf die technischen und materiellen Möglichkeiten des Mediums, sondern eine „révolution du langage poétique" (Kristeva)[5], eine Revolution der poetischen Sprache, die in der Folge der radikalen Erneuerung des Hörspiels den Weg bahnte. Die Befreiung des Hörspiels von der Literatur geschieht dabei paradoxerweise mit Hilfe experimenteller literarischer Techniken, mit denen der französische *nouveau roman* die Romanpoetik transformiert hat. Diesen komplexen Zusammenhang möchte ich anhand des Hörspiels *Reportage d'un match international de football* von Jean Thibaudeau (Frankreich 1961) untersuchen.[6]

---

4 Pierre Bourdieu situiert die Entstehung eines relativ autonomen Feldes künstlerischer Produktion für die Literatur in der Mitte des 19. Jahrhunderts (vgl. Pierre Bourdieu: *Les règles de l'art*. Paris: Seuil 1992, hier vor allem das Kapitel „La conquête de l'autonomie", S. 75-163). Für das Hörspiel dürfte eine relative Autonomie dank der Finanzierung von avantgardistischen Hörspielexperimenten durch die staatlichen Radiosender in den sechziger Jahren erreicht worden sein.

5 Julia Kristeva: *La révolution du langage poétique. L'avant-garde à la fin du XIXe siècle: Lautréamont et Mallarmé*. Paris: Seuil 1974.

6 Die Ursendung des Hörspiels fand am 8. November 1961 im Sender *France 3 National* statt. Der Text wurde im darauf folgenden Jahr in zwei Nummern der Zeitschrift *Tel Quel* veröffentlicht (Jean Thibaudeau: „Reportage d'un match international de football", Teil I in: *Tel Quel* 8, 1962, S. 80-91, Teil II in: *Tel Quel* 9, 1962, S. 76-93). Im Jahr 1998 brachte der auf Radioproduktionen spezialisierte Verlag *Phonurgia Nova* (Arles) das Hörspiel dann zusammen mit dem als *découpage* (Protokoll) deklarierten Text von Jean Thibaudeau heraus

2. Radiophone Dekonstruktionen von Literatur

Jean Thibaudeau, der zur Gruppe *Tel Quel* gehörte, hatte bis zu *Reportage d'un match international de football*, eine Auftragsarbeit des ORTF, lediglich einen, allerdings viel beachteten, Roman, *Une cérémonie royale* (1960),[7] veröffentlicht. Im Anschluss an *Reportage* folgten dann eine Reihe von Radioarbeiten, von denen ein Großteil ins Deutsche übertragen und von deutschen Radiosendern produziert wurde, wobei es sich zum Teil um direkte Auftragsarbeiten zum Beispiel für die Hörspielredaktion des Süddeutschen Rundfunks handelte.[8] Wie im Titel angedeutet, geht es um die Reportage eines im Colombes-Stadion stattfindenden Länderspiels zwischen den Fußballmannschaften von Deutschland und Frankreich.[9] Neben diesem Hauptstrang werden jedoch insgesamt sieben Nebenstränge entfaltet: Parallel zum Fußballmatch wird von einem Fahrradrennen, einem Autorennen, von vor einem Café Fußball spielenden Kindern, dem Geschehen auf den französischen Straßen, am Meeresstrand und dem Spaziergang eines Liebespaares an den Ufern der Marne berichtet. Diese Ereignisse werden in einer innovativen radiophonen Form dargeboten, die mit mehreren Überraschungen aufwartet.

(Jean Thibaudeau: *Reportage d'un match international de football. Découpage*. Arles: Phonurgia Nova 1998). Allerdings handelt es sich bei dem dort abgedruckten Text nicht um ein echtes Hörspielprotokoll, denn einige Szenen wurden für die tatsächlich gesendete Fassung gestrichen, andere kamen neu hinzu. Im Folgenden zitiere ich daher, sofern nicht anders angegeben, aus der von *Phonurgia Nova* herausgegebenen, stereophon nachbearbeiteten CD-Fassung. Dabei übernehme ich die vom Regisseur Alain Trutat vorgenommene Einteilung in Sequenzen, die mit Sequenznummer und Zeitangabe angegeben werden (1, 2:05 = 1. Sequenz, 2. Minute, 5. Sekunde). Im Anschluss an die Zeitangaben des Hörspiels folgen Textangaben, die sich auf das bei *Phonurgia Nova* erschienene Drehbuch beziehen.

7 Jean Thibaudeau: *Une cérémonie royale*. Paris: Minuit 1960.

8 So wurden gleich im Anschluss an das noch vom ORTF produzierte *Reportage* die Hörspiele *Le cirque* (Deutschland, SDR 1963), *Théâtre imaginaire* (Deutschland, SDR 1964) und *Dialogue sentimental* (Deutschland, SDR 1964) direkt im Auftrag des Süddeutschen Rundfunks Stuttgart produziert.

9 Thibaudeau hat in einem Interview geäußert, dass das Hörspiel sich auf ein reales Ereignis beziehe (Jean Thibaudeau: *Reportage*, S. 60). Es handelt sich um das erste Freundschaftsspiel zwischen Deutschland und Frankreich nach dem Krieg, das am 5. Oktober 1952 im Stadion Colombes (Paris) stattfand. Wie im Hörspiel, so war auch in der Realität der Schiedsrichter Engländer und wie im Hörspiel gewann Frankreich, allerdings abweichend von dem in *Reportage* erzielten Ergebnis mit 3:1 (vgl. http://www.fussballdaten.de/freundschaftsspiele/1952/frank¬reich-deutschland [20.02.2010]).

2.1. Radiophone Illusionsbrechung

Unmittelbar nach der fünften Sequenz, die im Fußballstadion spielt, wartet Thibaudeau mit einer Überraschung auf. Nach der Ausblende der Fußballreportage ertönt plötzlich Vogelgezwitscher, das Geräusch eines vorbeifahrenden Autos ist im Hintergrund zu hören, die Textfassung gibt die Szene folgendermaßen wieder:

Les bruits de la foule, brusquement, s'éloignent: Nous sommes à la campagne, maintenant. Bruits, très discrets. Quelques automobiles passent sur la route proche. Oiseaux. Et on entend, indistinctement, le reportage du match à une radio voisine. (*Reportage*, S. 20).

Nicht diese traditionellen, aus der Theatertechnik übernommenen Didaskalien sind allerdings überraschend, sondern der nachfolgende, von einem jungen Mädchen und ihrem Geliebten gesprochene Text:

Jeune fille. –Une maison à la campagne. Le jardin. Les arbres. Une rivière au bas du jardin. Il fait beau. Jeune homme. Soleil. Nuages. Soleil. L'eau. Les arbres. Les dessins de l'eau sur les arbres, sur les troncs, les branches, sur les feuilles des arbres. Les mouvements, les impressions légères de l'eau sur les feuilles en mouvement; les mouvements, les impressions légères des feuilles, très fines et nombreuses, du saule sur celles, larges, du marronnier, elles mêmes agitées... Et le bruit, et les bruits du vent dans le peuplier. (*Reportage* 6, 0:05ff, S. 20).

Statt das Dekor durch Geräusche zu erzeugen, lässt Thibaudeau es durch seine Figuren beschreiben. Offenkundig übernehmen die Hörspieler damit selbst die Funktion der Didaskalien. Durch diese aus dem Theater übernommene Technik des „gesprochenen Dekors" wird die radiophone Illusion des Hörspiels allerdings durchbrochen. Dass es Thibaudeau jedoch nicht allein um die Erzeugung eines Illusionsbruchs geht, zeigt die folgende Passage, in der zunächst das Geräusch eines Flugzeugmotors zu hören ist, das dann plötzlich aufhört (*Reportage* 6, 1:35). Was bereits durch die Geräusche dargestellt wurde, wird nun durch den jungen Mann wiederholt und ergänzt: „Bruits d'un avion qui va se taire bientôt. Jeune homme. –L'aéroplane lâche le planeur. Quelque temps, moteur coupé, aucun bruit." (*Reportage* 6, 1:42, S. 21). Während die redundanten Beschreibungen der Handlung, die durch die Geräusche bereits gegebenen Informationen verdoppeln und dadurch einen Illusionsbruch erzeugen, verweisen die ergänzenden, komplementären Teile der Figurenrede auf das vermeintliche visuelle Defizit des Hörspiels, etwa wenn der junge Mann nach einer kurzen Stille kommentiert:

> Le planeur maintenant, silencieux, passe entre la cime des arbres, juste au-dessus de nous. L'avion s'éloigne. Ayant pris son virage, il se dirige, descend, entre les nuages, vers l'aérodrome. (*Reportage* 6, 2:09ff., S. 21).

Ironischerweise wählt Thibaudeau ausgerechnet ein Segelflugzeug aus, das aus der Distanz lautlos durch die Luft gleitet, so dass hier die Darstellung durch Geräusche tatsächlich zu einem Problem wird. Die Ironie wird noch verschärft, wenn das Liebespaar in einer absurden radiophonen Teichoskopie sogar die eigenen Handlungen beschreibt:

> Jeune fille. Nous parlons, nous bavardons. Nous marchons sur le sol bien plan et bien entretenu de sable et de graviers fins... Jeune homme. Nous tournons à droite, à gauche. (6, 2:50ff, S. 21).

Zwar werden Handlung (der Spaziergang, die Schritte) und auch das Dekor (Sand- und Kieswege) zum Teil durch Geräusche dargestellt, so dass die Beschreibungen hier redundant sind, zum Teil werden die entsprechenden Geräusche jedoch ausgespart, so dass das Hörspiel und sein Medium an dieser Stelle defizitär erscheinen. Durch die Beschreibung von Handlungen, die sie selbst ausführen, erhalten die Figuren darüber hinaus einen Zwitterstatus, denn sie agieren dadurch gleichzeitig als Figuren und Erzähler.

Diese in *Reportage d'un match international de football* selbst abgebildete Tatsache wird von Thibaudeau zu einem spezifisch radiophonen Verfremdungseffekt verarbeitet, der das vermeintliche Defizit des Radios, seine Beschränkung auf den akustischen Kanal in die Stärke einer permanenten, distanzierenden und damit illusionsbrechenden Wirkung verwandelt. Thibaudeaus Technik wird deutlich: Statt Handlungen, Geschehnisse und Chronotopos durch Implikationen des Dialogs oder durch Geräusche zu evozieren, beschreiben die Figuren selbst das Dekor und was sie sehen oder tun. Die Handlung wird also nicht von den Figuren tatsächlich ausgeführt oder radiophon etwa durch Geräusche inszeniert, sondern in einer distanzierenden und verfremdenden Weise lediglich durch die Akteure beschrieben. Die Kommunikationsebenen kreuzen sich. Theatertechnisch gesprochen bedeutet dies, dass die Fiktion, d.h. die Rede *ad actores* sich vermischt mit der Realität der Rede *ad auditores*. Die beiden Ebenen des Hörspiels verschwimmen. Diese selbstbezügliche und illusionsbrechende Dimension des Textes wird von Thibaudeau genutzt, um nicht nur die Position des literarischen Erzählers, sondern auch des Autors, mittels radiophoner Techniken aus den Angeln zu heben.

Damit spielt Thibaudeau ironisch auf die medialen Bedingungen des Hörspiels und auf einen Diskurs an, der seine Geschichte jahrzehntelang bestimmt hat. Denn nicht die technischen Möglichkeiten der neuen Gattung standen zunächst im Vordergrund, etwa seine unbegrenzte Fähigkeit des Wechsels von Raum und Zeit, sondern ausgerechnet jene vermeintlichen Defizite, die es gegenüber der traditionellen audiovisuellen Gattung nicht technischer Kommunikation, also etwa dem Theater charakterisierten.

2.2. Exkurs: Das Theater als Interdiskurs des Hörspiels

Die Auffassung, dass das Hörspiel *théâtre pour les aveugles* und daher defizitär sei, bestimmte nicht nur die Hörspieltheorie, sondern auch die Praxis der Hörspielproduktion. Versteht man unter Intermedialität einen medialen Transformationsprozess, bei dem Elemente, Strukturen und spezifische Kontexte eines Mediums auf ein anderes übertragen und in diesem sichtbar gemacht werden, wobei das Ausgangsmedium im Zielmedium als markierte Form erscheint, so wird deutlich, dass Thibaudeau hier ironisch unterstreicht, dass die intermediale Beziehung im Fall des Hörspiels nicht zweistellig ist, also von der Literatur zum Hörspiel verläuft, sondern dreistellig.[10] Die Übertragung literarischer Strukturen auf das neue Medium des Radios erfolgte in den Anfängen der neuen Gattung auf dem Umweg über das Theater, einem Umweg, der das Hörspiel zunächst einmal als defizitär erscheinen lassen musste. Bereits die anfänglich verwendeten Bezeichnungen *théâtre pour les aveugles* oder *théâtre radiophonique* machen dies deutlich. Es überrascht daher nicht, dass gerade der französische Diskurs über das Hörspiel anfänglich darauf abzielte, die medialen Differenzen zwischen Theater und Hörspiel entweder zu tilgen oder aber um den Preis einer Anerkennung des defizitären Charakters des Hörspiels in Rechnung zu stellen. Die damalige Abwertung hing auch mit der Tatsache zusammen, dass die häufigen Adaptationen von Romanen und die Live-Übertragung von Theaterstücken zu einer Betrachtung des Hörspiels aus der Perspektive der Literatur geführt hatten, welche vor allem die Defizite der neuen Gattung

10 Für eine ausführlichere Diskussion des Begriffs vgl. Jochen Mecke: „Im Zeichen der Literatur: Literarische Transformationen des Films." In: Jochen Mecke/Volker Roloff (Hrsg.): *Kino-/(Ro)Mania. Intermedialität zwischen Film und Literatur*. Tübingen: Stauffenburg 1999, S. 97-123, hier S. 101ff.

zum Vorschein brachten.[11] Zwar hat die Praxis der Literaturadaptation das Hörspiel anfangs mit einer zusätzlichen Legitimität versehen, mittelfristig erdrückte diese Strategie jedoch die neue radiophone Gattung. Dabei konnte die Theatralität der frühen Hörspiele,[12] sogar bis an die Grenzen der radiophonen Inkohärenz gehen.[13] Es setzte sich eine konservative Form der Medientechnik des Hörspiels durch:[14] Das Hörspiel wurde begriffen als literarisches Hörspiel, genauer gesagt als *théâtre radiophonique*, *théâtre pour les aveugles* oder aber kurz und knapp als *dramatique*, die auch heute noch gebräuchlichste Bezeichnung.[15] Selbst die Verteidiger, ersten Praktiker und Theoretiker des Hörspiels in Frankreich, die Autoren und Regisseure von *Maremoto* (1924), Gabriel Germinet und Pierre Cusy, gehen in der ersten französischen Hörspieltheorie mit dem symptomatischen Titel *Théâtre radiophonique* von einer Defizithypothese aus. Obwohl sie Radio-Enthusiasten waren und als Ingenieure und Tontechniker ein Ohr für die Möglichkeiten des neuen Mediums hatten, gingen sie vom Theater als Norm und Maßstab der neuen Medienkunst aus:

11 Roger Richard: „Das Hörspiel in Frankreich." In: *Die Quelle*, Jg. 2, 1948, Heft 5, S. 93-96, hier S. 94.

12 Gerhard Prager: „Der Rundfunk und das Hörspiel in Frankreich." In: *Rufer und Hörer*. Jg. 7, Stuttgart 1952/53, S. 402-410, hier S. 409.

13 (Vgl. Roger Richard: „Das Hörspiel in Frankreich", S. 72). Zwar wandte sich die Hörspielkritik bereits sehr früh gegen die reine Praxis der „diffusion d'oeuvres théatrales" und gegen das artifizielle, dem neuen Medium nicht gerecht werdende Rezitieren vor dem Mikrophon (Roger Richard: „Hörspiel", S. 72), doch hat diese Kritik der Praxis offenbar keinen Abbruch getan.

14 A. Habaru hält in einem Bericht über das französische Hörspiel Ende der zwanziger Jahre fest: „Die dramaturgischen Gesetze des Hörspiels, die von allen Sendern Deutschlands eingehalten werden, stoßen bei den französischen Sendern auf eine völlige Verständnislosigkeit; die französischen Sender weigern sich systematisch, Experimente zu machen. […] Unter diesen Umständen ist jeder Fortschritt ausgeschlossen. Das ist die Lage des Hörspiels in Frankreich." (A. Habaru: „Hörspiele in Frankreich." In: *Der deutsche Rundfunk*, Jg. 8, 1930, Heft 22 vom 30.05.1930. S. 10).

15 Noch im Jahr 1968 konstatiert der Regisseur Alain Trutat: „[…] il y avait très peu d'œuvres spécialement radiophoniques, très peu. […]" spricht dann von einem „abandon du genre radiophonique", um schließlich zu konstatieren: „[…] il n'y a presque plus d'auteurs pour la radio." (Alain Trutat: „Arbeitsbericht über das Hörspiel in Frankreich." In: *Internationale Hörspieltagung*, Frankfurt: Deutsche Akademie der darstellenden Künste 1968, S. 275-297, hier S. 278, 280).

Le Théâtre scénique étant au cinéma, ce qu'est une figure de la troisième dimension au regard d'une figure de la seconde, le Théâtre radiophonique serait-il le Théâtre à une dimension?[16]

Das Modell des Theaters führte dazu, dass von den Anfängen des Radios bis heute im französischen Radio Theaterstücke direkt übertragen wurden, ohne den Besonderheiten des Mediums Rechnung zu tragen. Im Rahmen dieser Theorie und Praxis konnte das Hörspiel nur als Theater für Blinde erscheinen; es dominierte eine Auffassung, die eine produktive Nutzung der Möglichkeiten, die das Radio der Literatur hätte bieten können, geradezu verhindert.

Mittels seiner ironischen intermedialen Technik macht Thibaudeau sowohl die medientechnischen, durch die Beschränkung auf den akustischen Kanal gegebenen Grenzen des Hörspiels als auch die Tatsache deutlich, dass das vermeintliche, damit verbundene Defizit nicht aus dem Hörspiel selbst, sondern aus einem am Theatermodell orientierten Diskurs entsteht. Dass diese Prägung des Hörspieldiskurses durch das Theater beileibe keine mediengeschichtliche Fatalität war, zeigen die Überlegungen Rudolf Arnheims, der in einer der ersten umfassenden Theorien des Radios und des Hörspiels einen gewichtigen Einwand gegen die Defizitthese formuliert hat. In dem programmatischen Werk *Rundfunk als Hörkunst* (1936)[17] stellt er ein kleines Gedankenexperiment an. Er vergleicht die Praxis der Live-Übertragung eines Theaterstückes mit einem echten Hörspiel. Bei der Live-Übertragung wird tatsächlich ein Defizit deutlich, weil der Ton lediglich Teil eines umfassenden Ganzen aus Bühnenbild, Dekor, Beleuchtung, Aussehen der Schauspieler, Mimik, Gestik, Proxemik und Mimik ist, das aufgrund der rein akustischen Übertragung zum Großteil verloren geht. Im Hör-

16 Gabriel Germinet: *Théâtre radiophonique. Mode nouveau d'expression artistique*. Paris: Chiron 1925, S. 11. Dass die Frage rhetorisch gemeint ist, zeigt die Antwort wenige Seiten später: „Le théâtre radiophonique doit être, au théâtre déjà connu, ce qu'un croquis ou une affiche sont à une œuvre picturale finie, pour laquelle on a tenu compte que l'observateur a tout le loisir d'examen possible." (S. 17). Trotz dieser Einschränkung finden sich bei Germinet auch Ansätze zu einer Theorie des Radios als Medium des Unbewussten und des Imaginären, denn, so argumentieren die Autoren, um einen vollständigen Wahrnehmungseindruck zu liefern, muss das Hörspiel den Hörer befähigen, das Gehörte durch eigene, wie im Traum erzeugte Bilder zu vervollständigen (S. 13, passim).

17 Rudolf Arnheim: *Rundfunk als Hörkunst und weitere Aufsätze zum Hörfunk*. Frankfurt: Suhrkamp 2001, engl. Original: Rudolf Arnheim: *Radio*. London: Faber & Faber 1936.

spiel hingegen werden alle Informationen, die wichtig sind, rein akustisch übermittelt. In diesem Fall bedarf zum Beispiel das akustische Dekor nicht der visuellen Ergänzung, wie im Theater, sondern genügt sich selbst. Das Hörspiel ist mithin voll und ganz dazu in der Lage, jede nur erdenkliche Information mit seinen eigenen Mitteln zu übertragen.[18] Allerdings sind damit noch nicht alle durch bestimmte Diskurse bedingten Restriktionen der technischen Möglichkeiten des Hörspiels ausgeschlossen, denn neben dem Theater galt auch der Roman als wirkmächtiges Modell für die Hörspieltheorie und Praxis.[19] Im programmatischen Prolog von *Reportage d'un match international de football* setzt sich Thibaudeau in einer Art medientechnischem *Prolegomenon* mit dieser intermedialen Reduktion des Hörspiels durch Literatur auseinander.

2.3. Radiophone Dekonstruktion der Erzählung

Dies geschieht, indem er spezifische Radiotechniken gegen den narrativen Diskurs des Romans ausspielt. Dabei schafft er zunächst eine Voraussetzung für die Inszenierung der Auseinandersetzung zwischen radiophonem Medium und literarischer Form, indem er sowohl die Technik des Radios als auch den literarischen Diskurs von Anfang an markiert, um sie dann gegeneinander auszuspielen. Zunächst führen Thibaudeau und Trutat das Medium im Hörspiel selbst vor, indem sie die medientechnischen Bedingungen der Radiosendung thematisieren.

> [Im Hintergrund hört man Geräusche aus dem Stadion, in der Nahaufnahme Dialoge, die allerdings immer wieder von sendetechnisch bedingten Störgeräuschen unterbrochen werden. Der erste Sprecher ist in Nahaufnahme aufgenommen, während der zweite Sprecher in einer weiten Einstellung im Hintergrund zu hören ist; J.M.] Sprecher 1: –Alors, Carte blanche à Jean Thibaudeau, c'est bien ça? [Im Hintergrund gleichzeitig Sprecher 2:] Tu m'entends? Sprecher 1: Une émission de Lily Siou, réalisée par … [Abblende von Sprecher 1, Aufblende von Sprecher 2]: Paris-Bordeaux-LeMans, Paris-Bordeaux-LeMans, Paris-Bordeaux-LeMans, hallo, hallo, tu m'entends, [nach Einstellung des Mikrofons jetzt besser zu verstehen], hallo est-ce que tu m'entends? C'est bon. Cinq, quatre, trois, deux, un, zéro." (Reportage 1, 0:00-0:42).[20]

---

18 Rudolf Arnheim: *Rundfunk als Hörkunst*, S. 88f.

19 Hans-Jürgen Krug fasst in seiner Hörspielgeschichte eine ganze Epoche unter dem Titel „Literatur prägt das Hörspiel" zusammen (Hans-Jürgen Krug: *Kleine Geschichte des Hörspiels*, S. 47-68).

20 Im Drehbuch und im Hörspielprotokoll wird die Passage nur kurz zusammengefasst: „Bruit de foule... Le micro est debranché. Silence. Puis, de nouveau, bruit de foule […]" (*Reportage*, S. 11).

Die – im Drehbuch nicht enthaltene und wohl auf Alain Trutat zurückgehende – rundfunkspezifische Einleitungssequenz macht die phatische Funktion der Kontaktaufnahme und damit auch die medientechnischen Bedingungen zur Vorbereitung einer Sendung explizit. Thibaudeau und Trutat inszenieren im Medium selbst dessen eigene Materialität und Medialität. Aber sie lassen es nicht mit dieser Markierung des Radios als Medium bewenden. Nach der oben zitierten Passage setzt ein Reporter ein, der die Ereignisse um das Fußballmatch herum kommentiert.

[Sprecher 1 (N), Stadiongeräusche (W) im Hintergrund]: –Le soleil de juin, en ce dimanche après-midi a invité à la campagne et à la mer, a conduit sur les routes de l'Île-de-France et de la Normandie un nombre considérable de Parisiens dont la sécurité est assurée par un ensemble policier important. disposant de motos, voitures, voitures-radio, ambulances, hélicoptères aux missions innombrables et variées, les unes faciles, les autres difficiles, accomplies à coups de sifflets, bâtons, revolvers... (*Reportage* 1, 0:42-1, 1:13, S. 11).

Von der Unmittelbarkeit der Sprache der Rundfunktechniker setzt sich die elaborierte Redeweise des Radiosprechers ab. Er bedient sich komplexer syntaktischer Strukturen, um in langen, epischen Aufzählungen geradezu homerischen Ausmaßes ein Gesamtbild des Geschehens in Frankreich zu Wasser und zu Lande zu vermitteln, ein Geschehen wohlgemerkt, das sich gar nicht vor seinen Augen abspielt, sondern sich in weiter Ferne und naher Vergangenheit am bisherigen Tage ereignet hat. Lange Satzperioden, epische Breite der Beschreibungen, nachträgliche Erzählung aus der Retrospektive, Tempusform der Vergangenheit oder der „erzählten Welt" (Weinrich),[21] vermeintlicher Überblick über das gesamte Geschehen und kurze Zeit später erfolgende direkte Wendungen an den Zuhörer – all' dies modelliert einen Diskurs, der im Erzählsystem des Romans der Position eines auktorialen und allwissenden Erzählers entspricht. Die interdiskursive und intermediale Ironie entspringt an dieser Stelle vor allem aus der Diskrepanz zwischen dem Code der Radioreportage und der völlig unangemessenen Redeweise des Sprechers. Dieser Kontrast wird noch durch die abgehetzte Redeweise unterstrichen, denn angesichts der tatsächlichen

21 Durch die Tempora der besprochenen Welt gibt der Erzähler zu erkennen, „dass er beim Hörer für den laufenden Text eine Rezeption der Haltung der Gespanntheit für angebracht hält. Durch die erzählenden Tempora gibt er in Opposition dazu zu verstehen, dass der in Frage stehende Text im Modus der Entspanntheit aufgenommen werden kann" (Harald Weinrich: *Tempus*. Stuttgart: Kohlhammer 1964, S. 33).

Situation simultanen Berichtens („berichtete Welt“ bei Weinrich), hat der Sprecher gar nicht genügend Zeit, sich in epischer Breite zum Vorgeschehen zu äußern. Verschärft wird die Ironie noch durch den doppelten Kontrast sowohl zur natürlichen Sprechweise der Techniker als auch zur kurz darauffolgenden, „echten“ Reportage eines zweiten Sprechers, der nicht mehr die Geschehnisse des Tages aus der Retrospektive erzählt, sondern live vom Geschehen im Stadion berichtet.

Sprecher 2 (in Nahaufnahme, in hohem Tempo sprechend, in Weitaufnahme die Stadiongeräusche): –... Martin, Ballacio, Morgue, Lefevre, Kalinawski, Gaillard, Michel, Groux, Mortier, Quilici, Ferrand. (*Reportage* 2, 0:00ff.).

Literarische und radiophone Form stehen dabei nicht nur zueinander in Kontrast, sondern befinden sich in einer agonalen Beziehung, denn die Stimme des in epischer Breite erzählenden, abgehetzten, „falsch“ klingenden, weil „auktorialen“, Reporters muss sich immer wieder gegen die „echten“ Geräusche aus dem Stadion durchsetzen, die ihn zwingen, lauter zu sprechen und schließlich sogar zu übertönen drohen:

Les bruits [du stade, J.M] augmentent. Le speaker force la voix : ... la chasse aux imprudents, le secours aux blessés, l'identification des morts, les renseignements, observations, pénalisations de toutes sortes... *Les bruits augmentent encore*, le speaker force la voix: ... sifflant, verbalisant, canalisant, retenant et poussant les flots d'automobiles... *Mise au point*: on n'entend plus la foule, et la voix du speaker est plus nette ... (*Reportage* 1, 1:30ff., S. 11).

Immer wieder fährt die Blende die Stadiongeräusche hoch, so dass die Rede des Sprechers übertönt zu werden droht, um dann, nach einer direkten Anrede an die Hörer und weiteren zahlreichen Unterbrechungen, die immer wieder die Existenz der materiellen Bedingungen der Übertragung ins Gedächtnis rufen, durch einen anderen Sprecher ersetzt zu werden, der nicht mehr eine falsche, sondern nunmehr eine „echte“ Live-Reportage bietet und mit der Mannschaftsaufstellung beginnt (s.o.).

2.4. Radiotechnische Transformationen des narrativen Systems

Thibaudeaus agonale Inszenierung von Intermedialität illustriert mit hintergründiger Ironie die Unangemessenheit des traditionellen narrativen Systems des Romans. Zu Beginn seines Beitrags beansprucht der Sprecher, der anfangs noch keinen festen narrativen Status hat, zweifelsohne die Position eines auktorialen Erzählers: Er konstituiert sich als Figur, die mehr weiß als seine Hörer, und erzählt aus der Distanz die vorangehenden Ereignisse des Tages. Dieser von ihm beanspruchte Status eines – in der Terminologie Genettes – „extradiegetischen" und „heterodiegetischen" Erzählers, der sich auf einer höheren narrativen Ebene befindet als das erzählte Geschehen und zudem nicht Teil der von ihm erzählten Ereignisse ist, wird jedoch im Laufe der ersten Sequenz durch die lauter werdenden Stadiongeräusche unterminiert, bis diese schließlich den Sprecher gänzlich übertönen und damit die Erzählstruktur unmissverständlich durchbrechen. Die anonymen Stimmen der Masse, Geräusche und Echoeffekte im Stadion unterminieren die Nachzeitigkeit der Erzählung und hebeln schließlich auch den extradiegetischen und heterodiegetischen Erzähler aus den Angeln, seine Ersetzung durch einen echten Reporter wird zwingend notwendig, denn dieser kann die Partie, die sich vor seinen Augen abspielt, in hohem Sprechtempo simultan kommentieren, ohne allerdings etwas über den künftigen Verlauf zu wissen. Diese Position des Sprechers sprengt den narrativen Diskurs, denn er berichtet von Ereignissen, denen er selbst angehört, er ist intradiegetisch und homodiegetisch.

Damit verändern sich sprachliche und narrative Form allerdings grundlegend. Nachdem er seinen komfortablen transzendentalen Standort nachzeitigen Erzählens verlassen und sich selbst in die Niederungen des Geschehens begeben musste, sieht sich der zum Reporter konvertierte Erzähler nun gezwungen, die Gleichzeitigkeit zwischen Geschehen und Bericht zu meistern. Da er alle Ereignisse wiedergeben muss, während sie geschehen, steigert sich das Sprechtempo beträchtlich. Dabei gerät er in ein Dilemma, denn einerseits muss er schneller berichten und erzählen, da die Ereignisse gleichzeitig ablaufen und keine Raffung *ex post factum* möglich ist. Andererseits muss sein Erzählen durch die fehlende Kenntnis des Endes, des Zieles und Zweckes von Handlungen und Ereignissen notgedrungen langsamer werden, ist er doch gezwungen, jedes einzelne Detail wiederzugeben. Auf der narrativen Ebene gibt Thibaudeau diese Grundbedingung der Live-Reportage durch die Parallelmontage der Reden mehrerer einander abwechselnder Sprecher wieder. Die Simultanität wird dabei zusätzlich noch dadurch unterstrichen, dass die Kommentare mitten im Satz unterbrochen und die berichteten Ereignisse selbst immer wieder im „O-Ton" in den Bericht eingeblendet werden.

Noch in einem weiteren Punkt hebelt Thibaudeau das klassische Erzählsystem aus: Dort, wo der transzendentale Standort des Erzählers nach der grammatischen Form des Singulars für eine einzige Person verlangt, setzt Thibaudeaus Hörspiel diese singuläre Instanz in den radiophonen Plural verschiedener Sprecher, die gleichzeitig aus verschiedenen Perspektiven und in verschiedenen Sprachen kommentieren. Mehrere französische, italienische, englische und deutsche Sprecher kommentieren das Geschehen in ihren jeweiligen Sprachen. Diese Kommentare erfolgen jeweils aus dem „In", d.h. die Stimme ertönt aus dem radiophon inszenierten Raum der Szene, im konkreten Fall aus dem Fußballstadion, wobei die normalerweise in radiophoner Nahaufnahme wiedergegebenen Kommentare manchmal von den in Weitaufnahme aufgenommenen Geschehnissen immer wieder überblendet werden. Damit demonstriert Thibaudeau die Fähigkeit des Mediums Radio, die Vorherrschaft der Sprache und des Symbolischen zu durchbrechen und das Reale selbst in Echtzeit aufzuzeichnen und wiederzugeben.[22] Während Literatur als Medium des Symbolischen *par excellence* dazu prädestiniert ist, die Realität im Hinblick auf dasjenige zu filtern, was Bedeutung hat und „Sinn macht", sind Radio und Tonband in der Lage, die Wirklichkeit in Echtzeit kontinuierlich aufzuzeichnen und damit auch das wiederzugeben, was sich jenseits der Bedeutung ereignet, was den Sinn transzendiert.[23] Die Ausblendungen der Stadiongeräusche führen jedoch nicht immer zu den Reportern zurück. In der dritten Sequenz machen die männlichen Sprecher einer Frau Platz, wobei sich hier auch die Schallakustik ändert. Die weibliche Stimme erklingt aus einem schalltoten Raum.

> Sprecherin: ..: On aperçoit a peine les genoux roses a poils de l'arbitre, monsieur Hamilton, qui est anglais. II fait un soleil magnifique. Les joueurs entrent sur le terrain, en petites foulées, foulent l'herbe bien verte qu'un peu de vent agite. Les bruits reprennent. (1,3:26, S. 13).

Der Kommentar bezieht sich auf das gleiche Geschehen (die Vorbereitungen des Fußballspiels im Stadion), es ändert sich jedoch der Stand-

22 Dies gilt für *Reportage d'un match international de football* im wahrsten Sinne des Wortes, denn die Stadiongeräusche wurden nicht durch radiophone Effekte künstlich erzeugt, sondern im Stadion von Sédan (!) in O-Ton aufgenommen (vgl. *Reportage*, S. 8).

23 Friedrich Kittler: *Grammophon. Film. Typewriter*. Berlin: Brinkman & Bose 1986, S. 29.

ort des Erzählers, bzw. sein narrativer Status, denn der Wechsel vom natürlichen Raumklang zu einem schalllosen Raum macht deutlich, dass sich die Sprecherin nicht mehr an einem „natürlichen", sondern an einem in Bezug auf die Geschichte „neutralen" Ort außerhalb des Raumes und der Zeit des Geschehens, befindet. In narrativer Hinsicht kodieren die Kommentare aus dem radiophonen „Out" eine *focalisation zéro*, oder in der Terminologie Gérard Genettes eine heterodiegetische und extradiegetische Position des Sprechers. Dieser Wechsel bildet den Auftakt für eine ganze Reihe narrativer Experimente, bei denen Thibaudeau die technischen Möglichkeiten des Hörspiels konsequent nutzt, um neue Positionen des Erzählers bzw. Sprechers und der Figuren der Handlung zu entwerfen; Möglichkeiten, die im literarischen System nicht vorgesehen waren. Durch die Veränderung der Schallakustik gelingt es ihm, das Verhältnis des Erzählers und der Figuren zum Geschehen graduell zu modellieren. Aufgrund des simultanen Erzählens und ihres Status als Reporterin nimmt die Sprecherin im oben zitierten Beispiel eine intradiegetische Position ein, d.h. sie gehört der Geschichte an, die sie erzählt. Da die Schallakustik ihren Standort jedoch eindeutig in einen Bereich außerhalb der Welt des erzählten Geschehens verlegt, scheint ihre Position gleichzeitig extradiegetisch zu sein. Was aus der Perspektive der Erzählanalyse als Paradox erscheint, löst sich radio- und hörspieltechnisch auf in eine Skala narrativ und radiotechnisch erzeugter, graduell variierbarer Positionen des Erzählers im Verhältnis zu seiner Geschichte. Distanzierung und Annäherung an das Geschehen werden zu einem Effekt von Schallakustik und Blende. In anderen Szenen nimmt die Sprecherin gleichfalls einen Standort „out of scene", d.h. außerhalb des erzählten Geschehens ein, sie befindet sich auch hier in einem schalltoten Raum, jedoch bezieht sich ihre Erzählung auf ein Geschehen, das sich an einem anderen Ort und manchmal auch zu einer anderen Zeit abspielt (nachzeitiges Erzählen). In diesem Fall wird eine größere narrative Distanz zum Geschehen erzeugt, der Erzählerstandort ist extradiegetisch und heterodiegetisch:

Sprecherin: [ruhiger, epischer sprachlicher Duktus, im Gegensatz zu den Reportern des Fußballspiels, schalltoter Raum, *Out*, J.M.]. –Cependant qu'à Colombes, ou nous allons bientôt revenir, les équipes de France et d'Allemagne ont repris la lutte à égalité, deux buts à deux, les Boucles de la Seine arrivent à leur fin et à Reims, la Course Automobile de Printemps est entrée maintenant dans sa phase décisive mais je passe le micro à Roger Marsault... [Geräusche eines Autorennens]. (*Reportage*, 11, 0:00-11, 0:20, S. 36).

Wenn Hörspieltechniken einerseits dafür sorgen, dass der Erzähler von seinem transzendentalen Standort in die Niederungen des Geschehens hinabsteigt, so befördert Thibaudeau andererseits Figuren der Handlung zu Erzählern. Dies ist zum Beispiel bei vor einem Bistrot spielenden Kindern der Fall, die ihr eigenes Fußballspiel so kommentieren, als handele es sich um eine Radioreportage:

Amhed [sic!; „In“, Geräusche des Spiels im Hintergrund]. Je descends, je feinte, je retourne en arrière, je reviens, je fais une jolie chandelle, une tète, hop, hop, et je tire et je marque le but! *Pierre.* –Trois buts à trois! Les deux équipes sont à égalité! Messieurs, mesdames vous n'avez jamais vu, jamais vu, jamais!... [Motorgeräusche eines vorbeifahrenden Wagens]. (*Reportage* 15, 0:00-15, 0:20, S. 43f.).

Noch stärker wird dieser doppeldeutige Status der Figuren im Erzählstrang des Liebespaares an den Ufern der Marne akzentuiert (s.o.), denn diese beiden Figuren kommentieren nicht nur simultan, sondern sind darüber hinaus in der Lage, Vorgriffe auf das künftige Geschehen vorzunehmen, eine Fähigkeit, die im Roman dem auktorialen Erzähler vorbehalten ist.

Et nous irons un peu plus loin, en cet endroit secret, protégé par des herbes hautes, abrité par des arbres, d‘ou nous verrons, par dessus les herbes, entre les arbres, au confluent exact, une voile glisser... (*Reportage* 6, 3:48ff., S. 22).

In beiden Fällen nehmen die Figuren der Handlung gleichzeitig die Position eines homodiegetischen und intradiegetischen Erzählers ein, der die eigene Geschichte kommentiert, während sie sich ereignet. Dabei ergeben sich jeweils aus der Kombination narrativer und radiophoner Techniken graduelle Abstufungen der Erzähler- oder Figurenpositionen: Der Standort des Erzählers wird mit den Mitteln der Hörspieltechnik modifiziert, das narrative System der Erzählung so um neue Möglichkeiten erweitert.

Simultanität charakterisiert aber nicht nur das Verhältnis zwischen Kommentar und Geschehen, sondern auch die Beziehung zwischen verschiedenen Strängen der Geschichte. Durch regelmäßige Überblendungen oder harte Schnitte wechselt das Hörspiel in alternierender Montage zwischen Fußballländerspiel, Fahrradrennen, Autorennen, Geschehen auf den nordfranzösischen Straßen, dem Fußballspiel der Kinder vor einem Café und dem Spaziergang des Liebespaares an den

Ufern der Marne.[24] Die Übergänge zwischen einzelnen Szenen werden durch explizite Überleitungen der zum Teil als auktoriale Erzählerin fungierenden Sprecherin hergestellt, etwa vom Fußballspiel zu einem Fahrradrennen (*Reportage* 5, 3:00, S. 19) oder aber durch Analogien und Assoziationen. So wechselt die Handlung in der 13. Sequenz von einer „wie eine Ertrinkende" in der Marne schwimmenden Frau (*Reportage* 13, 3:02-3:42, S. 41) zu einem Ertrunkenen am Meer (*Reportage* 13, 4:59-5:48, S. 42), dann zum Tod von fünf Zuschauern des Autorennens und des Rennfahrers Harry Cummings über (*Reportage* 14, 0:10-0:37, S. 42), um schließlich mit einem Decrescendo der Katastrophen bei einem Foul im Fußballspiel zu enden (*Reportage* 14, 0:41-0:51, S. 43). An einigen Stellen nimmt die Assoziationsmontage antithetische Formen an: Als im Gespräch des Liebespaares die junge Frau ihrem Geliebten mit Bezug auf die Marne entgegenhält: „Ce n'est pas la mer", werden plötzlich Wellengeräusche eingeblendet und die Sprecherin kommentiert aus dem *Out*: „Voici la mer" (*Reportage* 13, 4:04, S. 42). An vielen Stellen sorgt das Medium selbst für die Verknüpfung zwischen den verschiedenen Orten und Handlungssträngen. So wird zunächst die Live-Reportage im Stadion direkt wiedergegeben, dann ertönt sie jedoch dank einer Veränderung der Schallakustik aus einem Transistorradio, das von den Zuschauern eines Fahrradrennens gehört wird (*Reportage* 5, 2:38-2:56, S. 18), bis schließlich die Fußballreportage aus einem Autoradio erklingt (*Reportage* 7, 0:49-1:11, S. 22). Dabei nimmt die Montage ironische Formen an, denn die permanent von Störgeräuschen beeinträchtigte Übertragung ist nach einem Bremsenquietschen und einem knapp vermiedenen Unfall auf einmal klar und deutlich zu hören:

Le Conducteur. –Parler de quoi? Un accident est évité de justesse. Frein. Arrêt brutal. La radio „marche" très bien, du coup: Speaker 1. –... But! Vous entendez la foule!... C'est Quilici, non, Ferrand, qui vient de marquer pour la France qui maintenant mène par deux buts à ... (*Reportage* 7, 10:02ff., S. 22).

24 Michel Foucault hat diese Simultanität im Sinne der klassischen These über die moderne Literatur und insbesondere des *nouveau roman* und seiner Nachfolger verstanden. Thibaudeau stelle „das Theater der Zeit einem Theater des Raumes gegenüber [...], wie es in den ersten Umrissen schon Appia oder Meyerhold entworfen haben" (Michel Foucault: „Distanz, Aspekt, Ursprung." In: ders.: *Schriften zur Literatur.* Frankfurt/Main: Suhrkamp 2003, S. 100-116, hier S. 104). Auffällig ist auch, dass er Thibaudeaus konsequent radiophonen Ansatz, statt auf die Hörspielgeschichte, auf die Theatertradition bezieht ... und damit ungewollt eine problematische französische Tradition fortschreibt.

Die Technik des Radios im Radio, also ein Verweis des Mediums auf sich selbst, eine radiophone Form der mise en abyme, dient hier als Verknüpfungselement zwischen den Sequenzen. Dadurch werden die unmittelbare und die medial vermittelte Darstellung der Realität miteinander verbunden und ihre ontologische Differenz auf minimale, nur noch akustische, d.h. durch das radiophone Medium selbst kodierte Differenzen reduziert. Die Unterscheidung zwischen Medium und (Um-)Welt wird im Medium selbst durch ein mediales „re-entry“ kodiert. Sie erweist sich somit gleichfalls als mediale Inszenierung.[25]

Die Technik des Radios im Radio ermöglicht darüber hinaus die Schaffung eines besonderen radiophonen Raumes, in dem mehrere Räume und Ereignisse gleichzeitig präsent sind. Während die Zuschauer das Fahrradrennen verfolgen oder während die Ereignisse auf der Straße oder beim Autorennen dargestellt werden, ertönt aus dem Transistorradio jeweils die Fußballreportage. Dabei nutzt Thibaudeau die Möglichkeit des Radios ohne großen technischen Aufwand, d.h. allein mittels der Blende, verschiedene Räume und Ereignisse miteinander zu kombinieren und Simultanität nicht nur zwischen den Szenen, sondern auch innerhalb der Szenen selbst zu erzeugen, so dass etwa Fußballspiel und Fahrradrennen gleichzeitig hörbar werden. Der Simultanität der Zeitstruktur entspricht die Schaffung eines besonderen radiophonen oder medialen Raumes. In der 15. Sequenz wird diese Technik explizit:

> Qui, ouvrant la porte du café et restant sur le seuil, laissant 10 porte ouverte, d'un œil regarderait jouer les enfants et de l'autre suivrait, en même temps que quatre ou cinq consommateurs accoudés au comptoir, et une jeune femme debout derrière le comptoir, suivrait le match de Colombes sur le petit écran [...] (*Reportage* 15, 0:22ff., S. 44).

Was in der Buchdruckversion nur im Zweispaltendruck dargestellt werden kann, gelingt dem Radio durch eine Blendentechnik, welche beide Ereignisse und beide Orte gleichzeitig vergegenwärtigt. An einigen Stellen gibt Thibaudeau die Verwahrscheinlichung dieses spezifisch medialen Raumes auf. Mitten in die Live-Übertragung aus dem Fussballstadion platzten plötzlich das Quietschen von Reifen und der Knall eines Aufpralls, Geräusche, die entweder zum Autorennen oder aber zum Geschehen auf den Straßen Nordfrankreichs gehören (*Reportage* 16, 0:20, das Hörspielprotokoll notiert an dieser Stelle: „Soudain

25 Michel Foucault hat *Reportage d'un match international de football* daher als Simulakrum verstanden (vgl. Michel Foucault: „Distanz“, S. 103).

manifestations explosives“, S. 45). Die Geräusche des Autorennens werden direkt in das Fußballspiel eingeblendet, so dass die realistische Illusion eines natürlichen Raumes durchbrochen wird und ein gänzlich künstlicher, allein dank der Radiotechnik geschaffener radiophoner Raum entsteht.[26]

Die Szene leitet eine Reihe von Sequenzen ein, in denen die Kombination der verschiedenen akustischen Einstellungen metaphorisch motiviert ist. Diese wechselseitige Durchdringung der Szenen nimmt im zweiten Teil des Hörspiels eine besondere Form an: Als die Fouls zunehmen und das Fußballspiel immer gewalttätiger wird, formulieren die Sprecher im Konditional hypothetische Szenen von Boxkämpfen und mittelalterlichen Turnieren, die auf metaphorische Weise die dem Fußballspiel zugrundeliegenden Aggressionen aufdecken. Den Höhepunkt bildet freilich eine fiktive Kriegsszene zwischen Deutschland und Frankreich:

> Speaker 1. –La bataille s'est engagée à huit heures du matin. II *est* maintenant midi. Les Français tiennent solidement le petit village de... Speaker 2. –Les généraux Mortier et Lefèvre, Groult, Michel, Murat, Hoche... Speaker 1. –De part et d'outre, les pertes sont lourdes. Maintenant l'armée révolutionnaire, dans l'enthousiasme, se jette sur les lignes ennemies qui résistent, mais les vagues incessantes des assaillants, quoique aux trois-quarts à chaque fois fauchées dans leur élan, font plier, enfoncent, désagrègent, mettent en fuite enfin Autrichiens et Prussiens... (*Reportage* 18, 3:32, S. 50).

In diesen Passagen wird das Material der Metapher, der Bildspender, selbst zur Matrix für die Entstehung neuer Szenen. Genau in der Mitte des Hörspiels und zur Halbzeit des Länderspiels wird die Reportage unterbrochen, und es wird ein Interview mit dem Autor Jean Thibaudeau gesendet. Das Autoreninterview fügt sich damit in die bisher bereits untersuchten Strukturen der *mise en abyme*, des Radios im Radio ein. In der Tat ist Thibaudeaus Hörspiel auch im Ganzen eine *mise en abyme*; mehr als ein Hörspiel ist es ein Hörspiel über eine Reportage, mehr als Radio ist es Radio im Radio. So behauptet auch der Autor im Interview, seine Absicht sei es mehr gewesen, „[... d'] écrire un texte radiophonique qui soit à la fois la description d'un match de football et la description du reportage radiophonique de ce match“

---

26 Im fiktiven Interview mit einer Radiojournalistin, das in der Halbzeit des Fußballspiels gesendet wird, bezeichnet der Autor Jean Thibaudeau seine Technik der wechselseitigen Durchdringung der Szenen als „contamination“ (*Reportage* 9, 4:48ff., S. 34).

(*Reportage* 9, 3:56, S. 34). Allerdings ist diese *mise en abyme* keine leere Spielerei mit den Möglichkeiten des Radios. Vielmehr verfolgt Thibaudeau damit das Ziel, eine Distanz herzustellen zwischen der Reportage und ihrer direkten Rezeption als Abbild der Realität einerseits und dem Medium des Hörspiels, seiner Produktionstechnik und seiner Produktivität anderseits. Dank der damit einhergehenden Distanzierung wird eine direkte Identifikation und Partizipation des Hörers verhindert, im Gegenzug entsteht allerdings dadurch ein Spielraum, der es dem Hörer ermöglicht, selbst an der Konstruktion zu partizipieren:

> […] je voudrais au contraire qu'il y ait, entre mon texte et son interprétation, un „jeu", une distance d'ailleurs variable – et que l'auditeur ne puisse pas s'identifier à l'interprète, qui ne s'identifie pas au texte: il me semble qu'ainsi l'auditeur, au lieu de participer d'un coup, comme en bloc, au lieu de se laisser charmer, et peut-être endormir, entrera dans le „jeu", et qu'il s'y trouvera d'autant mieux, à „l'intérieur" qu'il y sera plus „libre de ses mouvements". (*Reportage*, S. 30).

Die Techniken der Distanzierung und der *mise en abyme* dienen dazu, den medialen Rahmen des Radios in den Vordergrund treten zu lassen, die radiophone Technik wie eine Folie von dem Objekt, das sie darstellt, abzulösen und selbst in das Zentrum der Aufmerksamkeit zu rücken, so dass der Rezipient nicht mehr an der Geschichte, wohl aber an deren Produktion und damit an der Produktivität des Hörspiels teilhat.

Dieser Anspruch wird im Interview selbst auf konsequente Weise eingelöst. Denn wie schon bei den Kommentaren des radiophonen Erzählers, so modifiziert auch hier die radiophone Technik die Äußerungen des Autors zu seinem Werk radikal: Denn im Unterschied zu den Stellungnahmen von auktorialen Erzählern oder Romanautoren, sind Thibaudeaus Erklärungen Teil des gesendeten Hörspiels. Sie erhalten dadurch einen doppelten und paradoxen Status. Auf der einen Seite handelt es sich um die poetologischen Äußerungen des Autors über sein Stück, auf der anderen Seite sind diese Äußerungen Teil eines im Stück enthaltenen Interviews und diesem damit untergeordnet. Diese Paradoxie, die auch in der literarischen *mise en abyme* vorkommen kann, nimmt im Hörspiel allerdings eine andere Form an. Denn die Äußerungen des Autors sind den Meinungsäußerungen der Radiojournalistin, die das Interview führt, nicht übergeordnet, sondern gleichberechtigt. Die vom Autor Thibaudeau entwickelte Radioästhetik wird auf diese Weise relativiert, ebenso wie durch die für mediale Ironie sorgenden eingeschobenen Werbespots des Stücks oder das sich plötzlich durch Stadiongeräusche wieder zu Wort meldende Fußballspiel, welches das Interview wie in einer Live-Sendung vorzeitig zu beenden droht. Der ambige Status des literarischen Autors als transzendenter (transzendentaler) und immanenter, extra- und intradiegetischer Zwitter wird durch paradoxe, selbstreflexive Äußerungen verdeutlicht, wenn etwa der Autor Thibaudeau in der gesendeten Fassung ankündigt, er werde viele der Fragen und Antworten herausschneiden und das Interview entscheidend kürzen:

> Jean Thibaudeau. –La radio modifie tout ce qui passe par elle ... Et cette modification est mon point de départ. Je voudrais le justifier de deux points de vue. D'une part, j'ai besoin de savoir ce que j'écris, et pourquoi, et comment: si je ne perds pas de vue une façon commune de parler – et la langue parlée à la radio est un très bon témoin – je puis mieux mesurer mes propres écarts de langage. D'autre part, c'est dans tous les domaines qu'on prend au sérieux la matière, ou le matériau... Il serait trop long de vous parler de cinéma, de musique, de peinture... Intervieweuse. –J'en ai peur. Jean Thibaudeau. – Bien. Ici coupure...(*Reportage*, S.32). [...] Quand-même, je couperai [Dieser Teil wird mittels der Radio-im-Radio-Technik gesendet, da das Interview nun nicht mehr direkt, sondern aus dem Radioempfänger eines Hörers zu hören ist. Der folgende, im Drehbuch aufgeführte Teil ist dem Schnitt zum Opfer gefallen:] Mais soyez-en heureuse! Vos questions seront plus pertinentes, plus précises, vous en paraîtrez plus intelligente. (*Reportage*, S. 34).

Thibaudeaus subtile Ironie – oder Trutats Schnitt – sorgen dafür, dass gerade diese Stelle mit der Schnittanordnung des Autors selbst aus dem Hörspiel herausgeschnitten wurde und der im Hörspiel selbst verdeckte Schnitt, der allein aus dem Vergleich zwischen Drehbuchfassung und Hörspiel sichtbar wird, an einer anderen als an der vom Autor vorgesehenen Stelle erfolgt. Der Autor erscheint nunmehr als eine literarische Instanz, die ihre Macht endgültig verspielt hat und im Medium Radio ebenso anachronistisch wirkt wie ein Diktator in einer Demokratie. Nicht nur der Erzähler, sondern auch der Autor wird somit in Thibaudeaus und Trutats Hörspiel zu einer radiophonen Figur unter anderen und geht damit seiner bisherigen Position verlustig. Damit leistet er gleichzeitig jedoch eine kopernikanische Wende des Verhältnisses zwischen Medium und Produzent. Diese Wende lässt sich an einer wichtigen Technik des Hörspiels aufzeigen.

2.5. Medium der Realität und Realität des Mediums

Die radiophonen Techniken Thibaudeaus, insbesondere jedoch die *mise en abyme*, laufen darauf hinaus, hinter der (vermeintlichen) Live-Übertragung der Realität immer wieder die Realität der Übertragung und ihres Mediums, des Radios zum Vorschein zu bringen. Dies illustriert schon die bereits erwähnte Anfangssequenz des Hörspiels. Denn hier unterbrechen nicht nur die Geräusche im Stadion, sondern vor allem Funkstörungen den Erzähler (s.o.). Mit dem Rauschen des Mediums integriert Thibaudeau, wie er selbst in der Drehbuchfassung des hörspielinternen Interviews behauptet, die Materialität des Signifikanten in die Sendung: „C'est dans tous les domaines qu'on prend au sérieux la matière, ou le matériaux ...“ (*Reportage*, S.32).[27] Thibaudeau spielt die Materialität des Signifikanten gegen die Idealität von Bedeutung und Sinn aus und zeigt damit, dass das Radio im Unterschied zur Literatur ein Medium ist, welches das Reale in Echtzeit ohne Filterung durch Sinnstrukturen aufzeichnen kann. Auch dies wird wiederum in selbstreflexiver Form an den poetologischen Äußerungen des im Stück vorkommenden Autors Thibaudeau demonstriert, die sich nach und nach von Signifikaten in Signifikanten und schließlich in reines Rauschen verwandeln. Der Versuch, das radiophone Geschehen zu transkribieren, macht die Grenzen der Schrift und der symbolischen Kommunikation deutlich. Die Stimme Thibaudeaus und die Bedeutungen seiner Sätze gehen in Echoeffekten, zeitversetzten Wiederholungen, dem immer lauter werdenden Schlagen eines Metronoms und schließlich einer Vielzahl von Geräuschen unter, die am Schluss vom reinen Rauschen des Radios abgelöst werden. Dieses radiophone Rauschen ist nicht Repräsentation, sondern Realität des informationstechnischen Rauschens. Es bildet es nicht mehr ab, sondern „ist“ es selbst.

Die radiophonen Techniken Thibaudeaus spielen somit die Möglichkeiten des Mediums Radio gegen eine bestimmte, konventionelle Form von Literatur aus, zeigen deren Grenzen auf und dekonstruieren die Instanzen literarischer Kommunikation. Damit bahnt Thibaudeau in einer Art radiophonem Prolegomenon den wichtigsten Prinzipien des neuen Hörspiels den Weg. Seine *Reportage d'un match international de football* eröffnet die Selbstbesinnung des Hörspiels auf die ihm eigene, genuine Medientechnik, indem sie diese agonal gegen herkömmliche narrative bzw. literarische Kategorien ausspielt. Interessanterweise sind nun allerdings gerade diejenigen Elemente seines Hör-

27 Ob Ironie oder nicht, auf jeden Fall findet sich die Passage im Drehbuch, aber nicht mehr in der tatsächlich gesendeten Fassung. Möglicherweise ist sie also selbst den vom Autor im Interview geäußerten Streichungsabsichten zum Opfer gefallen.

spiels, die auf das neue Hörspiel vorausweisen, ästhetische Verfahren, die in der Poetik des *nouveau roman*, des *nouveau nouveau roman* und der Gruppe *Tel Quel* eine entscheidende Rolle gespielt haben.

3. Die Geburt experimenteller Hörspielpraxis aus der Poetik des *nouveau roman*

Denn es ging den genannten Strömungen trotz aller Differenzen vor allem um die Verwirklichung dreier Ziele:[28] 1. um die Überwindung bestimmter Sinnvorgaben durch die klassischen Formkategorien des Romans wie Geschichte, Figur, teleologische Zeitdarstellung und Kohärenz des Raumes und 2. um die Überschreitung aller durch eine noch aus der Ära des Manuskripts stammenden Grenzen wie z.B. Linearität und Geschlossenheit, 3. um die Aufhebung der durch die Schrift als Medium des Symbolischen auferlegten Beschränkungen auf Sinn und Bedeutung, 4. um die ästhetischen Möglichkeiten, die sich aus der Ausschöpfung der Materialität des Signifikanten und des eigenen Mediums, in diesem Fall des Buches, ergeben. Die Untersuchung von Thibaudeaus erstem Hörspiel hat gezeigt, dass er die Medientechnik des Radios im Sinne dieser Programmatik einsetzt. Die Radio- bzw. Hörspieltechnik von *Reportage d'un match international de football* lässt sich als konsequente Fortsetzung des ästhetischen Programms des *nouveau roman* mit medialen Techniken und Verfahren des Radios auffassen. Dadurch wird aber auch das Hörspiel selbst von der Vorherrschaft eines auf das Symbolische fixierten und lange Zeit vornehmlich an der Roman- und Theatertradition orientierten literarischen Diskurses befreit, der seine Theorie und Praxis jahrzehntelang prägte. Berücksichtigt man diese intermediale Determination des französischen Hörspiels, so wird deutlich, dass seine Befreiung von der Vorherrschaft der Literatur nicht direkt, das heißt durch eine bloße Besinnung auf die eigenen technischen Möglichkeiten geschehen konnte, sondern auf dem Umweg über die vom *nouveau roman* und *Tel Quel* praktizierte Revolution des Romans verwirklicht werden musste.

---

28 Vgl. dazu die Programmschriften der genannten Richtungen wie zum Beispiel Alain Robbe-Grillet: *Pour un nouveau roman.* Paris: Minuit 1963; Michel Butor: *Répertoire I.* Paris: Minuit 1960; Nathalie Sarraute: *L'ère du soupçon.* Paris: Gallimard 1956 und der Sammelband mit den wichtigsten programmatischen Schriften der Gruppe *Tel Quel: Théorie d'ensemble.* Paris: Seuil 1968.

Zwar experimentierte das französische Hörspiel in seinen Anfängen mit den neuen technischen Möglichkeiten, wie das Beispiel von Gabriel Germinets und Pierre Cusys *Marémoto* (Frankreich 1924) zeigt, doch setzte sich relativ bald eine konservative, d.h. literarische und theatralische Form der radiophonen Medientechnik durch. Zum Teil hing die theatralische Praxis natürlich auch mit den zu Beginn der Hörspielgeschichte äußerst reduzierten technischen Möglichkeiten zusammen. Die Qualität der Mikrophone und der Übertragung war äußerst schlecht, und es gab keine kostengünstigen Aufzeichnungsmöglichkeiten, so dass live gesendet werden musste. Eine gewisse Theatralität der Hörspieler ergab sich natürlich auch schon allein aus der Notwendigkeit, klar und überdeutlich zu artikulieren. Doch selbst als die Hörspieltechnik dank besserer Mikrophone, Übertragungs- und Empfangstechniken in technischer Hinsicht einen entscheidenden Innovationsschub erfuhr, blieb die Dominanz des literarischen Diskurses erhalten. Nach wie vor wurden Theaterstücke übertragen und bildeten Theater und Roman die wirkmächtigsten Modelle für die Hörspielproduktion. Tonband, Mischpult, Blende, Schnitt und Montage von im Lichtton- und Magnettonverfahren aufgenommenen Sequenzen, Playback und Mehrspurband boten zwar ein großes technisches Innovationspotential, doch genügten diese technischen Möglichkeiten allein nicht, um eine Veränderung herbeizuführen. Trotz viel versprechender Versuche im *Club d'essai* von Pierre Schaeffer begann die Hörspielrevolution erst im Kielwasser der Romanrevolution der fünfziger und sechziger Jahre ihre Wirkung zu entfalten. Das Hörspiel orientiert sich nun nicht mehr an der geschriebenen Literatur oder am Theater, sondern gelangt mehr und mehr zum Bewusstsein der ihm eigenen genuinen Mittel. Dass diese Befreiung von der Vorherrschaft der Literatur ausgerechnet von einer Gruppe literarischer Autoren kommen sollte, welche ihre Hörspiele zumeist als Auftragsarbeiten für die Rundfunkanstalten verfassten, erscheint auf den ersten Blick paradox. Hinzu kommt, dass die Autoren des *nouveau roman*, des *nouveau nouveau roman* und von *Tel Quel* die technischen Bedingungen des Hörspiels und auch den vom Theater geprägten Diskurs über die radiophone Gattung kaum kannten. In dieser Hinsicht ist die Feststellung eines der Hauptinitiatoren des von den Autoren des *nouveau roman* verfassten Hörspiels, der *nouvelle pièce radiophonique*, symptomatisch. Auf einer internationalen Hörspieltagung stellte Werner Spies, der damalige Leiter der Abteilung Hörspiel des SDR, fest, dass die Autoren, die ich darum bat, ein Hörspiel zu schreiben, keine bestimmte Vorstellung vom Genre hatten [...] Die Hörspiele, auf die ich mich beziehe [immerhin Arbeiten von Jean Thibaudeau, Michel Butor, Alain Robbe-Grillet, Nathalie Sarraute, Robert Pinget, Claude Ollier, Claude Simon, Marguerite Duras, Philippe Sollers und Monique Wittig, J.M.] sind in einem eigenartigen Prozess entstanden: Ohne die Kenntnis von Hörspielen".[29]

Im Unterschied etwa zu den Jungtürken des französischen Films der sechziger Jahre, die Filmkritiker der *Cahiers du cinéma* und späteren Regisseure der *Nouvelle Vague*, die über ein profundes filmhistorisches Wissen verfügten, befanden sich die Erneuerer des französischen Hörspiels in fast völliger Unkenntnis der Geschichte und Techniken des Mediums.[30] Jean Thibaudeau selbst hat diese völlige Unkenntnis der Radiotechniken in einem 1983 anlässlich einer Neuproduktion seines Hörspiels für die *Australian Broadcasting Corporation* mit dem Regisseur Alain Trutat und der Hörspielproduzentin und Regisseurin Kaye Mortley geführten Interview festgehalten:

[...] je n'avais aucune expérience de la radio, je n'avais jamais mis les pieds dans un studio, je n'avais peut-être même jamais vu un magnétophone de ma vie, je connaissais la radio uniquement comme auditeur.[31]

Der *nouveau roman* hat allerdings nicht nur für die französische Hörspielgeschichte eine entscheidende Rolle gespielt, sondern hatte auch an der Entstehung des neuen Hörspiels in Deutschland entscheidenden Anteil. Zwar wurden den Rundfunkanstalten in Deutschland neue Hörspiele zum Teil herausragender Autoren und auch Komponisten wie Ernst Jandl, Mauricio Kagel, Reinhard Döhl oder Jürgen Becker vorgelegt, doch diese Werke wurden von den Radiosendern nicht angenommen.[32] Erst als die Hörspiele der *nouveaux romanciers* im Radio vor allem des Süddeutschen und des Saarländischen Rundfunks aufgeführt wurden, – es handelte sich dabei zum Großteil nicht um Übersetzungen, sondern um Originalhörspiele von Jean Thibaudeau, Michel Butor, Robert Pinget, Claude Ollier, Samuel Beckett, Claude Simon – war der Weg für

29 Werner Spies: „Der *nouveau roman* und das Neue Hörspiel." In: *Internationale Hörspieltagung*. Frankfurt/Main: Deutsche Akademie der Darstellenden Künste 1968, S. 193-215, hier S. 194.

30 Werner Spies: „Nouveau Roman", S. 194.

31 Jean Thibaudeau/Alain Trutat/Kaye Mortley: „Impromptu pour Sidney." In: Jean Thibaudeau/Alain Trutat: *Reportage d'un match international de football*. Arles: Phonurgia Nova 1998, S. 57-64, hier S. 60.

32 Stefan B. Würffel: *Das deutsche Hörspiel*. Stuttgart: Metzler 1978, S. 155f.

das neue Hörspiel frei.[33] Dies ist auch deshalb überraschend, weil in Deutschland ein anderes literarisches Modell für den Diskurs über das Hörspiel bestimmend war als in Frankreich.

Während in Frankreich, wie gezeigt, der Theaterdiskurs die Hörspieltheorie und Praxis lange Zeit bestimmte, herrschte in Deutschland bis dahin das Modell des „inneren Theaters“ der „inneren Bühne“ (Wickert)[34] vor, ein Hörspiel der Innerlichkeit mithin, das eher nach Mitteln der Identifikation und Verinnerlichung, der Darstellung des Immateriellen, des Überpersönlichen und Seelischen (Kolb)[35] suchte, so wie dies etwa in Schwitzkes berühmter „Hamburger Dramaturgie“ programmatisch formuliert und praktiziert wurde.[36] Vor diesem

33 Vgl. Stefan B. Würffel: *Hörspiel*, S. 157. Dass die *nouveaux romanciers* bei der Entstehung des Neuen Hörspiels eine entscheidende Rolle als Katalysatoren gespielt haben, belegen auch die folgenden Aufsätze: Klaus Schöning: „Anmerkungen.“ In: *Neues Hörspiel. Texte. Partituren.* Frankfurt/Main: Suhrkamp 1969, S. 7-16, hier S. 14f.; s.a. Françoise Joly et al.: „‚Quand on écoute la radio, on écoute le monde‘. Les Nouveaux Romanciers au Süddeutscher Rundfunk de Stuttgart.“ In: Pierre-Marie Héron (Hrsg.): *Les écrivains et la radio.* Montpellier: Publications de l’Université Paul Valéry 2003, S. 279-286 und Hans Hartje: „Georges Perec et le ‚Neues Hörspiel‘ allemand.“ In: Isabelle Chol (Hrsg.): *Écriture radiophonique.* Clermont-Ferrand: Presses Universitaires de l’Université Blaise Pascal 1997, S. 73-86.

34 Erwin Wickert: „Die innere Bühne.“ In: *Akzente. Zeitschrift für Dichtung*, Jg. 1, München (1954), S. 509-514.

35 Richard Kolb: „Die Entwicklung des künstlerischen Hörspiels aus dem Wesen des Funks.“ In: *Rufer und Hörer*, Jg. 1 (1931/32), S. 211-215.

36 Schwitzke führt die besonderen Möglichkeiten des Hörspiels auf wahrnehmungspsychologische und medientechnische Gründe zurück: „Da die Welt des Ohrs – nach Kierkegaard des ‚Organs der Innerlichkeit‘ – spirituellen Charakter hat, bleibt, was dem Ton- bzw. Wortdichter als Konzeption vorschwebte, auch zum Klingen gebracht in jenem Raum der Mitte zwischen Geist und Materie, in dem sich Form ohne Schwerkraft verwirklichen lässt“ (vgl. Heinz Schwitzke: *Das Hörspiel. Dramaturgie und Geschichte.* Köln/Berlin: Kiepenheuer & Witsch, 1963, S. 104). Es ist in jedem Falle auffällig, dass die französischen Theorien und Begrifflichkeiten eher von Theater als Modell für das Hörspiel ausgehen, während die deutschen Theoretiker, allen voran Schwitzke, vom inneren Theater sprechen, vom Hörspiel der Innerlichkeit. McLuhan hat diese Besonderheit auf eigenwillige Art in einen mediengeschichtlichen Kontext gestellt. Die Deutschen, argumentiert er, seien eine Radionation. Während England und die USA von der Gutenberg-Galaxis geprägt worden seien, einer Kultur der buchstabengerechten Uniformierung und Standardisierung, sei die deutsche Kultur immer noch von der Vergangenheit des Stammes geprägt (Marshall McLuhan: *Understanding Media. The extensions of man.* London: Routledge 1994, S. 301). So sehr wie die anglo-amerikanische Kultur vom Sehen, sei die deutsche Kultur vom Hören bestimmt, also im Wesentlichen eine Hörkultur, die sie etwa zu Höchstleistungen in der Musik befähige. McLuhan

Hintergrund ist es nicht gänzlich uninteressant, dass Thibaudeau mit den beiden Gegnern des Fußballländerspiels gleichzeitig zwei Radiokulturen ausgewählt hat, die für unterschiedliche Hörspieltraditionen stehen. Ihnen gemeinsam ist allerdings der Bruch mit eben diesen Traditionen dank einer Revolution der radiophonen Ästhetik, die den literarischen Techniken des *nouveau roman* entscheidende Impulse verdankt.

geht sogar so weit zu behaupten, dass diese Prägung durch das Hören mit dem blinden Hören, Horchen und Gehorchen einer ganzen Nation zu tun hat, die ihrem Führer bereitwillig gefolgt sei. Aus dem Zusammentreffen der Radiokultur mit der deutschen Analphabeten-Vergangenheit, der Stammesmagie, kehrten im Radio Qualitäten der Stimme wieder, die durch die Schriftkultur und ihren Hang zur Abstraktion ausgeblendet worden seien. Das Radio verwandele die menschliche Gesellschaft wieder in eine Stammesgesellschaft zurück (S. 304). Es ist an dieser Stelle nicht notwendig auf die Monokausalität von McLuhans Erklärung einzugehen. Was jedoch die deutsche Hörspieltradition im Vergleich zu Frankreich angeht, kann man festhalten, dass McLuhans Schuss ins Blaue hier wohl doch ins Schwarze getroffen hat.

Mediale Polyphonie

Überlegungen zu den Hörspielen Michel Butors

LUDGER SCHERER

Michel Butors Texte *Réseau aérien* (1962) und *6.810.000 litres d'eau par seconde* (1965) sind durch ihre Untertitel „Texte radiophonique" bzw. „Étude stéréophonique" der Gattung *Hörspiel* explizit zugeordnet. Sie stehen damit in mancherlei Hinsicht in einer marginalen, genauer transitorischen Position: Zunächst ist das Hörspiel als literarische Gattung im Verhältnis zu anderen Genera quantitativ weniger vertreten, auch wenn es seit beinahe 80 Jahren seinen Platz im Radioprogramm behauptet und zahlreiche bekannte Autoren zur Qualität des Hörspielkanons ihren Beitrag geleistet haben. Diese Hörspieltradition existiert jedoch in Frankreich nur in bescheidenem Maße. Gleiches gilt *mutatis mutandis* auch für die wissenschaftliche Beschäftigung mit dem Hörspiel, so dass gerade die vorhandenen französischsprachigen Textvorlagen und Hörspiele einer literarhistorischen Aufarbeitung und theoretischen Analyse noch harren. Begibt Butor sich also mit der Wahl der Gattung auf künstlerisches Neuland, überschreitet er auch insofern Grenzen, als dass die Hörspiele, wie eine ganze Reihe von Hörspielen anderer zeitgenössischer französischer Autoren auch, als Auftragsarbeit für den Süddeutschen Rundfunk entstanden sind und in französischer und deutscher Sprache gesendet wurden, so tut er das zu einer Zeit, als sich der als *nouveau romancier* bekannt gewordene Autor nach Abschluss seiner vier Romane *Passage de Milan* (1954), *L'emploi du temps* (1956), *La modification* (1957) und *Degrés* (1960) auf der Suche nach neuen Ausdrucksformen intensiv mit anderen Künsten auseinander setzte. Neben der Malerei ist es vor allem die

Musik, deren medialen Bedingungen, Produktions- und Rezeptionsweisen sich Butor in kritischer Analyse und in Kooperationsprojekten näherte. Es liegt also in der Logik von Butors künstlerischer Entwicklung, dass er die Arbeit an der neuen Gattung im Rahmen seiner Poetik zum Ausloten und Überschreiten von Gattungsgrenzen bewusst nutzte. Die auf diese Weise entstandenen Werke, weit davon entfernt, bloße Textvorlagen zu sein, befinden sich auf der Höhe der damaligen technischen Entwicklung, nutzen die medialen Möglichkeiten des Hörspiels konsequent aus und tragen gleichzeitig zu deren Erweiterung bei. Aus der okkasionellen Beschäftigung mit einer neuen, relativ seltenen, „unfranzösischen" Gattung zu einem für die eigene künstlerische Entwicklung bedeutenden Zeitpunkt des Umbruchs entstehen im Schnittpunkt verschiedener Traditionslinien zwei faszinierende Texte, die bislang unzureichend erforscht wurden. Im gegebenen Rahmen einer Mediengeschichte der Literatur soll hier den unterschiedlichen Spuren nachgegangen werden, wobei zunächst die Position der Hörspiele in der Werkgeschichte und Poetik Butors, dann ihre Beziehung zur Hörspieltradition skizziert werden, um den Blick anschließend auf die Texte selbst, ihre strukturellen, inhaltlichen, intertextuellen und (inter-) medialen Eigenheiten zu lenken.

1. ... *organiser des images, des sons, avec les mots* – Butors expansive Poetik

Butors vier bekannte *nouveaux romans* sind Ergebnis einer Konzentration des Autors auf die innovativen Möglichkeiten dieser Gattung in den 50er Jahren des 20. Jahrhunderts, die rasch als Teil einer avantgardistischen Bewegung rezipiert wurden, nicht ganz zur Zufriedenheit der einzelnen Autoren, die ihre Eigenständigkeit betonen, wie auch Butor.[1] Die Romane stehen jedoch nicht am Beginn seiner literarischen Tätigkeit, wie er bekennt[2] und seine später publizierten lyrischen

---

1 Vgl. Butors *Réponses à „Tel Quel"*, in denen er zwar seine Zugehörigkeit zum *nouveau roman* eingesteht, die Unterschiede der bei Minuit verlegten Autoren jedoch hervorhebt: „Ces romanciers, fort divers, avaient évidemment des points communs [...] mais un tel rapprochement n'a nullement permis la constitution d'une doctrine commune" (Michel Butor: *Répertoire II*. Paris: Minuit 1964, S. 300).

2 Vgl. „Etudiant, comme beaucoup, j'ai écrit quantité de poèmes." In: Michel Butor: *Répertoire II* . S. 7.

Texte belegen.[3] Von Anfang an sperrt sich Butor gegen die strikte Trennung von Prosa und Poesie,[4] auch von Praxis und Theorie der Literatur.[5] War der Roman als vermittelnde Form zwischen der Lyrik und der Philosophie, seinem Studienfach, zur idealen Ausdrucks- und Überlebensmöglichkeit geworden,[6] so erfolgte nach und schon mit dem Roman *Degrés* eine Wandlung der Prioritäten, die eine Veränderung auch des Realismuskonzeptes implizierte.[7] Phantasie und Traum werden der Realität explizit zugeordnet, damit die Grenzen des Romans soweit verschoben, dass er jegliche schriftstellerische Aktivität umfassen konnte, was Butor später dahingehend präzisiert, dass er den Roman im engeren Sinne als einen „cas particulier"[8] seiner Arbeit beschreibt. Butor polemisiert an verschiedenen Stellen gegen das erstarrte akademische Gattungssystem und sieht seine eigenen Texte zwischen den klassischen Genera, insbesondere zwischen Poesie und Essay, mit dem Roman als Brücke.[9] Auf der Suche nach neuen Formen und neuen Medien setzt sich Butor in den 60er Jahren, einer Zwischenphase,[10] intensiv mit anderen Künsten auseinander, was sich in

---

3 Vgl. Butors *Travaux d'approche*. Paris: Gallimard 1972.

4 Vgl. Butors Plädoyer gegen die rigide akademische Trennung und für eine „poésie romanesque" in seinem Text *Le roman et la poésie*. In: *Répertoire II*. S. 7-26.

5 Vgl. Butors Text *Le roman comme recherche*. In: *Répertoire I*. Paris: Minuit 1960, S. 7-11; Alain Robbe-Grillet vertritt hier ähnliche Positionen, vgl. seine Essays *Sur quelques notions périmées* und *Nouveau roman, homme nouveau*. In: *Pour un nouveau roman*. Paris: Minuit 1961.

6 Vgl. Butors Text *Intervention à Royaumont*: „Je suis venu au roman par nécessité. Je n'ai pu l'éviter. Voici à peu près comment cela s'est passé: j'ai fait des études de philosophie et, pendant ce temps-là, j'ai écrit des quantités de poèmes. Or, il se trouvait qu'entre ces deux parties de mon activité, il y avait un hiatus très grand. Ma poésie était à bien des égards une poésie de désarroi, très irrationaliste, tandis que je désirais évidemment apporter de la clarté dans les sujets obscurs en philosophie." (Michel Butor: *Répertoire I* (1960), S. 271).

7 Vgl. Butors *Réponses à „Tel Quel"*: „Il ne peut y avoir de réalisme véritable que si l'on fait sa part à l'imagination, si l'on comprend que l'imaginaire est dans le réel, et que nous voyons le réel par lui. Une description du monde qui ne tiendrait pas compte du fait que nous rêvons ne serait qu'un rêve." (S. 299).

8 Michel Butor: *Réponses à „Tel Quel"*, S. 293.

9 Vgl. Michel Butor: *Réponses à „Tel Quel"*, S. 294-295; weiterhin den *Entretien avec Roger Borderie*. In: ders.: *Travaux d'approche* (1972), S. 7-19.

10 Vgl. die Beschreibungen in der Sekundärliteratur als „années de transition" (Jennifer Waelti-Walters: *Michel Butor*. Amsterdam: Rodopi 1992, S. 28); „New Departures" (Mary Lydon: *Perpetuum Mobile. A study of the novels and aesthetics of Michel Butor*. Edmonton: University of Alberta Press 1980, S. 157); „Romanesque II" (Jean Roudaut: „Parenthèse sur la place occupée par

zahlreichen Essays zur bildenden Kunst und Musik, vor allem in Kooperationsprojekten mit Malern und Komponisten niederschlägt. Als Beispiel sei die in Zusammenarbeit mit dem belgischen Komponisten Henri Pousseur entstandene Oper *Votre Faust* erwähnt. Ohne großen Erfolg 1969 in Mailand uraufgeführt, liegt das Werk bis heute nicht vollständig veröffentlicht vor, Teile erschienen seit 1962 in verschiedenen Zeitschriften. Die Mobilität der Publikationslage verweist auf die Mobilität des Werkes, die bereits im Untertitel *Fantaisie variable genre opéra* angedeutet ist. Ein weiteres Charakteristikum ist seine Multimedialität, die in der Einbeziehung von Stimmen, Instrumenten, Geräuschen, Tonbandeinspielungen, Bildprojektionen, Lichteffekten etc. die traditionellen Mittel der Oper übersteigt und spielerisch verfremdet. Auch die Beteiligung des Publikums, das den Gang der Handlung an verschiedenen Stellen beeinflussen kann, über die jeweilige Aktualisierung der mobilen Potentiale entscheidet und seiner Rolle als passiver Opernschläfer entkleidet wird, verleiht dem *oeuvre ouverte* den Charakter eines intermedialen Gesamtkunstwerkes, das die Gattungsgrenzen thematisiert und überwindet.[11] Interessant in unserem Zusammenhang ist auch, dass es sich um eine wirkliche Kooperation zweier Künstler, nicht um das Libretto einer später komponierten Oper handelt, die künstlerischen Kompetenzen werden also ausgeweitet. Daneben beginnt Butor seine Werkreihen *Le génie du lieu* (drei Bände 1958-1978), *Illustrations* (vier Bände 1964-1976), *Matières de rêves* (fünf Bände 1975-1985) und *Répertoire* (fünf Bände 1960-1982), in denen er seine poetisch-fiktional-essayistischen Texte (um die praktizierte Vermischung der Gattungen deutlich zu machen) ordnet. In den 60er Jahren entstehen weiterhin schlecht klassifizierbare[12] Werke wie *Mobile. Étude pour une représentation des États-Unis* (1962), *Description de San Marco* (1963) und *Portrait de l'artiste en jeune singe* (1967), die das Experimentieren mit neuen Formen und den Einfluss

l'étude intitulée ‚6.810.000 litres d'eau par seconde' parmi les autres ouvrages de Michel Butor." In: *Nouvelle Revue Française* 14 (Sept. 1966), S. 498-509, hier: S. 499).

11 Vgl. dazu ausführlicher Verf.: *Faust in der Tradition der Moderne. Studien zur Variation eines Themas bei Paul Valéry, Michel de Ghelderode, Michel Butor und Edoardo Sanguineti, mit einem Prolog zur Thematologie*. Frankfurt/Main: Lang 2001.

12 Vgl. Butors deutliche Ablehnung leichfertiger Klassifizierungen von Seiten der Literaturkritik: „On ne peut me définir simplement? Tant mieux!" (*Réponses à „Tel Quel"*, S. 293).

anderer Künste belegen. Dabei ist der Titel *Mobile* schon Programm: Die u.a. von den mobilen Skulpturen Alexander Calders inspirierte Darstellung der USA in streng komponierten beweglichen Einheiten ist ein Produkt von Butors auch essayistisch beschriebener Auffassung, dass seit dem 18. Jahrhundert „à une construction romanesque linéaire succède par conséquent une construction polyphonique."[13] Polyphones Erzählen wird universalisiert, die Literatur zur Reise[14] in Raum und Zeit, in die Komplexität der modernen Welt. Für die Literatur bedeutet dies, dass

> ... il y ait plusieurs solutions tout aussi bonnes, et que la décision de raconter ceci avant cela ne soit finalement arbitraire? Le passage du récit linéaire à un récit polyphonique ne doit-il pas nous amener à la recherche de formes mobiles? On sait que les progrès de la pensée polyphonique dans la musique contemporaine ont conduit les compositeurs à la même question.[15]

Mobilität, auch intermediale, ist in der Tat die Signatur von Butors Werken. Neben dem Optischen kommt dabei, wie der Verweis auf die zeitgenössische Musik bereits ansprach, dem Akustischen zunehmende Bedeutung zu. Dies gilt auch für den Hintergrundlärm, das Rauschen der Welt, die technisch verstärkte Vielzahl menschlicher Stimmen, die sich überlagern.[16]

Butors expansive Poetik läuft auf ein „dramatisches" Buch hinaus: „J'ai de plus en plus envie d'organiser des images, des sons, avec les mots."[17] In Bezug auf die hier zu untersuchenden Hörspiele sind die akustischen Elemente natürlich von besonderer Wichtigkeit, die optische Komponente erweist ihre Bedeutung jedoch schon darin, dass die Texte als gedruckte Bücher vorliegen, die mit typographischen Mitteln eine äquivalente Realisierung der medialen Besonderheiten der gesendeten Version betreiben, ganz im Sinne von Butors architektonischer

---

13 Michel Butor: *Individu et groupe dans le roman.* In: ders.: *Répertoire II* (1964), S. 85.

14 Zur vielfältigen Beziehung, Interdependenz, gar Äquivalenz von Schreiben und Reisen vgl. „Le voyage et l'écriture." In: Michel Butor: *Répertoire IV* (1974), S. 9-29.

15 Michel Butor: *Individu et groupe dans le roman,* S. 86.

16 Vgl. „Nous entendons beaucoup de bruit à la fois, le monde est plus bruyant qu'autrefois, il y a plus de gens qui parlent, leurs voix sont multipliées par d'innombrables appareils; la question de la superposition des paroles revêt donc une importance chaque jour plus grande." (*La littérature, l'oreille et l'œil.* In: Michel Butor *Répertoire III* (1968), S. 398).

17 Michel Butor: *Réponses à „Tel Quel"*, S. 297.

Sicht des Buches, das zunehmend einer musikalischen Partitur angenähert wird.[18] Butor hat wiederholt auf das Potential des Mediums hingewiesen, das es auszureizen gelte.[19] Das Buch bleibt also bei aller Grenzüberschreitung das integrative Referenzmedium: „on peut considérer le livre comme un petit ‚théâtre'."[20]

2. Ein *genre mineur*? – Zum Hörspiel in Frankreich

Im Vergleich sowohl zu anderen literarischen Genera als auch zu anderen europäischen Ländern kann die französische *pièce radiophonique* eine in Praxis und Theorie unterentwickelte Gattung genannt werden, woran allerdings die Autoren keine Schuld träfe: „La faute n'en revient pas à une créativité insuffisante des auteurs écrivant pour lui (quoique la tradition ne se soit vraiment établie qu'en Angleterre ou en Allemagne et peu en France)",[21] schließlich „troviamo tra gli autori di radiodrammi i maggiori letterati del novecento: Artaud, Queneau, Sarraute, Duras, vari esponenti del teatro dell'assurdo e del Nouveau roman."[22] In der Tat wurden in Frankreich seit dem avantgardistischen Experiment *Marémoto* von Pierre Cusy und Gabriel Germinet aus dem Jahre 1924, dem Geburtsjahr der neuen Gattung weltweit, mit Werken wie Jean Thibaudeaus *Reportage d'un match de football* (1961), Robert Pingets *La manivelle* (1960), Claude Olliers *La mort du personnage* (1964), Nathalie Sarrautes *Le silence* (1967), Georges Perecs *Die Maschine* (1968) und *Fonctionnement du système nerveux dans la tête* (1972), um nur einige zu nennen, bedeutende zeitgenössische Autoren

---

18 Vgl. Michel Butor: *La littérature, l'oreille et l'œil*. In: ders.: *Répertoire III*. S. 391- 403, bes. S. 400ff.

19 Neben dem bereits angesprochenen Text *La littérature, l'oreille et l'œil* wären zu nennen: *Sur la page* (in: Michel Butor: *Répertoire II*. S. 100-103), *Le livre comme objet* (S. 104-123), in denen die optische Simultaneität als offensichtlicher Vorteil des Buches anderen Medien gegenüber herausgestellt wird und den heutigen Autoren seine Möglichkeiten ans Herz gelegt werden; *Propos sur le livre aujourd'hui* (in: Michel Butor: *Répertoire IV*. S. 431-443), wo die audiovisuelle Zukunft des Buches angedeutet, eine kreative Arbeit an den bereits bestehenden Möglichkeiten jedoch angeraten wird, um Bücher im System der Intertextualität und im Dialog der Künste weiterzuentwickeln zu „volumes à portes ouvertes" (S. 443). Genau dies verwirklicht Butor seitdem mit allen seinen Texten, im besonderen Maße mit seinen Hörspielen.

20 Michel Butor: *Réponses à „Tel Quel"*, S. 297.

21 Patrice Pavis: *Dictionnaire du théâtre*. Paris: Messidor 1987, S. 313.

22 Felice Cappa/Piero Gelli (Hrsg.): *Dizionario dello spettacolo del '900*. Milano: Baldini & Castoldi 1998, S. 887.

gewonnen. Als Gründe für den gleichwohl enttäuschenden status quo in Frankreich werden widrige Produktions- und Rezeptionsbedingungen, namentlich die Konkurrenz des Fernsehens, das staatliche Rundfunkmonopol und ein gewandelter Publikumsgeschmack angeführt.[23] Die vorhandene französische Hörspieltradition schließlich wissenschaftlich zu erschließen, habe die Forschung bislang nicht geleistet. So beklagen Thomsen/Schneider in ihrem Sammelband *Grundzüge einer Geschichte des europäischen Hörspiels*, dass „ungeachtet umfangreicher französischer Hörspielproduktion weder die deutsche noch die französische Romanistik sich je des Themas mit einer über erste Ansätze hinausgehenden Intensität angenommen"[24] habe, und suchen das auffällige Fehlen eines Kapitels zu Frankreich mit der Säumigkeit des avisierten Beiträgers zu entschuldigen.[25] Das deutsche Hörspiel ist im Vergleich dazu besser erschlossen.[26] Eine ältere komparatistische Untersuchung von Frank konnte die hier in Rede stehenden Texte noch nicht berücksichtigen, erwähnt jedoch bereits in dem knappen Überblick zur Entstehung des französischen Rundfunks und Hörspiels die jüngere Entwicklung der „Funkoper" als „akustisches Totalkunstwerk", das „alle Möglichkeiten des Hörfunks unter einer raffinierten Regie- und Schnitttechnik zusammenfassen" möchte und in dem „Wort, Stimme, Musik und Geräusch gleichmäßig und in annähernd gleicher Quantität nebeneinander stehen."[27] Insofern besteht in der sich abzeichnenden Tendenz zum Gesamtkunstwerk, zur Nutzung der medialen Möglichkeiten auch in Frankreich eine Traditionslinie, in die sich die *nouveaux romanciers*, denen ein Großteil der oben erwähnten Hörspielautoren zuzurechnen sind, hätten einschreiben könnten, wenn sie ihnen denn be-

---

23 Vgl. Patrice Pavis: *Dictionnaire du théâtre*, S. 313.

24 Christian W. Thomsen/Irmela Schneider (Hrsg.): *Grundzüge einer Geschichte des europäischen Hörspiels*. Darmstadt: WBG 1985, S. 2.

25 Vgl. Christian W. Thomsen/Irmela Schneider (Hrsg.): *Europäisches Hörspiel*, S. 2.

26 Vgl. beispielsweise Stefan B. Würffel: „Hörspiel". In: Harald Fricke et al. (Hrsg.): *Reallexikon der deutschen Literaturwissenschaft*. Band II. Berlin: De Gruyter 2000, S. 77-81 und die dortige Bibliographie sowie die Neuauflage von Würffels Buch zum deutschen Hörspiel (Stefan B. Würffel: *Das deutsche Hörspiel*. Stuttgart: Metzler 2004). Vgl. zur Geschichte und Struktur des Mediums in Deutschland auch: Gerhard Schäffner: „Hörfunk." In: Werner Faulstich (Hrsg.): *Grundwissen Medien*. München: Fink 2000, S. 253-273.

27 Armin P. Frank: *Das Hörspiel. Vergleichende Beschreibung und Analyse einer neuen Kunstform durchgeführt an amerikanischen, deutschen, englischen und französischen Texten*. Heidelberg: Winter 1963, Zitate S. 69, 70.

kannt gewesen wäre. Der Anstoß für eine Auseinandersetzung mit dem „neuen" Medium kam nämlich von außen. Seit 1961 gab der Süddeutsche Rundfunk bei französischen Autoren Hörspiele in Auftrag, die dann in Übersetzung gesendet wurden.[28] Neben den erwähnten Werken Olliers, Pingets, Sarrautes und Wittigs entstanden auf diese Weise auch die beiden Hörspiele Michel Butors „in einem eigenartigen Prozess: ohne die Kenntnis von Funkformen."[29] Die vorhandene französische Tradition war für die zeitgenössische Hörspielmode bei den Protagonisten des *nouveau roman* also ohne große Bedeutung. Entscheidender Anreiz dürften die neuen Möglichkeiten des neu entdeckten Mediums gewesen sein.

3. *6.810.000 litres d'eau par seconde* – Wasserfalltechnik

Butors zweites Hörspiel wurde 1965 publiziert, die deutsche Version am 8.12.1965 uraufgeführt.[30] Der Titel stellt die technische Beschreibung der Wassermenge der nordamerikanischen Niagara-Fälle dar und verweist auf die mehrfache Provokation, die von dem Werk ausgeht. Wie bereits in *Mobile* wird das Genre der Reiseliteratur dekonstruiert, gleichzeitig der Blick auf die Technik, damit auch im Sinne von *ars*, also die formale Innovation gelenkt.[31] Nähert man sich der Buch-

28 Vgl. Werner Spies: „Der *nouveau roman* und das Hörspiel." In: Klaus Schöning (Hrsg.): *Neues Hörspiel. Essays, Analysen, Gespräche*. Frankfurt/Main: Suhrkamp 1970, S. 71-87. Weitere Zeugnisse für die grenzüberschreitende Hörspielmode der 60er Jahre sind die Sammelbände *Dreizehn europäische Hörspiele* (hg. v. Hansjörg Schmitthenner. München: Piper 1961) und *Ich habe die Ehre. Acht Hörspiele der deutsch-französischen Gemeinschaftsreihe, Carte Blanche Internationale'* (hg. v. Ulrich Lauterbach. Frankfurt: Fischer 1965).

29 Werner Spies: „Der *nouveau roman* und das Hörspiel", S. 71.

30 Vgl. Franz Hiesel (Hrsg.): *Repertoire 999. Hörspieldenkmal-Hörspiel*. 2 Bde. Wien: ORF [1990]. Bd. 2, S. 774. Der Hörspielabteilung des Südwestrundfunks danke ich für die freundliche leihweise Überlassung der deutschen Versionen, während die Politik der staatlichen französischen Inathèque wohl noch einem restriktiv-elitaristischen und bürokratischen Wissenschaftsverständnis zu huldigen scheint.

31 In einem Interview nannte Butor weitere Implikationen des sperrigen Titels, wie seine Länge, die Schwierigkeit, ihn zu behalten, die Schnelligkeit der Aussprache, die derjenigen des Wassers entspricht. „Dans le titre même il y a toute une histoire, toute une aventure avec le lecteur; il y a un résume du livre, non seulement dans la signification précise qui se dévoile, mais dans l'histoire de ce dévoilement." (Georges Charbonnier: *Entretiens avec Michel Butor*. Paris: Gallimard 1967, S. 136, 138). Ambiguität zeichnet ja die Titel aller Werke Butors aus.

version von den Paratexten her, birgt schon der Untertitel *étude stéréophonique* gattungsrelevante Informationen: Assoziationen an essayistische bzw. musikalische Fingerübungen weiten die Rezeptionserwartung des Hörspiels von Beginn an aus, während das Adjektiv die damals neue Stereophonie, die Nutzung zweier Tonkanäle anspricht, die in der Tat für das Werk zentral ist. *6.810.000 litres d'eau par seconde*, gewidmet den „voyageurs en Occident",[32] ist in zwölf römisch nummerierte Kapitel gegliedert, die den Monaten von April bis März zugeordnet sind, erstes Zeichen der zyklischen Grundstruktur. Präzise wie die Jahreszeiten (die Monatsnamen laufen als Kolumnentitel über jede reguläre Seite des jeweiligen Kapitels) ist auch die Tageszeit realisiert: Vom zweiten bis zum zwölften Kapitel wird analog die Uhrzeit in Form von Glockenschlägen eingefügt (es vergehen demnach zwei Stunden im zweiten Kapitel usw.), der durchlaufene Kursus beginnt um 9 Uhr und endet um 13 Uhr drei Tage später, umfasst also 76 Stunden. Während die Zahl der Stunden stetig zunimmt, läuft eine weitere Strukturierung mittels Glockentönen dazu entgegengesetzt. In absteigender Folge werden vom zweiten Kapitel an die 11-1 letzten Töne der bekannten Melodie „du carillon de Westminster" (20) zur Markierung des Kapitelbeginns eingesetzt.[33] Die gesamte Zeitstruktur repräsentiert eine „accélération"[34], eine literarische Verarbeitung von Geschwindigkeit und Vergänglichkeit, wie, um erneut auf den Titel zu sprechen zu kommen, bereits der Versuch verdeutlicht, in einer Konstante, der mittleren Durchflussmenge des Wassers, eine liquide Materie zu bannen.

Die Namen der Kapitel[35] referieren (außer den beiden einrahmenden metatextuellen) auf die verschiedenen touristischen und mythologischen Aspekte des amerikanischen Naturschauspiels. In die Kapitel integriert sind in unregelmäßiger Anzahl Parenthesen (zwischen zwei und zehn an der Zahl), die den „lecteurs pressés" (10) zu über-

32 Zitiert wird im Folgenden unter Angabe der Seitenzahl in Klammern nach der Ausgabe Michel Butor: *6.810.000 litres d'eau par seconde. Étude stéréophonique*. Paris: Gallimard 1965, hier S. 7.

33 Roudaut vergleicht die Komposition der Zeit- und Textebenen treffend mit einer Armillarsphäre (vgl. Jean Roudaut: *Parenthèse*, S. 503).

34 Michel Butor in: Georges Charbonnier: *Entretiens avec Michel Butor*. S. 135.

35 I Présentation; II Les couples; III les noirs; IV le voile de la mariée; V Les illuminations; VI Les chambres; VII Les réveils; VIII Les brouillards; IX Les fantômes; X Le Styx; XI Le froid; XII Coda.

springen angeraten wird. Damit wäre die Rolle der zahlreichen präzisen Regieanweisungen im Text angesprochen. Von Beginn an wird klar, dass die jeweilige Aktualisierung des vom Text bereitgestellten Potentials vom Leser abhängt, seine Mitarbeit bei der Realisierung des Werkes also einerseits betont, andererseits die ohnehin bestehende und praktizierte Freiheit des Rezipienten in den Text hineingeholt, ironisch konterkariert. Es folgen exakte Anweisungen zu zehn (durch die Majuskeln A-J gekennzeichneten) möglichen Wegen zwischen Minimalversion und vollständiger Lektüre, wobei diese „dix voies" in jedem Kapitel aufs Neue festgelegt werden. Weiterhin werden sieben Lautstärken von „très doucement" bis „très fort" (11) definiert, deren Einhaltung streng gefordert wird. Wichtigstes Element ist die Verteilung der Sprecher auf die beiden Stereokanäle. Zu Beginn jeden Kapitels wird genau beschrieben, welche Personen rechts oder links platziert sind, welche bei Verschiebung des Balancereglers noch in welcher Intensität zu hören sind: „L'auditeur, en réglant la balance de son appareil, peut ainsi privilégier plus ou moins tel ou tel côté" (19). Konstante Stimmen sind der *Speaker* und der *Lecteur*, die stets mittig zu hören sind. Die weiteren Personen, größtenteils zu Paaren zusammengefasst, sind als Typen gestaltet: „vieux ménage" und „just married" tauchen in fast jedem Kapitel auf, häufig auch die Verbindungen „vieille peau-gigolo" und „vil séducteur-proie facile", weiterhin „jardiniers noirs", „jeune homme (femme) solitaire", „veuf (noir)", „veuve (noir)" und zum Schluss der „visiting professor". Zwei bis maximal zehn Paare/Figuren bevölkern die Kapitel, sie tragen jeweils verschiedene, aber ähnlich klingende Namen und verkörpern die aus dem immensen Besucherstrom herausfilterbaren überindividuellen Typen mit ihren Hoffnungen, Enttäuschungen, Erwartungen und Erinnerungen. Die zunehmende Präsenz von alleinstehenden Figuren, gerade in den winterlichen Monaten, verweist auf die latente Melancholie des vor allem von frisch verheirateten Amerikanern frequentierten Ortes.[36] Die Liebe in allen ihren Schattierungen ist denn auch zentrales Thema aller Konversationen unter den Paaren und aller Monologe der Personen. Die Atmosphäre von Verführung und Verführbarkeit, Verlieben und Verlieren verleiht dem als Initiationsort wie als Jung-

36 Butor weist auf die mit Venedig vergleichbare Rolle des Hochzeitsreiseortes hin (vgl. Georges Charbonnier: *Entretiens avec Michel Butor*. S. 146).

brunnen fungierenden Wasserfall dabei eine deutlich erotische Aufladung. Das „monument liquide“ (10)[37] des Werkes wird zum literarischen Äquivalent des Wasserfalls.[38] Die Rolle des *Speaker* besteht darin, die Örtlichkeiten und das Treiben um die Wasserfälle zu beschreiben, Kommentare zurzeit und zu den Personen abzugeben, einen „objektiven“ Rahmen für die Mono- und Dialoge der Figuren und den Text des *Lecteur* zu kreieren. Dieser liest während des gesamten Hörspiels in unterschiedlicher Lautstärke und Vernehmbarkeit die berühmten Beschreibungen, die François-René de Chateaubriand von den Niagara-Fällen gegeben hat.[39] Als Quelle wird zunächst der erstmals 1797 publizierte *Essai historique, politique et moral sur les Révolutions anciennes et modernes, considérées dans leurs rapport avec la Révolution française* angegeben,[40] am Ende des Werkes nennt der *Speaker* Chateaubriands *Atala, ou les amours de deux sauvages dans le désert* von

---

37 Auch außerhalb des Textes qualifiziert Butor das Werk mit diesen Worten, vgl. Georges Charbonnier: *Entretiens avec Michel Butor*. S. 135.

38 Chavdarian liest *6.810.000 litres d'eau par seconde* als Signatur einer chaotischen Zwischenperiode in Butors Schaffen, als maximales Chaos, das zum symbolischen Tod und zur Wiedergeburt dränge (vgl. Séda A. Chavdarian: „Images of Chaos in Butor's *Mobile, 6.810.000 Litres d'eau par seconde*, and *Où*.“ In: *Perspectives on Contemporary Literature* 10 (1984), S. 49-55); Otten kolportiert in ihren Paraphrasen von Gesprächsnotizen mit Butor aus den 60er Jahren eine Parallelsetzung des fließenden Wassers mit dem Menschenleben im Sinne Heraklits (vgl. Anna Otten: „Passages“, in: *Kentucky Romance Quarterly* 32.1 (1985), S. 77-81, hier: S. 80).

39 „Au cour de l'année 1791, le vicomte François-René de Chateaubriand vint peut-être contempler les cataractes du Niagara“ (13) heißt es in der Einleitung des *Speaker*, die historische Richtigkeit des Besuches spielt für die Berühmtheit der daraus hervorgegangenen Berichte also keine Rolle, die zitierten Textstellen sind *die* französische kanonische Niagara-Beschreibung. Butor hat sich in einem Essay ausführlich mit *Chateaubriand et l'ancienne Amérique* auseinander gesetzt (in: *Répertoire II*. S. 152-192), der eine sympathetische Analyse von Chateaubriands Doppelnatur, seinem intellektuellen Mestizentum darstellt. Die Niagara-Fälle werden dort als „l'enseigne même de ce ‚désert'“ (S. 182), der amerikanischen Wildnis, ausgemacht. „Qu'importe qu'il y soit allé ou non; c'était pour lui le cœur même, le foyer de cette nature différente.“ (S. 182). Diese Studie zu Chateaubriand bezeichnete Butor als eine Art Bitte um Erlaubnis beim Autor, seinen Text verwenden, „traktieren“ zu dürfen (vgl. Georges Charbonnier: *Entretiens avec Michel Butor*. S. 144). Auch im sechsten Text, *Litanie d'eau*, von Butors *Illustrations* (1964) tauchen die Chateaubriand-Zitate bereits auf – neben zahlreichen anderen von Marlowe, Petrarca, Góngora und Goethe, die in *Votre Faust* eingegangen sind, ein weiterer Beleg für die Interdependenz dieser Werke.

40 Vgl. François R. Chateaubriand: *Essai sur les révolutions. Génie du christianisme*. Hrsg.v. Maurice Regard. Paris: Gallimard 1978, S. 354 nota.

1801.[41] Die beiden Varianten von Chateaubriands Beschreibung gehen im Laufe des Hörspiels ineinander über, werden fragmentarisiert, wiederholt, modifiziert, also als in eine „matière première“[42] verwandelt. Mit diesem transformierten Rohstoff verfährt Butor nicht anders als die moderne Popmusik mit Samples und Loops. Die Textsegmente werden allerdings nach dem Vorbild der musikalischen Form des Kanons bzw. der Fuge kombiniert,[43] der unhintergehbare kulturelle Subtext der kanonischen Beschreibungen also als *Kanon* zitiert und variiert, ganz in dem Sinne, wie Faust den Teufel „zitiert“, um ihn in Dienst zu nehmen. Der Rekurs auf die Tradition[44] bedeutet so auch eine Befreiung von ihr, die bewusste Verwendung eines Textes, den sich französische Rezipienten sofort ins Gedächtnis rufen würden, ermöglicht seine Überwindung im neuen Werk.[45]

Die beschriebene Nutzung der medialen Möglichkeiten, insbesondere die Verteilung der Stimmen auf die beiden Stereokanäle und die daraus resultierende aktive Rolle des Rezipienten verleihen dem Werk eine Mobilität, die im Radio durch Nutzung der Technik (wie Balanceregler), beim Lesen durch Verfolgen der verschiedenen Wege im dreidimensionalen Objekt des Buches realisiert werden kann. „La mobilité de la lecture étant bien plus grande que celle de toute audition, vous pourrez, livre en main, rêver à toutes sortes d’écoutes“ (20), heißt es in einer Regieanweisung, die unterschiedlichen Potentiale von Buch und Radio werden also bewusst neben- und gegeneinander gestellt. Mehr noch, sie beeinflussen sich gegenseitig: Die Stereophonie als Mittel des Radios wirkt auf das Buch zurück, das die Verteilung der Stimmen graphisch auf der Seite simuliert.[46] Andererseits bewirkt

---

41 Vgl. François R. Chateaubriand: *Œuvres romanesques et voyages*. Bd. I. Hrsg.v. Maurice Regard. Paris: Gallimard 1969, S. 95-96.

42 Michel Butor in: Georges Charbonnie: *Entretiens avec Michel Butor*. S. 144.

43 Vgl. Butors Beschreibung der verschiedenen Modifikationen und Variationen, die er an Chateaubriands Text vornahm. In: Georges Charbonnier: *Entretiens avec Michel Butor*. S. 144-148. Vgl. auch Lucien Dällenbach: *Le livre et ses miroirs dans l’œuvre romanesque de Michel Butor*. Paris: Archives des Lettres Modernes 135 (1972), S. 51.

44 Butor wies darauf hin, dass mit dem Vorliegen einer klassischen Beschreibung auch die prinzipielle Unbeschreiblichkeit des Naturphänomens gebannt sei (vgl. Georges Charbonnier: *Entretiens avec Michel Butor*. S. 143-144).

45 Zu analogen Verfahren in *Votre Faust* vgl. nota 11.

46 Die Bedeutung der Typographie, der graphischen Gestaltung der Buchseite für Butors Poetik wurde bereits anfangs erwähnt, der damit in einer Tradition

die Überlagerung der verschiedenen Stimmen, Zitate und Kommentare, die optisch noch auflösbar sind, eine Überforderung des Ohres. Wird schon das Auge bei der ungewohnten Lektüre arg beansprucht, lässt die chronologische Linearität einer Radiosendung dem Hörspielrezipienten keine Möglichkeit, die Totalität des Werkes zu erfassen. Einen Ausweg aus dieser Situation bietet die selektive Rezeption, die im Text angelegt ist, und das Zusammenspiel der Medien: Die gesendete und die gedruckte Version werden zu Parallelwerken, *6.810.000 litres d'eau par seconde* weist eine Doppelmedialität auf.

4. *Réseau aérien* – Netzwerk der Stimmen

Gefordert und überfordert ist auch der Rezipient von Butors erstem Hörspiel, uraufgeführt in französischer Sprache am 16.6.1962, auf Deutsch am 12.12.1962,[47] im gleichen Jahr auch publiziert. Zehn Flugzeuge werden akustisch um die Welt begleitet, Angelpunkt aller Reisen ist Paris, Flughafen Orly. Eine strenge Choreographie organisiert die Flüge und die Gespräche der Reisenden in den jeweiligen (durchnummerierten) Flugzeugen.[48] Von Paris starten zwei Maschinen mit gemeinsamem Ziel Nouméa, Hauptstadt der französischen Kolonie *Nouvelle-Calédonie*. Das erste nimmt die Ostroute über Athen, Teheran, Karatschi, Bangkok, Saigon, die Reisenden erleben zweimal Nacht; das zweite fliegt in einem Tag und einer Nacht westwärts über Montreal, Los Angeles, Honolulu. An den insgesamt acht Zwischenstationen starten jeweils neue Flugzeuge mit dem Ziel Paris.[49] Auf diese Weise spannen die Fluglinien ein Netz um die Erde,

---

steht, die vom 16. Jahrhundert über Mallarmés *Coup de dés* (1897), Cendrars *Prose du Transsibérien et de la petite Jehanne de France* (1913), Apollinaires *Calligrammes* (1918) zur *poésie lettriste* und weiter führt (vgl. auch Bernard Valette: „6 810 000 litres d'eau par seconde." In: Jean-Pierre de Beaumarchais/ Daniel Couty/Alain Rey (Hrsg.): *Dictionnaire des littératures de langue française*. Paris: Bordas 1994. Bd. 1, S. 2096-2097).

47 Vgl. Franz Hiesel: *Repertoire 999*, S. 773; ferner Heinz Schwitzke (Hrsg.): *Reclams Hörspielführer*. Stuttgart: Reclam 1969, S. 115-118.

48 Ein Faksimile zweier Studien Butors zur Zeitverschiebung ist abgedruckt in: Jean Ricardou: *Le Nouveau Roman suivi de Les raisons de l'ensemble*. Paris: Seuil [2]1990, S. 162.

49 In der Übersicht: 1) Paris-Athènes, Téhéran, Karachi, Bangkok, Saïgon-Nouméa. 2) Paris-Montréal, Los Angeles, Honolulu-Nouméa. 3) Athènes-Paris. 4) Montréal-Paris. 5) Téhéran-Athènes-Paris. 6) Karachi-Téhéran, Athènes-Paris. 7) Los Angeles-Montréal-Paris. 8) Bangkok-Karachi, Téhéran,

von Paris zu den Antipoden und zurück. Entsprechend ihrer längeren oder kürzeren Flugzeit werden die Maschinen im Text mehr oder weniger oft zum Schauplatz der Gespräche, Nr. 1 und 2 offensichtlich von Anfang bis Ende, da diese beiden Flüge ja den Rahmen vorgeben. Die beiden letzten Maschinen von Honolulu bzw. Saigon zurück nach Paris sind in der zweiten Hälfte des Textes zunehmend präsent.[50] Die Zahl der belauschten Passagiere nimmt in den ersten beiden Langstreckenmaschinen stetig ab, in den beiden letzten umgekehrt stetig zu. Die Reisenden sind zu Paaren zusammengefasst, solche, die sich bereits kennen, gar verheiratet oder verwandt sind, und solche, die sich im Flugzeug kennen gelernt haben. Die Paare müssen nicht verschiedenen Geschlechts sein, in Nr. 10 befinden sich überwiegend Frauen im Gespräch. Jeder Dialog umfasst genau sechs kurze Repliken. Die Gespräche drehen sich erwartungsgemäß zunächst um das Reisen, Wetter, Geographie, dann um berufliche und private Erwartungen und Enttäuschungen, das Leben im Ausland und das Phänomen der Entfremdung von sich, dem Partner, verursacht vom Leben im fremden Land. Die gerade anfangs recht banale Alltagskonversation der Flugreisenden wird im Verlauf des Textes zunehmend lyrischer, existenzieller. Die elliptischen diskontinuierlichen Dialogfragmente lassen das Schicksal der Menschen im Flug durchscheinen, ihr Leben findet sich verdichtet auf der engen Bühne der Kabine. Grammatik und Interpunktion haben sich dabei dem intendierten Effekt anzupassen.[51] Zehn Stimmen übernehmen die zahlreichen Rollen, fünf männliche, mit den Majuskeln A-E bezeichnete, fünf weibliche mit den Minuskeln f-j. Hinzu kommen Geräusche: Der Lärm der Flugzeuge, der Menschenmenge am Flughafen, eine „percussion sourde" (7) zur Kenn-

---

Athènes-Paris. 9) Honolulu-Los Angeles, Montréal-Paris. 10) Saïgon-Bangkok, Karachi, Téhéran, Athènes-Paris.

50 Flugzeug Nr. 1 wird 38mal von S. 9 bis 119 erwähnt, die Zahl der Paare sinkt von sechs auf eines. Analog dazu 2: 36mal (S. 10-119), 4-1 Paare; 3: 3mal (S. 15-23), ein Paar; 4: 5mal (S. 26-42), ein Paar; 5: 8mal (S. 29-48), 1-2 Paare; 6: 10mal (S. 37-64), 1-3 Paare; 7: 13mal (S. 43-84), 1-2 Paare; 8: 16mal (S. 52-103), 1-4 Paare; 9: 19mal (S. 56-120), 1-3 Paare; 10: 19mal (S. 60-121), 1-5 Paare.

51 Vgl. „Pour obtenir un effet de suspension, j'ai été souvent amené à supprimer le pronom personnel. Ne pas confondre ces indicatifs avec des impératifs" (8). Im Vergleich zum zuvor behandelten Hörspiel fällt die deutlich geringere Rolle der Regieanweisungen auf, die sich auf die ersten beiden Druckseiten beschränken. Zitiert wird unter Angabe der Seitenzahl in Klammern aus: Michel Butor: *Réseau aérien*. Paris: Gallimard 1962.

zeichnung der Zwischenstationen. Die im Text mittels eines Flugzeugsymbols und einer Ziffer bezeichneten Flugzeugnummern sollen im Hörspiel musikalisch, beispielsweise durch die entsprechende Anzahl von Noten aus Bachs *Wohltemperierten Klavier* realisiert werden, wodurch auch der im Text typographisch, durch Kursivschrift für Dunkelheit, angezeigte Tag-und-Nacht-Wechsel wiederzugeben wäre.[52] Es stellt sich die Frage nach der „Hörbarkeit" solch subtiler Elemente, die durch die Praxis der Sprecherverteilung weiter verschärft wird: So wird der männliche Part der Langfliegerpaare aus den ersten beiden Flugzeugen vom selben Sprecher A übernommen, während die beiden Paare einen erkennbaren Kontrast darstellen: in Nr. 1 ein junges Lehrerpaar, das in Nouméa eine Tätigkeit *outre mer* antritt und zum ersten Mal eine weite Flugreise unternimmt (Aj), in Nr. 2 ein älteres Vielfliegerpaar (Ai), seit längerem durch den Beruf des Mannes, Bergwerksingenieur in den Nickelminen, mit Nouméa vertraut. Effekt der Vielfachbesetzungen, also der stimmlichen Vermischung der einzelnen Paare und Flugzeuge ist natürlich die Summierung der Einzelschicksale zu einer allgemein-menschlichen Parabel auf die Reise des Lebens. „Das Fliegen ist lediglich Vorwand für ein kosmisches Gedicht."[53] Über den „Vorwand" hinaus ist das Fliegen mit seinen mythologischen Implikationen natürlich eine ebenso gängige wie treffende Metapher, die Butor bewusst einsetzt. Der Vogel Phoenix, ein Leitmotiv des Textes, konnotiert dabei zusätzlich den Zyklus von Tod und Wiedergeburt, in der Allegorese auf die Auferstehung Christi bezogen, was die kosmische Dimension von *Réseau aérien* ebenso unterstreicht wie die zunächst von den Minen Nouméas angeregte, später alchimistisch ausgeweitete Metallmetaphorik des Textes.[54] Bei einer linearen akustischen Rezeption im Radio, ohne technische Wahlmöglichkeiten wie

---

52 „Ils peuvent être réalisés en prenant deux enregistrements du premier prélude du *Clavecin bien tempéré*, clavecin pour le jour, piano pour la nuit, et en donnant sur le fond du bruit le nombre de notes correspondant; mais on peut rêver d'une musique faite pour le texte."(7)

53 Werner Spies: „Der *nouveau roman* und das Hörspiel", S. 83.

54 Vgl. den sich zu einem metallischen Naturgedicht entwickelnden Dialog von DE in Flug Nr. 9; zur Leitmotivik vgl. auch Michael Spencer: „Architecture and Poetry in *Réseau aérien*." In: *Modern Language Review* 63 (1968), S. 57-65, hier S. 62; Spencers im Ganzen reichlich widersprüchliche Rezension resümiert einerseits Butors Konstruktionsverfahren arg simplifizierend als „gouverned by the principle that what goes up must come down" (58), kritisiert andererseits das Werk als unvollendet, zu gekünstelt und zu zerebral (vgl. 64-65).

bei *6.810.000 litres d'eau par seconde*, ist der Hörer eindeutig überfordert, die Unkenntnis der medialen Bedingungen, von der zuvor die Rede war, ist dafür sicherlich nicht der entscheidende Grund. Eine Sequenzbildung, das Verfolgen eines Paares oder eines Flugzeuges wird dadurch extrem erschwert, dass die inhaltliche Verknüpfung der Dialoge schwach ist und die Sprecher, wie erwähnt, vielfach eingesetzt werden.[55] Die gedruckte Version, die akustische Phänomene typographisch umsetzt, wird somit zum echten Parallelwerk, das, unter Aufgreifen spezifischer Aspekte des Hörspiels, dessen Techniken von Schnitt und Collage im dreidimensionalen Medium des Buches ermöglicht. Der aktive Leser, der die Rezeptionszeit frei bestimmen und sich im Text hin- und herbewegen kann, wird zum Piloten, konstruiert sich seinen eigenen Kursus, geleitet „par un réseau de voix et de signaux“ (102), wie es in einer *mise en abyme* des Textes heißt.

5. Mediale Polyphonie

Netzwerke von Stimmen stellen beide Hörspiele Michel Butors dar, die damit einerseits die bereits in den vier *nouveaux romans* vorhandene Netzwerkstruktur aufgreifen,[56] diese andererseits radikalisieren und im neuen Medium umsetzen. Für den paradoxen Versuch, etwas derart Vergängliches wie einen Wasserfall und Flugbewegungen, verbunden jeweils mit den Stimmen von Reisenden, zu fixieren, erweist sich das Radiohörspiel als geeignetes, weil selbst im Äther flüchtiges Medium. Gerade dies nutzt Butor zu einer gezielten Überforderung des Ohres, der akustischen Aufnahmefähigkeit, zu einer Provokation der Unimedialität. Um die genau konstruierten, polyphonen Texte angemessen rezipieren zu können, bedarf es technischer

---

55 Der Versuch Lamberts, eine Logik der formalen Verknüpfung der Sprecher anzudeuten, bleibt schon deshalb unbefriedigend, weil seine Graphik die Flüge 1 und 2 falsch zuordnet (vgl. Josée Lambert: „Trapped. Analysis of *Réseau aérien*.“ In: *The Review of Contemporary Fiction* 5.3 (1985), S. 170-175, hier S. 175).

56 Der Plan des Hauses in *Passage de Milan*, der Stadtplan in *L'emploi du temps*, der Zugfahrplan in *La modification* und der Stundenplan in *Degrés*; vgl. auch Kurt Ringger: „Michel Butor.“ In: Wolf-Dieter Lange (Hrsg.): *Französische Literatur des 20. Jahrhunderts. Gestalten und Tendenzen. Zur Erinnerung an Ernst Robert Curtius*. Bonn: Bouvier 1986, S. 385-397: „allen vier Romanen Butors liegt eine Netzwerkstruktur zugrunde, in der sämtliche Wirklichkeitsbereiche gleichsam als Elemente eines Puzzles miteinander verbunden bleiben“ (S. 390); der Vergleich mit Georges Perecs opus magnum *La vie mode d'emploi* (1978) liegt nahe.

Wahlmöglichkeiten, wie sie durch die Stereophonie gegeben sind, aber darüber hinaus vor allem des Parallelwerkes in Form des gedruckten Buches. Butors Werke nutzen also einerseits die Techniken des Radios, nach McLuhan eigentlich ein „heißes Medium",[57] das eine passive Rezeption bewirke; der Rezipient ist hier jedoch zweifellos aktiviert, er muss die verstreuten Elemente der Collage ordnen, er muss selektiv wahrnehmen. Die Möglichkeit der Auswahl der verschiedenen (z.T. vorgegebenen) Rezeptionswege stellt einen ersten Ausweg aus der Situation des überfordernden Rauschens dar. Butors Hörspiele wirken durch diese aus dem *nouveau roman* bekannte „Aktivierung" des Rezipienten, der Arbeit des Lesers bei der Entstehung, d.h. aktuellen Realisierung der mobilen Werke, andererseits auch auf die Gattung Hörspiel und das Medium Radio zurück. Die Anregungen aus Frankreich waren zweifellos wichtig für die Ausbildung eines „Neuen Hörspiels" in den 60er Jahren des 20. Jahrhunderts.[58]

Über diese Medieninteraktionen hinaus haben Butors Werke noch weitergehende Implikationen: Sie existieren wie gesagt als Parallelwerke, die sich beeinflussen und ergänzen, wobei dem Buch, dem älteren und vermeintlich traditionelleren Medium, ein größeres Gewicht zukommt. In Übereinstimmung mit der oben skizzierten expansiven Poetik Butors, die dem Buch die Rolle eines alle Künste integrierenden *theatrum mundi* zumisst, entstehen multimediale, auf hypertextuelle Verfahren vorausweisende, gleichwohl gedruckte Gesamtkunstwerke. *Verba volant, scripta manent* – der Schrift auf dem Material des Papiers weist Butor das Potential zu, die Polyphonie und Mobilität der komplexen modernen Welt zu bannen, die Realität diskursiv zu erfassen. Das Netzwerk der Stimmen weitet sich zum Netzwerk der menschlichen Kultur aus. Butor konstruiert, wie bei der Beschreibung der Niagara-Fälle bereits angesprochen, durch Variation von Zitaten einen Ausweg aus dem Topos der prinzipiellen Unerfassbarkeit der Realität.[59] Die postmodern anmutende Implikation dieser Position ließe

---

57 Vgl. Marshall McLuhan: *Die magischen Kanäle. „Understanding Media"*. Düsseldorf/ Wien 1992 [1964], S. 35.

58 Vgl. Stefan B. Würffel: *Hörspiel*, S. 80; Werner Spies: „Der *nouveau roman* und das Hörspiel."

59 Vgl. „on peut même dire que tout, en ce sens, est indescriptible, parce que la description n'épuise jamais absolument son objet" (Michel Butor in: Georges Charbonnier: *Entretiens avec Michel Butor*. S. 143).

sich mit Immanenz umschreiben,[60] einer Konzeption der Realität als unhintergehbar kulturell geprägter und vermittelter, damit aber auch vermittelbarer. Auf Grundlage dieser Weltsicht wird das Rauschen reduziert, kann Komplexität dargestellt werden, nämlich im formal innovativen, fragmentarischen, chiffrierten, prekären literarischen Diskurs des „totalen" Buches.[61]

Auf der einen Seite also Kategorialität und Selektivität jeder Wahrnehmung, auf der anderen Seite darüber hinaus eine Rückkopplung der kulturell vermittelten Realität in die Kunst – Michel Butors Werke verweisen damit auf Universalien der conditio humana, eine philosophische Dimension, die über Wasser- und Reisemetaphorik weit hinaus reicht.

60 Vgl. beispielsweise Ihab Hassan: *The Postmodern Turn. Essays in Postmodern Theory and Culture*. Columbus/Ohio: UP 1987, S. 173.

61 Vgl. Jean Roudaut: *Parenthèse*. S. 507-508.

„L'oreille qui lit" – Geschichte(n) im Hörspiel

JÜRGEN E. MÜLLER

La Radio à lampes

Une lampe. Des voix. C'était magique.
J'avais cinq ou six ans.
A l'époque, écouter était encore un luxe.
Il y avait à la maison, un fabuleux poste
de radio à lampes.
Il n'était certainement pas fabuleux mais
mon souvenir, oui.
Parce qu'ils étaient à lampes, ces
appareils dégageaient un pénombre
mystérieux.[1]

1. *Fantômas* und das Schatten-Dasein des Hörspiels

Das Hörspiel ist eine vernachlässigte Gattung eines vernachlässigten Massenmediums. Verschiedene europäische Rundfunkanstalten produzieren zwar regelmäßig Hörstücke, Hörtexte, Hörbilder, Sprachstücke, Schallspiele, *radio plays, radio dramas, pièces radiophoniques*, doch werden diese nur in wenigen Ausnahmefällen von der Öffentlichkeit oder von der *scientific community* der Medienwissenschaftler zur Kenntnis genommen. Hörspiele führen ein Schattendasein in unserer medialen Landschaft und blühen vielerorts nur noch als ästhetische Alibi-Mauerblümchen in Programmangeboten, die nahezu durchgängig vom Kommerz geprägt sind.

1 Gilbert Léautier: „La radio à lampes." In: Charles Grivel (Hrsg.): *Appareils et machines à représentation*. Mannheim: Mana VIII 1988, S. 79.

Die größte Aufmerksamkeit wurde dem Hörspiel in den 30er Jahren sowie in den 50er Jahren bis in die erste Hälfte der 60er Jahre des 20. Jahrhunderts zuteil, in denen es auch als auditive Plattform für prominente Literaten fungierte. Doch diese Blütephasen sollten nicht lange andauern;[2] seit mehr als drei Jahrzehnten gilt es – wie ich meine, zu Unrecht – als ein *médium négligeable*, das sich sowohl in den populären Diskursen über die mediale Praxis als auch in den wissenschaftlichen Diskursen zur Medientheorie durch eine gründliche Absenz auszeichnet. Die im vorliegenden Band versammelten Beiträge erweisen sich in diesem Sinne auch als ein begrüßenswerter „Wiederbelebungsversuch" der sanft entschlafenen wissenschaftlichen Diskussion zur Analyse des Hörspiels.[3]

Die Erörterungen dieses Artikels profitieren von einem Studien- und Forschungsaufenthalt bei *Radio France Culture*, der es mir erlaubte, Einsicht in institutionelle Rahmenbedingungen, Produktionstechniken und verschiedene Szenarios zu nehmen. Anhand einer Produktion des Jahres 1983, *La Fin de Fantômas*[4] (Regie: J. Jacques Vierne), werde ich einige erste Reflexionen zum „lesenden Ohr" und zu den Geschichten im Hörspiel vorstellen. Diese Gedanken sollen keine Bausteine zu einer Neo-Narratologie des Akustischen liefern, sondern unseren Blick für die *intermedialen* Aspekte dieser Gattung schärfen. Dies impliziert, dass sich mein anschließendes Statement mit einer vernachlässigten Frage einer vernachlässigten Gattung befassen wird.

2 Mögliche Gründe für das rasche Abnehmen des Publikumsinteresses am Hörspiel liegen sicherlich in der Konkurrenz und Interaktion des Radios mit anderen Medien, vor allem der technologischen und sozialen Ausbreitung des Fernsehens in den 60er Jahren des 20. Jahrhunderts. Heute erlebt es in Form von Hörbüchern eine erfreuliche Re-Mediatisierung und Renaissance. Zur ästhetischen und sozialen Funktion des Hörspiels im kultur- und literaturhistorischen Kontext der 60er Jahre vgl. die Beiträge von Jochen Mecke und Ludger Scherer in diesem Band.

3 Damit will ich nicht suggerieren, dass in den vergangenen Jahrzehnten keinerlei Publikationen zum Hörspiel erschienen wären (z.B. die Dissertation von Annette Vielhauer: *Welt aus Stimmen. Analyse und Typologie des Hörspieldialogs.* Neuried: ars una 1999.), sondern unsere Aufmerksamkeit auf den Sachverhalt richten, dass diese Publikationen von der *scientific community* der Medien- und Literaturwissenschaftler weitgehend ignoriert wurden.

4 Nach der Romanvorlage von Pierre Souvestre und Marcel Allain (1911). Adaptation: Pierre Dupriez und Serge Martel. Realisation: Jean-Jacques Vierne. Erste Sendung: 24. Juni 1983.

Fantômas bildet ein vorzügliches Paradigma für die Entwicklung einiger Thesen zur intermedialen Konstruktion und Zirkulation von Geschichte(n) im Hörspiel. Anhand einer Schlüsselszene werde ich drei Forschungsperspektiven vorstellen.

Im Schrift-Text dieses Artikels müssen wir uns unvermeidlicherweise mit der *béquille* des Szenarios (des Original-*dramatique*) der akustischen Realisierung begnügen.[5] Zum besseren Verständnis der Sequenz, welcher ich den Titel *Fantômas im Theater* gebe, im Folgenden eine kurze Einführung:

– *Fantômas im Theater*

Der Journalist *Fandor* hat erfahren, dass Fantômas einen Anschlag auf das Theatre *Menus-Plaisirs* plant. Seine Freundin Hélène befindet sich bereits im Theater. *Fandor* wird gegen Ende der Ereignisse im *Menus-Plaisirs* eintreffen.

Le silence s'établit. Le rideau se lève. Un très grand temps. Chuchotements de surprise et d'impatience dans la salle.

DES VOIX
Ben, alors, qu'est-ce qu'ils attendent?
Les soldats, sur la scène, vous croyez que c'est dans la pièce?
Oui, oui!
Ils attendent leur capitaine!
Ouais! Pour aller reprendre l'Alsace et la Lorraine!
Il n'a pas l'air pressé, c't officier!
PLUSIEURS VOIX ENSEMBLE
– Ah! le voilà! ... C'est lui! ... Enfin! ... Bravo! ... Il était temps! ....
Un silence relatif s'établit.
FANTOMAS (venant à la rampe)
Hussards, en joue! ... A chacun son rang de spectateurs! ... Et feu à mon commandement!
UNE FEMME (bas, admirative)
Ce qu'il joue bien, celui-là! On dirait un vrai!
DES VOIX
Chut! ... Chut! ... Silence! ....
FANTOMAS (gracieux)

---

5 Mit Blick auf dieses „mediale Defizit" versprechen die digitalen Medien und das Internet Abhilfe. Zu den Optionen dieser neuen „Texte" vgl. z.B. die Beiträge in der Festschrift für Joachim Paech. Kay Kirchmann/Andreas Schreitmüller/Jan Siebert (Hrsg.): *2002. Zwischen-Bilanz: Eine Internet-Festschrift zum 60. Geburtstag von Joachim Paech.* Konstanz 2002, http://www.uni-konstanz.de/paech2002.

Mesdames et messieurs, les mains en l'air! ...
Allons! s'il vous plait! les mains en l'air!
La salle hésite encore entre la peur et l'amusement
UN HOMME
Quel réalisme!
FANTOMAS (soudain menaçant)
Pas un mot! pas un geste! ... Le premier qui bouge ou qui parle est mort! ...
(avec un humour glacé)
Et maintenant, mes quêteurs vont passer parmi vous!
LES APACHES (dans la salle)
Et les quêteurs, c'est nozigues!
Allez! pas de rouspétance!
Tes bijoux, la gonzesse!
Hé! Mec! file-moi ton portefeuille! et ta montre aussi, pendant qu'on y est!
Aboule ton pèze, ou je fais cracher mon pétard!
HELENE (pendant que la „quête" se poursuit)
Miséricorde! ... C'est Fantômas!
LE BEDEAU
Tes bijoux, toi, la grosse! et plus vite que ça!
HELENE (bas)
Le Bedeau! ...
ADELE DE RIVOLI
Tiens, ma vieille, les v'là, mes breloques! ... C'est du toc! Je trouv'rai bien moyen d'les faire remplacer par du vrai!
[...]
LE BEDEAU
Ton fric, le gaucho!
MANOEL
Qu'est-ce qu'il dit?
ADELE
Y veut ton pognon!
MANOEL
Ah! ... Voilà, senor: en escudos. Ca né vous dérange pas, senor Bandito?
A cet instant, les rumeurs de la foule apeurée se transforment en un grand cri d'effroi.
TOUTE LA SALLE
HAAAAA! ....
FANTOMAS
Qui a coupé le courant?
VOIX
Lumière! ... Lumière! ...
FANTOMAS (hurlant)
Feu! ... Feu! ...
Des coups de feu éclatent. Cris d'epouvante, hurlements des blessés.
HELENE (blessé)
Ah! ...
L'AMIE
Hélène! ... Tu es blessée? ...

Le tumulte éclate, général. Et ce tumulte passe progressivement à l'extérieur, dans les rues de Paris, puis s'éteint sous le pas sonore de Fandor qui longe un couloir d'hôpital, tout en soliloquant.[6]

2. Intermediale Geschichte(n) im Hörspiel

„Miséricorde, c'est Fantômas – le maître du crime!"

2.1. Zur intermedialen Zirkulation der Geschichten des *Fantômas*

Unser Hörspiel fügt den Geschichten – den *narrations* und den *histoires* – des *Fantômas* ein weiteres Element hinzu. Der zuerst im Jahre 1911 erschienene Populärroman erfuhr bereits unmittelbar nach seiner Publikation eine mediale Transformation ins Medium Film. Louis Feuillade produzierte ab dem Jahre 1913 in rascher Folge 11 Filme, die das Thema erfolgreich aufgreifen und in vielfältiger Weise mit den von Souvestre und Allain erzählten phantastisch-kriminalistischen Geschichten interagieren.[7]

Die Geschichte(n) von *Fantômas* boten offensichtlich auch 70 Jahre nach dem ersten Erscheinen des Romans genügend Spiel-Raum für eine Transformation in ein weiteres Medium. Der historische und zeitgenössische Rezipient dürfte mit dem Inhalt dieser Geschichten recht gut vertraut (gewesen) sein,[8] daher muss sein Interesse vor allem durch die

6 Dieses „Transkript", welches aus dem *scénario/dramatique* von *Radio France Culture* (R. 24695, Sendung vom 24. Juni 1983) stammt, enthält alle Elemente des „Haupt"- und „Nebentextes" der Regievorlage. Das Hörspiel weicht übrigens in dem einen oder anderen Aspekt von diesem Drehbuch ab. Die möglichen Ursachen für diese Abweichungen der akustischen Realisierung wären an anderer Stelle ausführlicher zu diskutieren.

7 Gaumont hatte die Rechte an den Texten von Souvestre und Allain erworben. Es würde den Rahmen dieses Artikels sprengen, wollten wir detailliert auf diese Interaktionen eingehen. Beschränken wir uns daher auf den Hinweis, dass Fantômas zweifellos ein sehr geeignetes Paradigma darstellt für die Analyse der Wechselspiele zwischen literarischem Text, Publikumsinteressen, medialen Optionen des frühen Films (und ökonomischen Interessen), oder – anders gesagt – für eine noch zu schreibende Literaturgeschichte von Film und Hörspiel, eine Hörspielgeschichte von Literatur und Film bzw. eine Filmgeschichte von Literatur und Hörspiel.

8 1964 setzte der Regisseur André Hunebelle die Serie der Fantômas-Filme mit *Fantômas se déchaîne* (Jean Marais, Luis de Funès) Italien/Frankreich fort. In der Musikszene zirkuliert Fantômas als Titelheld von Heavy Metal Bands und im Internet dient sein Name als Portal für den Zugang zu Videospielen. Vergessen wir auch nicht die Reaktualisierungen oder Re-Inkarnationen des Fantômas-Mythos in der Figur des Bin Laden.

Art der neuen oder andersartigen akustischen Re-Präsentation wach gehalten werden. In diesem Zusammenhang stellen das Radio und die Gattung „Hörspiel“ sowohl ihre spezifischen Fähigkeiten der Konstitution raum-zeitlicher Dynamiken als auch – vielfältig gebrochen – ihre nostalgischen Erzählformen und Erzählinhalte zur Verfügung.

Das Hereinbrechen des nicht zu fassenden und nicht zu kontrollierenden Bösen, des Terrors und des Verbrechens in die westlichen Metropolen und die Bedrohung von deren zivilisatorischen Emblemen bilden einen zentralen Topos und ein Wirkungsmoment von *Fantômas.*[9] Dieses Hörspiel bietet eine melodramatische akustische Verlängerung von literarischem Text und frühem Kino. Seine akustischen Zeichen konstituieren den Rahmen der dramatischen Handlungen und lassen zugleich hinreichend Spielraum für die imaginierenden Tätigkeiten des Rezipienten. Unsere Produktion von *Radio France Culture* liefert einen weiteren Beleg für die Stimmigkeit der These vom ästhetischen Status dieser Gattung als einer Raum-Kunst. Die spezifische Kombination von signifikanten Geräuschen und von bestimmten Ton- und Stimmqualitäten leitet unser Bewusstsein dazu an, den Raum eines Boulevardtheaters im Paris des frühen 20. Jahrhunderts zu konstituieren. In diesem Raum finden die Aktionen und Sprech-Handlungen seiner Protagonisten statt; von Protagonisten, die für uns durch ihre Stimmen, deren Timbre und deren typische Merkmale präsent werden bzw. präsent sind (z.B. durch den ausgeprägten Dialekt des Brasilianers Manoel).

Wie nahezu alle Hörspiele, die auf einer literarischen Vorlage gründen, impliziert *Fantômas* ein Spiel mit verschiedenen medialen, historischen und narrativen Lagen der Geschichten des *Fantômas.* Es operiert mit akustischen Zeichen, wie der Theaterklingel oder dem Klopfen zu Beginn der Vorstellung, die mit ihren spezifischen Merkmalen und Qualitäten auf die vergangene Epoche während der Zeit der *ersten* Produktion und Rezeption von Roman und Film, d.h. auf die Zeit vor dem Beginn des Ersten Weltkriegs, verweisen; zugleich denotiert und konnotiert es in unseren Ohren – und somit in der Zeit seiner heutigen Rezeption – auch eine spezifische historische Phase der Hörspielgeschichte und der Hörspielästhetik in den 80er Jahren des 20. Jahrhunderts, die sich durch eine Re-Aktualisierung sogenannter

---

9 Mit seinem weltweiten Kampf „against evil“ setzte der US-Präsident Bush einst in biblisch-intertextuell unterfütterter Weise dieses Topos fort.

„klassischer" Hörspielverfahren und durch eine Abkehr vom O-Ton des sogenannten Neuen Hörspiels auszeichnet.

Souvestres und Allains ursprüngliche Geschichten des *Fantômas* erfahren allerdings nicht allein eine komplexe narrative Brechung durch die Überlagerung unterschiedlicher Erzähl- und Zeitebenen, sondern auch eine mediale und ästhetische Brechung durch die Auffältelung unterschiedlicher Gattungsformen und medialer Optionen. Textstrategien des Populärromans und des Melodramas, stilistische Verfahren des Films wie Blende, Schnitt und Montage werden im medialen Kontext des Hörspiels recycelt und entfalten dort – im Zusammenspiel mit den besonderen Möglichkeiten der Hör-Kunst (um hier die immer noch klassischen Bemerkungen von Arnheim aufzugreifen)[10] – ein altbekanntes und zugleich neues Wirkungspotential. Die Integration dieser medialen und ästhetischen Strategien bedeutet keine reine Addition vorgängiger Muster, sondern impliziert immer auch die Chance von „Umcodierungen", Ironisierungen[11] und neuen Akzentsetzungen. So suggeriert das Hörspiel *Fantômas* (wenn auch vielleicht weniger deutlich in unserer Sequenz, so doch in vielen anderen Passagen) mit seiner spezifischen Kombination von Sprache und Musik, dem rhythmischen Wechsel zwischen Geräuschen, Stille, Sprache und Musik und mit seinen melodramatischen Stilelementen auch den Erzählduktus der Volkskunsttraditionen von Bänkelgesang und Moritat, der sich hier *zwischen* die literarisch-filmischen Strategien von Horror- und Gangstergeschichten und Melodrama schiebt. Der Sachverhalt, dass die musikalischen Passagen aus dem Werk von Kurt Weill gewählt wurden, spielt eine nicht zu unterschätzende Rolle. Weill verarbeitete bekanntlich Elemente von Jazz, Ballade, Moritat und Chanson zu seinem typischen Stil, den er – zusammen mit Brecht – im Epischen Theater zur Vollendung brachte.[12]

Halten wir fest: die narrativen und historischen Tiefenschichten des Romans und ihre Konnotationen von unheimlichen Zivilisations- und Kriegsängsten werden im Hörspiel nicht allein narrativ, sondern

10 Rudolf Arnheim: *Rundfunk als Hörkunst.* München/Wien: Carl Hanser Verlag ^{2}1979.

11 Zum Verfahren der medialen Ironisierung vgl. den Beitrag von Christian von Tschilschke in diesem Band.

12 Zum Einfluss von Kurt Weill auf die Hörspielästhetik vgl. Hermann Naber: „Der Autor als Produzent." In: Klaus Schöning (Hrsg.): *Spuren des Neuen Hörspiels.* Frankfurt a.M.: Suhrkamp 1982, S.167-190; bes. S.167-168.

vor allem medial gebrochen. Die intertextuellen und intermedialen Ebenen stehen in einer dynamischen Beziehung; sie konstituieren neue Wirkungszusammenhänge, die zugleich eine unmittelbare akustisch-räumliche Nähe zum fiktiven Geschehen *und* eine Distanz zu diesem generieren.

Letztgenannter Aspekt führt mich zu meiner zweiten These, die sich ausführlicher mit den intermedialen Qualitäten des Hörspiels beschäftigen wird.

2.2. Theater im Hörspiel – oder „Dispositiv intermedial"

Christian Metz hat in seinem letzten Buch zur *Unpersönlichen Enunziation* eine kritische Bestandsaufnahme von Baudrys Konzept des „Dispostitivs" durchgeführt und darauf hingewiesen, dass dieser Begriff eine große Zahl äußerst heterogener Elemente, von den „chemo-mechanisch-elektrischen Prozessen der Filmproduktion über die Bestuhlung im Kino, den Projektor, ... bis hin zu psychischen Aktivitäten der Zuschauer" umfasst.[13] Trotz aller problematischen Aspekte, die sich wohl am deutlichsten in der Fetisch-Formel der 70er Jahre „Das-Dispositiv-Zeigen" manifestieren, scheint das „Dispositiv" für Metz zu Recht auch durchaus nützliche Perspektiven mit Blick auf die Analyse der enunziativen Kraft des Films zu bieten. Ich möchte mich dieser Einschätzung von Metz anschließen und die Relevanz des „Dispositivs" nun mit Blick auf das Hörspiel auf der Basis unserer intermedialen *axe de pertinence*[14] einer weiteren Prüfung unterziehen (Metz konnte bekanntlich der Frage der Intermedialität leider keine Aufmerksamkeit mehr schenken).

Unsere paradigmatische Sequenz aus *Fantômas* operiert mit typischen Konstellationen verschiedener Dispositive, vor allem des Theaters. Die akustischen Zeichen suggerieren die dispositiven Gegebenheiten des Theaters, den Hör-Raum „Theater" und dessen Teil-Räume „Eingangshalle" und „Theatersaal". Fantômas spielt mit theatralischen Handlungen im theatralischen Raum. Dieses Verfahren gestattet auch

---

13 Christian Metz: *Der imaginäre Signifikant.* Münster: Nodus 1998, S. 60f. Vgl. zu dieser Frage auch meinen Artikel. „Kino – Dispositiv – intermedial: Eine Bestandsaufnahme und einige Thesen zur Zukunft eines ‚unreinen' Mediums." In: Georg Haberl et al. (Hrsg.): *Synema. Auf der Suche nach dem Filmischen.* Wien: 2002, S. 213-225.

14 Ich verwende diesen Begriff im Sinne von Roger Odin.

– wie bereits erwähnt – die Vermischung von dramatischen und erzählerischen Strategien des Hörspiels.

Eine Verknüpfung des Konzeptes des Dispositivs mit unserer intermedialen *axe de pertinence* führt uns noch zu einer weiteren Schlussfolgerung: Die Re-Konstruktion des Dispositivs „Theater" im Dispositiv „Radio" und in der Gattung Hörspiel impliziert für den Zuhörer zweierlei: Zum einen wird er mit den medialen Gegebenheiten des „Theaters" und dessen Kippen von Fiktion in Realität konfrontiert, zum anderen lenkt ihn diese akustische Re-Konstruktion eines anderen Dispositivs auf die Verfahren und Optionen des Dispositivs „Radio" und der Gattung „Hörspiel". Mit anderen Worten: die akustischen Imaginationen des Theater-Raumes verwiesen zugleich auf die Rahmenbedingen von Hörspiel und Hörspiel-Kunst. Dazu gehören etwa die Schnittfolgen zwischen dem unverständlichen Gemurmel der Theaterbesucher und der deutlichen Akzentsetzung auf die Gespräche einzelner Protagonisten, oder die Veränderungen von Tonqualität und Hall, die im akustischen Medium die Rahmenbedingungen von Theaterräumen aufrufen. Die akustische Konstruktion des Theaters verweist somit auf die dispositiven Optionen von Radio und Hörspiel. Diese hybride Qualität des Hörspiels führt zu einer Aufhebung traditioneller medialer Dichotomien, wie sie von Volker Roloff für das Kino der Nouvelle Vague festgestellt wurde.[15] (Ähnliches gilt natürlich auch für zahlreiche Hörspiele, in denen andere Medien – häufig das Telefon – akustisch repräsentiert werden.)

In unserem Fall geht der mediale *Chinese Box Effect* noch mit einer Auffältelung verschiedener Realitätsebenen einher. Das *amusement* der im Hörspiel repräsentierten fiktiven Zuschauer über die Soldaten und deren Anführer Fantômas „Ce qu'il joue bien celui-là! On dirait un vrai!" kippt in die Erkenntnis, dass der bewunderte „réalisme" kein gespielter ist. Im Hör-Spiel wird damit eine besondere Variante des Spiels im Spiel, eine mehrfach (medial und referentiell) gebrochene Spielsituation entwickelt. Der Zuhörer wird auf die Auslegungsprozesse von situativen Rahmungen, von Situationsdefinitionen und auf deren Fragilität gelenkt. Die Ereignisse im *Theatre Menus-Plaisirs* sind zugleich ge-

15 Volker Roloff: „Theater/Filme der Nouvelle Vague: Intermediale Aspekte." In: Helmut Schanze/Helmut Kreuzer (Hrsg.): *Arbeitshefte Bildschirmmedien*. Nr. 65, Siegen 1997, S. 71-81.

spielte Fiktion und gespielte Realität. Ihr melodramatischer Höhepunkt ereignet sich – nicht zufällig – in der Dunkelheit.

Letztgenannter Aspekt wird den Schwerpunkt meiner abschließenden These bilden.

2.3. „Lob der Blindheit II" – oder eine intermediale Reprise

Wenn, mit Arnheim gesprochen, eines der Hauptmerkmale des Hörspiels als „Ohrenkunst" im Wegfall des Optischen besteht und wenn dieser Sachverhalt kein „Defizit", sondern eine „natürliche Folge der technischen Voraussetzungen"[16] darstellt, welche eine optische Ergänzung des akustisch repräsentierten Geschehens überflüssig macht, muss sich das Hörspiel konsequenterweise auf wesentliche akustische Zeichen konzentrieren. Dazu gehören sprachliche Elemente, ebenso wie Geräusche und Musik, die sich in den Ebenen der Zeit, der Intensität und der Tonqualität(en) bzw. Tonhöhe(n) realisieren.

Die Gattungsgeschichte des Hörspiels zeigt uns, dass sich dieses seit seinem Beginn – oder genauer gesagt seit der Ausstrahlung des ersten Hörspiels *A Comedy of Danger* (am 15. Januar 1924, Richard Hughes), ein Hörspiel dessen Handlung in einem walisischen Bergwerk spielt – gerne im Dunkeln aufhält. Die „Blindheit" des Hörers mutiert zu finsteren Hörwelten und die Dunkelheit des Hörraums verdoppelt sich im gehörten Raum. Das Ausfallen des Augensinnes des Rezipienten wird an das Wegfallen des Sichtbaren in der fiktiven Welt gekoppelt und unser imaginierendes Bewusstsein fixiert sich – falls dieses *device* bei manchen nostalgischen Radioapparaten noch vorhanden sein sollte, wie uns Léautier verdeutlicht – auf die Kontraktionen des magischen Auges im Halbdunkel der Hörsituation.

Die akustischen Zeichen, die aus der Dunkelheit kommen, bewirken eine Intensivierung des dramatischen Erlebens. In der Gattungs- und Mediengeschichte finden wir Dutzende von Beispielen (etwa bei Böll, Borchert aber auch dem Hörspiel von *Germinal*), in denen diese „archetypische" Situation des Genres konstruiert wird.

Gewiss hat sich das Hörspiel schon früh von seiner Blindheit und Dunkelheit befreit, doch es erliegt, wie wir am Beispiel *Fantômas* ersehen können, immer noch gerne der Versuchung, die Blindheit zu ver-

16 Rudolf Arnheim: *Rundfunk als Hörkunst*, S. 91. Arnheims allgemeine Feststellung umschreibt sehr treffend unsere „Theater-Sequenz" aus *Fantômas*.

doppeln. Die Schüsse und Stimmen im dunkeln Saal des *Théâtre Menus-Plaisirs* vereinigen in sich „Klänge aus ganz getrennten Sphären der Körperwelt: aus Wirklichkeit, Bühne, Podium und Orchesterraum."[17] Die vermeintlich gesteigerte Reinheit des Mediums und der Gattung erweist sich indes auch in diesem Fall als eine Illusion. Konzentration auf wesentliche akustische Elemente, Parallelität zwischen fiktiver Situation und Rezeptionssituation, Intensivierung des Rezeptionserlebnisses, Steigerung der Anschließbarkeit und des Identifikationsangebotes bedeuten keine Reduktion auf monomediale Strategien. Das Hörspiel bleibt auch in diesem Fall eine hybride und intermediale Gattung.

3. Das lesende Ohr – Eine Bemerkung zum Schluss

Am Ende unserer Thesen zum intermedialen Fall *Fantômas* gilt es festzuhalten, dass diese lediglich erste Bausteine einer noch zu schreibenden Literatur-, Hörspiel-, Film-, und Mediengeschichte darstellen. Die intermediale Fall-Geschichte des „lesenden Ohres" ist auch auf das *Auge* auszuweiten, wie die erfolgreichen Filme von Feuillade und Hunebelle beweisen. Es gilt, anhand ausgewählter Paradigmen (inklusive der neuartigen virtuellen *Fantômas* im Internet) auf eine Spurensuche der Interaktionen zwischen diesen literarischen, visuellen, auditiven und audiovisuellen Medien und Gattungen zu gehen. Die Geschichten des *Fantômas* sollten als eine thematische Klammer einer derartigen Suche fungieren – lassen wir daher das letzte Wort an den „Abspann" unseres Hörspiels:

Allongeant son ombre immense
Sur le monde et sur Paris
Quel est ce spectre aux yeux gris
Qui surgit dans le silence?
Fantômas serait-ce toi
Qui te dresses sur les toits?

17 Rudolf Arnheim: *Rundfunk als Hörkunst,* S. 114.

4. Universalmedien:

Computer, Hyperfiction,

Computerspiele

Frankophone Hyperfiction

ELISABETH BAUER

1. Literatur und Computer

Die Beziehungen zwischen der Kunst und dem kunstgeschichtlich noch relativ jungen Medium des Computers sind vielfältigster Natur, angefangen bei den Multimedia-Installationen der 80er Jahre bis hin zu computergenerierten Bildern und gar Texten. Insbesondere in Bezug auf die Literatur ergeben sich interessante Parallelen, jede Facette der Computer-Technologie kann für das sinnstiftende Spiel der Literatur genutzt werden. Algorithmen-Poesie wie das unter Informatikern beliebte Rätsel „def. question [bb] || ![bb]“[1] etwa wendet die „Grammatik“ der Programmiersprachen auf die menschliche Sprache an, kodiert, ja verschleiert dadurch Informationen und sorgt für den erheiternden Aha-Effekt beim Entziffern.

Erst in der Hyperfiction tritt allerdings Literatur in ein fruchtbares Wechselspiel mit den medialen Möglichkeiten des Computers, finden im Computermedium spezifische neue Medientechniken Anwendung. Geht man der Frage nach dem Wesen und dem Funktionieren der Hyperfiction nach, die hier am Beispiel des Französischen untersucht wird, zeigt sich, dass die Hyperfiction unter Anwendung der bekannten literarischen Konzepte gegenüber der Printliteratur innovative Ausdrucksformen entwickelt hat, die weit über die Möglichkeiten des Druckbaren hinausgehen und daher einen literarisch-literaturwissenschaftlich bedeutenden Mehrwert beinhalten.

1 Aufzulösen als: „To be or not to be, that is the question here!“

2. Hyperfiction

Die Literaturgattung der Hyperfiction verdankt ihre Existenz dem Aufkommen des Computers als Massenmedium sowie dem rasanten Aufschwung des WWW-Dienstes im Internet seit den 90er Jahren. Hyperfiction ist aus der morphologischen Kürzung von engl. „hypertext fiction“ entstanden und versteht sich als eine Literaturform, die die medialen Eigenschaften des Computers ästhetisierend zur Erschließung neuer literarischer und poetischer Ausdrucksmöglichkeiten nutzt.[2] Im Sinne des engeren Literaturbegriffs findet die Unterscheidung in Gebrauchstext und in literarischen Text ihr genaues Pendant in der Unterscheidung in Hypertext und Hyperfiction. Während dabei das Organisationsprinzip des Hypertexts[3] die Struktur der Hyperfiction bestimmt, mithin für die Netzstruktur mit ihren verzweigenden Pfaden, Auswahlentscheidungen und dem medial multilinearen Arrangement der einzelnen Lexien oder Hypertextknoten verantwortlich ist, bezieht sich Multimedia[4] auf die Gestaltung des Inhalts, da es dank der multimedialen Gleichberechtigung aller als 0 und 1 kodierten Zeichen weitere Zeichensysteme außer der Schrift zulässt, z.B. Bilder, Töne, Animationen und Filme.[5]

3. Deautomatisierung

Ein Kennzeichen von Literatur ist der deautomatisierende Sprachgebrauch, der – ohne die Kommunikation tatsächlich zu stören – durch ein verzögert eintretendes Verständnis des Textes einen assoziativen Sinnmehrwert generiert und zum Erschließen einer weiteren, mentalen Textebene anregt, die im vorhandenen Wortmaterial impliziert ist. Zu diesem Zweck werden die rhetorischen Figuren und Tropen eingesetzt.

---

2 Der informationstechnologische Begriff „hypertext“ (engl.) ist nicht mit Genettes „hypertexte“ aus der Transtextualitätsforschung zu verwechseln.

3 Hypertext is „[...] non-sequential writing – text that branches and allows choices to the reader, best read at an interactive screen. As popularly conceived, this is a series of text chunks connected by links which offer the reader different pathways.“ Theodor H. Nelson: *Literary Machines*. Swarthmore: Self-published 1981, S. 132.

4 „Multimedia“ bezeichnet die elektronische Integration, Speicherung und Wiedergabe von statischen Medien wie Text und Bild sowie mindestens einem dynamischen Medium wie Video, Ton, Animation etc. in einem einzigen Medium.

5 Eine wichtige Konsequenz aus der Tatsache, dass die Hyperfiction die charakteristischen Eigenschaften des Computers literarisch gewinnbringend einsetzen muss, ist es, dass rein digitalisierte Texte davon nicht erfasst werden.

Da der Vermittlungscode der Literatur traditionell Sprache in Schriftform ist, setzen die traditionellen Stilmittel auf allen Bereichen der schriftlich fixierten Sprache an: *signifiant*-seitig betrifft dies Graphematik, Phonematik, Morphologie und Syntax, *signifié*-seitig die Semantik, wobei jede Ebene, also auch die des *signifiants*, einen eigenen semantischen Interpretationswert besitzt.

Hyperfiction bedarf als eigenständige mediale Gattung neuer medienspezifischer und zugleich literarischer Eigenschaften. Ein ergiebiges Potential für neue literarische Effekte findet sie insbesondere in den neuen Stilmitteln des Mediums, die sich in Abhängigkeit von den spezifischen Rahmenbedingungen des sie beherbergenden Mediums lokalisieren lassen.

4. Software-Ergonomie

Was die Grammatik für den richtigen Sprachgebrauch, ist die Software-Ergonomie für jede Art von Software, einschließlich der Internetseiten. In jeder referenziellen Kommunikationssituation, im Print- wie auch im Hypermedium, geht es schließlich um eine störungsfreie Vermittlung von Inhalten, die durch ein Regelwerk gewährleistet werden soll.

Die Software-Ergonomie ist die Lehre von der guten Gestalt der Software, die auf der Basis von Konzepten wie Benutzungsfreundlichkeit, Transparenz und Konsistenz eine bestmögliche Informationsvermittlung bei geringstmöglicher physischer und kognitiver Belastung gewährleisten soll. So beschreibt die DIN-Norm 66234 Teil 8 fünf Grundsätze für die Gestaltung der Dialogschnittstelle: Aufgabenangemessenheit, Selbstbeschreibungsfähigkeit, Steuerbarkeit, Erwartungskonformität und Fehlerrobustheit.[6] Daraus resultieren Empfehlungen für die Übersichtlichkeit der Darstellung und die einfache Bedienbarkeit der Funktionen einzelner Benutzer-Schnittstellen sowie für eine sinnvolle Organisation der aufeinander folgenden Einzelseiten/Fenster, die sich in der Seitengestaltung, aber auch im Einsatz von Hypertextstruktur, Multimedia und Interaktionsmöglichkeiten niederschlagen.

In Analogie zu den Regelungen der Grammatik für den reibungslosen Sprachgebrauch führt auch in der Hyperfiction der bewusste Bruch mit den software-ergonomischen Empfehlungen zu literarisch interpretierbaren und sinngebenden Effekten. Tatsächlich ist die Hy-

6 Vgl. Michael Herzceg: *Software-Ergonomie. Grundlagen der Mensch-Maschine-Interaktion*. Bonn: Addison-Wesley 1994, S. 105.

perfiction, zumindest aus software-ergonomischer Sicht, durch eine ausgesprochene Lust am Fehler gekennzeichnet.

Die Bedienungs- oder vielmehr die Rezeptionssituation von Hyperfiction ist aber grundlegend von der eines Gebrauchshypertextes verschieden. Im Vordergrund steht bei der Hyperfiction das Vergnügen des Entdeckens und des Eintauchens in die erzählte, virtuelle Welt und nicht die zeiteffiziente Suche nach Informationen. Daher gelten die Maßstäbe der Software-Ergonomie für die Hyperfiction von vorneherein nur insofern, als die kognitiven restringierenden Rahmenbedingungen für die Rezeption am Monitor gewährleistet werden sollten (z.B. Farbgestaltung, Informationsdichte, Zeichengröße, Lautstärke), und grundlegende technische Konsistenzen gewahrt bleiben sollten, etwa die der üblichen Interaktion mit dem Computer mittels Maus und Direktmanipulation. Beliebte Abweichungen von der Software-Ergonomie sind dagegen auf der Ebene der Erwartungskonformität und Konsistenz zu finden.

5. Beispiele

Unleserlich kleine Schriften sind ein offensichtlicher Verstoß gegen die Benutzungsfreundlichkeit. Dennoch können solche Typographie-Sünden durchaus sinnstiftend eingesetzt werden, wie die Beispiele aus der Hyperfiction *Apparitions inquiétantes*[7] von Anne-Cécile Brandenbourger zeigen: Je unleserlicher die Schrift, umso größer die Neugier und umso aufmerksamer wird gelesen, wobei die z.T. aufdringlich großen Wörter als Köder wirken, vgl. Abbildung 1 und 2.

---

7 http://www.anacoluthe.com/bulles/apparitions/jump.html (nicht mehr im Netz; zuletzt: 15.07.02). Beim wissenschaftlichen Zitieren von Hyperfictions zeigen sich einige Besonderheiten, die sich für Printtexte nicht stellen. Zur präzisen Quellenangabe wird stets der eindeutige URL (die Internetadresse) der Seite angeführt. Sofern nicht anders angegeben, datieren alle Seitenaufrufe vom 16.12.07. Werktitel werden von der Verf. in Analogie zu Printtiteln kursiv gesetzt, die Titel einzelner HTML-Seiten in doppelten Anführungszeichen. Anklickbare Hypertext-Links sind durch Unterstreichung von gewöhnlichem Text unterschieden. Zur genauen Lokalisierung von systemseitigen Dialogfenstern wird die URL-Adresse der Ausgangsseite und der zum Ereignis führende Link angegeben.

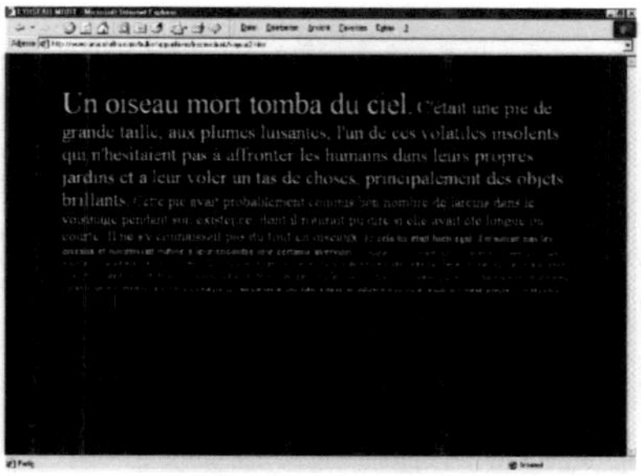

Abb. 1: Immer unleserlicher werdende, „verstummende" Schrift in Apparitions inquiétantes[8]

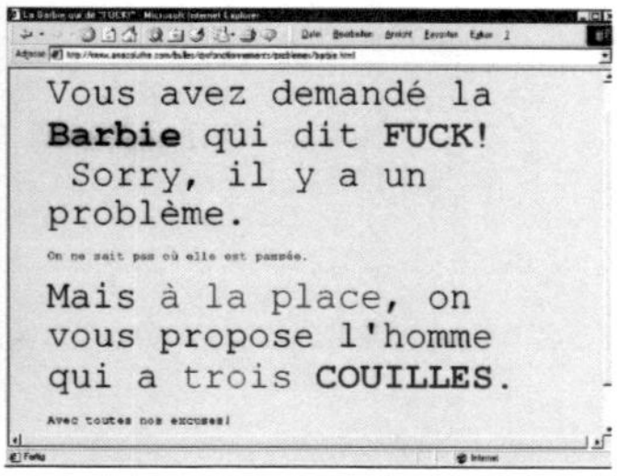

Abb. 2: Aufmerksamkeitssteuerung durch collagenartige Schriftgrößenvariation[9]

Auch die software-ergonomisch vorsichtig einzusetzende Farbgestaltung wird in der Hyperfiction mitunter großzügig aufgehoben, wie die Hyperfiction *NON-roman* von Lucy de Boutiny zeigt. *NON-roman*, der sich selbst als „écriture visuelle, animation shockwave, images légères, graphisme et dispositif de navigation différents pour chaque épisode..."[10] charakterisiert, überrascht durch seine unorthodoxe und intensive Verwendung von Hintergrund- und Schriftfarben. Zu viele Farben ermüden nach software-ergonomischen Erkenntnissen das Auge des Betrachtenden zu sehr, hier werden sie aber bewusst zur Abbildung und Parodie der bunten (Werbe-)Welt des Internets eingesetzt.

8 http://www.anacoluthe.com/bulles/apparitions/inconscient/voyeur2.html (zuletzt: 15.07.02).

9 http://www.anacoluthe.com/bulles/dysfonctionnements/problemes/barbie.html (zuletzt: 15.07.02).

10 http://www.synesthesie.com/boutiny/info/1infonon.htm.

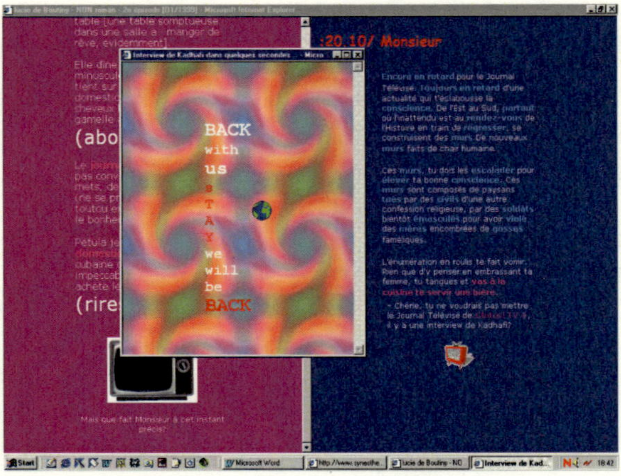

Abb. 3: Voller Farbeinsatz im NON-roman,
Seite „:20h10/monsieur"[11]

Einen richtiggehenden Angriff auf den Sehapparat des menschlichen Users und Lesers leistet die hypnotisierend wirkende Grafik auf der Seite „Dyslexie"[12] der Hyperfiction *Ecran Total*[13] von Alain Salvatore:

Abb. 4: Animierte „Hypnose"-Grafik in Ecran Total

11 http://www.synesthesie.com/boutiny/non2/20h10mr.htm. Teilfenster im Vordergrund durch Klick auf den Link „Glob@l TV ®".

12 http://alain.salvatore.free.fr/palhtml/lecture/index.htm.

13 http://alain.salvatore.free.fr/.

Ein besonders raffiniertes Stilmittel schließlich ist der software-ergonomische Verstoß gegen die konsistente Verwendung von JavaScript-Dialogfenstern, die, um Verwirrungen und Unsicherheit beim User vorzubeugen, im Software-Design ausschließlich den Dialogfenstern vorbehalten sind. Als Warnmeldungen erzeugen diese Fenster immer ein Gefühl der Vorsicht und sogar der Gefahr.

Für die Rezeption von Hyperfictions bietet der Missbrauch dieser Meldungsfenster einerseits den Vorteil des innovativen Spiels mit bekannten Grenzen, andererseits aber auch eine klar abgegrenzte neue Funktionalität, da diese Fenster als eine weitere Vermittlungsebene genutzt werden, um diegetisch wichtigen Botschaften einen angemessenen Rahmen zu geben. Beim Anblick eines solchen unerwarteten Fensters horcht der User unwillkürlich auf und nimmt alarmiert, in Erwartung eines technischen Problems, den Meldungstext besonders aufmerksam zur Kenntnis. Die deutschsprachige Hyperfiction *Hilfe!* von Susanne Berkenheger beispielsweise nutzt diese Technik extensiv.

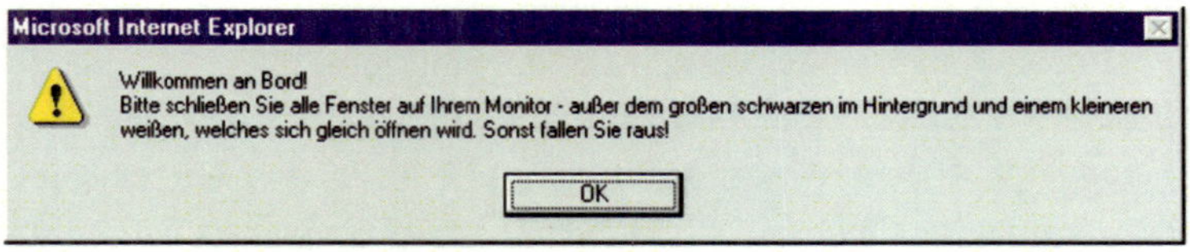

Abb. 5: Dialogfenster in Hilfe! Ein Hypertext aus 4 Kehlen[14]

Weitere ungewohnte Informationsträger auf der Browseroberfläche sind Fenstertitel sowie Kommentare in der Statusleiste am Fuß der Seite, die man im Quelltext im gemeinsamen Kontext nachlesen kann.

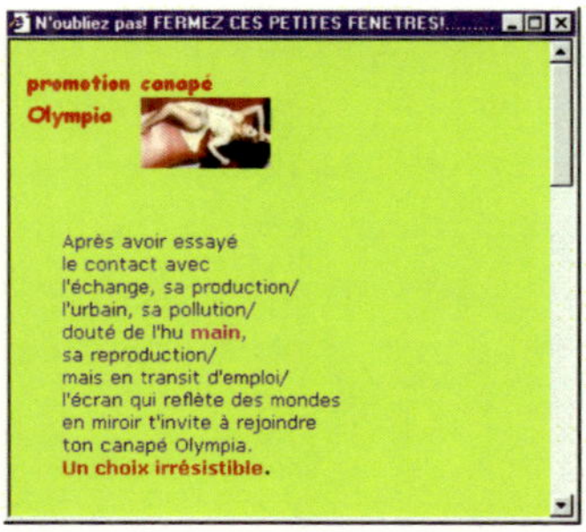

Abb. 6: Information in der Titelzeile des Fensters in NON-roman[15]

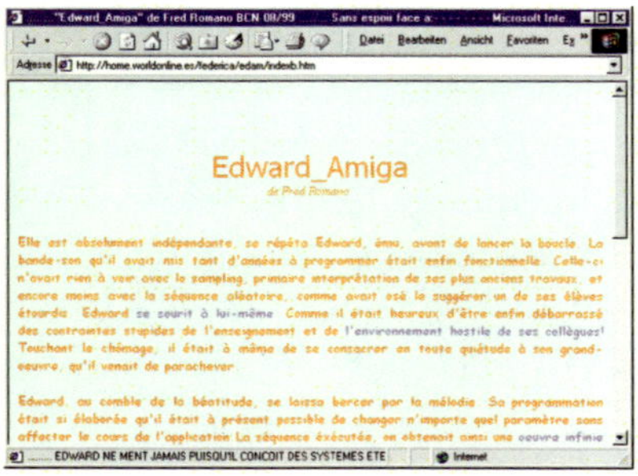

Abb. 7: Statuszeile (Fußzeile) als Textort in Edward_Amiga[16]

14 http://berkenheger.netzliteratur.net/ouargla/.

Überhaupt ist die Verwendung von auf der Bildschirmoberfläche nicht sichtbaren Kommentaren des Quelltextes, die den operationalen Charakter der Programmier-/Beschreibungssprache nutzt, ein raffiniertes Spiel mit dem Medium... und auch mit dem User-Leser,[17] der sich so zunehmend in der Rolle eines Detektivs auf der selbstständigen Suche nach Informationen wieder findet. Empirisch findet diese Funktion aber entsprechend ihrer schweren Auffindbarkeit keine sehr häufige Verwendung. Ein anschauliches Beispiel ist hierzu die Seite *Empty Web Site*[18] von Fred M. Katz, deren Browserfenster tatsächlich nichts enthält und rein weiß ist, in deren Quelltext aber eine Akkumulation von *meta names* das inhaltliche Nichts an Information betont:

```
<META NAME="Keywords"
  CONTENT="empty, blank, vacant, vacuum, vacuity, vacancy, void, zilch,
nada, empty website, empty web-site,
  wasteland, nothing, null, nil, zero, emptiness,
  whitespace, nullibiety, ">
```

Insgesamt wird aus den genannten Beispielen deutlich, dass sich die Fragmentierung und die multilineare Organisation (nicht die inhaltliche Nonlinearität!) der Informationen, die im elektronischen Medium möglich geworden ist, nicht nur in der Aufteilung auf verschiedenartig aufsuchbare Module im Netz des Hypertextes auswirkt, sondern die Informationen der Diegese auch innerhalb einer einzigen Seite nonlinear verteilt präsentiert werden. Es ist die Aufgabe des User-Lesers, wie in einem Computerspiel so viele Informationen wie möglich für ein optimales Verständnis der Geschichte aufzuspüren.

Schließlich kann auch die Art der Kohärenz und Kohäsion zwischen den Knoten bei der Hyperfiction von der Regel abweichen: Die Software-Ergonomie schreibt eine eindeutige, klar erkennbare Beziehung zwischen dem ankündigenden Ankerwort und dem folgenden Knoten vor, die in den meisten Fällen als eine ergänzende relativsatzartige Beziehung vorliegt. In der Hyperfiction dagegen gibt es auch andere Beziehungen, z.B. metonymischer Art. In der frankokanadischen Hyperfiction *Le Nœud* von Jean-François Verreault finden sich an-

15 http://www.synesthesie.com/boutiny/non2/canape.htm.

16 http://www.terra.es/personal/fromano/Edw_amiga/indexb.htm.

17 Da eine analoge Bildung zum Landow'schen Begriff *wreader* („reader" und „writer") für „User" und „Leser" nicht gut möglich ist, wird der neuen Rolle des Lesers durch die Doppelnennung *User-Leser* Rechnung getragen.

18 http://www.emptywebsite.com/.

schauliche Beispiele: Das Linkwort „sortir“ führt zu einer Seite namens „L'issue“,[19] das Linksyntagma „les magnétismes ésotériques“ zur Seite „Le frottement“,[20] so dass sich auf einer rein lexikalischen Ebene klare metonymische Bezüge erkennen lassen.

Als komplexeres Zeichen entsteht auf der Basis der eher einfachen medienspezifischen Besonderheiten wie des Missbrauchs der Funktionselemente der grafischen Benutzeroberfläche die *mise en abyme*, das Spiel mit den diegetischen und den Realitätsebenen.

Diese lässt sich am Computer besonders effektiv gestalten, da er als ein integrierend-abbildendes und nicht unbedingt als ein vermittelndes Wiedergabemedium wahrgenommen wird. Verstärkt wird dieser Eindruck von Unmittelbarkeit durch die Interaktion mit dem Computer, die vom User-Leser echte, an Entscheidungen gebundene Aktivitäten verlangt und über das simple Umblättern von Seiten hinausgeht: Die Hyperfiction scheint den User-Leser konstruktiv in die Diegese einzubinden. Die Hyperfiction *NON-roman* z.B. öffnet mit der Seite „19:56 Madame“[21] ein kleines Teilfenster, das einen Button mit der Aufschrift „Retour au réel“ enthält. Der Klick darauf bringt den User-Leser wieder auf die Hauptseite der Hyperfiction zurück, die auf diese Weise Anspruch auf die Realitätsebene erhebt – was innerhalb der Diegese sicher Gültigkeit hat, aber eben auch unterschiedslos in der Realität des Lesers so verstanden werden kann.

Anhand stichprobenartiger Beispiele aus den verschiedensten französischen Hyperfictions wurde bisher ein Kaleidoskop der Ausdrucksmöglichkeiten aufgezeigt. Dass sich diese Einzelphänomene im Kontext eines einzelnen Werkes zu einem literarischen Ganzen zusammenfügen, soll die Fallstudie der Hyperfiction *Edward_Amiga* von Fred Romano beispielhaft vorführen.

6. Eine Fallstudie: Fred Romano: *Edward_Amiga* (1999)

Das Werk *Edward_Amiga* der französischen Autorin Fred Romano, datiert 1999, ist eines der ersten französischsprachigen Hyperfictionprojekte im Internet. Mit einem Durchschnitt von ca. 36 Besuchern

19 „sortir“ auf der Seite http://pages.total.net/~amnesie/zone3/ bureau.html und „issue“ als Titel der Seite http://pages.total.net/~amnesie/zone3/issue.html.

20 Link „les magnétismes ésotériques“ auf http://pages.total.net/~amnesie/zone3/ aimants.html, verweist auf http://pages.total.net/~amnesie/zone3/frotte.html.

21 http://www.synesthesie.com/boutiny/non2/19h56me.htm.

pro Monat (2003) zählte sie über Jahre hinweg zu den bestbesuchten frankophonen Hyperfictions.[22] Mittlerweise sind die Zahlen gesunken. *Edward_Amiga* ist, was die Zahl der Seiten und die Dauer der Lektüre betrifft, von relativ überschaubarem Umfang, zeichnet sich aber durch eine hohe Dichte aus und ist daher für eine einführende Betrachtung ideal geeignet.

Zur Methodik: Um dem nicht mit dem Werk vertrauten Leser einen möglichst klaren Eindruck von der Werkstruktur zu vermitteln, wird nah am Werktext gearbeitet, mit zahlreichen Beispielen und Zitaten.

7. Verwendete Medientechniken

Wie viele andere Hyperfictions bietet auch *Edward_Amiga* vor Beginn der Lektüre eine Gebrauchsanleitung,[23] die den User-Leser auf das kommende Erlebnis der Hyperfiction einstimmt und handwerklich vorbereitet.

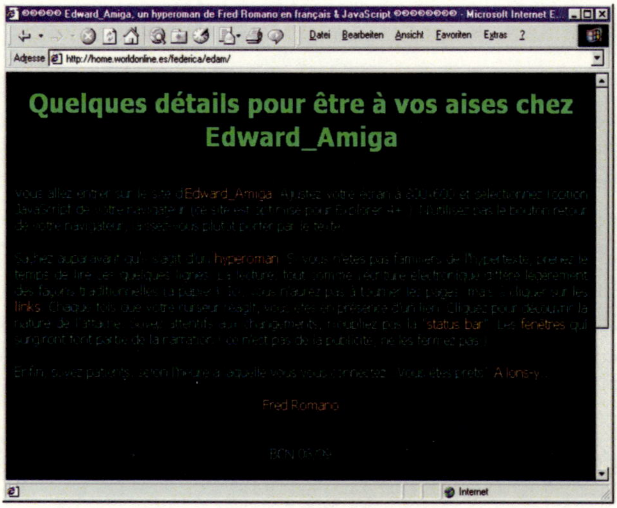

Abb. 8: Eingangsbildschirm von Edward_Amiga

22 Über ein Icon auf der Eingangsseite gelangt man zu http://extreme tracking.com/open;unique?login=frederi. Das Programm eXTReMe TRACKING liefert als Paratext statistische Daten über die Visits auf der Seite *Edward_Amiga*. Es werden hier die letzten Aufrufe und die Rechner-Namen der Besucher gelistet, sowie die durchschnittliche Zahl der Besucher der Seite in unterschiedlichen Zeiträumen (kurzfristig pro Einzeltag, aber auch über einen längeren Zeitraum hinweg).

23 http://www.terra.es/personal/fromano/.

Der Titel der Hyperfiction „Edward_Amiga“ findet sich auf dieser Seite nur in der Titelleiste des Browsers. Dieser Titel, komplett „©©©©© Edward_Amiga, un hyperoman de Fred Romano en français & Java Script ©©©©©©©©“, bezeichnet das Werk als „hyperoman“, ein Begriff, der sich als Neologismus von der zu erwartenden morphologischen Bildung „hyperroman“ leicht unterscheidet – Ausdruck für das Bestreben der Autorin, einen neuen Typ Roman zu schaffen.

Überraschend ist die weiterhin im Titel formulierte Gleichsetzung der natürlichen Sprache Französisch mit der Programmiersprache JavaScript, was für das ganze Werk Programm ist. In einer im Internet veröffentlichten E-Mail erklärt die Autorin: „Programmation to me is just a part of literature. JavaScript belongs to linguistics.“[24] Tatsächlich sind diese beiden Codes, so unterschiedlich ihre kommunikative Verwendbarkeit sein mag, gleichermaßen konstitutiv für das Erscheinungsbild der Hypertextseite, ihre ausdrückliche Kombination erscheint daher interessant sinnstiftend: Sie tragen auf verschiedenem Wege zu dem gemeinsamen Ziel bei, dem User-Leser Ansätze und Anregungen zum Verständnis der Geschichte zu geben sowie ihm die Fähigkeit zu neuen Sichtweisen zu verleihen.

Die Notwendigkeit derartiger Präambeln zeigt deutlich, dass der Umgang mit Medien eine zu erlernende Kulturtechnik ist, die zumindest zum gegenwärtigen Zeitpunkt nicht als selbstverständlich voraussetzbar ist.

Die Einführungsseite liefert wichtige Hinweise für die Rezeption der Hyperfiction, die gerade mit Blick auf die Deautomatisation höchst aufschlussreich sind. Wie in einem Tutorial werden dem User-Leser die in der Hyperfiction *Edward_Amiga* verwendeten, vom üblichen Software-Gebrauch abweichenden Ausdrucksmittel vorgeführt.

Dabei wird auf Grundlegendes wie den Einsatz von Maus und Direktmanipulation und auf Cursorreaktionen als Anzeichen von Links hingewiesen, aber auch auf echte Neuerungen. Sehr vielsagend ist etwa die Aufforderung an den User-Leser, beim Entdecken eines Links diesen gewissermaßen „neugierig“ stets auch zu aktivieren, „pour découvrir la nature de l'attache [...]“. Weitere, wesentliche Hinweise gelten formalen Interface-Elementen: „Soyez attentifs aux changements, n'oubliez pas la „status bar“. Les fenêtres qui surgiront font

24 http://www.burningpress.org/wreyeting/archives/wr_eye_tings_Di01_14_00.html (zuletzt: 15.03.02).

partie de la narration (ce n'est pas de la publicité, ne les fermez pas!)." Hier wird auf die Textorte der Statuszeile und der automatisch erscheinenden kleinen Teilfenster hingewiesen und die Beachtenswürdigkeit der an dieser ungewohnten Stelle präsentierten Information betont.[25] Befolgt der User-Leser die empfohlene Anweisung und aktiviert die hier angezeigten Links, so werden ihm auch gleich die Arten von Ereignissen demonstriert, die ein Link nach sich ziehen kann: es erscheinen eine neue HTML-Hauptseite, ein Dialogfenster und ein kleines HTML-Teilfenster.

Die Klicks auf die Links „Vous allez entrer sur le site d'Edward_Amiga." sowie „Allons-y!" führen den User-Leser weiter zur nächsten Hauptseite, erkennbar an dem neuen URL in der Adresszeile. Dieser Linktypus ist Standard im Hypertext. Die Spezialität von Hyperfiction ist dagegen der Aufruf eines entfunktionalisierten Dialogfensters, wie es am Beispiel „Sachez auparavant qu'il s'agit d'un hyperoman." demonstriert wird. Der Link „hyperoman" verweist auf keine neue Seite, sondern auf ein graues Dialogfenster. Ausgegliedert aus dem eigentlichen Textkorpus erscheint wie ein Lexikoneintrag ein Erklärungstext in diesem Meldungsfenster, der eine kurze Definition von „hyperoman" enthält.

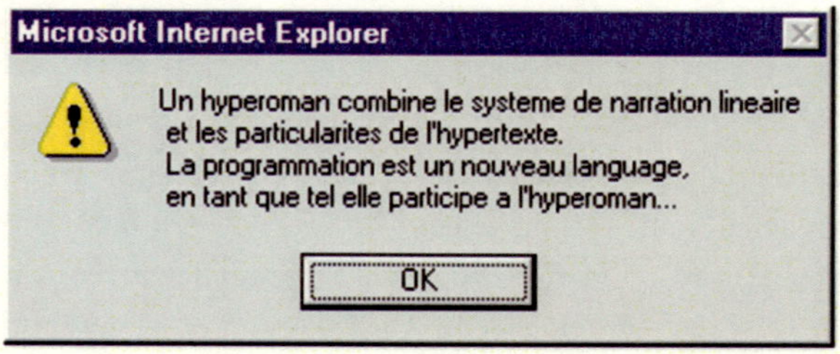

Abb. 9: Dialogfenster als Systemantwort nach Klick auf den Link „hyperoman"

In *Edward_Amiga* werden unterschwellige Gefühle, Hinweise und auch Warnungen stets in Bezug auf die Glaubwürdigkeit des Inhalts des Hauptfensters für den User-Leser formuliert. Die heterodiegetisch als

25 Zugleich wird auf eine der Tücken des Mediums Bezug genommen: das unerwünschte Zukleistern des Bildschirms durch Werbefenster, die der User-Leser gewöhnlich verärgert und unbesehen entfernt. Für eine Hyperfiction, die Meldungsfenster intensiv in ihre *narration* integriert, wäre ein solches Missverständnis ein erheblicher Informationsverlust.

Autorin der Hyperfiction auftretende Figur Fred Romano wendet sich als Erzählerin beispielsweise direkt an den User-Leser, um das im Text angelegte Unbehagen hinsichtlich der Glaubwürdigkeit der Behauptungen zu schüren. Homodiegetisch verleihen die Meldungsfenster an anderer Stelle (im Frame-Teilfenster „une autre possibilité“[26]) der Skepsis der Figur Marlène in comicartiger „Denkblasen“-Manier Ausdruck.

Ein weiteres Spezifikum der Hyperfiction, das in *Edward_Amiga* genutzt wird, ist die bereits genannte Anzeige von Teilen der *narration* an unüblichen Orten für inhaltliche Information, die in ihrem Kontext zusätzliche Textebenen zum Haupttext liefern und als Paralleltext nicht von diesem zu trennen sind. Dies ist hier einerseits die Titelleiste der Hauptfenster, und andererseits die Statuszeile. Wo der Klick auf den Back-Button des Browsers in der Liste der besuchten Seiten eine Synopse ihrer Seitentitel anzeigt, muss der Kontext der Statuszeilenkommentare manuell erstellt werden. Diese textergänzenden Kommentare fügen den Textteilen des Hauptfensters je nach Mausposition eine weitere Dimension hinzu. Wie eine Geheimbotschaft ergänzt der unauffällige Text der Statusleiste den Haupttext und liefert wichtige Indizien für dessen Verständnis, weist z.B. auf die wichtige Dichotomie zwischen *chair* und *machine* hin:

EDWARD NE MENT JAMAIS PUISQU'IL CONCOIT DES SYSTEMES ETERNELS........
LE MENSONGE EST RESERVE A CEUX QUI PENSENT LE TEMPS A COURT TERME !!!!........
L'ETERNITE QUANT A ELLE ELEVE AU-DESSUS DE LA TRIVIALITE........"
LAQUELLE REGNE TOUTE-PUISSANTE DANS CE MONDE SANS PERSPECTIVE........
MAIS HELAS LE PROBLEME SE SITUE DANS LA CHAIR DU SUJET........
ET PARFOIS, PLUS INQUIETANT ENCORE, DANS LA CHAIR DE LA CHAIR!........ [27]

Nimmt man den Paratext als integralen Bestandteil des literarischen Werks wahr, wird die auktoriale Erzählsituation, die erzähltechnisch übrigens die ganze Hyperfiction akzentuiert, in der Bedienungsanleitung sichtbar. Diese impliziert eine doppelte Codierung von Sender und Empfänger: Auf einer höheren Kommunikationsebene erteilt die

26 http://www.terra.es/personal/fromano/Edw_amiga/faux1.htm.
27 http://www.terra.es/personal/fromano/Edw_amiga/indexb.htm.

Autorin Fred Romano dem real existierenden User-Leser Instruktionen und vermittelt ihm ein konkretes, in seiner Realität anwendbares Wissen. Diese doppelte Codierung zieht sich durch die ganze Hyperfiction und schlägt sich, wie im Gros der Hyperfictions, in Formen der *mise en abyme* nieder.

So wird auf der einführenden Seite die nur scheinbar rhetorische Frage „Vous êtes prêts?“ mit dem Imperativ „Allons-y!“ beantwortet, der nicht nur den fiktiven Leser in die Geschichte einlädt, sondern eine echte Handlungsdirektive für den realen User-Leser darstellt, denn der Klick auf den Link bedeutet den Eintritt in das Erzähluniversum von *Edward_Amiga* und damit den Beginn der eigentlichen *narration*.

8. Das vernetzte Zusammenspiel von Struktur und Funktion

Der Inhalt der Hyperfiction lässt sich recht einfach zusammenfassen: Der äußerst zurückgezogen lebende Computerexperte Edward_Amiga erhält Besuch von seiner, einer neuen Generation von Computer-Künstlern angehörenden Tochter Marlène_PC. Diese Begegnung bringt für beide schmerzhafte Erinnerungen aus der Vergangenheit ans Licht, es gelingt ihnen jedoch, die Entfremdung langsam zu überwinden und schließlich doch (oder allem Anschein zum Trotz doch nicht?) zueinander zu finden. Dem User-Leser fällt die Aufgabe zu, die Begegnung (innerhalb klarer Grenzen) voranzutreiben und, unterstützt durch Kommentare und Anregungen der als Figur auftretenden Autorin Fred Romano, die Protagonisten einem Schlusspunkt zusteuern zu lassen.

Zu Beginn der *narration* befindet sich Edward_Amiga in seinem chaotischen Refugium und gibt sich wie ein Einsiedler seinen Studien hin, v.a. aber auch einem misanthropischen Groll gegen seine Mitmenschen.

Der Text des Hauptfensters gibt intern fokalisierte Einblicke in Edwards Innenwelt. Zahlreiche durchaus heterogene und einander rasch abwechselnde Gedankenfetzen zeichnen ein deutliches Psychogramm des Protagonisten als eines der Menschenwelt abgewandten verbitterten Eigenbrötlers, der Lebenssinn und Befriedigung nur in der Beschäftigung mit Computern (nämlich dem Amiga) findet.

So erinnert er sich mit Geringschätzung an seine Arbeitsstelle an der „école prestigieuse des Visual Arts de Rotterdam“,[28] wo er sich weder mit den Kollegen noch mit den Studenten vertragen konnte und

28 http://www.terra.es/personal/fromano/Edw_amiga/vie.htm.

Inbrunst entnimmt der User-Leser den typographisch „lauten“ Großbuchstaben und dem dreifachen Ausrufezeichen.

Diese zweite Hauptseite unterscheidet sich optisch, v.a. aber auch erzähltechnisch von der ersten Hauptseite: Nun wird strikt auf Marlène fokalisiert. Während sie vor der Tür wartet, durchlebt sie, gefärbt durch ihre euphorische Stimmung, in einem *stream of consciousness* noch einmal ihr triumphales Einstellungsgespräch. Vertreter von Cybercable (grafisch ironisiert durch ein christliches Auge der Vorsehung) haben in einem Aufzug auf Marlène gewartet und ihr den Vertrag präsentiert: „VOICI NOTRE PROPOSITION“.[34] Klickt der User-Leser neugierig den Link an und lässt dadurch metafiktional Marlène ebenso neugierig nachfragen, worum es denn geht, setzt er eine Maschinerie sich gegenseitig aufrufender Teilfenster mit wohldosierten Informationshäppchen in Gang.

Votre salaire: 5.000 fl par mois
[OK]

NET !
[OK]

Vos frais rembourses
jusqu'a 2.000 fl par mois!
[OK]

y compris les frais de transport!
[OK]

Der Klick auf den OK-Button des Fensters kommt dabei einer Zustimmung, der Annahme der Bedingung gleich, die der User-Leser für/als Marlène vornimmt. Der Dialog wirkt dabei sehr plastisch, obwohl tatsächlich keine einzige direkte Rede von Marlène vorkommt; „hörbar“ ist nur der Monolog der Versprechungen durch die Firma.

Die Überredung endet mit der Warnung: „N'y pensez pas à deux fois! Signez ci-dessous: [OK]“. Mit diesem letzten „OK“ schließlich hat der User-Leser den Vertrag für Marlène endgültig angenommen und unterzeichnet.

Damit glaubt sich Marlène am Ziel ihrer Träume, sie plant ein eigenes Projekt zu realisieren, einen *hyperoman* (!) im Netz, der sich in wesentlichen Punkten von einem Printroman unterscheiden soll. Der

34 http://www.terra.es/personal/fromano/Edw_amiga/propo.htm.

User-Leser stößt beim Verfolgen des Links auf eine der Eingangsseite zum Verwechseln ähnliche Seite namens „Marlène_ PC".[35] Klickt der User-Leser auf den auch hier „Allons-y!" genannten Einstieg in die Geschichte, landet er allerdings nicht auf der auf Edward fokussierten Seite, sondern folgerichtig bei Marlène – allerdings nicht ohne Verschiebung der diegetischen Ebenen: Diesmal werden die identischen HTML-Seiten, die zuvor als Marlènes Bericht des Einstellungsgesprächs durchlaufen wurden, als ihr eigenes Hyperfiction-Werk geschildert. Auch hier findet also wieder eine *mise en abyme* Anwendung, die Hyperfiction in der Hyperfiction verweist rekursiv auf sich selbst und lässt die beiden diegetischen Ebenen ununterscheidbar zu einer einzigen verschmelzen.

Auch für Marlène sind intern fokalisierte Rückblicke wichtig, die traumatische Erlebnisse der Vergangenheit lebendig werden lassen, und so auch ihr Psychogramm zeichnen. Besonderes Gewicht hat die hässliche Abschiedsszene, als die Mutter Marlène und Edward verlassen hat. Durch das Foto einer tausendfach gesprungenen Glasscheibe, die dieses Erlebnis bildmetaphorisch in Szene setzt, wird die zerstörerische Bedeutung des Ereignisses eindringlich vermittelt. Wie stark emotional aufgeladen dieses Ereignis für Marlène ist, zeigt die reiche Informationsfülle, die dem Bild technisch beigegeben ist: In einem Pop-up-Fenster, das sich bei Verharren der Maus auf der Abbildung zeigt, wird die wüste Schimpfkanonade der Mutter gegenüber Edward abgespielt („SALAUD! ENFLURE! [...] PAUVRE MERDE! TU N'AS MEME PAS ETE CAPABLE DE NOUS NOURRIR! [...]"), und mehr noch: der Klick auf das Foto liefert ein Dialogfenster, das den photographisch-metaphorischen Bezug zum Geschehen nochmals genauer erklärt: „La porte qui claque, le carreau qui se brise. Ses mots coupants comme le verre."[36]

Die Weichen für den Fortgang der Geschichte werden in einem weiteren grauen Dialogfenster durch die sich als Fred Romano (eigentlich der Name der Autorin!) bezeichnende Erzählerstimme gestellt: „Que se passe-t-il? Est-ce que je dois intervenir? Amicalement, Fred Romano..." Antwortet der User-Leser mit „OK", gelangt er in die nächste Etappe der Begegnung, antwortet er mit „Abbrechen", findet die Hyperfiction erst nach verschiedenen Schleifen wieder ihren Fortgang.

35 http://www.terra.es/personal/fromano/Edw_amiga/indexb1.htm.
36 http://www.terra.es/personal/fromano/Edw_amiga/depart.htm.

Die allmähliche Zusammenführung der Figuren Edward und Marlène geschieht auf der dritten Hauptseite.[37] Der Dialog, v.a. aber die Kluft zwischen den Figuren, die immer noch durch die Tür voneinander getrennt sind, wird durch die Nebeneinanderstellung der abstrakten Hintergründe der beiden vorherigen Hauptseiten (hellblau wie auf der Edward-zentrierten Seite und rot-braun gemustert für Marlène) optisch verstärkt. Die Unterhaltung wird in Dialogfenstern wiedergegeben, wobei die semantisierten Hintergründe als Ersatz für die fehlenden Inquit-Formeln die Sprecherzuordnung erleichtern.

Im Laufe dieses Gesprächs will Edward Marlène nur gegen ein korrektes Passwort einlassen, das der User-Leser für Marlène eingeben muss. Solange er dabei scheitert, scheitert auch Marlène.[38] Dieses Gespräch wird daher im Wesentlichen durch die (vergeblichen) Bemühungen des User-Lesers gesteuert, bis am Ende Edward seine Tochter doch noch erkennt und ihr das Passwort verrät. Die Tür öffnet sich, auf dem Bildschirm erkennbar an einem gemeinsamen neuen Seitenlayout, das sich zu roter Schrift auf rosa Hintergrund ändert und ein rosenrotes Happy-End andeutet:

> La porte s'est ouverte. Marlene_PC se figea, immobile sur le seuil, face à Edward_Amiga dont l'ombre emplissait le vestibule. Puis . . .
>
> . . . dans un élan incontrôlé, elle s'est jetée à son cou. Edward_Amiga, tout d'abord surpris, la serra alors contre son coeur. Ils avaient tant attendu cet instant. [...] Ils n'avaient guère besoin de mots, leurs larmes de joie leur suffisaient.[39]

Der Titel der Seite ist sprechend. „La porte s'ouvre sur de nouvelles possibilités de nos cyberhéros....“ Was damit gemeint ist, muss aber erst dechiffriert werden: Der Ton des Textes ist, noch dazu vor dem zuckerrosa Hintergrund, zu kitschig-pathetisch, als dass er für bare Münze genommen werden darf, und bei genauerem Hinsehen wird klar, dass die Seite in Wahrheit aus zwei Frames besteht und vertikal unsichtbar in zwei Teile getrennt wird. Der Schnitt erfolgt nach dem „Puis“, das ver-

37 http://www.terra.es/personal/fromano/Edw_amiga/index2.htm.
38 Tatsächlich berichtet Fred Romano in einem Interview mit der Verfasserin am 28.02.07, dass an dieser Stelle ein Großteil der Leser scheitert: „malheureusement, à ce stade, la plupart des lecteurs sont si traumatisés par cette question qu'ils en oublient de lire le password qui s'affiche.“ Das Passwort steht nämlich nach einer Weile, während der der Leser völlig handlungsunfähig und daher in der Tat der Verzweiflung nahe ist, explizit da.
39 http://www.terra.es/personal/fromano/Edw_amiga/faux.htm (15.03.02).

stärkt durch die retardierenden Punkte ein erstes Indiz gegen eine allzu sentimental-idyllische Auflösung ist. Die Denkpause, die dem User-Leser förmlich aufgezwungen wird, hat eine Funktion: Nach einigen Sekunden erscheint automatisch ein Dialogfenster, das augenblicklich alle Illusionen zerstört: „... Vous y croyez, à ces retrouvailles? ...“[40] Klickt der User-Leser dann auf „Abbrechen“ als Form des Verneinens, wechselt der untere Frame des Fensters und legt eine andere Schlussszene nahe, „une autre possibilité“,[41] die im Kontext sehr viel plausibler ist:[42]

Marlène_PC est entrée bravement. Son père s'est effacé pour lui laisser le passage. Le silence s'installa. Embarrassée, elle promena son regard dans la pièce.

Von da an ist der Text im unteren Teil ein dunkles, lebloses Violett, sind alle Links optisch nicht mehr wie bisher von den normalen Textelementen zu unterscheiden. Um nun die Falle nicht zu perfekt zu machen, wird wieder eine Rezeptionshilfe nötig: Das automatisch erscheinende Meldungsfenster „Cherchez les links du bout des doigts“. Erst beim tastenden Lesen, wie ein ABC-Schütze dem Text beim mühsamen Buchstabieren mit dem Finger folgt, werden die verborgenen Anknüpfungspunkte manifest. Dann aber umso deutlicher: Durch größere Schrift, Fettdruck, Blockschrift und abweichende Farbe springt der von der Maus berührte Link den User-Leser förmlich an. Die Links führen zu Kommentaren in Dialogfenstern, metaphorisch für die unterschwelligen Gedanken Marlènes; ihre Kommentare entlarven Edward als notorischen Lügner: Der Link „Pardon“ erzeugt die Meldung „Papa me sidère de sa capacité prodigieuse à inventer des excuses. [...]“ und der Link „Kosovars“ führt zu: „Il ment!!! [...] Déjà qu'avec sa propre fille...“. Die Folgeseite besitzt nur einen einzigen Link, „avenir“, der sehr unauffällig im oberen Teilframe in einem tabellarisch wiedergegeben Dialog platziert ist und ein fazitartiges Meldungsfenster öffnet:

... Constat d'impuissance:
parfois les reves s'egarent et se diluent,
d'autres fois, ils prennent de bien etranges voies
On ne peut JAMAIS savoir......

40 Dialogfenster erscheint zugleich mit http://www.terra.es/personal/fromano/Edw_amiga/rencon1.htm.

41 http://www.terra.es/personal/fromano/Edw_amiga/faux1.htm.

42 Klickt der User-Leser, gewissermaßen unsensibel für die Untertöne dennoch auf OK und bekräftigt damit seinen Glauben an das süße Happy-End, landet er nach einigen Klicks doch auch bei der Illusion. Nur wird sie ihm in diesem Fall dann von außen aufgezwungen.

Dem Schein stets mit wacher Aufmerksamkeit und einer gesunden Skepsis zu begegnen, ist der Leitspruch der ganzen Hyperfiction! Nicht umsonst ist „JAMAIS“ durch die Großschreibung mit einer besonderen Emphase versehen. Daran schließt sich auch schon die Schlussseite der Hyperfiction an, tatsächlich die letzte Seite des Werks. Sie empfängt den explorierenden User-Leser, der bis an dieses Ziel gelangt ist, mit reichen Lorbeeren, vgl. Abb. 10:

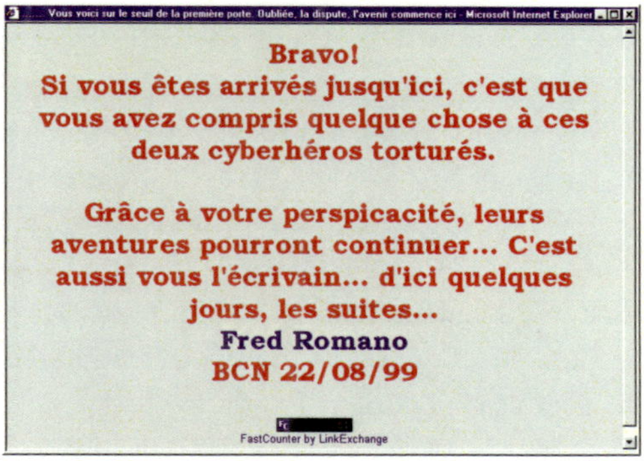

Abb. 10: Schlussseite von Edward_Amiga[43]

Von dieser Seite führen keine weiteren Links in die Diegese zurück. Es handelt sich daher bei *Edward_Amiga* um eine spindelförmige, geschlossene Hyperfiction, mit einem klaren Anfang und Ende. Das hypertextuelle Rhizom ist also nicht das entscheidende Strukturmerkmal bei *Edward_Amiga*. Die zahlreichen Links auf jeder einzelnen Seite sind in der Regel nur einen Klick weit reichende, tentakelartige Digressionen vom ansonsten linear verlinkten Hauptstrang, sie tragen aber qualitativ entscheidend zur Wahrnehmung der darin enthaltenen Informationen bei.

Die Hyperfiction endet formal, wie sie begann: mit einem Dialog zwischen der Autorin und dem User-Leser. Der Entwicklungsstand des User-Lesers ist aber nicht der gleiche, er hat eine Bildung, eine Entwicklung durchlaufen: Nach Absolvieren der Aufgaben, dem Umgehen der diversen Fallen und Hürden hat er die Prüfung der Hyperfiction-Tauglichkeit bestanden. Er hat sein technisches, v.a. aber inhaltliches Verständnis des Werks unter Beweis gestellt und stößt die „porte“ zu einem nächst höheren „Spiellevel“ auf – da sich aber diegetisch keine (schwierigere) Fortsetzung findet, bleibt allein der Schluss, dass

43 http://www.terra.es/personal/fromano/Edw_amiga/porte1.htm.

der Gewinn beim realen Leser liegt, der nun bereit ist, die jüngste Gattung der Medienliteraturen, die Hyperfiction, für sich zu erobern.

9. Fazit

Das Schlusswort spricht das Programm der Hyperfiction explizit aus: „C'est aussi vous l'écrivain..." Die etablierten Rollen von Autor, Leser und Werk werden aktualisiert, streckenweise gar auf den Kopf gestellt. Der User-Leser hat eine praktische Umsetzung des Barthes'schen Diktums vom „Tod des Autors"[44] durchexerziert. Nicht der Autor stirbt aus, auch löst der Leser ihn nicht in seiner Schöpfungsleistung ab, sondern es ist vielmehr die gemeinsame konstruierende und dekonstruierende Lektürepraxis, die dem Leser die tieferen Dimensionen des literarischen Werks zugänglich macht. Dies kann der User-Leser bei *Edward_Amiga* sehr anschaulich erleben – natürlich stets metaphorisch, da er auch hier keinen physischen Zugriff auf den *Signifié* hat. Das neue Medium des Computers fördert durch die Fragmentarisierung und die nonlineare Textorganisation sowie durch das Spiel mit den Erwartungen des User-Lesers das Erleben des Textes als Experimentierfeld. Die Abweichungen von den software-ergonomischen Konventionen leisten hierfür wertvolle Dienste, da sie neue deautomatisierende Mechanismen in Gang setzen, die ein aktives Partizipieren des User-Lesers in ungewohnter Intensität und Selbstverständlichkeit fördern. Geradezu parabolisch stehen die verborgenen Informationen als neue, nicht routinekonforme Medientechniken für die Zwischenebene, die der Leser dem „texte scriptible" hinzufügt und ihn über den existierenden *Signifiant* hinaus erst zum wahrhaft reichen (und individuellen) *Signifié* macht. Denn es ist, um erneut Barthes zu bemühen, auch legitim, dass der Leser die zusätzlichen Informationsebenen nicht findet.[45] Diese Einschichtigkeit geht allerdings auf Kosten des „plaisir du texte" – dem Text mangelt es dann an Mehrschichtigkeit und Mehrdimensionalität.

Wie *Edward_Amiga* sehr deutlich vermittelt, entsteht erst durch die neugierige Interaktion des User-Lesers das eigentliche Werk. Der materielle Teil, der *Signifiant*, ist nicht mehr statisch fixiert wie der Text eines Buchs, das literarische Werk ist in der Hyperfiction nun auch Ereignis, Aktion und Interaktion. Der User-Leser schafft zwar

44 Roland Barthes: *Le Bruissement de la langue*. Paris: Seuil 1984, S. 60.
45 Roland Barthes: *Le plaisir du texte*. Paris: Seuil 1973, S. 19.

physisch keine neuen *Signifiants*, etwa durch das Hinzufügen eines neuen Kapitels, aber er bringt das Werk überhaupt erst in seinen „aktiven", rezipierbaren Zustand. So transformiert der User-Leser die Textvorlage und verleiht dem Werk die notwendige „touche finale".

Ein wesentliches inhaltliches Motiv ist die Lüge, das Spannungsspiel zwischen Realität und Virtualität, Objektivität und Subjektivität, die ihrerseits allesamt als begriffliche Instanzen zu hinterfragen sind. Die Differenz zwischen Sein und Schein wird in äußerst geschickter Weise kookkurrent durch die Medientechniken der deautomatisierten Software-Ergonomie wiederholt, die die Diskrepanz zwischen Vorder- und Hintergründigkeit des Werks, zwischen dem ersten und dem zweiten Blick des Analytikers bildhaft werden lassen. Dadurch wird der Computer zu einem Medium, das Fälschungen, Täuschungen und das metafiktionale Spiel mit dem Verwischen der verschiedenen Kommunikationsebenen begünstigt. So werden in *Edward_Amiga* Autor, Erzähler und sogar eine Figur der Diegese scheinbar gleichgesetzt, zugleich aber auch die Rollen von Rezipient, Autor und Figur vermischt.

Hybridisierung und Konvergenzbildung sind für die neuen Medien charakteristisch; ihre konsequente Realisierung durch neue mediale Ausdrucksformen in der Hyperfiction stellt allerdings literaturgeschichtlich und -theoretisch ein bemerkenswertes Novum dar. Als erste ernstzunehmende französischsprachige Hyperfiction liefert *Edward_Amiga* als ein Brückenkopf für die gesamte Gattung der Hyperfiction nicht nur eine bemerkenswerte Einführung in neue Medientechniken und stellt zugleich auch ein Lehrstück postmoderner Lektürepraxis dar, sondern lässt uns einen erfrischend ungewohnten Blick auf die zeitgenössische Literatur werfen.

Spiel und Geschichte

Vorüberlegungen zu einer Narrativik des Computerspiels

FRANZISKA SICK

1. Einleitung

Eine Schlange haust in einem wohl abgezirkelten Geviert, in dem sich ihr stets ein punktförmiges Etwas zum Fraße darbietet. Immer wenn sie dieses Etwas gefressen hat, wächst sie. So kommod diese Schlange lebt – sie hat in ihrem Geviert nur ständig sich aufs Neue darbietende Nahrung und keine Feinde –, so lebensbedrohlich ist, insgesamt betrachtet, ihre Situation. Denn wenn die Schlange aufgrund einer falschen Bewegung gegen die Wand des Gevierts oder gegen ihren eigenen Körper stößt, ist dies für sie letal. Je mehr sie frisst, desto länger wird sie und desto schwieriger wird es für sie, eine solche Kollision zu vermeiden. Schließlich stirbt sie.

Man kann diese Ereigniskette wie eine Art kleine Geschichte lesen. Allerdings findet sich diese Geschichte nicht in einer Erzählung; sie gibt das Geschehen eines Computerspiels (*Snake*) wieder. Und obwohl dem Spiel eine Geschichte zugrunde liegt, wird man nicht sagen wollen, *Snake* erzähle eine Geschichte. Es stellt sich deshalb die Frage, worin der Unterschied zwischen Spiel und Geschichte besteht.

Aktuell ist diese Frage, weil neuere Forschung die narrativen Züge des Computerspiels herausarbeitet, ohne die Differenz zwischen Spiel und Geschichte hinreichend geklärt zu haben. Besitzen nur Computerspiele narrative Züge? Und wenn ja, weshalb? Weshalb stellt sich die Frage nach der Narrativität von Spielen erst mit dem Computerspiel?

Aktuell ist diese Frage auch, weil das Paradigma Computerspiel gängigen Thesen heutiger Medientheorie zuwiderläuft. Das Gros der Medientheorien bestimmt die neuen Medien – und so auch den Computer – als Simultanmedien und grenzt sie von den linearen Medien der Schrift und der gesprochenen Sprache ab. So kontrastiert etwa Norbert Bolz die neue Welt der *Icons*, Bilder und Hyperlinktexte, die der Computer eröffnet, mit der alten Welt der Bücher und Texte.[1] Vilém Flusser geht so weit, in Anbetracht der neuen Medien und ihrer simultanen Pikturalität das Ende geschichtlichen Denkens auszurufen.[2] Wenn nun aber Computerspiele narrative und lineare Züge aufweisen, sind so geschichtsmächtige Prognosen wie die vom Ende geschichtlichen Denkens oder von der Simultaneität der neuen computermedialen Welten in Frage zu ziehen.

Dass Computer auch als lineare Medien fungieren können, zeigt alltägliche Spielerfahrung. Wer jemals vergessen hat, einen Spielstand zu speichern und deshalb mit dem Spiel von vorne beginnen musste, wer jemals Mühe hatte, ein Spiel-Level zu überwinden und deshalb nicht „weiterkam", weiß, wie nachgerade unerbittlich linear Computerspiele aufgebaut sind. Bücher sind an dieser Stelle beträchtlich konzessiver: Sie erlauben es dem Leser, vorwärts und rückwärts zu blättern. Das flüchtig Überlesene, das Unbewältigte kann nachgelesen, das Unverständliche überblättert werden.

Man mag diese Beispiele für Randphänomene halten, sie wecken dennoch Zweifel, ob die verbreiteten Schlagworte von der Pikturalität und Simultaneität der neuen Medien nicht eine voreilige Generalisierung darstellen. Diese hat ihre Wurzel in methodischen Gründen. Weil die Medientheorie, herkommend von Walter Benjamin und Marshall McLuhan, vorrangig den historischen Wandel der Medien in den Blick

---

1 Vgl. Norbert Bolz: *Am Ende der Gutenberg-Galaxis. Die neuen Kommunikationsverhältnisse*. München: Fink 1993, S. 183-233.

2 Vgl. Vilém Flusser: *Kommunikologie*. Frankfurt a.M.: Fischer 1998, S. 236: „Der Umsturz der Codes, welcher durch die Nervensimulationen wie TV, Computer und Video hervorgerufen wird, ist mindestens ebenso gewaltig wie der von der Dampfmaschine verursachte Umsturz. Das eindimensionale Alphabet wird von bewegten und tönenden Flächen verdrängt, die Farben gewinnen semantische Dimensionen und werden allgegenwärtig, und Dialoge werden von rundgefunkten Diskursen in die Ecke gedrängt und verschwinden. Da das lineare Alphabet und der Dialog die Strukturen sind, in welchen die historische Existenz sich ereignet, bedeutet die Kommunikationsrevolution das Ende der ‚Geschichte' im exakten Sinne dieses Wortes."

nimmt, überspringt sie tendenziell synchrone, systematische und gattungsdifferenzielle Beziehungen. Weil sie ferner den Begriff des Mediums primär technisch fasst, überspringt sie tendenziell die Differenz zwischen allgemeinem, konzeptuellem Medium (ein solches wäre beispielsweise die Schrift) und technischer Implementierung dieses Mediums (das wären das Buch oder der Hypertext). Die Ausblendung dieser Differenzen führt da und dort zu Übertreibungen. So sehr man bei Hypertexten den Aspekt der Simultaneität zu Recht betont – auch bei Hypertexten wird man, eben weil sie Schrift sind, einige Sätze linear lesen müssen, um überhaupt etwas zu verstehen. Grundsätzlicher gefasst: Die technische Implementierung der Schrift im Hypertext kann – bei aller Simultaneität, die das neue Medium erlaubt – die Medialität des Schriftkonzepts und seine Linearität nicht völlig außer Kraft setzen.

Thema und Gliederung der nachstehenden Ausführungen sind von diesen methodischen Vorüberlegungen geprägt. Mit der kontrastiven Gegenüberstellung von Spiel und Geschichte wird ein synchrones und vergleichsweise strukturales Beziehungspaar als Ausgangspunkt gesetzt. Dieses stellt kein technisches Medium oder keine konkrete Implementierung dar, sondern bezeichnet konzeptuelle Grundformen – eben die von Spiel und Geschichte. Erst vor dem Hintergrund dieser medialen oder aber auch gattungsmäßigen Differenz wird der mediale Wandel, den das technische Medium Computer in beide Bereiche einführt, zu beschreiben sein. These ist, dass unter den Bedingungen des Mediums Computer die mediale Differenz von Spiel und Geschichte in Teilbereichen verschwimmt. Während Geschichte im Hypertext offen und spielerisch wird, nähert sich im Computerspiel das Spiel an die Geschichte an.

2. Narrative Grundmerkmale des Spiels

Typischerweise untersucht man unter dem Stichwort einer Narrativik des Computerspiels dessen Darstellungsweise oder – in narratologischen Termini – den *récit*. Denn fraglos besitzt z.B. ein *Ego-Shooter* eine andere „Erzähl"-Perspektive als ein Strategie-Spiel. Dem Blick über die Totale des Spielfeldes hier steht der eng perspektivierte Blick über Kimme und Korn dort gegenüber.[3] Solche Detailbeobachtungen

3 In ihrer Dissertation *Gespielte Geschichten. Struktur- und prozessanalytische Untersuchungen der Narrativität von Videospielen* (Weimar: Bauhaus-Universität 2000) zeigt Britta Neitzel, dass bei narratologischen Feinanalysen

überspringen jedoch die grundsätzlichere Frage, ob und inwieweit Spiele überhaupt mit Geschichten zu vergleichen sind. Ich stelle diese Frage in den Vordergrund und versuche von ihr her den Wandel zu beschreiben.

Obwohl ein Spiel wie das eingangs zitierte *Snake* keine Geschichte, sondern ein Spiel ist, besitzt es wesentliche Strukturmerkmale einer Geschichte. Wenn auch in abstrakter, reduzierter und modifizierter Form gibt es in ihm einen Handlungsort, zwei Figuren und nicht zuletzt eine Handlung.

Der Handlungsort in *Snake* ist das Spielfeld. Das ist sicherlich ein unplastischer Ort, der mit nichts weiter als mit vier Linien bezeichnet ist, die sich zu einem Quadrat fügen. So abstrakt dieser Ort ist, so wirkmächtig beeinflusst er das (Spiel-)Geschehen. Der Kontakt der Schlange mit der Grenze des Spielfelds ist, wie gesagt, letal.

Snake besitzt ferner zwei Figuren – die Schlange und ihre Beute. Man mag einwenden, dass diese Figuren nur in rudimentärer Weise Figuren sind und dass sie kaum so etwas wie einen Charakter besitzen. Die Schlange in *Snake* ist nur eine sich schlängelnde Linie, ein dicker Strich, der sich über den Monitor windet. Ihr Charakter besteht einzig darin, dass sie gefräßig ist. Wenn andererseits ein Aktantenmodell wie das von Greimas den Charakter von Figuren auf einige wenige Eigenschaften und die aus diesen sich ergebende Dynamik des Handlungs-

---

etwa zur Erzählperspektive eine Orientierung am Film durchaus sinnvoll ist. So lassen sich bei der Playstation-Version des Spiels *Tomb Raider* die Bildeinstellungen, in denen der Spieler Lara Croft sieht, mit Filmeinstellungen vergleichen: „Wird der Blickmodus aktiviert, wenn sich Lara frei im Raum befindet, so bleibt die Kamera zwar hinter Lara, rückt aber fast bis an sie heran. Gibt man die Anweisung, nach oben zu schauen, verlagert sich der Kamerastandpunkt nach unten, und man sieht den Raum über Lara sowie Lara selbst, die den Kopf so hält, als schaute sie nach oben. Bei der Anweisung, nach unten zu schauen, verlagert sich der Kamerastandpunkt nach oben [...]. Der Avatar, der in jeder dieser Blickmöglichkeiten im Bild ist, bewegt den Kopf in die jeweilige Richtung. Im Blickmodus sind auch Schwenkbewegungen möglich, wobei der Avatar den Kopf in die jeweils angegebene Richtung mitschwenkt. Es wird hier im Gegensatz zum ersten Fall nicht der Blick selbst gezeigt, wohl aber eine blickende Figur, ein Verfahren, das auch im Film vorkommt [...]. In diesem *Over-the-Shoulder-Shot* werden die beiden Einstellungen in eine gebracht. Man sieht sowohl den Orientierungspunkt als auch ungefähr das, was von ihm aus gesehen wird, da die Blickachse des Zuschauers ungefähr parallel zur Blickachse der Figur verläuft." (S. 147). – Zum Blick im Film, vgl. Edward R. Branigan: *Point of View in the Cinema. A Theory of Narration and Subjectivity in Classical Film*. Berlin/New York/Amsterdam: Mouton 1984.

geschehens reduziert, so wird man unter den Vorzeichen einer solch abstrahierenden Literaturwissenschaft der Schlange ihre mangelnde Plastizität nachsehen dürfen.

Freilich besitzen die Figuren von *Snake* eine Eigenart, die den Figuren einer Geschichte nicht eignet. Die Schlange kann von dem Spieler des Spiels in ihrem Verhalten beeinflusst werden. Während der Leser einer Geschichte eine Figur in ihrem Verhalten nur betrachten oder auch interpretieren kann, kann ein Spieler seine Figur ziehen – er wächst so mit der Figur zusammen, nimmt deren Position operativ ein. Die Grundgegebenheiten dieses Aktanten übernehmend – spieltechnisch gesprochen: den Spielwert der Figur, die Zugmöglichkeiten, die die Figur vorgibt, einhaltend, aber auch ihre Möglichkeiten ausschöpfend –, wird der Spieler im Spiel zum Akteur.

Snake besitzt nicht zuletzt so etwas wie eine Handlung. Eine anfangs kleine und gefräßige Schlange wird mit zunehmender Nahrungsaufnahme größer, bis sie schließlich aus den bereits genannten Gründen stirbt. Dieser – wenn man so will – „Plot" des Spiels besitzt die Grundmerkmale einer Geschichte: Das Geschehen bewegt sich von einem Ausgangszustand über einen Zwischenzustand auf einen Endzustand zu. Wie bei der Figur ist auch hier festzuhalten, dass der Spielverlauf nicht deterministisch festgelegt ist. Trotzdem ist er nicht gänzlich offen. Das Spiel hat einen Spielzweck und dieser gibt das Ende vor. Wir wissen von Anfang an, dass und woran die Schlange sterben wird.

3. Zur Differenz von Spiel und Geschichte

Als Spiel ist *Snake* offener als eine Geschichte. Diese Offenheit erreicht das Spiel dadurch, dass es das Geschehen auf ein Schema von Spielregeln und Spielzweck reduziert. *Snake* stellt das Schema einer Fressgeschichte dar, so wie – in analoger Weise – das Schachspiel das Schema einer kriegerischen Auseinandersetzung darstellt. Diese Schematisierung ist für das Spiel essentiell. Denn wenn ein Spiel wie *Schach* einen bestimmten Krieg darstellen würde, wäre es nicht mehr spielbar, weil der Ausgang der Geschichte bis ins Detail festgelegt wäre. So offen ein Spiel ist, so geschlossen ist es zugleich. Handlungs- und Spielrahmen sind im Spiel von Anfang an bekannt. Man kann im Spiel nicht die Regeln oder den Handlungsrahmen verändern.

Eine Geschichte besitzt demgegenüber eine andere Dynamik. In ihr ist die Handlung insofern geschlossen, als der Rezipient, anders als der Spieler, keinen Einfluss auf sie hat. Sie ist jedoch zugleich offener, da sie nicht auf ein vorgegebenes Regelwerk und einen vorgegebenen Spielzweck eingeschränkt ist. Solange eine Geschichte noch nicht fertig erzählt ist, kann in ihr grundsätzlich alles geschehen. Eben deshalb sind Geschichten reichhaltiger als Spiele. Sie warten, um ein Paradigma aus der Novellentheorie zu zitieren, mit einer unerhörten Begebenheit auf, mit etwas, das außer aller Regel und außerhalb aller Erwartung ist. Wenn eine Geschichte jedoch einmal zu Ende erzählt ist, ist sie festgelegt. Anders als im Spiel, das man beim Wiederspielen anders spielen kann, muss man eine Geschichte beim Wiedererzählen gleich erzählen – oder man erzählt eine andere Geschichte.[4]

Geschichten sind dem Rezipienten gegenüber geschlossen, dem Inhalt nach jedoch offen. Eine Sonderform stellen in dieser Hinsicht Hyperlinkromane dar. Bekanntlich sind Hyperlinkromane Romane, die auf dem Medium Computer eine Geschichte darbieten, die in ihrem Erzählverlauf nicht festgelegt ist. Die Hyperlinktechnik erlaubt es dem Leser, über verschiedene Links zu unterschiedlichen Textpassagen zu verzweigen. Der Leser wird so in seiner Lektüre zum Akteur, der, wenn auch nicht die Geschichte selbst, so doch deren rezeptiven Verlauf beeinflusst.

Damit nähert sich der Hyperlinkroman an das Spiel an. Vorstellbar wäre als nächste Konsequenz und als Radikalisierung des Hyperlinkromans, dass der Eingriff des Lesers nicht nur die Lese-Reihenfolge der einzelnen Textsequenzen beeinflusst, sondern in regelgebundener Weise den Text modifiziert. Ein vollends dynamisierter Roman wäre lediglich ein Rahmen oder ein Regelwerk – also so etwas wie ein Spiel. Weiter ist diese hypothetische Dynamisierung des Textes nicht zu treiben. Denn wenn der Eingriff des Lesers nicht mehr regelgebunden wäre, würde aus dem Rezipienten in dieser hypothetischen Auszeichnung kein (Leser)Spieler, sondern ein (Leser)Autor.

Auch wenn der Hyperlinkroman unstrittig ein neues, offenes Literaturkonzept vorlegt, ist der innovative Charakter dieser Offenheit lite-

---

4 In ähnlicher Weise bestimmt Frank Furtwängler („'A crossword at war with a narrative'. Narrativität versus Interaktivität in Computerspielen." In: Peter Gendolla et al. (Hrsg.): *Formen interaktiver Medienkunst.* Frankfurt a.M.: Suhrkamp 2001, S. 369-400) den Unterschied von Spiel und Geschichte bzw. – in seiner Terminologie – von Narrativität und Interaktivität. Er betont jedoch ausschließlich den statischen Charakter der *narratio* und den dynamischen Charakter des Spiels. Lesenswert ist seine Studie wegen ihres breiten und kenntnisreichen Überblicks über unterschiedliche Spielmodelle.

raturgeschichtlich,[5] insbesondere aber kulturgeschichtlich zu relativieren. Denn die Offenheit, die man im Bereich der Literatur als ästhetisches Novum begrüßt, ist im Spiel eine Grundvoraussetzung seit je. Gemessen an den Einflussmöglichkeiten, die ein Spiel seinem Spieler bietet, sind die des Lesers von Hyperlinkromanen eher dürftig: Sie sind ein Spielraum von Links und nicht von Spielzügen. Das neue Medium gebiert also keine grundsätzlich neue Freiheit, sondern erlaubt es, eine Freiheit, die anderswo – im Medium des Spiels – bereits bestand, in das Medium der Geschichte einzuführen. Mit anderen Worten: Der technisch-mediale Wandel bewirkt nur eine Verschiebung und Annäherung auf der Ebene der konzeptuellen Medien Spiel und Geschichte. Er schafft kein grundsätzlich neues konzeptuelles Medium.

Im Gegenteil: Spiel und Geschichte stellen zwei so grundlegende wie zugleich konträre Bewältigungstechniken dar. Einem Wort Walter Benjamins zufolge ist der Erzähler jemand, der Rat weiß.[6] Geschichten erteilen Lehren, entweder unmittelbar, wie in der Fabel, als Deutungs- und Sinnangebot, wie bei der modellhaften Darstellung eines Lebens, oder auch nur, indem sie zur Interpretation herausfordern. Spiel und Simulation bereiten demgegenüber durch Übung auf die praktische Bewältigung des Lebens vor. Der deutenden Betrachtung dort steht hier die operative Übung gegenüber.

Alten Erfahrungsformen wie dem erzählerischen Rat und der kontemplativen Betrachtung von Bildern hat Benjamin eine moderne Erfahrung des Schocks, der Geschwindigkeit und der taktilen Rezeption gegenüber gestellt.[7] Bereits im Begriff des Taktilen, insbesondere aber

---

5 Linkstrukturen finden sich bereits in Julio Cortázars *Rayuela* (1963) oder, früher noch und etwas vermittelter, in Michel Butors Tagebuchroman *L'emploi du temps* (1956) – denn die unterschiedlichen Tagebucheinträge haben in diesem Text aufgrund vielfältiger Vor- und Rückverweise den Stellenwert von Links.

6 Vgl. Walter Benjamin: „Der Erzähler. Betrachtungen zum Werk Nikolai Lesskows." In: Rolf Tiedemann/Hermann Schweppenhäuser (Hrsg.): *Gesammelte Schriften*. Bd. II.2. Frankfurt a.M.: Suhrkamp 1980 [=Werkausgabe Bd. 5], S. 438-465.

7 Vgl. Walter Benjamin: *Das Kunstwerk im Zeitalter seiner technischen Reproduzierbarkeit*. 2. Fassung (entst. 1936). In: Rolf Tiedemann/Hermann Schweppenhäuser (Hrsg.): *Gesammelte Schriften*. Bd. I.2. Frankfurt a.M.: Suhrkamp 1980 [= Werkausgabe Bd. 2], S. 471-508, hier: S. 502: „Aus einem lockenden Augenschein oder einem überredenden Klanggebilde wurde das Kunstwerk bei den Dadaisten zu einem Geschoß. Es stieß dem Betrachter zu. Es gewann eine taktile Qualität. Damit hat es die Nachfrage nach dem Film begünstigt, dessen ablenkendes Element ebenfalls in erster Linie ein taktiles ist, nämlich auf dem Wechsel der Schauplätze und Einstellungen beruht, wel-

in der Auffassung, der moderne Filmschauspieler werde von der Kamera getestet,[8] klingen Begriffe aus der Welt des Spiels und der Übung an. So zutreffend diese Opposition ist, so sehr setzt sie sich zugleich dem Risiko einer kulturgeschichtlichen Überzeichnung aus. Denn die Momente von Taktilität und Test, die Benjamin historisch erst der modernen Erfahrung und dem Film zuschreibt, gab es im Spiel seit je.[9] Dass Benjamin mit dieser Zuordnung moderne Ästhetik neu bestimmt, ist eine andere Sache.[10]

---

che stoßweise auf den Beschauer eindringen. Man vergleiche die Leinwand, auf der der Film abrollt, mit der Leinwand, auf der sich das Gemälde befindet. Das letztere lädt den Betrachter zur Kontemplation ein; vor ihm kann er sich seinem Assoziationsablauf überlassen. Vor der Filmaufnahme kann er das nicht. Kaum hat er sie ins Auge gefaßt, so hat sie sich schon verändert."

8 Vgl. Walter Benjamin: *Das Kunstwerk*, S. 488: „Die Apparatur, die die Leistung des Filmdarstellers vor das Publikum bringt, ist nicht gehalten, diese Leistung als Totalität zu respektieren. Sie nimmt unter Führung des Kameramannes laufend zu dieser Leistung Stellung. [...]. So wird die Leistung des Darstellers einer Reihe von optischen Tests unterworfen. [...]. Das Publikum fühlt sich in den Darsteller nur ein, indem es sich in den Apparat einfühlt. Es übernimmt also dessen Haltung: es testet. Das ist keine Haltung, der Kultwerte ausgesetzt werden können."

9 Der Gegensatz von Übung und Kontemplation ist auch für eine Narrativik des Spiels relevant, die den Spielenden nicht in Anlehnung an gängige Positionen der Erzähltheorie (Autor, Erzähler, Leser) als bloßen Betrachter versteht, vgl. hierzu – aus etwas anderer Perspektive – auch Karin Wenz: „Narrativität in Computerspielen." In: Sigrid Schade/Georg C. Tholen (Hrsg.): *Konfigurationen. Zwischen Kunst und Medien.* München: Fink 1999, S. 209-218, hier: S. 216: „Wie sehr ein Leser auch beim Lesen eines traditionellen Textes involviert sein mag: er bleibt machtlos wie der Zuschauer eines Fußballspiels. Er mag die Mannschaften anfeuern, über den möglichen Ausgang des Spiels spekulieren, aber er wird dadurch nicht zum aktiven eingreifenden Spieler. [...]. Das Wagnis und der Einsatz, den ein Spiel verlangt, ist immer mit der Gefahr verbunden, zu verlieren."

10 An diese Neuorientierung knüpft etwa der von Karlheinz Barck et al. herausgegebene Sammelband *Aisthesis. Wahrnehmung heute oder Perspektiven einer anderen Ästhetik* (Leipzig: Reclam 1990) an: „Titel und Auswahl des Bandes folgen einer Einstellung, die auf eine Neubestimmung von Ästhetik in doppelter Hinsicht hinaus will: 1. hinsichtlich einer längst fälligen Aufwertung der Sinne und 2. hinsichtlich einer Berücksichtigung von Technik/Technologie. Damit erinnern wir an die Aktualität von Benjamins Feststellung, dass besonders in Deutschland seit dem Idealismus sich eine technikfeindliche Auffassung und Betrachtung der Kunst durchgesetzt hat, die heute angesichts neuer Medien (spätestens) ihre Stunde der Wahrheit (oder ihr Dilemma) erfährt." („Statt eines Nachwortes", S. 445-468, hier: S. 460f. [Karlheinz Barck]).

4. *Civilization*: Geschichte und Simulation

Es wäre gleichwohl einseitig, das moderne Computerspiel auf immer schon Dagewesenes reduzieren zu wollen. Anhand zweier moderner Computerspiele, einem Strategie-Spiel (*Civilization*) und einem *Adventure*-Spiel (*Tomb Raider*), sind im Folgenden die Differenzen zum traditionellen Spiel zu verdeutlichen.

Die wohl augenfälligste Eigenschaft eines modernen Computerspiels – und das ist der Unterschied zu *Snake*, das im Grunde nur die Bewegungsabläufe eines Brettspiels computertechnisch abbildet – besteht darin, dass in ihm Handlungsort, Figur und Handlungsrahmen reichhaltiger, variantenreicher und dynamischer ausgestaltet sind als im traditionellen Spiel.[11]

So besitzt *Civilization* (in Version II) 51 verschiedene Figurentypen (Siedler, Ingenieure, Legionäre, usw.), das Spielfeld besteht aus einer Vielzahl unterschiedlicher Flächen (Berge, Wiesen, Flüsse, Städte, usw.), und die Handlung basiert auf einem Netzplan, der den Fortschritt unserer Zivilisation abbildet und – abhängig davon, welche zivilisatorischen Fortschritte gewählt werden – zu unterschiedlichen Spielverläufen führt. Flächen und Figuren sind in *Civilization* nicht, wie im traditionellen Brettspiel (z.B. in *Schach*), statisch gesetzt, sondern müssen allererst erworben werden. Man kann Siedler kaufen, Städte gründen, verborgene Felder aufdecken, usw. Dieses bereits im Ansatz dynamische Modell ist darüber hinaus von einer Vielzahl von Wechselbeziehungen durchsetzt. Denn die Möglichkeit, Figuren zu produzieren, hängt vom erreichten Zivilisationsfortschritt, von der Produktivität der Städte und von deren Umland ab. Das Umland der Städte wiederum kann durch Siedler in unterschiedlicher Weise bearbeitet und verbessert werden. Handlungsrahmen, Figur und Handlungsort stellen die Resultante eines überaus komplexen Beziehungsgeflechts dar.

Aufgrund der Reichhaltigkeit dieser Spielausstattung lässt sich in *Civilization* nicht nur die Zivilisationsgeschichte „nachspielen". Nachgebildet werden können auch historische Spielszenarien wie etwa der Zweite Weltkrieg. Dieser Tatbestand kann als erster Hinweis auf eine Annäherung von Spiel und Geschichte gelten. Es wäre freilich eine Übertreibung, wenn man *Civilization* allein schon aufgrund dieser Ab-

11 Man kann freilich feststellen, dass auch bei traditionellen Brettspielen die Spielausstattung zunehmend reichhaltiger wird.

bildung historischer Szenarien nicht länger als Spiel, sondern als Geschichte bezeichnen wollte. Denn die Darstellung etwa des Zweiten Weltkriegs bildet in *Civilization* nur die Ausgangssituation der Handlung. Der weitere Handlungsverlauf bleibt offen wie in einem Spiel, er ist für den Rezipienten nicht festgelegt wie in einer Geschichte.

Das Beispiel zeigt jedoch auch, dass sich moderne Computerspiele nicht länger damit begnügen, eine abstrakte Darstellung oder ein bloßer Regelzusammenhang zu sein. Während das Schachspiel vom realen Krieg abstrahiert, stellt *Civilization* einen realen Krieg dar. Das Spiel ist zwar keine Geschichte, aber es will plastisch sein wie eine Geschichte oder auch wie ein Film.

Im traditionellen Spiel werden komplexe Handlungszusammenhänge auf abstrakte Spielregeln und Spielwerte der Figur reduziert (so z.B. der Wettlauf in *Mensch-ärgere-dich-nicht*, die Besetzung von Gebieten in *Mühle* und *Go*, der Krieg in *Schach*). Spielregel, Spielplan und Spielfigur werden während des Spiels nicht verändert. Erst diese regelhafte Statik verleiht dem Spiel die Offenheit, die es spielbar macht. Geschichten bestehen demgegenüber aus komplexen Handlungssituationen. Hier wirken Figuren in vielfältiger Weise aufeinander und auf ihre Umgebung ein. Das Verhalten der Figur ist eine Resultante des Geschehens oder, genauer, der vielfältigen Wechselwirkungen zwischen Figuren, Ereignissen und äußeren Gegebenheiten.

Mit der modernen Computertechnologie und den virtuellen Welten, die sie bereitstellt, sind solche Systeme der Wechselwirkung grundsätzlich auch im Spiel möglich. Es ist durchaus denkbar, dass eine Nachbildung des zweiten Weltkriegs in einem Spiel so exakt ausgeprägt ist, dass sie – unter der Voraussetzung, dass der Spieler auf die von der Geschichte vorgegebene Weise zieht – den historischen Handlungsverlauf mit einer gewissen Wahrscheinlichkeit und zumindest näherungsweise nachbildet. In diesem Falle wäre die reale Geschichte als Spielausprägung im Spiel enthalten. Anders ausgedrückt: Simulationsmodelle sind virtuelle Nachbildungen von Geschehensabläufen. Sie stellen hoch komplexe, dynamische Beziehungen der wechselseitigen Einflussnahme dar. Dies führt in einem ersten Schritt zu einem Mehr an Offenheit. In dem Maße jedoch, wie die Simulation an Exaktheit gewinnt, tendiert sie dazu, das Geschehen nachzubilden. Als Nachbildung eines Geschehens verhält sich die Simulation wie eine Geschichte. Neben die traditionellen Formen der Mimesis tritt technische Simulation als neue Möglichkeit, Geschichte darzustellen. In ihr transformiert sich die aristotelische Forderung nach Wahrscheinlichkeit in die Exaktheit automatisierter Kalküle. Ihr neues Maß ist der Komplexitätsgrad der implementierten Regeln.[12]

Civilization basiert auf einem solchen Simulationsmodell. Es besitzt noch eine weitere Eigenschaft, die eine Annäherung von Spiel und Geschichte bewirkt. Traditionelle Spiele beruhen, technisch gesprochen, auf einer Zweischicht-Architektur. Ihre Grundlage oder die erste Schicht in dieser Architektur bildet das Regelwerk aus abstrakten Figuren und Zugmöglichkeiten. Dieses Regelwerk prägt sich, wenn man das Spiel spielt, auf einer zweiten Schicht zu einem konkreten Handlungs- und Spielverlauf aus. *Civilization* ruht demgegenüber auf einer Dreischicht-Architektur auf. Die erste Schicht dieser Architektur beinhaltet ein rein abstraktes Spielkonzept, jedoch noch kein spielbares, konkret ausgeprägtes Spiel. Auf dieser Schicht ist *Civilization* im Grunde so starr und abstrakt wie jedes traditionelle Spiel. Es ist sogar noch eine Stufe abstrakter. Denn in dieser Schicht ist lediglich festgelegt, dass es Figuren gibt, nicht aber, wie diese aussehen; dass Figuren andere Figuren schlagen können, nicht aber, welchen Kampfwert sie besitzen, usw. Die Konkretion dieser Abstrakta zu einem Spiel erfolgt erst auf der zweiten Schicht. Sie ist Aufgabe des Szenario-Designers. Dieser legt fest, wie viele und welche Typen von Figuren es gibt, wie diese Figuren aussehen, welchen Spielwert sie besitzen, usw. Die dritte Schicht dieser Architektur schließlich stellt, wie im traditionellen Spiel, das gespielte Spiel selbst dar. Jemand spielt ein Szenario und prägt damit das Spiel zu einem konkreten Spielverlauf aus.

Die Innovation von Computerspielen wie *Civilization* besteht in der Differenzierung der ersten beiden Schichten, d.h. in der Trennung von Regel und Szenario. Während der Erfinder des Schachspiels in eins fest-

---

12 Ich stelle bei der Simulation den technischen und medialen Aspekt in den Vordergrund. Wolfgang Iser definiert Simulationen in Anlehnung an den Mimesis-Begriff als zweckgerichtete Nachahmungen, vgl. Wolfgang Iser: „Mimesis – Emergenz." In: Andreas Kablitz/Gerhard Neumann (Hrsg.): *Mimesis und Simulation*. Freiburg i.Br.: Rombach 1998, S. 669-684, bes. S. 672-675. Das trifft zwar für den Piloten zu, der mit einem Flugsimulator das Fliegen lernt, nicht aber für Computerspiele des Formats Flugsimulator. Auch wenn man Spiele in den Kontext von Übung stellt, sind sie als Spiele nicht in direkter Weise zweckgerichtet. Und so tragen auch Computerspiele des Typs Simulations-Spiel diesen Namen nicht deshalb, weil sie etwas nachahmen, um mit solcher Nachahmung einen Zweck zu erfüllen, sondern weil sie Spiele sind, die auf simulationstechnischen Mitteln basieren.

legte, dass sein Spiel mit Figuren zu spielen sei und wie diese beschaffen sein sollten, entkoppelt *Civilization* diese Aspekte. Diese Entkopplung ist im Wortsinn als produktionstechnische, und das heißt: als arbeitsteilige Differenzierung zu verstehen. Aufgabe des Regelexperten oder des Informatikers ist es, das abstrakte Grundmodell eines Spiels zu entwickeln. Aufgabe des Szenario-Designers ist es, basierend auf diesem Regelwerk ein konkretes Spiel zu gestalten. Der Szenario-Designer verhält sich hierbei wie ein Erzähler oder auch wie der Regisseur eines Films. Denn er erfindet mit der Ausgestaltung von Handlungsort und Charakter der Figuren so etwas wie die Grundzüge einer Geschichte. Mit dem Computerspiel entsteht so ein neues Medium des Erzählens. Das wird vollends daran deutlich, dass in *Civilization* ein so genannter Szenario-Editor an den Anwender mit ausgeliefert wird. Mit ihm kann der Spieler, die Seiten wechselnd, seine ganz eigene Spielwelt erfinden und erdichten.

In Spielen wie *Second Life* wird diese Möglichkeit, als Spieler und Autor sein eigenes Spiel zu generieren, in einem weiteren Schritt zu einem integrativen Bestandteil des Spiels. Man beginnt das Spiel damit, die Spielfigur, als die man im Spiel auftritt, zu modellieren. In solcher Selbstmodellierung wird der Spieler zum Erzähler/Autor: Er erschafft sein eigenes fiktives Ich. Er wird zu einem Erzähler von Wunschphantasien, die deshalb wie die Geschichte eines „Zweiten Lebens" erscheinen können. Dennoch sind diese Wunschphantasien nicht mit den Fiktionen eines Autors zu verwechseln. *Second Life* untersteht der Realitätskontrolle des tatsächlichen Lebens oder aber auch nur tatsächlicher (Macht- und Aufmerksamkeits-)Spiele. So sehr man sich in diesem Spiel auch als Idealfigur aufbauen und inszenieren mag – man muss mit diesem idealisierten Selbst versuchen, wenn nicht zu gewinnen, so doch erfolgreich zu sein. Das Märchen vom hässlichen Frosch, den der Kuss einer Prinzessin in einen Prinzen verwandelt, findet in *Second Life* nicht statt. Eher das Gegenteil: Es geht wie im ersten so auch im zweiten Leben von *Second Life* um ein Spiel von sozialer Inszenierung, Selbstüberhöhung und Akzeptanz durch die anderen.[13] Das Nicht-Fiktive, das Nicht-Erzählerische dieser Simulation besteht darin, dass es die Wunschphantasien eines zweiten Ichs den Regeln interaktiver Sozialspiele subordiniert. In *Second Life* folgt das zweite Leben den Regeln

13 Es ist deshalb nur nahe liegend, dass Marketingexperten *Second Life* als Werbeträger entdeckten und nutzen.

des ersten. Hier wie dort muss man spielen.[14] Das hat nicht zuletzt systemische Gründe. Auch wenn Spiele wie Geschichten auf dem „Als ob" einer fingierten Welt basieren, ist der Wettkampf, den man in ihnen zumeist austrägt, von einem realen Gegenspieler und nicht von einem fiktiven Handlungsverlauf, der Wunscherfüllungen wie die im *Froschkönig* zulässt, bestimmt.

5. *Tomb Raider*: Abenteuer und Spiel

Das moderne Computerspiel überschreitet die Grenze zur Geschichte, weil es Handlung und Figur dynamisiert und so mit der Möglichkeit ausstattet, Geschehen simulativ nachzustellen. Die Grenzziehung von abstraktem Regelwerk hier und plastischer, verflochtener Geschichte dort beginnt nicht nur im Strategie-Spiel zu verschwimmen. Dass dem so ist, dass die Vermengung von Geschichte und Spiel aber zugleich nur partiell gelingt, lässt sich an einer – zugegebenermaßen rudimentären – Gattungstypologie der Computerspiele ablesen.[15] Ein Vergleich des Strategie-Spiels *Civilization* mit dem *Adventure*-Spiel *Tomb Raider* kann dies zumindest im Grundansatz zeigen.

So reichhaltig das Figurenarsenal in *Civilization* auch ist, so dynamisch die Figuren gegenüber einem Brettspiel wie *Schach* hier auch erscheinen, so wenig unterscheiden diese Figuren sich in ihrem Verhalten im Grunde von Schachfiguren. Sie sind wie diese Schemen von Figuren, starre, unbewegte Gestalten. Man kann diese Figuren ziehen, aber sie bewegen dabei nicht ihre Füße.[16]

Ganz anders verhält sich Lara Croft in *Tomb Raider*. Lara Croft kann gehen, laufen, kriechen, springen, Pistolen ziehen, usw. Mit diesen unterschiedlichen Bewegungsmodi antwortet sie – gesteuert vom Benutzer – auf unterschiedliche Spiel-, zumeist Umgebungssituationen. Lara Croft ist, mit anderen Worten, eine animierte Figur. Im Unterschied zur piktogrammatischen Figur zeichnet die animierte

---

14 Zu den Spielen im ersten Leben, vgl. Erving Goffman: *Wir alle spielen Theater. Die Selbstdarstellung im Alltag.* München: Piper 1969 [engl. Originalausgabe 1959].

15 Einen ersten Überblick über die Geschichte des Computerspiels und ihre mit zunehmender Rechnerleistung wachsende typologische Ausdifferenzierung gibt Andreas Lange: „Versuch einer Genealogie der Computerspiele. Die Anfänge." In: *Fachdienst Spiel*, no. 6, 1997.

16 In Version IV bewegen die Figuren von *Civilization* sehr wohl ihre Füße. Wie aber unschwer zu sehen und im Folgenden zu zeigen ist, ändert das nichts an ihrem piktogrammatischen Grundcharakter.

Figur sich dadurch aus, dass sie nicht nur schemenhaft, sondern gestalthaft in ihren Bewegungsabläufen auf die Umgebung antwortet. Das Wechselverhältnis von Figur und Umgebung stellt sich nicht bloß ikonographisch, sondern als Modifikation des Körpers der Figur dar. Eben weil die Figur animiert ist, kann man, wenn Lara Croft in sich zusammensackt und stirbt, einen Anflug von Mitleid empfinden.

Es ist einzuräumen, dass in der neueren Version von *Civilization* (Version IV) die Figuren u.a. Kampfhandlungen mimen. Das hebt jedoch nicht den piktogrammatischen Grundcharakter dieser Figuren auf. Auch wenn die Figuren in Bewegung gezeigt werden, stellt die Animation nichts weiter als eine animierte piktogrammatische Figur, nicht aber eine animierte handelnde Figur dar. Dass in naher Zukunft beide Aspekte (*Adventure*-Spiel und Simulation) zusammenwachsen oder sich zumindest zu einer Mischgattung verbinden können, liegt in der Tendenz solcher Gestaltungen.

Es ist unschwer zu erkennen, dass die unterschiedliche Leistungsfähigkeit der beiden Figurendarstellungen mit unterschiedlichen Spielkonzepten, aber auch mit begrenzten technischen Möglichkeiten zu tun hat. *Civilization* bietet ein breites, nachgerade flächiges Konzept von Wechselwirkungen zwischen Figur, Landschaft und Spielverlauf. Deshalb kann das Spiel unter den Bedingungen heutiger Hard- und Softwaretechnologie keine animierte Figur darstellen. In *Tomb Raider* hingegen sind Spielverlauf und Landschaft im Wesentlichen starre, undynamische Größen. Lara Croft durchwandert eine vorgegebene Landschaft, um Schätze zu finden und Geheimnisse zu lüften. Nur unter der Voraussetzung, dass Landschaft und Spielverlauf festgelegt sind, kann man sich den Luxus leisten, eine Figur zu animieren.

Die technischen Beschränkungen führen zu einer unterschiedlichen Orientierung an traditionellen Gattungen. Das Spielkonzept von *Civilization* kann im Grunde als eine Erweiterung des Brettspiels angesehen werden. Wie im Schachspiel erzeugt ein abstraktes Regelsystem eine offene Situation, die es zu erspielen und durchzuspielen gilt. Die konkret zu bewältigenden taktischen Teilaufgaben entstehen dabei erst als Funktion des Spiels.

Anders im *Adventure*-Spiel: Hier ist die Handlung oder der Spielverlauf festgelegt. Lara Croft ist eine Archäologin, die auf unterschiedlichen Spiel-Levels unterschiedliche Abenteuer zu bestehen und unterschiedliche Schätze zu entdecken hat. Sie oder man als Spieler muss diese Abenteuer bestehen, um das nächste Level zu erreichen. Man kann gewinnen oder verlieren. Aber wie immer man sich verhält – es entsteht aufgrund dieses Verhaltens keine Spielsituation, die nicht schon vorab festgelegt wäre. In wie starkem Maße dies gilt, lässt sich schon daran ablesen, dass es zu *Tomb Raider* ein Lösungsbuch gibt.

Mit einem gewissen Recht kann man das *Adventure*-Spiel *Tomb Raider* deshalb in die Nähe eines – und sei es auch nur hypothetischen – Hyperlinkromans rücken. Hier wie dort geht es darum, einen vorgegebenen Handlungsverlauf navigativ, und das heißt dadurch zu erschließen, dass man die Sequenzen, aus denen die Geschichte besteht, durchwandert. Während jedoch im Hyperlinkroman die Techniken der Verzweigung weder darstellungstechnisch noch rezeptions- bzw. spieltechnisch anspruchsvoll sind – im primitivsten Fall haben wir es mit einer hierarchischen Textorganisation zu tun –,[17] stellt in *Tomb Raider* gerade die Bewältigung der navigativen Aufgabe die eigentliche Herausforderung dar. Dieser Befund ist medienästhetisch genauer zu betrachten.

6. Das Medium ist die Anwendung

Wenn mit Norbert Bolz Hypertexte Texte sind, die Kontexte dekontextualisieren,[18] so ist die Voraussetzung für eine solche Dekontextualisierung eine durchlässige Navigationsstruktur. Das Medium Computer präsentiert sich in dieser Hinsicht tendenziell als Simultanmedium. Zumindest hypothetisch ist eine Textorganisation möglich, in der alle Referenzstellen nur einen Mausklick weit voneinander entfernt sind. Voraussetzung für solche Simultaneität ist, dass die Links oder, allgemeiner gefasst, die Navigationsstruktur der Anwendung so durchlässig ist, dass die Darbietung des Inhalts als nahezu zeitgleich gelten kann.

17 Vgl. hierzu ausführlicher den Beitrag von Knud Böhle: „Inkunablenzeit: Theoreme, Paratexte, Hypertexte." In: Martin Warnke/Wolfgang Coy/Georg C. Tholen (Hrsg.): *HyperKult. Geschichte, Theorie und Kontext digitaler Medien.* Basel/Frankfurt a.M.: Stroemfeld/Nexus 1997, S. 119-150.

18 Vgl. Norbert Bolz: *Am Ende der Gutenberg-Galaxis*, S. 207: „[Hypermedien] implementieren ein Wissensdesign, das Daten gleichsam frei begehbar macht; d.h. sie dekontextualisieren Informationselemente und bieten zugleich Verknüpfungs-Schemata der Rekombination an. Problematisch ist natürlich der Maßstab dieser Dekontextualisierung vorgegebener Datenstrukturen. Nach welchem Schema wird die Information modularisiert? Hypermedia präsentieren nämlich keinen kontinuierlichen Informationsfluß wie etwa ein Film, sondern Grundeinheiten der Information, die in Wechselbeziehung zueinander stehen. Es geht hier um die Frage der Körnung von Information."

In *Tomb Raider* hingegen stellt die Navigation die eigentliche Herausforderung dar. Während beim Hypertext das Navigationsmittel Link Simultaneität erzeugt, ergeben die Navigationsmittel Labyrinth und Hindernis in *Tomb Raider* einen linearen Zugang zur Geschichte. Der Spieler muss, um die Abenteuer der Lara Croft zu bestehen, die Hindernisse der Reihe nach überwinden. In eben dem Maße, wie die Navigation zur Spielaufgabe wird, wird das vermeintliche Simultanmedium Navigation zu einem Medium der Linearität.

Wie bereits bei den medientheoretischen Begriffen „Offenheit" und „Übung" ist auch bei dem Theorem „Simultaneität" ein gewisses Misstrauen angebracht. Das hat systematische Gründe. Denn genauer besehen beschreibt die Hyperlinktheorie weniger das Medium Computer als vielmehr eine Gruppe von Computeranwendungen: das Anwendungsfeld Textpräsentation und Wissensorganisation. Nun hat dieses Anwendungsfeld oder dieses Medium jedoch – wie das des Spiels – seine Vorgeschichte. Diese gibt dem Interpreten, hinterfragt oder unhinterfragt, die grundlegenden Paradigmen seiner Interpretation vor. So greift Norbert Bolz mit dem Theorem der Dekontextualisierung Probleme der Wissensorganisation, der Darstellung komplexer Theorie- und Erzählformen, aber auch hermeneutische Probleme auf.[19] Denn bereits für die Hermeneutik besteht das Grundproblem darin, den Beziehungsreichtum linear organisierter Texte methodisch in den Griff zu bekommen. Das Mittel, mit dem die Hermeneutik dieses Problem löst, ist bekannt: Im hermeneutischen Zirkel, in einer wiederholten Lektüre des Textes erschließen sich Verweisstrukturen im Text, die in einer linearen Erstlektüre sich nicht zeigen können. Man könnte deshalb sagen, dass das, was Norbert Bolz als Spezifikum des neuen Mediums darstellt, die Dekontextualisierung des Kontexts, ein altbekanntes Problem ist. Denn bereits der hermeneutische Zirkel versucht mit seiner Technik der Relektüre so etwas wie Simultaneität und mittels dieser

19 Vgl. Norbert Bolz: *Am Ende der Gutenberg-Galaxis*, S. 210: „Ein Schlüssel zum Verständnis von Hypertext-Systemen liegt im Begriff der Navigation. Wie schon die Kybernetik greift das neue computergestützte Wissensdesign auf das Bild des Steuermanns zurück. [...] Im Hypermedien-Kontext ist die Bahnung von Wissenspfaden im Dschungel der Daten gemeint. [...] Hypermediensysteme sollen den Anwendern helfen, die Fragen zu formulieren, deren Antworten sie sein können. Die gesuchte Information ist also hochkomplex und vollständig bekannt. Doch ist eben, wie schon Hegel wußte, das, was bekannt ist, nicht auch schon erkannt."

eine Dekontextualisierung herzustellen.[20] Neu an der Hyperlinkstruktur ist, dass sie die hermeneutische Relektüre durch Links ersetzt und so tendenziell die Herstellung von Simultaneität vom Leser auf das Medium verlagert.

Aus dem Beispiel lässt sich ableiten, dass es lohnender sein kann, Computeranwendungen als Medium zu betrachten, als den Computer selbst. Genauer gesagt: Bei der Charakterisierung des Mediums Computer ist stets zu differenzieren zwischen dem, was sich auf den Computer, und dem, was sich auf das Medium der Anwendung bezieht. Die mediale Besonderheit des Computers besteht darin, universal und multimedial zu sein. Er kann von der Buchhaltung über die Fertigungssteuerung und den Roman bis hin zum Spiel jeden Bereich aufnehmen – und nicht nur das: Der Computer erlaubt es in einem multimedialen Verbund, diese unterschiedlichen Elemente zu kombinieren. Aufgrund solcher Vielfalt erscheint das Multimedium Computer in seinem medialen Charakter zweideutig.

Im Anwendungsfeld der Wissensorganisation, Wissensvermittlung und Interpretation stellt der Computer sich als Simultanmedium dar. Aber diese Simultaneität ist mehr dem Anwendungsfeld, das er computertechnisch abbildet, zuzuschreiben als dem Computer selbst. Wissens- und Interpretationssysteme basieren auf der Vermittlung und Verknüpfung von Wissen. Deshalb ist ihr Terminus *ad quem* die Simultanpräsenz jeglichen Wissens und jeglicher Bedeutung. Spiele hingegen sind Übungssysteme. Ihr Ziel ist die Bewältigung von Aufgaben. Sie besitzen deshalb eine unabdingbar lineare Zeitlichkeit. Man muss, makrostrukturell betrachtet, das Spiel erlernen, und, mikrostrukturell betrachtet, Aufgabe für Aufgabe lösen. So wie im Bereich der Wissenssysteme die Simultaneität ist im Bereich des Spiels die Zeitlichkeit des Mediums primär keine des Computers, sondern eine des Anwendungsfeldes.

---

20 Pierre Lévy interpretiert den Hypertext in diesem Sinne als hermeneutische Metapher; vgl. Pierre Lévy: „Die Metapher des Hypertextes." In: Claus Pias/Joseph Vogl/Lorenz Engell u.a. (Hrsg.): *Kursbuch Medienkultur. Die maßgeblichen Theorien von Brecht bis Baudrillard.* Stuttgart: Deutsche Verlags-Anstalt 1999, S. 525-528, hier: S. 528: „Die Metapher des Hypertextes trägt der unendlich rekursiven Struktur des Sinnes Rechnung, denn da er Worte und Sätze verbindet, deren Bedeutungen jenseits der Linearität des Diskurses in Beziehung und Resonanz zueinander stehen, ist ein Text immer auch ein Hypertext, ein Netz von Assoziationen."

Noch die Untergliederung nach Anwendungsfeldern greift jedoch zu kurz. Wie wir gesehen haben, wird das Computerspiel zunehmend plastischer, reichhaltiger und dynamischer. Aus dem abstrakten, primär regelbasierten Spiel wird Geschichte. Dieser pauschale Befund ist weiter nach Gattungen und Spieltypen zu differenzieren. Ein Strategie-Spiel wie *Civilization* stellt sich im Grunde noch wie ein traditionelles Spiel dar. Es nähert sich an die Geschichte an, indem es in einer Dreischicht-Architektur zwischen Regel und Spiel das Szenario einschiebt. Im Szenario erhält das abstrakte Regelsystem des Spiels konkrete Gestalt.

Tomb Raider dagegen ist in seiner Grundschicht kein abstraktes Regelsystem mehr, sondern eine Geschichte. Zugrunde liegt hier eine im Vorhinein festgelegte Folge von Abenteuern. Diese Folge von Abenteuern (oder diese Geschichte) wird in ein Spiel transformiert, indem der Zugriff auf die Geschichte erschwert wird. Zur Geschichte den Zugang zu finden, macht hier das Spiel aus.

Autorinnen und Autoren

Bauer, Elisabeth, Studium der Romanistik und der Linguistischen Informationswissenschaft in Regensburg, Forschungsschwerpunkte: Französischer Realismus/*Fin de Siècle*, französischer Kriminalroman. Promotion 2010 zum Thema der Frankophonen Digitalen Literatur. Seit 2005 Leiterin des Bereichs Presse-, Unternehmenskommunikation und Öffentlichkeitsarbeit bei Linguatec Sprachtechnologien GmbH.

Burg, Mario, geb. 1971 in St. Wendel/Saar. Studium der Italianistik und Anglistik an den Universitäten in Saarbrücken, Turin, Perugia und Cardiff. Bis 2006 Wissenschaftlicher Mitarbeiter und Lehrbeauftragter an der Universität des Saarlandes und seitdem Mitarbeiter der Studentenberatung der Freien Universität Bozen. Derzeit Arbeit an einer Dissertation zum Thema Literatur und Film in Italien. Aufsätze zur italienischen Literatur und Kultur der Gegenwart.

Greilich, Susanne, geb. 1972, Studium der Kulturwirtschaft in Passau und Québec. 2002 Promotion in Französischer Kulturwissenschaft in Saarbrücken. Seit 2004 wissenschaftliche Assistentin am Lehrstuhl für Romanische Philologie der Universität Regensburg. Forschungsschwerpunkte: Französische Literatur der Aufklärung und der Romantik, spanische Literatur des Realismus/Naturalismus, massenwirksame Texte der Frühen Moderne (Almanache, Zeitungs- und Zeitschriftenpresse, Enzyklopädien, Historien), Reiseliteratur; Gattungscharakteristika und Gattungswandel populären Schrifttums, intertextuelle und reziproke Bezüge zwischen Eliten- und Populärkultur; Fremdwahrnehmungsformen, Alteritätskonstruktionen, Diskursivierungen des Anderen; literarische Kanonbildung und nationale Identitätskonstruktion,

Gender und Nation; Stadtrepräsentation und Raumerfahrung. Publikationen u.a.: *Französischsprachige Volksalmanache des 18. und 19. Jahrhunderts*, Heidelberg 2004; *Populäre Kalender im vorindustriellen Europa: Der Hinkende Bote/Messager boiteux*, Berlin 2006 (ed. mit Y.-G. Mix); *Guillaume Thomas Raynal. Histoire des deux Indes. Première édition scientifique. Livre VI : Découverte de l'Amérique. Conquête du Mexique* (ed. mit U. Fendler, 2010).

Gronemann, Claudia, Lehrstuhl für romanische Literatur- und Medienwissenschaft an der Universität Mannheim. Veröffentlichungen zu postkolonialen Fragestellungen, neue Autobiographie-Theorie, Geschichte und Konzeption von Gender, zur Aufklärung sowie zu medialen Aspekten der Literatur, zum Film und zur Performance.

Hertrampf, Marina Ortrud M., studierte Romanistik, Anglistik und Germanistik an den Universitäten Regensburg und Pau. Sie war als Lektorin für deutsche Sprache und Literatur an der Masaryk-Universität in Brno (Tschechische Republik) sowie an der École Normale Supérieure, Lettres et Sciences Humaines in Lyon tätig. Derzeit arbeitet sie als Wissenschaftliche Mitarbeiterin am Institut für Romanistik der Universität Regensburg (Lehrstuhl Prof. Dr. J. Mecke). Seit 2007 ist sie zweite stellvertretende Vorsitzende des Deutschen Romanistenverbandes. Ihre 2009 abgeschlossene Dissertationsschrift beschäftigt sich mit dem Verhältnis von Photographie und Literatur in der französischen Erzählliteratur der Gegenwart. Publikationen: „‚Photographische' Familien(auto)biographien von Philippe Delerm und Annie Ernaux", in: *Grenzgänge. Beiträge zu einer modernen Romanistik* 14, 2007, 72-88. „Ricœur und die Theorie der Photographie: Literarische und photographische Zeitdarstellung in Christian Garcins J'ai grandi (2006)", in: Türschmann, Jörg/Aichinger, Wolfram (Hrsg.), *Das Ricœur-Experiment. Mimesis der Zeit in Literatur und Film*, Tübingen: Narr 2009, 87-103. „Mediterrane Grenz-Passagen: Hybride Identitätskonstruktion in Nina Bouraouis Le jour du séisme und Garçon manqé", in: Arend, Elisabeth/Richter, Elke/Solte-Gresser, Christiane (Hrsg.), *Mittelmeerdiskurse in Literatur und Film*, Frankfurt u.a.: Lang 2010, 113-130.

Mecke, Jochen, Jahrgang 1956, Studium der Romanistik, Germanistik und Philosophie in Mannheim, Aix-en-Provence, Madrid, 1978 Licence d'Allemand, 1978 Licence de Lettre Modernes, 1981 Staatsexamen und Magisterprüfung, 1986 Promotion (Mannheim), 1994 Habilitation (Heidelberg), 1986 Assistent in der Romanistik Heidelberg, 1995 Professor für Romanische Literatur- und Kulturwissenschaft (C3) in Passau, seit 1996 Professor für Romanische Philologie (C4) an der Universität Regensburg, 2002-2004 Sprecher des Gradiertenkollegs *Kulturen der Lüge*, 2005 Preis des Bayerischen Ministerium für Wissenschaft und Forschung für die Internationalisierung der Universität, 2005 Ruf an die Universität Freiburg (abg.). Seit 2007 1. Vorsitzender des Deutschen Hispanistenverbandes. Lehre zur französischen und spanischen Literatur-, Medien- und Kulturwissenschaft. Arbeitsgebiete: Französische und spanische Literatur des 17. Jahrhunderts, der Moderne und Postmoderne, Repräsentationskulturen. Schelmenroman, Zeitdarstellungen in Literatur und Film, Französischer und spanischer Film der sechziger Jahre, Nouvelle Vague, Ästhetik der Werbung, Kulturen der Lüge. Publikationen: *Roman-Zeit: Zeitformung und Dekonstruktion des französischen Romans der Gegenwart.* Tübingen: Narr. 1990; (Hrsg.), *La crisis del 98. Modernidad problemática en España y América Latina*, Número especial de *Iberoamericana*, Frankfurt: Vervuert Nr. 71/72 (1998). zus. mit Volker Roloff (Hrsg.), *Kino-(Ro-)Mania. Intermedialität zwischen Film und Literatur*, Tübingen: Stauffenburg 1999; zus. mit Ulrich Leinsle (Hrsg.), *Zeit – Zeitenwechsel – Endzeit: Zeit im Wandel der Zeiten, Kulturen, Techniken und Disziplinen.* Regensburg: Regensburger Universitätsverlag 2000, (Hrsg.) *Romanistik 2006: Revisionen, Positionen, Visionen, Romanistische Zeitschrift für Literaturgeschichte*, Band 3/4 2005, Heidelberg: Winter Verlag 2005; (Hrsg.), *Cultures of Lying*, Massachussetts & Potsdam 2007; Hrsg. zus. mit H.H. Wetzel: *Französische Literaturwissenschaft. Eine multimediale Einführung,* Tübingen: Francke (UTB) 2009. (Hrsg.) *Medien der Literatur.* Bielefeld: transcript 2010. (Hrsg.) *Discursos del 98: una modernidad europea transversal.* Madrid: Vervuert 2010.

Müller, Jürgen E., Dr. phil., Professor für Medienwissenschaft an der Universität Bayreuth. Vertretungs- und Gastprofessuren: Universität Passau, Université de Montréal, Universität Wien und Universität Salzburg. Herausgeber der Reihe *Film und Medien in der Diskussion*

(Münster, Nodus). Leiter des Universitätsprojektes *Campus-TV* an der Universität Bayreuth. Forschungsschwerpunkte: Multi- und Intermedialität; Film und Semiohistorie; Film- und Medientheorie; Geschichte der Audiovision und des Fernsehens; Kino in Québec. Buchpublikationen (Auswahl): *Texte et médialité* (Hrsg., Mannheim 1987); *Blick-Wechsel. Tendenzen im Spielfilm der 70er und 80er Jahre* (mit M. Vorauer, Hrsg., Münster 1993); *Semiohistory and the Media* (mit E.W.B. Hess-Lüttich, Hrsg., Tübingen 1994); *Towards a Pragmatics of the Audiovisual* (Hrsg., 2 Bde., Münster 1994/5); *Intermedialität. Formen moderner kultureller Kommunika*tion (Münster 1996); *Culture – Sign – Space* (mit E.W.B. Hess-Lüttich & A. v. Zoest, Hrsg., Tübingen 1998); *Quebek und Kino* (mit Michel Larouche, Hrsg., Münster 2002); *Digital mediawa yesului hwagchang*, (*Digitale Medien und die Erweiterung der Kunst*, Hrsg. u.a., Seoul 2006); *Intermédialité et Socialité* (mit Marion Froger Hrsg., Münster 2007); *Media Encounters* (Hrsg., Münster 2008). Zahlreiche Artikel in Sammelbänden und Zeitschriften.

Roloff, Volker, Jahrgang 1940, Professor für Romanische Literaturwissenschaft an der Universität Siegen, mit Schwerpunkt im Bereich der französischen und spanischen Literatur und der romanischen Kultur- und Medienwisssenschaft. Aktuelle Arbeitsbereiche: Theorie und ästhetische Praxis der Intermedialität; europäische Avantgarden (Schwerpunkt Frankreich und Spanien); Proust und die neuen Medien; französische Theater- und Filmgeschichte. Neuere Veröffentlichungen: *Theater und Film in der Zeit der Nouvelle Vague*, Tübingen 2000 (Hrsg. zus. mit S. Winter), *Rohmer intermedial*, Tübingen 2001 (Hrsg. zus. mit U. Felten), *Bildschirm-Medien-Theorien*, München 2002 (Hrsg. zus. mit P. Gendolla, P. Ludes), *Erotische Recherchen. Zur Dekodierung von Intimität bei Marcel Proust*, München 2003a (Hrsg. zus. mit F. Balke), *Die Ästhetik des Voyeurs*, Heidelberg 2003b (Hrsg. zus. mit L. Hartl, Y. Hoffmann, W. Hülk), *Jean Renoirs Theater / Filme*, München 2003c (Hrsg. zus. mit M. Lommel), *Spielformen der Intermedialität im spanischen und lateinamerikanischen Surrealismus*, Bielefeld 2004 (Hrsg. zus. mit U. Felten), *Die grausamen Spiele des 'Minotaure'. Intermediale Analyse einer surrealistischen Zeitschrift*, Bielefeld 2005 (Hrsg. zus. mit J. Maurer Queipo, N. Rissler-Pipka), *Proust und die Medien*, München 2005 (Hrsg. zus. mit U. Felten), *Alte Mythen – neue Medien*, Heidelberg 2006 (Hrsg. zus. mit Y. Hoffmann, W. Hülk).

Scherer, Ludger, Jahrgang 1966. Studium der Romanistik, Germanistik (mit Deutsch als Fremdsprache) und Philosophie in Bonn und Heidelberg. Erstes Staatsexamen 1994, Promotion 1999. Wissenschaftlicher Assistent am Romanischen Seminar der Universität Bonn. Veröffentlichungen: *Faust in der Tradition der Moderne. Studien zur Variation eines Themas bei Paul Valéry, Michel de Ghelderode, Michel Butor und Edoardo Sanguineti, mit einem Prolog zur Thematologie*. Frankfurt/Main: Lang 2001; *Avantgarde und Komik*. Hrsg. v. Ludger Scherer und Rolf Lohse. Amsterdam/New York: Rodopi 2004; weiterhin Beiträge und Rezensionen zur französischen, italienischen und spanischen Literatur des 16. bis 21. Jahrhunderts.

Schmelzer, Dagmar, Studium der Sprachen-, Wirtschafts- und Kulturraumstudien (Iberoromanischer Kulturraum) in Passau und Salamanca, 2006 Promotion, akademische Rätin am Institut für Romanistik der Universität Regensburg. Bisherige Forschungsschwerpunkte: spanische Erzählliteratur der Avantgarde; Intermedialität; spanischer Film; spanische Gegenwartskultur; Historiographie und Erzählen, Raum in der Literatur. Monographie: *Intermediales Schreiben im spanischen Avantgarderoman der 20er Jahre. Azorín, Benjamín Jarnés und der Film*, Tübingen: Narr 2007.

Sick, Franziska, Jahrgang 1957, Studium der Romanistik und Germanistik, Promotion 1987 an der Albert-Ludwigs-Universität Freiburg i.Br., DAAD-Lektorin an der Universität Limoges (Frankreich), Habilitation 1997 an der Universität Stuttgart, seit 2000 Professorin für Romanische Literaturwissenschaft an der Universität Kassel. Forschungsschwerpunkte: Theater der französischen Klassik, literarische Avantgarden (Surrealismus, Nouveau Roman, Oulipo), Medialität, Gattung und Spiel. Neuere Publikationen: *Lüge und (Selbst-)Betrug. Kulturgeschichtliche Studien zur Frühen Neuzeit in Frankreich*, hrsg. mit Helmut Pfeiffer, Würzburg 2001; *Medium und Gedächtnis. Von der Überbietung der Grenze(n)*, hrsg. mit Beate Ochsner, Frankfurt a. M. 2004; *Intellektuelle Redlichkeit. Intégrité intellectuelle. Literatur – Geschichte – Kultur. Festschrift für Joseph Jurt*, hrsg. mit Michael Einfalt, Ursula Erzgräber, Ottmar Ette, Heidelberg 2005; *Zeitlichkeit in Text und Bild*, hrsg. mit Christof Schöch, Heidelberg 2007.

von Tschilschke, Christian, geboren 1966 in Wasserburg/Inn, Studium der Romanistik, Slawistik und Philosophie an den Universitäten Heidelberg und Lyon; 1991 Licence de lettres modernes, 1994 Magister, 1999 Promotion, 2006 Habilitation; 1994-2000 wissenschaftlicher Mitarbeiter am Roma¬nischen Seminar der Universität Heidelberg; 2000-2006 wissenschaftlicher Assistent am Institut für Romanistik der Universität Regensburg, Lehrtätigkeit an der Universität Innsbruck, seit Februar 2007 Professor für Romanische Literaturwissen¬schaft/Genderforschung an der Universität Siegen. Bisherige Forschungs¬schwerpunkte: Literatur und Medien; Theorie und Praxis der Literatur-Film-Beziehungen; Theorie, Geschichte und Didaktik des französi¬schen und spanischen Films; französische und spanische Literatur der Gegenwart; spanische und lateinamerikanische Literatur und Kultur des 18. Jahr¬hunderts. Publikationen u.a.: *Epen des Trivialen. N.V. Gogols „Die toten Seelen" und G. Flauberts „Bouvard und Pécuchet"*, Heidelberg: Winter 1996; *Roman und Film. Filmisches Schreiben im französischen Roman der Postavantgarde*, Tübingen: Narr 2000; *Identität der Aufklärung/Aufklärung der Identität. Literatur und Identitätsdiskurs im Spanien des 18. Jahrhunderts*, Frankfurt am Main: Vervuert 2009.

Türschmann, Jörg, Professor für Romanische Philologie, Universität Wien. Publikationen zur spanischen und französischen Literatur, zu Geschichte und Theorie von Film- und Fernsehen, u.a.: *Film – Musik – Filmbeschreibung*, Münster 1994; *Serialität. Eine Geschichte der Zäsurtechniken in Literatur und Film*, Berlin 2008. Als Herausgeber: *Eine Literatur für den Leser*, Bonn 2003; *Medienbilder*, Hamburg 2001 (mit A. Paatz); *Miradas glocales. Cine español en el cambio de milenio*, Frankfurt am Main 2007 (mit B. Pohl).

Walter, Klaus Peter, geboren 1953. Professor für Romanische Literaturwissenschaft und Landeskunde an der Universität Passau. Forschungsschwerpunkte: die französische und spanische Literatur des 17., 19. und 20. Jahrhunderts; Film und Fernsehen in Frankreich und Spanien. Zahlreiche Veröffentlichungen zu den genannten Gegenstandsbereichen, insbesondere zum französischen und spanischen Populärroman sowie zur Filmgeschichte in beiden Kulturräumen.